高等学校土建类专业规划教材

教育部高等学校给排水科学与工程专业
教学指导分委员会教学改革项目成果

水工程经济

朱永恒　丛海兵　吴军　编著

化 学 工 业 出 版 社

·北京·

内容简介

《水工程经济》根据《高等学校给排水科学与工程本科指导性专业规范》的要求编写，详细阐述了水工程经济的基本原理、基本方法，侧重工程经济在水工程领域投资决策中的应用。主要内容包括：资金的时间价值、工程项目经济评价指标及方法、水工程项目财务分析、不确定性分析与风险分析、水工程项目经济费用效益分析、设备更新分析、价值工程、水工程建设项目总投资、水工程建设项目造价文件的编制、水工程工程量清单计价（给排水工程，消防工程，刷油、防腐蚀、绝热工程，市政给排水工程）等。

《水工程经济》突出了工程经济的基本原理和方法，结合现行的《建设项目经济评价方法与参数》《市政公用设施建设项目经济评价方法与参数》，反映了最新的理论成果、政策法规，适当增加了"应用型"人才培养所需的知识点。从培养学生应用水工程经济知识的能力出发，在内容上将基础理论与工程实践相结合，强化学生应用能力的培养，以提高学生分析问题、解决问题的能力。本书内容翔实、思路清晰、案例丰富、难易适当，具有很强的针对性和实用性。

《水工程经济》可供高等学校给排水科学与工程、环境工程等专业的师生教学使用，也可供从事水工程专业工作的技术人员参考。

图书在版编目（CIP）数据

水工程经济／朱永恒，丛海兵，吴军编著．—北京：化学工业出版社，2021.11（2024.2重印）
高等学校土建类专业规划教材
ISBN 978-7-122-40011-6

Ⅰ.①水⋯ Ⅱ.①朱⋯②丛⋯③吴⋯ Ⅲ.①市政工程-给水工程-工程经济-高等学校-教材②市政工程-排水工程-工程经济-高等学校-教材 Ⅳ.①F407.937

中国版本图书馆 CIP 数据核字（2021）第 200520 号

责任编辑：陶艳玲　　　　　　　　　　文字编辑：师明远
责任校对：边　涛　　　　　　　　　　装帧设计：张　辉

出版发行：化学工业出版社（北京市东城区青年湖南街13号　邮政编码100011）
印　　装：北京建宏印刷有限公司
787mm×1092mm　1/16　印张18½　字数483千字　2024年2月北京第1版第2次印刷

购书咨询：010-64518888　　　　　　　售后服务：010-64518899
网　　址：http://www.cip.com.cn
凡购买本书，如有缺损质量问题，本社销售中心负责调换。

定　　价：59.00元　　　　　　　　　　　　　　　　　　　　版权所有　违者必究

前言

　　"水工程经济"是高等学校给排水科学与工程专业的一门专业课程，目的是使给排水科学与工程专业学生掌握水工程经济的基本原理、基本方法，为其以后从事水工程项目的投资决策、建设、运营和管理打下良好的基础。

　　《水工程经济》根据《高等学校给排水科学与工程本科指导性专业规范》的要求编写。 主要内容包括：资金的时间价值、工程项目经济评价指标及方法、水工程项目财务分析、不确定性分析与风险分析、水工程项目经济费用效益分析、设备更新分析、价值工程、水工程建设项目总投资、水工程建设项目造价文件的编制、水工程工程量清单计价等。 教材内容结合了现行的《建设项目经济评价方法与参数》（第三版）、《市政公用设施建设项目经济评价方法与参数》，反映了最新的理论成果、政策法规。 近年来随着市场经济的发展，社会对给排水工程专业人才的要求，特别是"应用型"人才的要求越来越高，本书适当增加了"应用型"人才应掌握的知识点——"给排水工程造价"的内容，结合现行的《建设工程工程量清单计价规范》，强化了与市场经济体制相适应的工程量清单计价内容。 本书将基础理论与工程实践相结合，附有多个实例，希望通过案例教学，培养学生分析问题、解决问题的能力。 本书内容翔实、思路清晰、案例丰富、难易适中，具有很强的针对性和实用性。

　　《水工程经济》涉及工程经济、工程财务和水工程造价三部分内容，内容较多，实际教学时，如限于课时，可结合本校的办学定位及本专业本科人才培养方案，将其中某些章节内容结合具体要求酌情增减。

　　本书由扬州大学朱永恒、丛海兵、吴军共同编著，由朱永恒统稿。 本教材出版得到"教育部高等学校给排水科学与工程专业教学指导分委员会教学改革项目（编号 GPSJZW2019-29）"资助，特此感谢。 在编写过程中，作者参阅和引用了很多专家学者的教材、论著，在此谨致以衷心的感谢。

　　由于编写时间较为仓促，再加编著者水平有限，书中若有不足和不妥之处，敬请广大读者不吝指正。

编著者
2021 年 1 月

目录

第一篇 工程经济学基础

1 绪 论

1.1 工程经济学的产生与发展 …………………………………………………… 1
   1.1.1 工程经济学的含义 ……………………………………………………… 1
   1.1.2 水工程技术与经济的关系 ……………………………………………… 2
   1.1.3 水工程技术经济学科的产生与发展 …………………………………… 2
1.2 水工程经济研究的对象和内容 ……………………………………………… 4
1.3 水工程经济研究的作用和意义 ……………………………………………… 5
1.4 水工程经济研究的流程 ……………………………………………………… 5
复习思考题 …………………………………………………………………………… 6

2 资金的时间价值

2.1 资金的时间价值 ……………………………………………………………… 7
   2.1.1 资金时间价值的概念 …………………………………………………… 7
   2.1.2 资金时间价值的计算 …………………………………………………… 7
2.2 现金流量 ……………………………………………………………………… 10
   2.2.1 现金流量 ………………………………………………………………… 10
   2.2.2 现金流量图 ……………………………………………………………… 10
2.3 等值计算 ……………………………………………………………………… 11
   2.3.1 等值的概念 ……………………………………………………………… 11
   2.3.2 等值计算的基本参数 …………………………………………………… 12
   2.3.3 等值计算的基本公式 …………………………………………………… 12
   2.3.4 等值计算时注意的问题 ………………………………………………… 14
复习思考题 ………………………………………………………………………… 15

3 工程项目经济评价指标及方法　17

3.1 静态评价指标　18
3.1.1 投资回收期　18
3.1.2 投资收益率　19

3.2 动态评价指标　20
3.2.1 净现值、净现值率　21
3.2.2 净年值　22
3.2.3 内部收益率　22
3.2.4 动态投资回收期　24

3.3 投资方案比较与选择　25
3.3.1 评价方案类型　26
3.3.2 独立方案经济评价　26
3.3.3 互斥型方案经济评价　27

复习思考题　33

4 水工程项目财务分析　35

4.1 投资　35
4.1.1 建设项目总投资　35
4.1.2 投资费用所形成的资产　36
4.1.3 资金筹措　37

4.2 成本　38
4.2.1 总成本、经营成本构成　38
4.2.2 折旧费　39
4.2.3 摊销费　40

4.3 水工程项目成本分析与计算　41
4.3.1 基本计算参数　41
4.3.2 给水工程成本费用　41
4.3.3 排水工程成本费用　43

4.4 收入　45

4.5 税金　45
4.5.1 销售税金及附加　45
4.5.2 所得税　46

4.6 利润　47
4.6.1 利润总额　47
4.6.2 净利润　47

4.7　给排水工程销售水价预测 …………………………………………… 47
　　4.8　财务分析 ……………………………………………………………… 48
　　　　4.8.1　财务分析的步骤 ……………………………………………… 48
　　　　4.8.2　财务分析报表 ………………………………………………… 49
　　　　4.8.3　财务分析指标 ………………………………………………… 49
　　　　4.8.4　项目盈利能力分析 …………………………………………… 50
　　　　4.8.5　项目偿债能力分析 …………………………………………… 54
　　　　4.8.6　项目财务生存能力分析 ……………………………………… 57
　　　　4.8.7　财务分析辅助报表 …………………………………………… 58
　　复习思考题 ………………………………………………………………… 62

5　不确定性分析与风险分析　64

　　5.1　盈亏平衡分析 ………………………………………………………… 64
　　　　5.1.1　线性盈亏平衡分析的基本假设 ……………………………… 64
　　　　5.1.2　线性盈亏平衡分析 …………………………………………… 65
　　5.2　敏感性分析 …………………………………………………………… 66
　　　　5.2.1　敏感性分析的概念 …………………………………………… 66
　　　　5.2.2　敏感性分析的步骤 …………………………………………… 67
　　　　5.2.3　单因素敏感性分析 …………………………………………… 68
　　5.3　风险分析 ……………………………………………………………… 70
　　复习思考题 ………………………………………………………………… 74

6　水工程项目经济费用效益分析　75

　　6.1　经济费用效益分析概述 ……………………………………………… 75
　　　　6.1.1　费用效益分析的基本含义 …………………………………… 75
　　　　6.1.2　费用效益分析与财务评价的关系 …………………………… 76
　　　　6.1.3　经济评价的结论 ……………………………………………… 76
　　6.2　费用和效益的识别 …………………………………………………… 77
　　　　6.2.1　效益与费用的概念 …………………………………………… 77
　　　　6.2.2　效益与费用的识别 …………………………………………… 77
　　　　6.2.3　水工程项目的外部效果 ……………………………………… 78
　　6.3　影子价格 ……………………………………………………………… 79
　　　　6.3.1　影子价格的概念 ……………………………………………… 79
　　　　6.3.2　影子价格的确定 ……………………………………………… 80
　　6.4　费用效益分析参数及指标 …………………………………………… 82
　　　　6.4.1　费用效益分析参数 …………………………………………… 82

6.4.2 费用效益分析指标 ……………………………………………………… 83
6.5 费用效益分析报表 ………………………………………………………… 84
　　6.5.1 费用效益分析报表 ………………………………………………… 84
　　6.5.2 费用效益分析报表编制 …………………………………………… 84
复习思考题 ……………………………………………………………………… 85

7 设备更新分析

7.1 设备更新分析概述 ………………………………………………………… 87
　　7.1.1 设备更新定义 ……………………………………………………… 87
　　7.1.2 设备磨损 …………………………………………………………… 87
　　7.1.3 设备磨损的补偿 …………………………………………………… 88
　　7.1.4 设备更新分析的原则 ……………………………………………… 88
7.2 设备经济寿命 ……………………………………………………………… 89
　　7.2.1 设备寿命的种类 …………………………………………………… 89
　　7.2.2 设备经济寿命确定 ………………………………………………… 90
7.3 设备更新分析 ……………………………………………………………… 92
　　7.3.1 原型设备更新分析 ………………………………………………… 92
　　7.3.2 新型设备更新分析 ………………………………………………… 92
复习思考题 ……………………………………………………………………… 93

8 价值工程

8.1 价值工程概述 ……………………………………………………………… 94
　　8.1.1 价值工程的概念 …………………………………………………… 94
　　8.1.2 价值工程的特点 …………………………………………………… 95
　　8.1.3 提高价值的途径 …………………………………………………… 95
8.2 价值工程工作程序和基本方法 …………………………………………… 96
　　8.2.1 价值工程的工作程序 ……………………………………………… 96
　　8.2.2 价值工程的对象选择 ……………………………………………… 97
　　8.2.3 信息资料的收集 …………………………………………………… 99
　　8.2.4 功能分析 …………………………………………………………… 100
　　8.2.5 功能评价 …………………………………………………………… 101
　　8.2.6 方案创造与评价 …………………………………………………… 103
复习思考题 ……………………………………………………………………… 104

第二篇 给排水工程估价

9 水工程建设项目总投资 　　105

9.1 基本建设概述 　　105
9.1.1 基本建设的概念 　　105
9.1.2 基本建设的分类 　　105
9.1.3 基本建设的内容 　　106
9.1.4 基本建设程序 　　107

9.2 工程概预算 　　109
9.2.1 工程概预算概念及其分类 　　109
9.2.2 其他工程造价经济文件 　　111

9.3 工程建设项目的构成 　　111
9.3.1 建设项目 　　112
9.3.2 单项工程 　　112
9.3.3 单位工程 　　112
9.3.4 分部工程 　　112
9.3.5 分项工程 　　113

9.4 工程建设项目概预算文件的组成 　　113
9.4.1 建设项目总概预算 　　113
9.4.2 单项工程综合概预算 　　114
9.4.3 单位工程概预算 　　114

9.5 工程建设项目总投资的构成 　　114
9.5.1 工程费用 　　114
9.5.2 工程建设其他费用 　　115
9.5.3 预备费 　　119
9.5.4 固定资产投资方向调节税 　　119
9.5.5 建设期贷款利息 　　119
9.5.6 铺底流动资金 　　120

9.6 建筑安装工程费用项目组成 　　120
9.6.1 按费用构成要素划分 　　120
9.6.2 按工程造价形成划分 　　123

复习思考题 　　125

10 水工程建设项目造价文件的编制 　　126

10.1 水工程建设项目投资估算 　　126

        10.1.1 投资估算的阶段划分 …………………………………… 126
        10.1.2 投资估算文件的编制依据 …………………………… 127
        10.1.3 投资估算文件的组成 ………………………………… 127
        10.1.4 投资估算文件的编制方法 …………………………… 129
    10.2 水工程建设项目设计概算 ……………………………………… 140
        10.2.1 设计概算的编制依据 ………………………………… 141
        10.2.2 设计概算的编制内容 ………………………………… 141
        10.2.3 设计概算的编制方法 ………………………………… 141
    10.3 水工程建设项目施工图预算 …………………………………… 144
        10.3.1 施工图预算的编制依据 ……………………………… 145
        10.3.2 施工图预算的编制内容 ……………………………… 145
        10.3.3 施工图预算的计价模式 ……………………………… 145
        10.3.4 施工图预算的编制程序 ……………………………… 146
    10.4 工程量清单及计价 ……………………………………………… 147
        10.4.1 工程量清单编制 ……………………………………… 147
        10.4.2 工程量清单计价 ……………………………………… 152
        10.4.3 招标控制价的编制 …………………………………… 157
    10.5 施工资源的消耗量及价格 ……………………………………… 157
        10.5.1 建设工程定额 ………………………………………… 157
        10.5.2 施工资源的价格 ……………………………………… 161
    复习思考题 ………………………………………………………………… 162

11 给排水工程

    11.1 给排水管道 ……………………………………………………… 164
        11.1.1 工程量清单项目 ……………………………………… 164
        11.1.2 综合单价确定 ………………………………………… 166
    11.2 支架及其他 ……………………………………………………… 168
        11.2.1 工程量清单项目 ……………………………………… 168
        11.2.2 综合单价确定 ………………………………………… 169
    11.3 管道附件 ………………………………………………………… 170
        11.3.1 工程量清单项目 ……………………………………… 170
        11.3.2 综合单价确定 ………………………………………… 173
    11.4 卫生器具 ………………………………………………………… 174
        11.4.1 工程量清单项目 ……………………………………… 174
        11.4.2 综合单价确定 ………………………………………… 175
    11.5 给排水设备 ……………………………………………………… 177

		11.5.1 工程量清单项目	177
		11.5.2 综合单价确定	178
	11.6	计取有关费用的规定	179
	11.7	措施项目	180
		11.7.1 单价措施项目	180
		11.7.2 总价措施项目	182
	11.8	给排水工程造价实例	182
	复习思考题		203

▶ 12 消防工程　　205

12.1	水灭火系统	205
	12.1.1 工程量清单项目	205
	12.1.2 综合单价确定	207
12.2	措施项目	209
	12.2.1 单价措施项目	209
	12.2.2 总价措施项目	210
复习思考题		210

▶ 13 刷油、防腐蚀、绝热工程　　211

13.1	刷油工程	211
	13.1.1 工程量清单项目	211
	13.1.2 综合单价确定	212
13.2	防腐蚀涂料工程	214
	13.2.1 工程量清单项目	214
	13.2.2 综合单价确定	215
13.3	绝热工程	216
	13.3.1 工程量清单项目	216
	13.3.2 综合单价确定	218
13.4	计取有关费用的规定	219
13.5	措施项目	219
	13.5.1 单价措施项目	219
	13.5.2 总价措施项目	220
复习思考题		220

▶ 14 市政给排水工程　　221

| 14.1 | 土方工程 | 221 |

  14.1.1　工程量清单项目 …………………………………………………… 221
  14.1.2　综合单价确定 ……………………………………………………… 227
 14.2　管道铺设 ………………………………………………………………………… 230
  14.2.1　工程量清单项目 …………………………………………………… 230
  14.2.2　综合单价确定 ……………………………………………………… 232
 14.3　管件、阀门及附件安装 ………………………………………………………… 236
  14.3.1　工程量清单项目 …………………………………………………… 236
  14.3.2　综合单价确定 ……………………………………………………… 237
 14.4　支架制作及安装 ………………………………………………………………… 238
  14.4.1　工程量清单项目 …………………………………………………… 238
  14.4.2　综合单价确定 ……………………………………………………… 239
 14.5　管道附属构筑物 ………………………………………………………………… 239
  14.5.1　工程量清单项目 …………………………………………………… 239
  14.5.2　综合单价确定 ……………………………………………………… 240
 14.6　水处理构筑物 …………………………………………………………………… 243
  14.6.1　工程量清单项目 …………………………………………………… 243
  14.6.2　综合单价确定 ……………………………………………………… 246
 14.7　水处理专用设备 ………………………………………………………………… 248
  14.7.1　工程量清单项目 …………………………………………………… 248
  14.7.2　综合单价确定 ……………………………………………………… 250
 14.8　通用设备安装 …………………………………………………………………… 252
  14.8.1　工程量清单项目 …………………………………………………… 252
  14.8.2　综合单价确定 ……………………………………………………… 253
 14.9　钢筋工程 ………………………………………………………………………… 254
  14.9.1　工程量清单项目 …………………………………………………… 254
  14.9.2　综合单价确定 ……………………………………………………… 254
 14.10　措施项目 ……………………………………………………………………… 255
  14.10.1　单价措施项目 …………………………………………………… 255
  14.10.2　总价措施项目 …………………………………………………… 259
 14.11　工程实例 ……………………………………………………………………… 260
 复习思考题 …………………………………………………………………………… 270

▶附录　　271

 附录一　某工程投资概算表 …………………………………………………………… 271
 附录二　复利系数表 …………………………………………………………………… 273

▶参考文献　　281

第一篇 工程经济学基础

1 绪 论

1.1 工程经济学的产生与发展

1.1.1 工程经济学的含义

工程经济学（Engineering Economics）是工程与经济的交叉学科，是研究工程技术实践活动经济效果的学科。工程经济学涉及两个大领域，即工程学科与经济学科。在经济社会中，一个项目或产品若能获得成功，取决于两个方面：一是技术上可行，二是经济上合理。人们为了获得成功进行了不懈的探索，积累了丰富的经验，同时在探索过程中又极大地推动了这两个学科的发展。

要了解工程经济学的含义，首先应了解工程、技术和经济等基本概念。

工程是指将自然科学原理应用于生产实践所形成的各学科，如土木工程、机械工程等。它是应用基础科学的原理，结合生产实践中所积累的技术经验而发展出来的，其目的在于利用和改造自然来为人类服务。工程常指基于这些学科的具体生产过程，如建房、环境治理等；对具体工程项目以及这些生产项目的成果也泛称为工程。本书所涉及的工程属于比较狭义的工程概念，是指具体工程项目以及这些生产项目的成果等。

技术科学是按自然科学原理应用于生产实践的应用科学。技术常作为技术科学一词的简称，多指技术科学成果的工艺操作方法和生产的工艺过程或作业程序。其含义比工程更为广泛，可简单地理解为"知识、经验、技能、劳动工具、劳动手段和劳动对象"的总称。

工程技术是指进行工程实践所必需的技术，应用先进的工程技术能创造更好的产品、提供优质的服务，工程技术作为人类进行生产活动的手段具有十分明显的经济目的。

经济有多种含义，建设工程经济中的"经济"通常是指社会生产活动过程中所取得的节约，即社会活动中的合理性。经济学是一门主要研究各种稀缺资源在可供选择的用途中进行合理配置的科学。其要点有以下三个：第一，资源稀缺，如项目资金总是有限的；第二，需要分配资源的用途具有竞争关系，各种用途往往具有排他性；第三，存在决策环节，合理地配置资源需要科学决策。经济学的任务是使各种稀缺的生产资源得到有效的利用，以期获得更加丰富的产品和服务。简单地说，经济学是研究资源配置与充分利用的科学，包括研究资源配置的微观经济学和研究资源利用的宏观经济学。微观经济学研究单个经济单位的经济行为和特征，解决的问题是如何使资源配置达到最优化，即在这种资源配置下能给社会带来最大的经济福利。宏观经济学关注国家经济整体运行方式与规律，即通过研究经济总量、收入、价格水平和失业等要素来分析整体经济行为，研究现有资源未能得到充分利用的原因、达到充分利用的途径以及如何增长等问题。

工程经济学正是建立在工程学和经济学基础之上的一门科学，它是在有限的资源条件下，运用工程学和经济学的基本原理、方法，对多种可行方案进行评价和决策，确定最佳方案的学科。它的目的是以消耗有限资源来完成工程任务，得到最大的经济效益。工程经济学与微观经济学有着紧密的联系。

水工程是全国高等学校给排水科学与工程学科专业指导委员会为推进教学改革和贯彻"加强基础、拓宽专业面"方针，在对给排水工程专业新名称酝酿过程中提出的一个名称。水工程与科学是以水的社会循环为对象，研究水的供给及处理、废水的收集及治理，以及水资源保护及利用的工程应用性学科。"水工程"一词的范围，大体包含了给排水工程、水环境保护工程，以及与之相关的其他水利工程，但仍以给排水工程为主。

水工程经济是水工程技术学与工程经济学的交叉学科，是以水工程项目为对象，以经济学理论为基础，在资源有限的条件下，运用经济分析方法，对水工程项目各种可行方案进行分析比较，选择最佳方案的科学。其核心任务是对水工程项目技术方案进行经济决策。

1.1.2　水工程技术与经济的关系

水工程技术是研究合理利用及保护水资源，设计及建造水处理工程及水输配、收集系统工程，研制水工业产品等过程中所采用的技术，包括水处理原理、水处理工艺、水处理产品以及各类建筑物、构筑物和设备等方面的技术。

在水资源和资金有限的条件下，合理选用水工程技术，达到人们预期的工程效果，这是水工程所追求的目标。在进行水工程经济活动时不能脱离工程技术，因此，水工程经济又可称为水工程技术经济。

从长期来看，经济是水工程技术进步的目的，水工程技术是达到经济目标的手段，是推动经济发展的强大动力。从短期来看，水工程技术和经济之间还存在着相互制约和相互矛盾的一面。有些先进技术需要相应的工程经济条件支撑，需要相应的资源结构与之配合。对于不具备相应条件的地区，这样的先进技术很难发挥应有的效果。城市供水管网供给直饮水，由于其处理成本及输送费用较高，与我国现在的经济发展水平不相适应，使得该技术未能被广泛采用。

总而言之，水工程技术先进必须以经济上合理为基础，否则技术先进就没有实际意义；经济合理则必须以水工程技术上的先进为前提，否则经济合理就难以实现。水工程技术经济的基本任务就是寻求技术与经济相结合的合理关系，选择出技术上先进、经济上合理的最佳方案。

1.1.3　水工程技术经济学科的产生与发展

在利用工程技术服务于人类的过程中，如何在资源有限的条件下，充分利用与合理配置有限资源，最大限度地满足社会需求，这就需要通过合适的方法来选择经济的方案，以达到技术与经济的统一。工程经济学就是在这种背景下产生的。

最早把技术和经济结合在一起的是美国土木工程师亚瑟·M.惠灵顿（Arthur M. Wellington），他在1887年发表的《铁路布局的经济理论》一书中提到，在铁路建设过程中，路线的选择除了坡度、曲率半径等技术参数外，经济性常常是影响方案选择的另一个重要因素。从而提示了工程经济学是一门"少花钱多办事的艺术"。他还在该著作中首次应用资本费用分析法，并引入了利息概念。

对工程经济核心理论有重要贡献的学者是O.B.古德曼（O. B. Goldman），他在1920年出版的专著《财务工程学》一书中提到"有一种奇怪而遗憾的现象，就是许多作者在他们的工程学书籍中没有或很少考虑成本问题，实际上，工程师的最基本职责是分析成本，以达到真正的经济性，获得最佳财务效益。"著作中引入了复利概念计算投资方案的效果，复利法计算投资方案效果至今仍是工程经济学的核心内容之一。

20世纪30年代，E.L.戈兰特（E. L. Grant）出版了教材《工程经济原理》，标志着工程经济学作为一个学科的初步形成。书中论述了古典经济学的局限性，并以复利计算为基础探讨了投资决策的理论和方法。他的理论和贡献得到了社会的承认，从而奠定了工程经济学的基础，他也因此被西方誉为"工程经济学之父"。之后的50~60年代，乔尔·迪安（Joel Dean）提出了分析资源配置中各种影响因素的方法，把贴现的现金流量法应用到资本支出的分析上，至此，工程经济学的基本框架基本形成。1976年，L.布兰克（L. Blank）的专著《工程经济学》出版，该书分四个层面系统介绍了工程经济学的理论与应用，涉及利率与资金时间价值、分析评价工具、项目决策方法与通胀、成本估计、折旧方法、灵敏度分析与风险研究等相关问题，是一部具有较大影响的著作。1982年，J.L.里格斯（J. L. Riggs）出版了专著《工程经济学》，系统阐明了货币的时间价值、经济决策和风险与不确定性分析等，论述了工程经济的核心任务是经济决策方法问题，把工程经济的学科水平向前推进了一大步。

上述经济学者的研究与贡献，促进了工程经济学与相关学科的交流与发展。此后，工程经济学在美国得到进一步的发展，形成了相对完善的理论体系。同时，工程经济学在苏联、英国、日本等国家也得到广泛的重视和应用，各国结合自己国家的研究情况，纷纷推出各自分析工程与经济的方法与学科，使工程经济的内容更加丰富。

我国的工程经济学研究开始于20世纪50年代初期，引进了苏联的投资决策体制，采用了"方案研究""建设建议书""技术经济分析"等类似可行性研究的方法，用于工程的投资效益分析，取得了较好的效果。

20世纪60~70年代，我国基本建设前期工作被严重削弱，很多建设项目违背了经济规律，否定工程经济分析的必要性，不讲经济效益，造成了工程建设项目的巨大经济损失，挫伤了学者和专业技术人员研究应用工程经济学的积极性，从而使我国的工程经济学发展陷入停滞。20世纪80年代开始，我国工程经济学迅速发展，工程经济学的应用和研究又重新受到国家重视，各地高校也将工程经济学列为一些专业的必修课。1983年，原国家计委要求重视投资前期工作，明确规定把项目可行性研究纳入基本建设程序。1985年，原国家科学技术委员会和国务院技术经济研究中心共同出版了《工业建设项目可行性经济评价方法——企业经济评价》，又于1986年出版了《工业建设项目可行性经济评价方法——国民经济评价》。1987年，原国家计委和建设部联合发布了《关于建设项目经济评价工作的暂行规定》，并印发了《建设项目经济评价方法与参数》，至此，我国建设项目有了统一的经济评价方法和报表，并规定了一些评价参数。1986年前后，我国开始利用世界银行贷款，在全国进行一大批城市基础设施项目的建设，比如城市给水项目、城市排水（包括污水处理）项目等。相关规定的实施，对我国规范建设项目管理和加强技术经济分析工作起到了促进作用，我国大中型建设项目可行性研究阶段的经济分析成为常态。1993 年，国家发展改革委建设部发布了《关于建设项目经济评价工作的若干规定》和《建设项目经济评价方法与参数》（第二版）；2006 年，又认真总结实施经验，立足我国国情，借鉴国际上项目经济评价研究成果，本着继承与创新的精神，对原《建设项目经济评价方法与参数》进行了修订，形成了现行的《建设项目经济评价方法与参数》（第三版）。

在给排水工程领域，1983 年起董辅祥教授开设了"给水排水工程技术经济"课程，同时编写了《给水排水工程技术经济》。1989 年由董辅祥教授主持成立了"全国给水系统优化与技术经济研究委员会"，系统地开展有关水工程经济问题的研究。1991 年上海市政工程设计研究院高级工程师沈德康、王德仁等编著出版了《技术经济》一书，阐述了技术经济分析的原理和方法，以及在给排水工程中的应用与研究。1993 年，国家建设部城市建设司牵头组织七个单位编制了《给水排水建设项目经济评价细则》，在《建设项目经济评价方法与参数》的指导下，为城镇给排水建设项目规定了评价方法与参数。2001 年，建设部高等学校给水排水工程学科专业指导委员会发布了给排水工程本科教学专业课程设置的修订结果，增设了"水工程经济"课程。至此，全国各高校给排水工程专业均正式开设了"水工程经济"课程。2002 年由张勤、张建高主编，张杰院士主审，出版了给排水工程专业第一部《水工程经济》教材。2006 年，由王永康、赵玉华、朱永恒主编，董辅祥教授主审，出版了《水工程经济——技术经济分析》教材。2008 年在认真总结市政项目经济评价经验教训的基础上，结合市政行业经济评价的特点，以《建设项目经济评价方法与参数》（第三版）为依据，住房和城乡建设部发布了《市政公用设施建设项目经济评价方法与参数》，至此，全国给排水工程建设项目的经济评价规定了明确的评价方法和经济参数。《市政公用设施建设项目经济评价方法与参数》的颁布，进一步规范了市政公用设施建设项目经济评价工作，提高了经济评价质量和项目决策的科学化水平。

1.2 水工程经济研究的对象和内容

水工程经济是工程经济学在工程技术领域应用的一个分支，其研究重点在于工程经济学理论与方法在水工程中的应用。水工程经济研究的对象是水工程项目的技术经济活动。水工程是国民经济基础结构中的重要基础设施，与国民经济的其他部门有着密不可分的联系，在经济建设和人民生活中起着十分重要的作用，其巨大的效益往往体现在多个部门或行业，以及长远利益上。因而，水工程技术经济所研究的对象，就不仅仅包括水工程本身的经济效果问题，还要涉及水资源、生态环境等技术经济问题。

水工程经济研究的内容涉及水工程项目技术经济活动的多个方面，包括水生产、分配、交换、消费等各个环节，国民经济的各个部门以及水工程项目建设的各个阶段。从建设项目管理的角度看，主要内容包括水工程建设项目的科学决策、水工程项目的后评估。从问题性质的角度看，包括工程经济理论、方法在水工程领域的应用；计算、分析与评价水工程一些特殊的经济效果、环境效果和社会效果的理论与方法研究；水工程技术中一些技术经济规律的探讨；有关评价指标、经济参数的选择，评价方法以及费用函数（经济指标）等方面的基础研究。从水工程所涉及的范围或内容的角度看，包括水资源需求、水资源供需关系的技术经济研究；水资源综合治理、开发利用的技术经济评价；水处理工程的技术经济评价；水的输送、调节、水工程系统调度与控制的技术经济评价；水环境质量标准、水环境质量控制的技术经济评价；水系统节水、节能的技术经济评价；水工程项目经济评价指标的研究；水工程项目外部效益和费用的分摊方法研究；水资源价格、供水水价，以及污水排放和处理收费标准等问题的研究；水工程政策的技术经济研究。

水工程项目的工程经济分析有别于其他建设工程的工程经济分析,因而需要进行有针对性的研究。

1.3 水工程经济研究的作用和意义

水工程项目是国民经济发展的重要物质基础,为了使水工程在资源有限的条件下,发挥最大的经济效益,必须对水工程实施过程中各种技术方案的经济效果进行计算、分析和评价,即进行工程经济研究,其重要意义主要体现在以下三方面。

① 工程经济研究是提高社会资源利用效率的有效途径。人类生活在一个水资源有限的世界上,如何合理分配和有效利用现有的水资源来满足人类的需要,如何使水工程产品以最低的成本可靠地实现产品的必要功能是人类必须考虑和解决的问题。要做出合理分配和有效利用水资源的决策,则必须同时考虑技术与经济各方面的因素,进行水工程经济分析。

② 水工程经济研究是水工业企业生产出物美价廉产品的重要保证。现代社会要求企业的产品具有较高的竞争力,不仅技术要过硬,价格上也要有吸引力。如果只考虑提高质量,不考虑成本,产品价格很高,产品也就卖不出去。降低成本、增加利润,是企业生存和发展的要求,如果工程技术人员不懂经济,不能正确处理技术与经济的关系,在充分竞争的市场经济环境下,企业很难生存和发展。

③ 水工程经济研究是降低项目投资风险的可靠保证。在水工程项目投资前期进行各种技术方案的论证评价,一方面可以在投资前发现问题,并及时采取相应措施;另一方面对于技术经济论证不可行的方案及时否定,从而避免不必要的损失,使投资风险最小化。只有加强水工程经济分析工作,才能降低投资风险,使每项水工程投资获得预期收益。

1.4 水工程经济研究的流程

一个完整的水工程经济分析与评价活动,包括以下六个主要阶段,如图 1.1 所示。

(1) 调查研究,确定目标

首先要确立工作目标,这是方案评价论证的基础。设定的目标要满足人们的需要,只有通过市场调查,寻找经济环境中显性和隐性的需求,才能由需求形成问题,由问题产生目标,然后依照目标去寻求最佳方案。

(2) 寻找关键要素

关键要素即实现目标的制约因素,确定关键要素是水工程经济分析的重要一环。只有找到了主要矛盾,确定了系统的各种关键要素,才有可能采取有效措施,为目标的实现扫清道路。

(3) 穷举方案

为达到已确立的目标,综合考虑相关制约因素,可采取各种不同途径,提出多种可供选择的潜在方案。

(4) 评价方案

对提出的各种备选方案进行评价,首先要使不同方案具

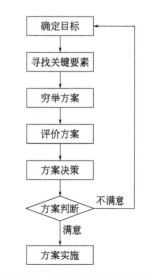

图 1.1 水工程经济分析流程

有可供比较的基础，要根据评价的目标要求来建立方案的指标体系，将参与分析的各种因素定量化；其次，将方案的投入和产出转化为统一的用货币表示的收益和费用，即确定各对比方案的现金流量，然后通过数学手段进行综合运算、分析对比，从中选出最优方案。

（5）方案决策

决策是在若干方案中选择确定最优方案的过程。决策对工程项目建设的效果具有决定性影响。在决策时，工程技术人员、经济分析人员和决策者应特别注重信息交流和沟通，减少由于信息不对称带来的分歧，使得各方人员充分了解各方案的工程经济特点和各方面的效果，提高决策的科学性和有效性。

（6）方案判断

对决策方案的判断有满意和不满意两种结果，满意则方案根据需要实施，不满意则需要重新进行方案的构思或修改，在对各种方案重新分析计算的基础上，再进行定量和定性分析比较，选出最优方案，对其进行判断，重复过程直至满意为止。

复习思考题

1. 简述水工程经济的产生与发展。
2. 简述水工程经济研究的内容。
3. 简述水工程经济研究的作用和意义。
4. 简述水工程经济研究的流程。

2 资金的时间价值

2.1 资金的时间价值

2.1.1 资金时间价值的概念

在日常生活中，今天的 100 元钱是否等于 1 年后同一天的 100 元呢？答案是否定的，因为资金具有时间价值。

2.1.1.1 资金时间价值的概念

资金的时间价值，又称货币时间价值（Time Value of Money），是资金在使用和流通过程中随时间的推移而产生的增值，增值的这部分价值就是原有资金的时间价值，它是关于时间的函数。

资金具有时间价值并不意味着有了资金就会无条件地随着时间的推移而增值，资金的增值必须基于人们对货币资金的使用，在生产和流通过程中与劳动相结合，给投资者带来利润，才会产生增值。其实质是再生产过程中劳动者创造的价值。资金的这种增值采取了随时间推移而增值的外在形式，故称之为资金的时间价值。

2.1.1.2 影响资金时间价值的因素

影响资金时间价值的因素有很多，其中主要因素有以下几点。

① 资金的使用时间。在资金增值率（利率）一定的条件下，资金的使用时间越长，资金的时间价值就越大，反之就越小。

② 资金数量的大小。在其他条件不变的情况下，资金的数量越多，资金的时间价值越大；反之，资金的时间价值越小。

③ 投资利润率。即单位投资所能获得的利润。这是支配投资行为的诱因，投资利润率高，资金时间价值就大，反之就小。

资金数量、使用时间、投资利润率是获取收益的三个关键的因素，缺一不可。评价一个投资方案的优劣，必须同时考虑这三者及其之间的关系，即必须考虑资金时间价值。这种考虑了资金时间价值的经济分析方法，使方案的评价和选择变得更加现实和可靠，是建设工程经济学讨论的重要内容之一。

2.1.2 资金时间价值的计算

技术经济分析中，资金时间价值的计算方法与银行利息的计算方法相同，利息和利率是资金时间价值的一种重要表现形式。

2.1.2.1 利率和利息

① 利息（Interest）是指资金借贷过程中，债务人支付给债权人超过原借贷金额的部分，其本质是由贷款发生利润的一种再分配。通俗地说，利息是占用资金所付出的代价，或者是放弃使用资金所得到的补偿，是衡量资金时间价值的绝对尺度。利息的计算公式如下：

$$I_n = F_n - P \tag{2.1}$$

式中 I_n——n 期末利息总额；
F_n——n 期末本金和利息的总和，即本利和；
P——本金。

② 利率（Interest Rate）是指一个计息周期内所得的利息与借款本金之比。通常用百分数表示，是衡量资金时间价值的相对尺度。

$$i = \frac{I_1}{P} \times 100\% \tag{2.2}$$

式中 i——利率；
I_1——单位时间内的利息。

用于表示计算利息的时间单位称为计息周期。计息周期可以是年、半年、季、月等。通常的计息周期是年。

【例 2-1】 某企业年初借入流动资金 1000 万元，一年后付息 80 万元，试求这笔流动资金借款的年利率。

【解】 根据式(2.2) 计算这笔流动资金借款的年利率为：

$$i = \frac{80}{1000} \times 100\% = 8.0\%$$

2.1.2.2 单利和复利

利息计算有单利（Simple Interest）和复利（Compound Interest）之分，当计息次数大于 1 时，就需要考虑单利与复利的问题。

① 单利：是指在计算利息时，仅用本金计算利息，即本金生息，利息不生息。
n 期末单利本利和、利息计算公式：

$$F_n = P(1+ni) = P + I_n \tag{2.3}$$

$$I_n = Pni \tag{2.4}$$

式中 F_n——本利和；
P——本金；
i——利率；
I_n——n 期末利息总额；
n——计算利息的周期数，即计息次数。

② 复利：指在计算利息时，某一计息周期的利息是由本金加上先前周期所累积利息总额来计算的计息方式。不仅本金计算利息，利息到期不付也要计算利息，即"利滚利"。

现有资金 P，年利率 i，根据复利的定义，n 年后的本利和计算过程如下：

第 1 年：$F_1 = P + I_1 = P + Pi = P(1+i)$

第 2 年：$F_2 = F_1 + F_1 i = F_1(1+i) = P(1+i)^2$

⋮

第 n 年：$F_n = F_{n-1} + F_{n-1} i = F_{n-1}(1+i) = P(1+i)^{n-1}(1+i) = P(1+i)^n$

故 n 期末复利本利和、利息计算公式：
$$F_n=P(1+i)^n=P+I_n \tag{2.5}$$
$$I_n=P[(1+i)^n-1] \tag{2.6}$$
式中各字母含义同上。

【例 2-2】 某企业借入 1000 万元用于企业扩建，合同规定年利率 6%，借期 3 年。分别按单利计息、复利计息，计算 3 年后应还的利息及本利和。

【解】 单利：$F_n=P(1+ni)=1000\times(1+3\times6\%)=1180$（万元）
$I_n=Pni=1000\times3\times6\%=180$（万元）

复利：$F_n=P(1+i)^n=1000\times(1+6\%)^3=1191.02$（万元）
$I_n=P[(1+i)^n-1]=1000[(1+6\%)^3-1]=191.02$（万元）

从上例可以看出：同一笔借款在利率和计息期均相同的情况下，用复利计算的利息金额比用单利计算的大 11.02 万元。如果本金越大，利率越高，年数越多，两者的差距越大，差额所反映的就是利息的资金时间价值。复利法的思想符合社会再生产过程中资金运动的规律，完全体现了资金的时间价值。

我国现行的财税制度规定：投资贷款实行差别税率按复利计算，而为了储户方便，存款实行差别税率按单利计算。

2.1.2.3 名义利率和实际利率

在复利计算中利率周期通常以年为单位。但在实际经济活动中，计息周期不一定以一年为周期，有时也可按月、季或半年为周期，当利率周期与计息周期不一致时，就出现了名义利率（Nominal Interest Rate）和实际利率（Real Interest Rate）（或有效利率）的概念。

当年利率相同，而计息周期不同时，其利息是不同的。

设将一年分为 m 个计息期，每个计息期利率为 i，则名义年利率为
$$r=mi \tag{2.7}$$
实际年利率为
$$i_{实际}=\left(1+\frac{r}{m}\right)^m-1 \tag{2.8}$$

例如，设以一个季度为计息期，季利率 $i=1.28\%$，一年内共计息 4 次，则名义年利率为
$$r=mi=4\times1.28\%=5.12\%$$
实际年利率为
$$i_{实际}=\left(1+\frac{r}{m}\right)^m-1=\left(1+\frac{5.12\%}{4}\right)^4-1=5.22\%$$

【例 2-3】 设名义年利率 $r=10\%$，确定以年、半年、季、月为计息周期的实际年利率。

【解】 以年、半年、季、月为计息周期的实际年利率见表 2.1。

表 2.1 名义利率和实际利率关系

名义年利率 r	计息期	年计息次数 m	计息期利率 i	实际年利率 $i_{实际}$
10%	年	1	10%	10%
	半年	2	5%	10.25%
	季	4	2.5%	10.38%
	月	12	0.833%	10.47%

在名义利率不变的条件下，实际计息期越短，计息次数越多，则实际利率与名义利率的差距越大。经济评价时，应将名义利率换算为实际利率后再进行计算和比较。

通常所说的年利率都是指名义利率。如果后面不对计息周期加以说明，则表示一年计息一次，此时的年利率就是实际年利率。

2.2 现金流量

2.2.1 现金流量

在进行工程经济分析时，可把所分析的投资方案或项目视为一个系统，对特定的经济系统而言，投入资金、花费成本、获取收益，均可看成是以货币形式发生的资金流入或资金流出，形成现金流量。

现金流量（Cash Flow）是指某特定的经济系统在一定时期各时间点上实际发生的现金流入或现金流出。通常定义流入系统的资金称为现金流入，为正值，用 CI 表示。流出系统的资金称为现金流出，为负值，用 CO 表示；同一时点上现金流入与流出的代数和称为净现金流量（Net Cash Flow），用 NCF 表示。即：

$$NCF_t = CI_t - CO_t \tag{2.9}$$

式中　NCF_t——t 时点的净现金流量；

CI_t——t 时点的现金流入；

CO_t——t 时点的现金流出。

现金流量一般以计息期为时间计量单位。净现金流量可能为正值、负值或为零，"正"值表示流入大于流出，"负"值则表示流入小于流出。现金流量与发生的时间相对应，具有时间性。

工程经济分析的任务就是要根据所考察系统的预期目标和所拥有的资源条件，分析该系统的现金流量情况，选择合适的技术方案，以获得最大的经济效果。

现金流量的内涵和构成因工程经济分析的范围和方法的不同而不同。在工程项目财务评价时，按现行财税制度和市场价格确定的现金流量，称为财务现金流量。在工程项目国民经济评价时，从国民经济角度出发，按资源优化配置原则和影子价格确定国民经济效益费用流量。有关现金流量构成参见后面章节有关内容。

2.2.2 现金流量图

一个工程项目的建设和实施一般都要经历较长一段时间，从项目发生第一笔资金开始到项目终结为止的时间称为项目的寿命期。在这个时间内，不同的时间点上发生的现金流量种类繁多、大小各异，有的属于现金流入，有的属于现金流出。为了便于分析，通常用图的形式来表示各个时间点上发生的现金流量。

2.2.2.1 现金流量图的概念

现金流量图（Cash Flow Diagrams）是表示某一特定系统各时间点的现金流入、流出的一种图示。即把系统的现金流量绘入一时间坐标图中，表示出各现金流入、流出与相应时间点的对应关系。如图 2.1 所示。运用现金流量图，可以全面、形象、直观地表达经济系统的资金运动状态。

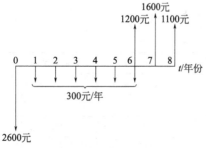

图 2.1　现金流量图

2.2.2.2 现金流量图的绘制方法

① 绘制一个二维坐标矢量图，横轴表示时间。时间轴上标注时间点，坐标原点 0 表示时间序列的起点（也称基准点），每一个刻度表示一个时间单位，一般以年表示。每个计息期的终点亦为下一计息周期的起点。

② 纵轴表示现金流入或现金流出。垂直于时间坐标的有向线段表示不同时间点的现金流量的大小和方向。在横轴上方箭头向上箭线表示现金流入，即收入；在横轴下方箭头向下箭线表示现金流出，即费用。线段的长度代表现金流量的大小，箭头末端应标明现金流量金额。

③ 现金流量的方向（流出与流入）是对特定系统而言的，贷款方的流入就是借款方的流出；反之亦然。因此，现金流量图因借贷双方"立脚点"不同而不同。

【例 2-4】 某人向银行贷款 200 万元，年利率 10%，期限 5 年，第 5 年末还本付息，分别从借款人、贷款人的角度画出现金流量图。

【解】 借款人的角度，现金流量图为图 2.2(a)；贷款人的角度，现金流量图为图 2.2(b)。

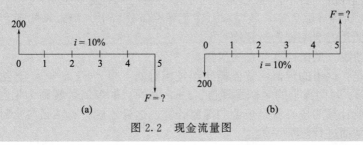

图 2.2 现金流量图

现金流量可以发生在一个计息期的任一时间点，可以是期初，也可能是期末，为便于计算上的方便和统一，工程经济分析中常用的是：建设期的投资标在期初（0 期），生产期的流入和流出均标在期末。而在项目财务评价中常用的是：时间点标注遵循期末习惯假设，无论现金的流入还是流出均标示在期末。注意两种标示的不同而导致现金流量图的差异。

总而言之，要正确绘制现金流量图，必须把握好现金流量的三要素，即现金流量的大小（资金数额）、方向（资金流入或流出）和作用点（资金的发生时间点）。

2.3 等值计算

由于资金时间价值的存在，相同数额的资金在不同时间点上具有不同的价值，无法直接加以比较。在技术方案比选时，需要对投资方案的各项投资与收益进行对比，而这些投资或收益往往发生在不同的时期，于是就必须将其按照一定的利率折算至某一相同时间点，进行等值计算，使之具有可比性。

2.3.1 等值的概念

所谓资金的等值是指在考虑资金时间价值的前提下，不同的时间点发生的绝对值不等的资金具有相等的经济价值。例如，年利率为 4.5%，则今年的 100 元钱与明年的 104.5 元是相等的。由此可见，运用资金的等值原理，可以将不同时间点发生的资金换算至某一相同时间点，比较换算之后的资金数值大小。

影响资金等值的因素有三个：资金额的大小、资金发生的时间、利率的高低。其中，利率是关键性因素。在进行资金等值计算时，必须以相同利率作为计算依据，否则资金价值不具有可比性。

2.3.2 等值计算的基本参数

① P：现值（Present Value）。表示资金发生在某一特定时间序列起始点上的价值，即现在的价值。在现金流量图中，它表示 0 点的投资数额，或投资项目未来某一时期的现金流量折算到 0 点时的价值。在利息计算中一般代表本金。

折现计算法是评价投资项目经济效果经常采用的一种基本方法，将某一时间点处资金的时值折算为现值的过程称为折现。折现的过程即将一个时间点上的现金流量"从后往前"算到分析时间段的期初点。

② F：终值（Future Value）。终值又称未来值，表示资金发生在某一特定时间序列终点上的价值。其含义是指期初投入或产出的资金换算为计算期末的期终值，即期末本利和。求终值的过程即为将一个时间点上的现金流量"从前往后"算到分析时间段的期末点。

③ A：等额年金。即在某一特定时间序列期内，每隔相同时间（一个计息周期）收支的等额款项。在工程经济分析中，若无特殊说明，一般约定 A 发生在期末。

④ i：利率、折现或贴现率、收益率。在工程经济分析中，把未来的现金流量折算为现在的现金流量时所使用的利率称为折现率。

⑤ n：计息期数。是指计算利息的次数。

需要注意的是：这里的现值、终值概念都是相对的。将 $t+k$ 时间点上发生的资金折现到第 t 时间点，则第 t 时间点上的金额是现值，$t+k$ 时间点的等值金额则为相应的终值。

资金时间价值计算的核心就是资金的等值计算，这样才能计算项目各个时期发生的现金流量的真实价值，从而进行经济评价。

2.3.3 等值计算的基本公式

资金时间价值计算为复利计算，下面分一次支付（也称整付）和等额支付两种类型进行介绍。

2.3.3.1 一次支付类型

一次支付是指现金流量的流入或流出均在一个时间点上一次发生。一次支付现金流量图如图 2.3 所示。

图 2.3 一次支付现金流量图

(1) 一次支付终值

一次支付终值，也称整付终值，即已知现值 P 求终值 F。计算公式为：

$$F = P(1+i)^n = P(F/P, i, n) \quad (2.10)$$

式中，$(1+i)^n$ 为一次支付终值系数，简记为 $(F/P, i, n)$。

(2) 一次支付现值

一次支付现值，也称整付现值，即已知终值 F 求现值 P。计算公式为：

$$P = F(1+i)^{-n} \quad (2.11)$$

式中，$(1+i)^{-n}$ 为一次支付现值系数或贴现系数，简记为 $(P/F, i, n)$，上式可改写为如下形式：

$$P = F(P/F, i, n) \quad (2.12)$$

显然，一次支付现值系数和一次支付终值系数互为倒数。

在工程经济分析中，现值比终值使用得更为广泛。

【例 2-5】 某公司向银行贷款 1000 万元，年利率 10%，期限 5 年，5 年末还本付息，试问 5 年后偿还的金额是多少？

【解】 $P=1000$ 万元，$i=10\%$，$n=5$，由式(2.12)得出：
$$F=P(1+i)^n=1000\times(1+10\%)^5=1610.51(万元)$$

2.3.3.2 等额支付类型

在工程实践中，多次支付是最常见的支付形式。此时，现金流入和流出在多个时间点上发生，而不是集中在某个时间点上。等额年金支付是多次支付形式中的一种。当现金流量序列是连续的，且数额相等时，则称之为等额支付现金流量。

(1) 等额支付终值

等额支付终值，是已知等额序列值 A，求终值 F。现金流量图如图 2.4 所示。

等额支付终值的计算公式为：

第 1 年：$F_1=A(1+i)^{n-1}$

第 2 年：$F_2=A(1+i)^{n-2}$

⋮

第 n 年：$F_n=A(1+i)^0$

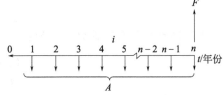

图 2.4 等额支付终值现金流量图

则：$\quad F=A(1+i)^{n-1}+A(1+i)^{n-2}+\cdots+A(1+i)^0$

以 $(1+i)$ 乘上式，可得：
$$F(1+i)=A(1+i)^n+A(1+i)^{n-1}+\cdots+A(1+i)^1$$

减去前式，可得：
$$Fi=A(1+i)^n-A(1+i)^0=A[(1+i)^n-1]$$

故：
$$F=A\frac{(1+i)^n-1}{i}=A(F/A,i,n) \tag{2.13}$$

式中，$\dfrac{(1+i)^n-1}{i}$ 为等额支付终值系数，简记为 $(F/A,i,n)$。

【例 2-6】 某投资人若 10 年内每年年末向银行存入 10000.0 元，年利率为 8%，假定按复利计算，问 10 年末本利和为多少？

【解】 该问题是等额支付资金终值问题。根据式(2.13)，10 年末本利和为：
$$F=A\frac{(1+i)^n-1}{i}=10000\times\frac{(1+8\%)^{10}-1}{8\%}=144866(元)$$

(2) 等额支付偿债基金

等额支付偿债基金的含义是：为了筹集未来 n 年后所需的一笔资金 F，需在每个计息期期末等额存入一笔定额资金 A，即已知终值 F，求年金 A。其计算公式为：
$$A=F\frac{i}{(1+i)^n-1}=F(A/F,i,n) \tag{2.14}$$

式中，$\dfrac{i}{(1+i)^n-1}$ 为等额支付偿债基金系数，简记为 $(A/F,i,n)$。

显然，等额支付偿债基金系数和等额支付终值系数互为倒数。

【例 2-7】 某厂欲积累一笔设备更新基金,用于第 4 年年末更新设备。预计此项设备投资总额为 500 万元,银行利率为 12%,问每年年末至少要等额存入银行多少钱?

【解】 这是一个偿债基金问题,该企业每年应投入的定额资金为:

$$A = F\frac{i}{(1+i)^n - 1} = 500 \times \frac{12\%}{(1+12\%)^4 - 1} = 104.6 (万元)$$

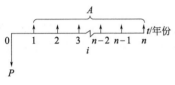

图 2.5 等额支付现值现金流量图

(3) 等额支付现值

等额支付现值,是已知等额序列值 A,求现值 P。现金流量图如图 2.5 所示。

由式(2.13) 可知:

$$F = A\frac{(1+i)^n - 1}{i}$$

由式(2.10) 可知: $F = P(1+i)^n$

则等额支付现值的计算公式为:

$$P = A\frac{(1+i)^n - 1}{i(1+i)^n} = A(P/A, i, n) \tag{2.15}$$

式中,$\frac{(1+i)^n - 1}{i(1+i)^n}$ 为等额支付现值系数,简记为 $(P/A, i, n)$。

【例 2-8】 设一公司计划投资某项目,预计 6 年内每年年终获得收益 100 万元,投资收益率为 11%。试问该公司初期的计划投资额是多少?

【解】 该问题是等额支付现值问题。根据式(2.15),该公司当初的投资额为:

$$P = A\frac{(1+i)^n - 1}{i(1+i)^n} = 100 \times \frac{(1+11\%)^6 - 1}{11\% \times (1+11\%)^6} = 423.05 (万元)$$

(4) 等额支付资金回收

资金回收是已知现值 P,求等额序列金额 A。即已知投资现额 P,投资收益率 i,求在 n 年内每年年末应等额回收的金额 A。资金回收计算公式为:

$$A = P\frac{i(1+i)^n}{(1+i)^n - 1} = P(A/P, i, n) \tag{2.16}$$

式中,$\frac{i(1+i)^n}{(1+i)^n - 1}$ 为等额支付资金回收系数,简记为 $(A/P, i, n)$。

显然,等额支付现值系数和等额支付资金回收系数互为倒数。

【例 2-9】 某同学上大学时,家里一次性为其存入银行 4 万元,假定年利率为 5%,则该同学在 4 年大学期间,每年末可从银行取出多少钱?

【解】 该问题是等额支付资金回收问题。根据式(2.16),每年末可从银行取出:

$$A = P\frac{i(1+i)^n}{(1+i)^n - 1} = 4 \times \frac{5\%(1+5\%)^4}{(1+5\%)^4 - 1} = 1.128 (万元)$$

2.3.4 等值计算时注意的问题

本节主要介绍了等值计算的有关公式。为了便于理解和记忆,现将以上 6 个公式汇总于表 2.2 中。

表 2.2　等值计算公式换算系数汇总

系数名称		已知资金	所求资金	换算系数	系数代号
一次支付	终值系数	P	F	$(1+i)^n$	$(F/P,i,n)$
	现值系数	F	P	$(1+i)^{-n}$	$(P/F,i,n)$
等额支付	终值系数	A	F	$\dfrac{(1+i)^n-1}{i}$	$(F/A,i,n)$
	偿债基金系数	F	A	$\dfrac{i}{(1+i)^n-1}$	$(A/F,i,n)$
	现值系数	A	P	$\dfrac{(1+i)^n-1}{i(1+i)^n}$	$(P/A,i,n)$
	资金回收系数	P	A	$\dfrac{i(1+i)^n}{(1+i)^n-1}$	$(A/P,i,n)$

从表 2.2 中可以看出，各种系数之间具有以下关系：
① 一次支付复利终值系数与一次支付现值系数互为倒数；
② 等额支付终值系数与等额支付偿债基金系数互为倒数；
③ 等额支付现值系数与等额支付资金回收系数互为倒数；
④ 等额支付资金回收系数＝等额支付偿债基金系数＋i，
即：$(A/P,i,n)=(A/F,i,n)+i$

应用等值公式时，注意以下几点：
① 对于技术方案的建设投资，均发生在方案的每个计息期初（0 期）。
② 技术方案实施过程中的经常性支出，均发生在方案的每个计息期末。
③ 本期末即等于下期初，0 点就是第一期初，也叫零期。
④ P 在第一计息期开始时（0 期）发生；F 在考察期末发生，即在 n 年年末发生；各期的等额支付 A 发生在各期期末。
⑤ 当问题包括 P 与 A 时，系列的第一个 A 与 P 隔一期，即 P 发生在系列 A 的前一期，如图 2.5 所示；当问题包括 A 与 F 时，系列的最后一个 A 是与 F 同时发生的，如图 2.4 所示。

在工程经济分析中，现值比终值使用更为广泛。因为用终值进行分析，会使人感到评价结论的可信度较低；而用现值概念容易被决策者接受。为此，在工程经济分析时应当注意以下两点：
① 正确选择折现率。折现率是决定现值大小的一个重要因素，在未来收益额一定的情况下，折现率越高，收益现值越低。折现率的微小变化，会造成现值结果的巨大差异。必须根据实际情况科学确定。
② 合理分布现金流量。从收益的角度看，收益获得的时间越早、数额越大，其现值也越大，因此，应使建设项目早日投产、达产，才能达到最佳经济效益；从投资角度看，投资支出的时间越晚、数额越小，其现值也越小。因此，应合理分配各年投资额，在不影响项目正常实施的前提下，尽量减少建设初期投资额，加大建设后期投资比重。

复习思考题

1. 什么是现金流量？什么是现金流量图？构成现金流量图的基本要素有哪些？
2. 什么是名义利率和实际利率？两者有何关系？

3. 某公司现在一次性存入存款 P 万元，存款期限 10 年，该公司若希望 10 年后本利和是现在存款的 2 倍，应选择年利率为多少？

4. 某人向银行借款 2 万元，约定 4 年后归还。若银行借款年利率为 5.0%，试分别用单利和复利计息计算 4 年后此人应还给银行多少钱。

5. 某工程投资 100 万元，第三年建成投产，投产后每年净收益 300 万元，第 5 年年初追加投资 500 万元，当年见效且每年净收益增加为 750 万元。该项目计算期为 10 年，无残值，请绘制该项目的现金流量图。

6. 某工程基建 5 年，于每年年初投资 200 万元，年利率 5%，每半年计息一次，试计算投资期初的现值及第 5 年末的终值。

7. 赵先生向银行申请住房贷款，贷款 40 万元，贷款期限 20 年。银行贷款利率为 6%，按月计息。如果赵先生每月等额还款，每月应还给银行多少钱？

8. 某企业贷款 200 万元投资建设一个项目，3 年建成并投产，从第 4 年开始用每年的收益来等额偿还贷款，分 10 年还完，贷款年利率为 7%。问该企业每年等额偿还多少钱给银行？

9. 从现在起若每年年末存入银行 4 万元，连续存 7 年，按年利率 7% 计息，7 年末可得多少钱？若是每年年初存入 4 万元，7 年末可得多少钱？

3 工程项目经济评价指标及方法

任何一个工程项目或一个工程技术方案都可以看成是一种投资方案。对某个投资方案而言，技术上可行是远远不够的，还必须进行经济上是否合理的判断，只有技术上可行、经济上合理的方案才是最优方案。因此，为了对各种投资方案的经济合理性进行评价，需要建立一系列的经济效益评价指标。这些既相互联系又相对独立的评价指标，就构成了工程项目经济效益评价指标体系。为便于分析，需对工程项目的经济效益评价指标从不同角度进行分类。

工程项目或技术方案的经济性质一般表现在方案的投资回收速度、投资的盈利能力和资源的使用效率等方面，反映投资方案经济性质的评价指标有时间型指标、价值型指标和效率型指标。时间型指标是指以时间长短来衡量项目的投资回收或清偿能力的指标；价值型指标是反映项目投资取得的收入或收益大小的指标；效率型指标是反映项目单位投入的获利能力或投入产出关系。如图 3.1 所示。

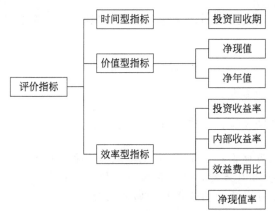

图 3.1 经济效果评价指标分类

按是否考虑资金时间价值，评价指标分为静态评价指标和动态评价指标两类。静态评价指标是指在分析计算过程中不考虑资金的时间价值，包括静态投资回收期、投资利润率、投资收益率及折算年费用等；动态评价指标是指在分析计算过程中考虑资金的时间价值，包括动态投资回收期、净现值、净年值、内部收益率及效益费用比等。

由于不同评价指标是从不同侧面反映项目的经济性，因而各种评价指标必然会存在一定的局限性，所以在对工程方案进行评价时，应当尽量采用多种评价方法及指标，以相互补充、互为完善。

本章将详细介绍静态评价指标、动态评价指标和方案的比选方法。

3.1 静态评价指标

静态评价指标是指在进行项目或方案的评价时，效益和费用的计算不考虑资金的时间价值。静态评价指标的计算比较简单、直观，能够快速得出结论，一般情况下，在方案的投资决策的初期，技术经济数据不完备和不精确的项目初选阶段选用。主要静态评价指标有：投资回收期、投资收益率等。

3.1.1 投资回收期

投资回收期（Payback Time）也称投资偿还期。投资回收期是指工程项目在正常运行期内，以项目年净收益回收项目期初的全部投资（包括建设投资和流动资金）所需要的时间。一般以年为单位，并从项目建设开始的年初（0年）算起。如果从投产年或达产年初算起的话，应予以特别说明，以便于项目或方案间的相互比较。

投资回收期反映了工程项目投资回收能力，是衡量项目投资盈利水平的时间型指标。其计算公式为：

$$\sum_{t=0}^{P_t}(CI-CO)_t=0 \text{ 或 } \sum_{t=0}^{P_t}NCF_t=0 \tag{3.1}$$

式中　　CI——现金流入量；
　　　　CO——现金流出量；
$(CI-CO)_t$——第 t 年的净现金流量；
　NCF_t——第 t 年的净现金流量；
　　　P_t——投资回收期，年。

特别地，当工程项目建成投产后，年净效益 A 相等，且投资总值为 I 时，则投资回收期可表示为：

$$P_t=\frac{I}{A}+n_0 \tag{3.2}$$

式中　n_0——项目的建设期。

投资回收期若从投产期算起，上式则改为：$P_t=\frac{I}{A}$。

【例 3-1】 某工程项目建设投资 1000 万元，流动资金 200 万元，建设当年即投产并达到设计生产能力，年净收益 340 万元，计算该项目的投资回收期。

【解】 根据式(3.2)可得项目的静态投资回收期为：

$$P_t=\frac{I}{A}+n_0=\frac{1000+200}{340}+0=3.53(年)$$

一般情况下，工程项目运行过程中的年净效益不可能是相等的。所以在计算中，应根据现金流量表计算累计净现金流量，如图 3.2 所示，直至累计净现金流量等于 0 的时刻 P_t 为止，该时刻即为该方案从投资开始年份算起的投资回收期。近似用线性插值的方法予以计算，计算公式表示为：

$$P_t=累计净现金流量开始出现正值的年份数-1+\frac{上年累计净现金流量的绝对值}{当年净现金流量} \tag{3.3}$$

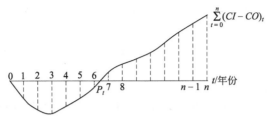

图 3.2 投资回收期示意图

【例 3-2】 某投资方案投资现金流量如表 3.1 所示，计算该方案的投资回收期。

表 3.1 投资现金流量　　　　　　　　　　　　　　　　　　　　单位：万元

年份	0	1	2	3	4	5	6	7	8
投资支出	40	450	100						
其他支出				300	450	450	450	450	450
收入				400	700	700	700	700	700

【解】根据表 3.1 计算投资回收期，见表 3.2。

表 3.2 投资现金流量　　　　　　　　　　　　　　　　　　　　单位：万元

年份	0	1	2	3	4	5	6	7	8
现金流入				400	700	700	700	700	700
现金流出	40	450	100	300	450	450	450	450	450
净现金流量	−40	−450	−100	100	250	250	250	250	250
累计净现金流量	−40	−490	−590	−490	−240	10	260	510	760

$$P_t = (5-1) + \frac{|-240|}{250} = 4.96(年)$$

在方案评价时，一般是将投资回收期 P_t 与基准投资回收期（指国家或行业部门可以接受的最长投资回收期）P_c 相比较，其评价准则为：

① 若 $P_t \leqslant P_c$：说明方案的投资能在规定的时间内收回，方案经济性较好，可以接受；

② 若 $P_t > P_c$：说明方案的经济效益较差，方案不可行。

投资回收期概念容易理解，计算简单，不仅反映了项目的经济性，而且反映了项目的风险程度。但不足是：计算中只考虑了投资回收期内的经济运行状况，并没有对投资回收期以后的收入与支出的情况予以反映，即没有全面地反映项目或方案在整个使用寿命期内的实际情况，故无法准确衡量方案在整个计算期的经济效果。另外，在所有投资回收期均小于基准投资回收期的若干方案中，是否投资回收期越短的方案就越好，还需要借助于其他评价指标和方法予以评价。

3.1.2 投资收益率

投资收益率（Rate of Return on Investment）也称投资效果系数，是指项目达到设计生产能力后正常年份的净效益额与项目总投资的比值。对生产期内各年的净效益额变化幅度较大的项目，则应计算生产期内多年平均净效益额与项目总投资进行比对。该指标的物理含义是指工

程项目单位投资所获取的年净效益,反映了投资所获得的盈利水平,是考查项目经济效益的效率性指标。计算公式为:

$$E=\frac{A}{I} \tag{3.4}$$

式中　E——投资收益率;
　　　A——达产后正常年份的年净收益或年均净收益,$A=(CI-CO)_t$;
　　　I——项目总投资。

如果用 E_c 表示部门或行业规定的基准投资收益率,其评价准则为:
① 若 $E \geqslant E_c$:则表示项目的经济性较好,具有可行性,可以考虑接受。
② 若 $E < E_c$:则表示项目的经济性较差,应予以拒绝。

投资收益率和投资回收期是同一类指标,没有全面地反映方案在整个使用寿命期内的实际情况。所以,该指标一般仅用于方案制订的早期阶段,因不具备详细资料,无法综合分析的投资方案的选择,尤其适用于所需工艺简单、生产规模变化不大的技术方案选择及评价。

根据分析的目的不同,投资收益率又具体分为总投资收益率(ROI)、资本金净利润率(ROE),该部分内容在水工程项目财务评价中介绍。

【例3-3】　某项目现金流量如表3.3所示,若基准投资收益率为15%,试用投资收益率评价方案的可行性。

表 3.3　现金流量　　　　　　　　　　　　单位:万元

年份	0	1	2	3	4	5	6～9	10	合计
总投资	180	240	330						750
年效益				300	400	500	500	500	3700
年运行费用				250	300	350	350	350	2650
年净效益				50	100	150	150	150	1050

【解】　因为该项目实施后各年净效益不同,故按年平均净效益计算。

$$E=\frac{1050 \div 8}{750} \times 100\% = 17.5\%$$

由于 $E > E_c$ ($E_c = 15\%$),故该项目在经济上可行,可以考虑接受。

3.2　动态评价指标

动态评价法是指在进行投资方案的评价时,方案中效益和费用的计算考虑资金的时间价值。通常采用的方法是将计算期内不同时期收支金额按给定的报酬率折算为同一时间基准点的现值,折现是经济评价中的重要方法。

一般情况下,把方案建设期初(0期)作为折算的基准点。多方案进行比选时,基准点的位置必须一致,以保证方案的可比性。

方案的计算期是指为进行动态分析所设定的期限,包括建设期和运营期。建设期是指资金投入开始到建成投产为止所需时间,可按合理工期或预计的建设进度确定;运营期分为投产期和达产期两阶段。投产期是指项目投入生产,但生产能力尚未达到设计能力的过渡期,达产期是指生产运营达到设计生产能力后的时间。项目建设期的长短应根据多种因素综合确定,但不宜定得过长,一方面是按照现金流量的折现计算的,较长时期后的净收益折为现值的数值相对较小，几乎对财务分析的结论不产生决定性的影响；另一方面由于时间越长，预测的数据会越不准确。因此，按照《市政公用设施建设项目经济评价方法和参数》的规定，给排水工程的运营期一般采用 20 年。

由于动态评价指标考虑了资金的时间价值，动态指标比静态指标更科学、更合理。经济评价应坚持动态分析与静态分析相结合，以动态分析为主的原则。

动态评价指标主要包括净现值、净现值率、净年值、内部收益率、动态投资回收期等。

3.2.1 净现值、净现值率

净现值（Net Present Value）是指整个计算期内把各年的净现金流量，按给定的基准收益率（或设定的折现率）折算到基准点的现值的累计值。也就是净现金流量折算到基准点的现值的累计值。

$$NPV = \sum_{t=0}^{n}(CI-CO)_t(1+i_c)^{-t}$$
$$= \sum_{t=0}^{n}(CI-CO)_t(P/F, i_c, t) \tag{3.5}$$

式中 NPV——净现值；
i_c——方案给定的基准收益率或折现率；
n——计算期。

NPV 是计算期内的效益现值与费用现值的差值，是评价方案盈利能力的绝对指标。其评价准则为：

① $NPV \geq 0$：方案的经济性较好，项目可行。这是因为方案实施后，不仅能够达到基准收益率的水平，还会有超额收益，超额收益大小为 NPV。

② $NPV < 0$：方案的经济性较差，项目不可行。这是因为方案实施后的收益未达到基准收益率的水平。

净现值是价值性指标，通常在多方案比选时应遵循净现值最大原则。

【例 3-4】 水厂购置一设备，初始投资 1275.66 万元，寿命 6 年，期末残值为 0，该设备前 3 年每年净收益 250 万元，后 3 年每年净收益 350 万元。其现金流量图如图 3.3 所示。已知基准收益率为 10%，求净现值。若该方案的基准收益率为 8%，净现值又为多少？

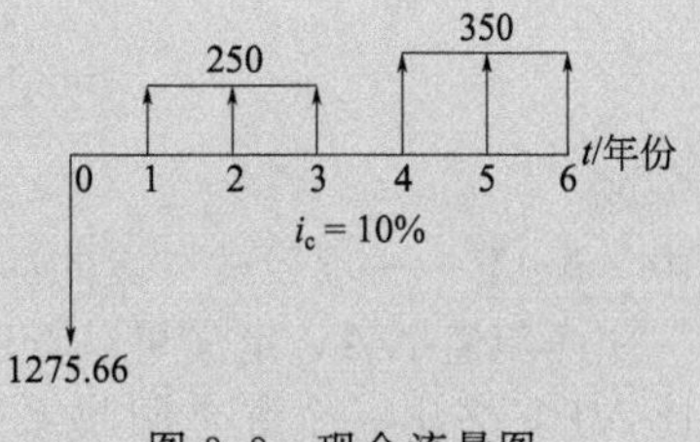

【解】 $NPV = -1275.66 + 250(P/A, 10\%, 3)$
$\quad\quad\quad + 350(P/A, 10\%, 3)(P/F, 10\%, 3)$
$\quad\quad = -1275.66 + 250 \times 2.4869 + 350 \times 2.4869 \times 0.7513$
$\quad\quad = 0$

图 3.3 现金流量图

该例说明，在 10% 的折现率条件下，方案各年净收益之和的现值和初始投资现值相等。若该方案的基准收益率为 8%，则

$NPV = -1275.66 + 250(P/A, 8\%, 3)$
$\quad\quad + 350(P/A, 8\%, 3)(P/F, 8\%, 3)$
$\quad = -1275.66 + 250 \times 2.5771 + 350 \times 2.5771 \times 0.7938$
$\quad = 84.61(万元)$

从上例可以看出，在各年的现金流量不变的情况下，NPV 与折现率 i 的大小直接相关，

其函数关系为：

$$NPV(i) = \sum_{t=0}^{n}(CI-CO)_t(1+i)^{-t} \quad (3.6)$$

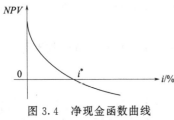

图 3.4　净现金函数曲线

对具有常规现金流量的投资方案，上述函数关系如图 3.4 所示，函数曲线是单调下降的，随着基准收益率 i 的逐渐增大，NPV 由大变小，由正变负。故基准折现率 i_c 定得越高，NPV 就越小。净现值函数曲线在横轴上至少有一个交点 i^*，该交点处 NPV 等于 0。i^* 是一个具有重要经济意义的临界折现率，后面对他详细分析。

净现值率（Net Present Value Rate）是指按基准收益率求出的计算期内的净现值与投资现值的比率。算式为：

$$NPVR = \frac{NPV}{I_0} \quad (3.7)$$

式中　$NPVR$——净现值率；
　　　I_0——投资现值。

显然 $NPVR \geqslant 0$，方案经济性较好，方案可行，可以考虑接受。
　　　$NPVR < 0$，方案经济性较差，方案不可行，应该予以拒绝。

净现值率的经济含义是单位投资所取得的净现值额，反映了资金的使用效率，净现值率通常作为净现值的辅助指标，一般不单独用该指标作为方案是否可行的判断依据。

3.2.2　净年值

净年值（Net Annual Value）也称等额年金，是把方案在计算期内不同时间点上发生的所有现金流量，按给定的基准收益率折算成与其等值的等额年金。也即

$$NAV = \sum_{t=0}^{n}(CI-CO)_t(1+i_c)^{-t} \frac{i_c(1+i_c)^n}{(1+i_c)^n-1}$$
$$= \sum_{t=0}^{n}(CI-CO)_t(P/F,i_c,t)(A/P,i_c,n) \quad (3.8)$$

或

$$NAV = NPV(A/P,i_c,n) \quad (3.9)$$

式中　NAV——项目或方案的净年值。

由净年值 NAV 定义可以看出，净年值 NAV 与净现值 NPV 具有相同的理论基础，NAV 仅比 NPV 多出一个资金回收系数 $(A/P, i, n)$，且资金回收系数 $(A/P, i, n) > 0$，故 NAV 与 NPV 在评价同一个方案时，其结论总是一致的。其评价准则为：

① $NAV \geqslant 0$：方案的经济性较好，项目可行。
② $NAV < 0$：方案的经济性较差，项目不可行。

多方案比选时，净年值大的方案最优。

净现值 NPV 和净年值 NAV 是等效评价指标。在工程实践中，人们习惯于使用净现值 NPV 指标，净年值 NAV 指标常用于具有不同计算期的方案比较。

3.2.3　内部收益率

内部收益率（Internal Rate of Return）是指在项目计算期内，各年净现金流量的现值累计值等于 0 的折现率，即效益现值与费用现值相等时所对应的折现率。计算公式为：

$$NPV(IRR) = \sum_{t=0}^{n}(CI-CO)_t(1+IRR)^{-t} = 0$$

$$或 \quad NPV(IRR) = \sum_{t=0}^{n}(CI-CO)_t(P/F, IRR, t) = 0 \tag{3.10}$$

式中 IRR——方案的内部收益率。

净现值函数为高次方程，函数曲线如图 3.4 所示。一般情况下采用线性内插法计算 IRR 近似解。基本步骤是：

① 预估两个适当的折算率 i_1 和 i_2，使得 $NPV(i_1) > 0$，$NPV(i_2) < 0$；则必存在一个 IRR，使得 $NPV(IRR) = 0$。如图 3.5 所示。

② 用线性插值法求出近似值的内部收益率 IRR，公式为：

$$IRR = i_1 + \frac{NPV_1}{NPV_1 + |NPV_2|}(i_2 - i_1) \tag{3.11}$$

式中 NPV_1——用 i_1 计算的净现值；
NPV_2——用 i_2 计算的净现值。

计算出的内部收益率 IRR 要与基准收益率 i_c 比较，其评价准则为：

① $IRR \geqslant i_c$：方案达到了基准收益率的获利水平，项目可行。
② $IRR < i_c$：方案的经济性较差，应予以拒绝。

内部收益率的大小完全取决于项目的本身，不受任何外在变量的影响，真实地反映了方案的经济性，是评价方案的重要效率型指标。缺点是计算较烦琐。

【例 3-5】 某方案现金流量如图 3.6 所示，若基准收益率为 10% 时，试用内部收益率评价该方案的可行性。

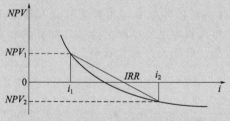

图 3.5 线性插值求解内部收益率示意图

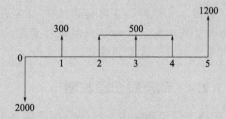

图 3.6 现金流量图

【解】
$NPV = -2000 + 300(P/F, i, 1) + 500(P/A, i, 3)(P/F, i, 1) + 1200(P/F, i, 5)$

当 $i_1 = 12\%$ 时，$NPV(i_1) = 21.12$；
当 $i_2 = 14\%$ 时，$NPV(i_2) = -95.31$。
内部收益率（IRR）应为 12%～14%。

$$IRR = 12\% + \frac{21.12}{21.12 + 95.31}(14\% - 12\%) \times 100\% = 12.35\%$$

因为所求的内部收益率 $IRR > 10\%$（基准收益率），所以该方案经济上可行，可以考虑接受该方案。

内部收益率的经济含义是项目占用的尚未回收资金的获利能力，也可以理解为工程项目初始投资的恢复能力。其值越高，方案的经济性越好。

24 水工程经济

【例 3-6】 某方案现金流量如图 3.6 所示,其内部收益率 $IRR=12.35\%$,结合内部收益率的经济含义,分析投资资金的恢复过程。

【解】 设 t 时间点未回收的资金为 F_t,t 时间点末现金流量为 A_t,则:
$$F_t=F_{t-1}+F_{t-1}i+A_t=F_{t-1}(1+i)+A_t$$

该方案的资金恢复过程如表 3.4 所示,相应的现金流量图如图 3.7 所示。

表 3.4 资金恢复过程

年度	年初未收回的投资 F_{t-1}(1)	年末利息 (2)=(1)×i	年末现金流量 A_t (3)	年末未收回的投资 F_t (4)=(1)+(2)+(3)
0			−2000	−2000
1	−2000	−247	300	−1947
2	−1947	−240	500	−1687
3	−1687	−208	500	−1395
4	−1395	−173	500	−1068
5	−1068	−132	1200	0

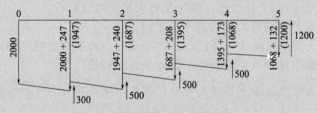

图 3.7 资金恢复现金流量示意图

由图 3.7 可知,当内部收益率 $IRR=12.35\%$ 时,到计算期末,用所有的收入偿还了全部的投资及利息,收回了全部投资资金。因此,内部收益率也可以理解为项目对贷款利率的最大承受能力。方案的偿还能力完全取决于方案本身,故称为内部收益率。

3.2.4 动态投资回收期

在静态评价指标中,已经介绍了静态投资回收期的基本概念和应用方法。动态投资回收期与静态投资回收期的不同之处在于计算中考虑了资金的时间价值。动态投资回收期是指在给定基准折现率的情况下,以项目年净收益的现值回收项目全部投资现值所需要的时间。计算公式表示为:

$$\sum_{t=0}^{P_D}(CI-CO)_t(1+i_c)^{-t}=0 \qquad (3.12)$$

式中 P_D——动态投资回收期;
  i_c——基准收益率。

同静态投资回收期类似,动态投资回收期近似用线性插值的方法计算。

$$P_D=累计净现金流量现值开始出现正值的年份数-1$$
$$+\frac{上年累计净现金流量现值的绝对值}{当年净现金流量现值} \qquad (3.13)$$

在方案评价中,动态投资回收期与基准动态投资回收期 P'_c 相比较,其评价准则为:

① 若 $P_D \leq P_c'$：说明方案的投资能在规定的时间内收回，方案经济性较好，可以接受；
② 若 $P_D > P_c'$：说明方案的经济效益较差，方案不可行。

【例 3-7】 某投资方案投资现金流量如表 3.1 所示，若基准收益率 $i_c=10\%$，基准动态投资回收期 $P_c'=7$ 年，计算该方案的动态投资回收期，并判断该方案是否可行。

【解】 根据表 3.1 计算动态投资回收期，见表 3.5。

表 3.5　投资现金流量　　　　　　　　　　　　　　　单位：万元

年份	0	1	2	3	4	5	6	7	8
现金流入				400	700	700	700	700	700
现金流出	40	450	100	300	450	450	450	450	450
净现金流量	−40	−450	−100	100	250	250	250	250	250
累计净现金流量	−40	−490	−590	−490	−240	10	260	510	760
折现系数	1.0	0.9091	0.8264	0.7513	0.6830	0.6209	0.5654	0.5132	0.4665
折现值	−40	−409.10	−82.64	75.13	170.75	155.23	141.35	128.30	116.63
累计折现值	−40	−449.10	−531.74	−456.61	−285.86	−130.63	10.72	139.02	255.65

$$P_D = 6-1+\frac{|-130.63|}{141.35}=5.92(年)$$

$P_D \leq P_c'$，说明方案可以接受。

同【例 3-1】对比可以看出，同样的现金流量，动态投资回收期大于静态投资回收期，这是考虑资金时间价值后的结果。

3.3　投资方案比较与选择

根据经济评价指标分析投资方案的经济合理性，仅凭评价指标数值是不够的，还必须了解投资方案所属的类型，从而按照方案的类型确定合适的评价指标及评价方法，作为最终评判的科学依据。所谓方案类型是指一组备选方案之间所具有的相互关系。这种关系类型一般有单一方案和多方案两类。单一方案可以直接采用经济评价指标及其评价判据进行分析。与单一方案相比，多方案的比较与选择更为复杂，由于不同的投资方案其投资、收益、费用及方案的寿命期都不相同，使得在单一方案分析中所得出的一些结论不能直接用于多方案的比较和选择。备选多方案之间的关系不同，决定了所采用的评价指标和评价方法也会有所不同。按照多方案之间经济关系，可以将多方案分为独立型方案、互斥型方案、混合型方案以及其他类型方案。如图 3.8 所示。

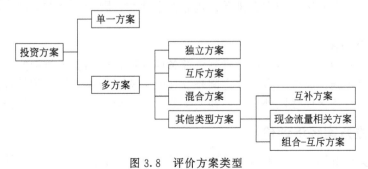

图 3.8　评价方案类型

3.3.1 评价方案类型

3.3.1.1 独立方案

独立方案是指作为各个方案之间的现金流是独立的，在经济上互不相关的方案，即这些方案是彼此独立无关的，选择某一方案并不排斥另一方案。显然，单一方案是独立方案的特例。

3.3.1.2 互斥方案

互斥方案指方案之间相互具有排他性，选择其中任何一个方案，则其他方案必然被放弃。在工程建设中，互斥方案还可按以下因素进行分类。

(1) 按服务期寿命长短不同分类

① 相同寿命的方案，即参与对比或评价方案的寿命期均相同；

② 不同寿命期的方案，即参与对比或评价方案的寿命期均不相同；

③ 无限寿命的方案，在工程建设中，永久性工程可视为无限寿命的工程，如南水北调工程、大型水电站工程等。

(2) 按规模不同分类

① 相同规模的方案，即参与对比的或评价的方案具有相同的产出量或容量，在满足相同功能的数量方面具有一致性和可比性；

② 不同规模的方案，参与评价的方案具有不同的产出量或容量，在满足相同功能的数量方面不具有一致性和可比性。

一般情况下，工程技术方案经常是互斥方案，因此互斥方案比较，是工程经济评价工作的重要组成部分。本书重点介绍互斥方案的比选。

3.3.1.3 混合方案

混合型方案是独立型与互斥型的混合情况，即在一组方案中，方案之间有些具有互斥关系，有些具有独立关系。

3.3.1.4 其他类型方案

(1) 互补方案

在多方案中，出现经济互补的方案称为互补型方案。互补型方案之间存在着相互依存的关系，一个方案的存在是以另一个方案的存在为前提的。方案之间互为补充、互为条件，缺一不可。

(2) 现金流量相关型方案

现金流量相关型方案是指各方案的现金流量之间存在着相互影响。方案之间的关系既不完全排斥，也不完全互补。但任一方案取舍都会导致其他方案现金流量的变化。如在相隔不远处建设两家商场，这两个方案既非完全排斥，也非完全独立，因为一个方案的实施必然影响另一个方案的收入。

(3) 组合-互斥方案

在若干可采用的独立方案中，往往受到资源条件约束，比如资金数量的限制，只能选择独立方案中的一部分实施，这些组合方案之间是互斥的。资金约束条件下相关方案的比选，除了要考察备选方案的经济合理性以外，还要在资金的约束框架内进行方案的优选。

3.3.2 独立方案经济评价

独立经济方案评价的实质是看方案是否达到或超过了预设的评价准则。独立方案评价可将每个方案作为单一方案进行评判,单一方案是独立方案的特例。独立方案评价的实质是看方案是否满足了预设的评价准则,即在"可行"与"不可行"之间进行选择。具体的方法就是计算方案的经济效果指标,并按照评价准则进行判断。这种对方案自身经济性的检验叫作"绝对经济效果检验"。对独立方案而言,若方案通过了绝对经济效果检验,就认为方案在经济上是可行的,否则应予以拒绝。

3.3.2.1 静态评价

独立方案进行经济效果静态评价,主要是对投资方案的静态投资回收期 P_t 和投资收益率 E 指标进行计算,并与相应的基准投资回收期 P_c 或基准投资收益率 E_c 进行比较,判断经济效果优劣。如果方案的 $E \geqslant E_c$,方案可行;若方案 $P_t \leqslant P_c$,方案可行。

3.3.2.2 动态评价

独立方案进行经济效果动态评价,可以用净现值、净现值率、净年值、内部收益率和动态投资回收期等指标进行评价。

① 净现值 $NPV \geqslant 0$,项目可行;反之,不可行。
② 净年值 $NAV \geqslant 0$,项目可行。
③ 对于常规投资方案,内部收益率 $IRR \geqslant i_c$(基准收益率),项目可行;反之,不可行。
④ 动态投资回收期 $P_D \leqslant P_c'$(基准动态投资回收期),项目可行;反之,不可行。

对于独立方案,净现值、净年值、净现值率和内部收益率四个指标所得结论是一致的。

3.3.3 互斥型方案经济评价

方案的互斥性,使得在若干方案中只能选择一个方案作为最佳方案实施。为使资金发挥最大的效益,互斥性方案除了考察各个方案自身的经济性外,就需要进行方案间相对经济效果评价。因此,互斥方案经济效果评价包含两部分内容:一是考察各个方案自身的经济效果,即进行绝对效果检验;二是考察哪个方案相对经济效果最优,即相对效果检验。两种检验的目的和作用不同,通常缺一不可。但需要注意的是,在进行相对经济效果评价时,必须满足方案可比条件。

互斥型方案的经济评价有静态评价和动态评价两种方法。互斥型方案通常采用的评价指标有净现值、净年值、费用现值、费用年值、增量投资收益率、增量投资回收期、增量投资内部收益率(ΔIRR)等。

3.3.3.1 互斥方案静态评价

互斥方案静态评价常用增量投资收益率、增量静态投资回收期、年折算费用等指标。

(1) 增量投资收益率法

在备选方案中,某一个方案的投资额小,但经营成本费用较高;而另一方案正相反,其投资额较大,但经营成本费用却较低。这样,投资大的方案与投资小的方案就形成了增量的投资。但投资大的方案经营成本费用较低,它比投资小的方案在经营成本费用上又有节约。增量投资所带来的经营成本上的节约与增量投资之比就叫增量投资收益率。

对生产规模相同或相近的方案,增量投资收益率计算公式为:

$$R_{(2-1)} = \frac{C_1 - C_2}{I_2 - I_1} \times 100\% \tag{3.14}$$

式中 $R_{(2-1)}$——增量投资收益率;

C_1、C_2——方案1的经营成本、方案2的经营成本,且 $C_2 < C_1$。

I_1、I_2——方案1的投资额、方案2的投资额,且 $I_2 > I_1$。

评价准则:将增量投资收益率 $R_{(2-1)}$ 与基准投资收益率 i_c 进行比较,若 $R_{(2-1)} > i_c$,则投资大的方案 2 较优,说明投资的增量 (I_2-I_1) 完全可以用经营成本的节约 (C_1-C_2) 得到补偿,投资是值得的;反之,投资小的方案为优。

对生产规模不同的方案,需做产量等同化处理,然后再计算增量投资收益率。

> **【例 3-8】** 某建设项目有计算期相同的 A、B 方案,A 方案投资为 1200 万元,年经营成本为 800 万元;B 方案投资为 800 万元,年经营成本为 900 万元,两个方案同时投入使用,生产规模相同,若投资收益率为 11%,试选择较优的方案。
>
> **【解】** 计算两个方案的增量投资率得:
>
> $$R_{(2-1)} = \frac{C_1-C_2}{I_2-I_1} \times 100\% = \frac{900-800}{1200-800} \times 100\% = 25\%$$
>
> 由于 $R_{(2-1)}$ 大于基准投资收益率 11%,因此,投资大的 A 方案为优选方案。

(2) 增量静态投资回收期法

对生产规模相同的互斥方案,增量投资回收期是指用经营成本的节约或增量净收益来补偿其增量投资的年限。

$$P_{t(2-1)} = \frac{I_2-I_1}{C_1-C_2} \tag{3.15}$$

式中 $P_{t(2-1)}$——增量投资回收期。

评价准则:将增量投资回收期 $P_{t(2-1)}$ 与基准投资回收期 P_c 比较,若 $P_{t(2-1)} < P_c$,则投资大的方案 2 较优;反之,投资小的方案可行。

比较式(3.13)和式(3.14),显然:

$$R_{(2-1)} = \frac{1}{P_{t(2-1)}}$$

(3) 年折算费用法

当互斥方案个数较多且生产规模相同时,可用年折算费用法评价互斥方案,即将投资额用基准投资回收期分摊到各年,再与各年的年经营成本相加。其计算公式为:

$$Z_j = \frac{I_j}{P_c} + C_j \tag{3.16}$$

式中 Z_j——第 j 个方案的年折算费用;
I_j——第 j 个方案的总投资;
P_c——基准投资回收期;
C_j——第 j 个方案的年经营成本。

评价准则:在多方案比较时,年折算费用最小的方案为最优方案。

当互斥方案个数较多时,用增量投资收益率法和增量投资回收期法进行方案评价,要进行两两比较、淘汰,计算量很大。而运用年折算费用法,只需要计算各方案的年折算费用,计算简便,评价准则直观。

> **【例 3-9】** 某建设项目有 3 个备选方案,费用如表 3.6 所示,基准投资回收期为 5 年,试用年折算费用法选择最优的方案。
>
> 表 3.6　备选方案的费用　　　　　　　　　　　　单位:万元
>
> | 方案 | 方案 1 | 方案 2 | 方案 3 |
> |---|---|---|---|
> | 投资 | 2500 | 2450 | 2800 |
> | 年经营成本 | 2900 | 2850 | 2830 |

【解】计算3个方案的年折算费用如下：

$$Z_1 = \frac{2500}{5} + 2900 = 3400（万元）$$

$$Z_2 = \frac{2450}{5} + 2850 = 3340（万元）$$

$$Z_3 = \frac{2800}{5} + 2830 = 3390（万元）$$

由上述计算结果可知，方案2的年折算费用最小，因此方案2为最优方案。

3.3.3.2 互斥方案动态评价

动态评价是通过等值计算，将不同时间点的净现金流量换算到同一时间点，从而消除方案时间价值上的不可比性。常用的互斥方案动态评价方法有效益比选法（净现值 NPV、净年值 NAV、增量内部收益率 ΔIRR）和费用比选法（费用现值 PC、费用年值 AC）等几种。

(1) 计算期相同时互斥方案动态评价

计算期相等的互斥型方案又分为两种：一是各备选方案各年的净现金流量可以估算的情形；二是只能估算对比方案之间的差额净现金流量的情形。

① 各备选方案各年的净现金流量可估算。如果各备选方案各年的净现金流量可以估算，则评价指标可以采用净现值、净年值、费用现值以及费用年值等指标。

a. 净现值 NPV 法（净年值 NAV 法）。净现值 NPV 法比选过程，分为两个步骤：

第一步：进行方案的绝对效果检验，即分别计算各个方案的净现值 NPV（或净年值 NAV），剔除不能通过评价标准（$NPV<0$ 或 $NAV<0$）的方案。

第二步：进行方案的相对经济效果检验，即对所有 $NPV \geqslant 0$（或 $NAV \geqslant 0$）的方案进行优选，净现值 $NPV \geqslant 0$（或净年值 $NAV \geqslant 0$）且为最大的方案，即为最优方案。

净现值 NPV（或净年值 NAV）评价互斥方案的评价标准是：净现值$\geqslant 0$（或净年值 $NAV \geqslant 0$）且为最大的方案是最优可行方案。

净现值法概念清晰且分析简单，在实际工作中是首选的方法。

b. 费用现值 PC、费用年值（年成本）AC。但在工程经济分析中，对方案所产生的效益相同，但效益无法用货币直接计算的互斥方案（如教育、环保等项目）进行比较时，常用费用现值 PC 比较替代净现值 NPV，或费用年值（年成本）AC 比较替代净现值 NAV 进行评价，以费用现值 PC 或费用年值 AC 较低的方案为最佳。

费用现值 PC 是指整个计算期内把各年的费用，按给定的基准收益率（或设定的折现率）折算到基准点的现值的累计值。其表达式为：

$$PC = \sum_{t=0}^{n} CO_t (1+i_c)^{-t} = \sum_{t=0}^{n} CO_t (P/F, i_c, t) \tag{3.17}$$

式中 PC——费用现值。

费用年值（年成本）AC 是把方案在计算期内把各年的费用，按给定的基准收益率折算成与其等值的等额年金。也即：

$$\begin{aligned} AC &= \sum_{t=0}^{n} CO_t (1+i_c)^{-t} \frac{i_c(1+i_c)^n}{(1+i_c)^n - 1} \\ &= \sum_{t=0}^{n} CO_t (P/F, i_c, t)(A/P, i_c, n) \\ &= PC(A/P, i_c, n) \end{aligned} \tag{3.18}$$

式中 AC——费用年值。

费用现值 PC 和费用年值（年成本）是等效评价指标。因此在实际互斥方案动态评价时，选择其中的一个指标即可。

费用现值 PC、费用年值 AC 评价互斥方案的评价标准是：费用现值 PC、费用年值 AC 较低的方案为最佳。

② 各备选方案各年的净现金流量不可估算。各备选方案各年的净现金流量不可估算，只能估算对比方案之间的差额净现金流量，此时采用的评价指标是增量投资内部收益率（ΔIRR）法。增量投资内部收益率是两方案各年净现金流量的差额的现值之和等于零时的折现率。其表达式为：

$$\Delta NPV(\Delta IRR) = \sum_{t=0}^{n}(A_1 - A_2)_t (1+\Delta IRR)^{-t} = 0 \quad (3.19)$$

即：

$$\sum_{t=0}^{n} A_{1t}(1+\Delta IRR)^{-t} = \sum_{t=0}^{n} A_{2t}(1+\Delta IRR)^{-t}$$

式中 ΔIRR——增量投资内部收益率；

A_{1t}——初始投资大的方案年净现金流量，$A_{1t}=(CI-CO)_{1t}$；

A_{2t}——初始投资小的方案年净现金流量，$A_{2t}=(CI-CO)_{2t}$。

从公式中得出，增量投资内部收益率就是 $NPV(1)=NPV(2)$ 时的折现率。

评价准则：

增量投资内部收益率大于基准收益率 i_c，则投资大的方案为最优方案。

增量投资内部收益率小于基准收益率 i_c，则投资小的方案为最优方案。

应用增量投资内部收益率评价互斥方案经济效果的基本步骤：

a. 计算各备选方案的 IRR_j，分别与基准收益率 i_c 比较，$IRR_j < i_c$ 的方案淘汰。

b. 将 $IRR_j \geqslant i_c$ 的方案按初始投资额由小到大依次排列。依次用初始投资额大的方案的现金流量减去初始投资额小的现金流量，所形成的增量投资方案的现金流量是常规投资的形式，较好处理。

c. 按初始投资额由小到大依次计算相邻两个方案的增量内部收益率 ΔIRR，若 $\Delta IRR > i_c$，则说明初始投资大的方案优于初始投资小的方案，保留投资大的方案；反之，保留投资小的方案。直至全部方案比较完毕，保留的方案就是最优方案。

【例 3-10】 现有两个互斥方案，其净现金流量如表 3.7 所示，设基准收益率为 10%，试用净现值、内部收益率和增量内部收益率评价方案。

表 3.7　方案现金流量表　　　　　　　　　　　单位：万元

方案	净现金流量				
	0	1	2	3	4
1	-7000	1000	2000	6000	4000
2	-4000	1000	1000	3000	3000

【解】① 净现值的计算

$NPV_1 = -7000 + 1000(P/F, 10\%, 1) + 2000(P/F, 10\%, 2)$
$\quad\quad + 6000(P/F, 10\%, 3) + 4000(P/F, 10\%, 4) = 2801.7(万元)$

$NPV_2 = -4000 + 1000(P/F, 10\%, 1) + 1000(P/F, 10\%, 2)$
$\quad\quad + 3000(P/F, 10\%, 3) + 3000(P/F, 10\%, 4) = 2038.4(万元)$

② 内部收益率的计算

由 $NPV(IRR_1) = -7000+1000(P/F, IRR_1, 1)+2000(P/F, IRR_1, 2)$
$+6000(P/F, IRR_1, 3)+4000(P/F, IRR_1, 4)=0$

解得：$IRR_1 = 23.67\%$

由 $NPV(IRR_2) = -4000+1000(P/F, IRR_1, 1)+1000(P/F, IRR_1, 2)$
$+3000(P/F, IRR_1, 3)+3000(P/F, IRR_1, 4)=0$

解得：$IRR_2 = 27.29\%$

从上可以看出，方案1的内部收益率低，净现值高；而方案2的内部收益率高，净现值低。即 $IRR_1 < IRR_2$，$NPV_1 > NPV_2$。

如果以内部收益率作为评价标准，方案2优于方案1；如果以净现值作为评价标准，基准收益率为10%时，方案1优于方案2。两种评价方法产生了矛盾，哪个评价指标的评判结果才是正确的呢？这需要正确理解净现值 NPV 和内部收益率 IRR 的经济含义。

净现值是评价项目盈利能力的绝对指标，通常在多方案比选时应遵循净现值最大原则。

内部收益率的经济含义是项目占用的尚未回收资金的获利能力，内部收益率的大小取决于项目内部，受现金流量的分布影响很大。净现值相同，但现金流量分布状态不同的两个方案，会得到不同的内部收益率。因此，对互斥方案，用内部收益率的高低来选择方案并不一定能选出净现值最大的方案，需要用增量内部收益率法来比较。

③ 增量内部收益率 ΔIRR 的计算。

$$\Delta NPV(\Delta IRR) = \sum_{t=0}^{n} (A_1 - A_2)_t (1+\Delta IRR)^{-t} = 0$$

即：$(-7000+4000)+(1000-1000)(P/F, \Delta IRR, 1)+(2000-1000)(P/F, \Delta IRR, 2)+(6000-3000)(P/F, \Delta IRR, 3)+(4000-3000)(P/F, \Delta IRR, 4)=0$

试算得到增量投资收益率 $\Delta IRR = 18.80\%$。

由于增量投资收益率 $\Delta IRR > i_c = 10\%$，故投资大的方案1为最优方案，与净现值评价准则的结果一致。

(2) 计算期不等的互斥型方案动态评价

当备选方案的计算期不同时，方案间不具有可比性，这时必须对计算期作出某种假定，使计算期不等的互斥方案能在一个共同的计算期基础上进行比较，以保证得到合理的结论。建立时间可比的方法有净年值法、净现值法。净现值法包含最小公倍数法和研究期法两种方法。

① 净年值法。净年值法是分别计算各备选方案净现金流量的等额净年值 NAV，并比较大小，选择 $NAV \geq 0$ 且 NAV 最大者为最优方案。

由于不考虑计算期的不同，当互斥方案数目众多时，净年值法最为简便。

② 净现值法。采用价值性指标净现值（NPV）进行方案比选时，必须考虑时间的可比性，即在相同的计算期下比较净现值（NPV）的大小。因此需要将各方案不同的计算期转化成相同的计算期，常用的方法有最小公倍数法和研究期法。

a. 最小公倍数法（方案重复法）。最小公倍数法是以各备选方案计算期的最小公倍数共同计算期，并假设在共同计算期内各个方案可重复实施，完全相同的现金流量系列周而复始地循环下去直到共同计算期结束。在此基础上计算出各个方案的净现值，以净现值最大的方案为最佳方案。

b. 研究期法。研究期法是针对寿命期不同的互斥方案，直接选取一个适当的分析期作为各个方案共同的计算期，通过比较各个方案在该研究期内的净现值大小来对方案进行比选，以净现值最大的方案为最佳方案。

研究期的确定一般以互斥方案中年限最短方案的计算期作为互斥方案评价的共同研究期,计算简便,可以完全避开方案可重复实施的假设。具体操作时,也可以选择最长方案的计算期,或选择所期望的计算期为共同研究期。

【例 3-11】 已知表 3.8 中数据,相应的现金流量图如图 3.9 所示。试用 NAV、NPV 指标进行方案比选。设 $i_c=10\%$。

表 3.8　各方案财务数据表　　　　　　　　　　　　单位:万元

方案	A	B
总投资	2800	6500
年收益	1400	2400
年经营成本	345	880
估计寿命/年	4	8

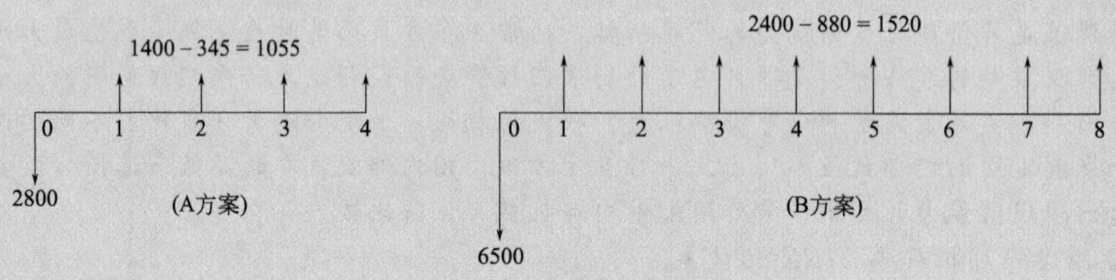

图 3.9　现金流量图

【解】 这是典型的计算期不等的互斥型方案动态评价问题。

(1) 净年值 NAV 法
$$NAV_A=-2800(A/P,10\%,4)+(1400-345)=171.60(万元)$$
$$NAV_B=-6500(A/P,10\%,8)+(2400-880)=301.90(万元)$$
$\because NAV_A<NAV_B$ 故选择方案 B。

(2) 净现值 NPV 法
① 最小公倍数法。本例最小公倍数为 8 年。A 方案的最小公倍数法现金流量图如图 3.10 所示。

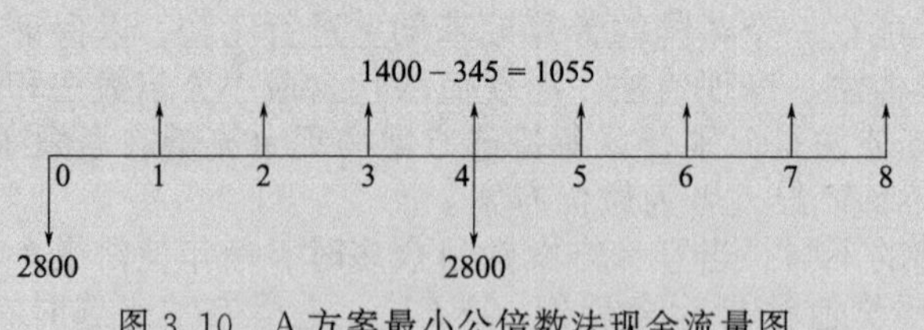

图 3.10　A 方案最小公倍数法现金流量图

$$NPV_A=-2800-2800(P/F,10\%,4)+1055(P/A,10\%,8)=915.92(万元)$$
$$NPV_B=-6500+1520(P/A,10\%,8)=1609.05(万元)$$
$\because NPV_A<NPV_B$ 故选择方案 B。

② 研究期法。以年限最短方案 A 的计算期作为互斥方案评价的共同研究期,取为 4 年。
$$NPV_A=-2800+1055(P/A,10\%,4)=544.24(万元)$$
$$NPV_B=-6500(A/P,10\%,8)(P/A,10\%,4)+1520(P/A,10\%,4)=956.99(万元)$$
$\because NPV_A<NPV_B$ 故选择方案 B。

复习思考题

1. 何谓内部收益率？内部收益率的经济含义是什么？

2. 某单位购买一台水泵，售价为 8000 元，运输安装费约 400 元，每年可以抽取地下水约 20000 m^3，每立方米的净收入为 0.2 元。试问该水泵的投资需几年可以回收？如果基准投资回收期为 4 年，该投资是否合理？

3. 某项目初始投资为 1000 万元，第 1 年年末投资 2000 万元，第 2 年年末再投资 1500 万元，从第 3 年起连续 8 年每年末可获得净效益 1450 万元。若残值忽略不计，基准收益率为 12% 时，计算其净现值，并判断该项目经济上是否可行。

4. 某企业拟投资 4500 万元建一水处理厂，建设期 1 年，建成后每年所得的销售收入为 3000 万元，年运行费为 2000 万元，预计该厂的运营期为 20 年。试求该项目的内部收益率。

5. 某工程项目各年净现金流量如表 3.9 所示，如果基准折现率为 10%，试计算该项目的静态投资回收期、动态投资回收期、净现值和内部收益率。

表 3.9　净现金流量　　　　　　　　　　　　　单位：万元

年份	0	1	2～10
净现金流量	−25000	−20000	12000

6. 某工程项目，第 1 年初投资 1000 万元，第 2 年初投资 1500 万元，第 3 年初投资 2000 万元，从第 3 年起连续 8 年每年可获得净效益 1500 万元。若期末残余价值忽略不计，基准收益率为 10%，试计算该项目的净现值和内部收益率，并判断该项目经济上是否可行。

7. 某项目有两个设计方案。第一个方案总投资为 45 万元，年运行费用为 20 万元；第二个方案总投资为 60 万元，年经营费用为 10 万元，两个方案的效益相同，若基准投资回收期为 5 年，问应该选择哪个方案？

8. 现有两台性能相同的水泵，各方案投资和年经营费用如表 3.10 所示，基准收益率 15%，试选择最优方案。

表 3.10　各方案投资和年经营费用　　　　　　　　单位：元

方案	水泵 A	水泵 B
初始投资	3000	4000
年运行费用	2000	1600
残值	500	0
计算期	10	10

9. 有 3 个互斥方案 A、B、C，经济寿命期均为 10 年，各方案的初始投资和年净效益如表 3.11 所示。若基准收益率为 10%，试选择最佳方案。

表 3.11　方案财务数据　　　　　　　　　　　单位：万元

方案	初始投资	年净效益
A	−170	46
B	−260	58
C	−300	65

10. 某项目有两个效益相同的互斥方案，其财务数据如表 3.12 所示，基准收益率为 10%。试用最小公倍数法和净年值法比选方案。

表 3.12　方案财务数据　　　　　　　　　单位：万元

方案	A	B
投资	150	100
年运行费	15	20
计算期	15	10

4 水工程项目财务分析

建设项目财务分析是工程项目经济评价的内容之一，是建设项目建议书和可行性研究报告的重要组成部分，也是项目决策科学化的重要手段。建设项目财务分析，是在国家现行财税制度和价格体系的前提下，从项目的角度出发，估算项目范围内的财务效益和费用，编制财务报表，计算财务分析指标，考察和分析项目盈利能力、偿债能力和财务生存能力，以考察项目在财务上的可行性，为项目决策提供科学依据。

项目财务分析是借助于现金流量进行的，构成项目现金流量的基本要素是项目的投资、收入、成本、税金和利润，这些构成了工程经济评价的基本经济要素。

4.1 投　资

投资，即建设项目总投资，是指一个建设项目从筹建到竣工投产为止所发生的全部建设费用。按照原建设部《市政工程投资估算编制办法》（2007）、《市政工程设计概算编制办法》（2011）的规定，给排水工程总投资应包括建设投资、建设期利息和流动资金三个部分。建设投资由工程费用、工程建设其他费用和预备费三部分组成。如图 4.1 所示。

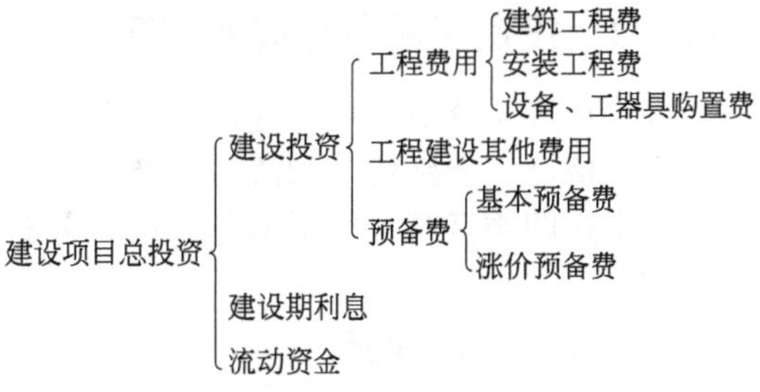

图 4.1　建设项目总投资的组成

4.1.1　建设项目总投资

建设项目总投资包括建设投资、建设期利息和流动资金三个部分。建设投资又由工程费用、工程建设其他费用和预备费三部分组成。

工程费用（又称第一部分费用）由建筑工程费、安装工程费和设备、工器具购置费组成。

工程建设其他费用（又称第二部分费用），是指应在建设项目的建设投资中开支的工程费用以外的建设项目必须支出的其他费用。如图 4.2 所示。其内容应结合工程项目的实际情况予以确定，通常可分为三类。第一类为建设用地费；第二类为与项目建设有关的费用；第三类为与未来企业生产经营有关的费用。

预备费，又称不可预见费，包括基本预备费和涨价预备费两部分。基本预备费是指在初步设计和概算中难以预料的工程和费用；涨价预备费是指项目在建设期间由于价格可能上涨而预留的费用。

图 4.2 工程建设其他费用的构成

建设期利息，国外称为资本化利息，是指建设项目贷款在建设期内发生并应计入固定资产原值的贷款利息等财务费用。

流动资金是指项目建成投产运营期间，为进行正常生产运营，用于购买原料、燃料、支付工资及其他经营费用等所必不可少的周转资金。

建设项目总投资费用的计算详见第二篇。

需要注意的是，经济评价中的建设项目总投资是指项目建设和运营所需的全部投资，它区别于目前工程造价中考核建设规模的总投资，工程造价中的总投资只包含流动资金的自筹部分，即铺底流动资金（流动资金的30%），而经济评价中的建设项目总投资则包含项目的全部流动资金。

4.1.2 投资费用所形成的资产

按资产形成法分类，项目建设总投资中建设投资、建设期利息和流动资金，最终形成固定资产、无形资产、递延资产和流动资产。项目的经济评价中，遵循的是资产保全原则，即所有投资形成上述四类资产，既不漏算，也不重复计算。资产的类别不同，计算形成相应成本的规定不一样。

4.1.2.1 固定资产

固定资产是指使用期限超过一年，单位价值在规定标准以上，并且在使用过程中保持原有物质形态的资产，包括房屋及建（构）筑物、机械仪器设备、运输工具、器具等。

水工程项目的固定资产主要包括以下几类。

① 用于取水、输配水和水处理的构筑物、建筑物、管道设施等。

② 机械、电气设备，如水泵电动机、鼓风机、变配电设备等。

③ 仪器仪表和自动控制设备，如各种水质分析检测仪器、计算机、显示屏等。

④ 用于检修和运输的各种设备。

⑤ 生产工具、办公用具和生活用具等。

因我国的土地所有权不属于任何个人或单位，使用者只有使用权，而使用权则不属于固定资产。

项目建成后，所形成的固定资产值，称为固定资产原值。除流动资金外，在项目的总投资中，扣除无形资产和递延资产部分，其余部分投资形成固定资产原值。

固定资产的价值损失，通常采取折旧的方法进行补偿，即在会计处理中将它们的历史成本在使用寿命期间内，进行分次摊销，计入各期的费用，即产品成本中。

4.1.2.2 无形资产

无形资产是指能长期使用但没有实物形态的资产，包括土地使用权、专利权、商标权、非专利技术、商誉等。这些无形资产通常代表企业所拥有的一种法定权或优先权，或者是企业所具有的高于一般水平的盈利能力。

项目形成的无形资产，按现行规定，一般采用平均年限法按规定期限进行分期摊销。

4.1.2.3 递延资产

递延资产是指不能全部计入当年损益，应在以后年度内分期摊销的各项费用，包括开办费、以经营租赁方式租入的固定资产改良费等。

建设项目投资中，以下科目计入递延资产：

① 生产职工培训费；
② 样品样机购置费；
③ 农业开荒费等。

按现行规定，递延资产一般采用平均年限法按规定期限进行分期摊销。

4.1.2.4 流动资产

流动资产是指可以在一年内或者超过一年的一个营业周期内变现或者运用的资产，包括货币资金、应收账款、存货等。而项目流动资金则是流动资产的货币表现。

在项目财务分析中，在项目投产初期投入的流动资金，当项目尚未发生流动负债时，项目的流动资金即流动资产。

按照《市政公用设施建设项目经济评价方法和参数》的规定，给排水工程流动资金可按照90天的年经营成本估算。

4.1.3 资金筹措

建设项目投资资金的来源主要包括两部分：企业自有资金和企业对外筹措的资金。其中对外筹措的资金包括赠款和借入资金。

(1) 自有资金

自有资金是指投资总额中由投资者缴付的投资额，企业有权利支配使用并无须偿还，按规定可用于建设投资和流动资金投资的资金。它包括资本金和资本溢价。

① 资本金。资本金是指新建项目设立企业时，在工商行政管理部门登记的注册资金。这部分资金属非债务资金，投资者可以转让其出资，但不能以任何方式抽回。根据投资主体的不同，资本金分为国家资本金、法人资本金、个人资本金和外商资本金。资本金的筹集可采取国家投资、各方集资或发行股票等方式。投资者可用现金、实物和无形资产等进行投资。

② 资本溢价。资本溢价是指在资金筹集过程中，投资者支付的出资额超出资本金的差额。比如发行股票的溢价净收入。

(2) 赠款

赠款是指政府、社会团体和个人等，赠予企业的货币、实物等资产。

(3) 借入资金

借入资金是指以企业名义从金融机构、资金市场借入，需要偿还的、用于投资的资金。包括国内外银行贷款、国家金融机构贷款、外国政府贷款、出口信贷、发行债券等方式筹集的资金。

4.2 成 本

成本是企业为生产产品或提供某种服务所必须付出的各项费用。在建设项目财务分析中，一般根据成本的构成分为总成本和经营成本。总成本中，按照成本与产量的关系又分为可变成本与固定成本。

4.2.1 总成本、经营成本构成

4.2.1.1 总成本

总成本费用的构成按照是否构成产品实体，可以采用生产成本法（制造成本法）和生产要素法两种方法确定。

按照生产成本法，总成本包括生产成本和期间费用两部分。如图4.3所示。

即： 总成本＝生产成本＋期间费用 (4.1)

生产成本是指企业为生产经营所发生的各项直接支出，包括直接人工费用、直接材料费、制造费用以及其他直接支出。

期间费用是指发生在生产期间，与生产经营没有直接关系但又未计入产品生产成本的各种费用，包括销售费用、管理费用和财务费用。管理费用是企业行政管理部门为组织和管理生产经营活动而发生的各项费用。财务费用是企业为筹集资金而发生的各项费用。销售费用是企业在销售产品和提供劳务等过程中发生的各项费用。

按照生产要素法，总成本包括外购原材料费，外购燃料、动力费，工资、福利费，折旧费，摊销费，修理费，利息支出及其他费用。如图4.4所示。

图4.3 总成本构成图（生产成本法）　　图4.4 总成本构成图（生产要素法）

即： 总成本费用＝外购原材料费＋外购燃料及动力费＋工资及福利费＋修理费
＋折旧费＋摊销费＋利息支出＋其他费用 (4.2)

建设项目评价中通常采用生产要素法估算总成本费用。

4.2.1.2 经营成本

经营成本是项目经济评价中的特定概念，作为项目运营期的主要现金流出，是财务分析中的一项重要成本指标。由于现金流量表中只计算现金收支，而不计算非现金收支，所以固定资产折旧费、无形资产和递延资产的摊销费，是项目系统内部的现金转移（在投资建设期间发生，在生产经营期间以成本形式回收），不计入经营成本。即：

经营成本＝总成本费用－折旧费－摊销费－利息支出 (4.3)

或： 经营成本＝外购原材料费＋外购燃料及动力费＋工资及福利费＋修理费＋其他费用 (4.4)

4.2.1.3 可变成本与固定成本

在产品的总成本费用中，有些成本随产量的变化而成比例增减，称为可变成本，例如药剂

费、电费、水资源费等。有些成本则不随产量的变化而变动，称为固定成本，例如非计件的工资、折旧费、摊销费、利息等。而有些成本与产量的关系不是成比例的关系，称为半可变（或半固定）成本，如利息支出。在建设项目的财务分析中，通常将半可变（半固定）成本，进一步分解为可变成本和固定成本。为简化计算，利息支出一般也视为固定成本。即在建设项目财务分析中，总成本费用由可变成本和固定成本构成。即：

$$总成本费用 = 可变成本 + 固定成本 \tag{4.5}$$

$$可变成本 = 外购原材料 + 外购燃料及动力费 \tag{4.6}$$

$$固定成本 = 工资及福利费 + 修理费 + 折旧费 + 摊销费 + 利息支出 + 其他费用 \tag{4.7}$$

可变成本和固定成本主要用于项目的不确定性分析。

4.2.2 折旧费

4.2.2.1 固定资产折旧

固定资产在使用中会逐渐磨损和贬值，使用价值逐步转移到产品中去，这种伴随固定资产损耗发生的价值转移称为固定资产折旧，转移的价值以折旧的形式计入成本，通过产品销售以货币的形式回到投资者手中。

固定资产折旧计算包括固定资产原值、折旧年限、固定资产净残值三个要素。

① 固定资产原值：项目建成投产时按规定核定的由投资形成的固定资产价值。

② 折旧年限：固定资产从开始使用到失去其使用价值的时间段。

③ 固定资产净残值：项目寿命期结束时，固定资产的残余价值称为固定资产残值。固定资产残值减去清理费用后的余额称为固定资产净残值。固定资产净残值与固定资产原值之比称为固定资产净残值率。

按照《市政公用设施建设项目经济评价方法和参数》的规定，给排水场站项目综合折旧年限为 20～22 年，其他项目综合折旧年限可适当延长。固定资产净残值率一般取为 3%～5%。

4.2.2.2 固定资产折旧计算

按照折旧对象划分，折旧方法分为个别折旧法、分类折旧法和综合折旧法。其中综合折旧法是以全部固定资产为对象计算折旧的方法。由于建设项目经济分析多发生在项目建设前期，很难将固定资产进行详细列项。因而，建设项目的固定资产折旧基本采用综合折旧法。

固定资产折旧常采用直线折旧法和加速折旧法。

(1) 直线折旧法

直线折旧法包括平均年限法和工作量法。

① 平均年限法。平均年限法是把应计提折旧的固定资产价值按其使用年限平均分摊的一种方法。其计算公式为：

$$年折旧率 = \frac{固定资产原值 - 固定资产净残值}{折旧年限} \tag{4.8}$$

$$= 固定资产原值 \times \left(\frac{1 - 固定资产净残值率}{折旧年限}\right) \times 100\%$$

或：
$$年折旧额 = 固定资产原值 \times 年折旧率 \tag{4.9}$$

② 工作量法。工作量法是按照固定资产预计可以完成的工作量计提折旧额的一种方法。

$$单位工作量折旧额 = 固定资产原值 \times \left(\frac{1 - 固定资产净残值率}{预计总工作量}\right) \tag{4.10}$$

施工机械这类设备的折旧通常采用工作台班法。

【例 4-1】 某固定资产原值为 20 万元，预计净残值率为 5%，折旧年限为 5 年，则按平均年限法计算年折旧率、年折旧额及第 3 年末账面净值分别为多少？

【解】 根据式(4.8)、式(4.9) 得：

$$年折旧率 = \frac{1-固定资产净残值率}{折旧年限} \times 100\% = \frac{1-5\%}{5} \times 100\% = 19\%$$

$$年折旧额 = 20 \times 19\% = 3.8（万元）$$

第 3 年末账面净值：$20 - 3.8 \times 3 = 8.6$（万元）

平均年限法计算简单，因此被广泛应用。但它不能准确反映固定资产实际损耗情况，不利于投资的尽快回收，在出现新设备而使原设备提前淘汰时，可能由于未提足折旧而承担经济损失，此种情况需要采用加速折旧法。

(2) 加速折旧法

加速折旧法又称递减费用法，即固定资产每期计提的折旧额不等，在固定资产使用期初计提得多，而在后期计提得少，是一种相对加快折旧速度的方法。加速折旧法主要有双倍余值折旧法与年数总和折旧法。

① 双倍余值折旧法。双倍余值折旧法，是在不考虑残值的情况下，根据每年年初固定资产账面净值和双倍的直线法折旧率计算折旧额的一种方法。

$$年折旧率 = \frac{2}{折旧年限} \times 100\% \tag{4.11}$$

$$年折旧额 = 年初固定资产账面净值 \times 年折旧率 \tag{4.12}$$

② 年数总和折旧法。年数总和折旧法，是根据固定资产原值减去预计净残值后的余额，按照逐年递减的分数（即年折旧率，也称折旧递减系数）计算折旧的一种方法。其折旧率为尚可使用年限与预计使用年限累加和之比。

$$年折旧率 = \frac{n-t+1}{\frac{n(n+1)}{2}} \times 100\% \tag{4.13}$$

$$年折旧额 = (固定资产原值 - 净残值) \times 年折旧率 \tag{4.14}$$

式中　n——折旧年限；

　　　t——已使用年限。

采用加速折旧法，加大固定资产的前期折旧，可以较快地回收购建固定资产的资金，使企业有能力及时更新固定资产，以适应技术进步的要求。一般认为，加速折旧法比直线折旧法更合理。

按照《建设项目经济评价方法与参数》的规定，固定资产折旧方法可在税法允许的范围内由企业自行确定，一般采用直线折旧法。

4.2.3 摊销费

按照资本保全原则，项目投资所形成的无形资产和递延资产，同样需要在生产经营过程中逐步分摊在成本中，称为摊销费。按现行规定，摊销费一般采用平均年限法进行分期摊销，且不计残值。

按照《市政公用设施建设项目经济评价方法与参数》的规定，给排水工程的无形资产和递延资产按规定期限分期摊销，没有规定期限的，无形资产按不少于 10 年分期摊销，递延资产按不少于 5 年的期限分期摊销。水工程项目的递延资产所占建设投资比重甚小，一般可按 5 年分期摊销，也可按大于 5 年的期限进行摊销。

4.3 水工程项目成本分析与计算

给排水工程作为市政公用设施,具有公用性、公益性和政府主导性的特征。水工程项目的经济评价,除须遵守国家有关经济评价的规定外,还需考虑行业性的特点。为了规范市政公用设施建设项目经济评价工作,提高经济评价质量和项目决策的科学化水平,2008年,住房和城乡建设部发布了《市政公用设施建设项目经济评价方法与参数》,规定了部分经济评价参数。

4.3.1 基本计算参数

4.3.1.1 固定资产折旧费

固定资产折旧一般采用平均年限法。给排水场站项目综合折旧年限为20~22年,其他项目综合折旧年限可适当延长。固定资产净残值率一般取为3%~5%。如表4.1所示。

表4.1 给排水工程固定资产折旧率

工程类型	给水工程	排水工程
净残值率/%	3~5	3~5
综合折旧率/%	4.4~5.0	4.6~5.2

4.3.1.2 摊销费

给排水工程的无形资产和递延资产按规定期限分期摊销,没有规定期限的,无形资产按不少于10年分期摊销,递延资产按不少于5年的期限分期摊销。也可以简化计算,取平均摊销年限为10年,即年摊销率为10%。

4.3.1.3 修理费

修理费用包括大修理费用和日常检修费用,修理费可按固定资产原值(不含建设期利息)的一定比例测算,给水工程为固定资产原值的2%~2.5%,即修理费率为2%~2.5%;排水工程修理费率为2%~3%。见表4.2。

表4.2 给排水工程年修理费率

给水工程	排水工程
2%~2.5%	2%~3%

4.3.2 给水工程成本费用

(1) 水资源费或原水费 E_1

水资源费的取费标准按国家或地方的具体规定计算。

$$E_1 = \frac{365 k_1 Q_d}{k_d} e_1 (元/年) \tag{4.15}$$

式中 k_1——考虑水厂自用水增加的系数,可取1.05~1.08;

Q_d——水厂设计规模,即最高日供水量,m^3/d;

k_d——日变化系数;

e_1——水资源费单价,元/m^3。

(2) 动力费 E_2

给水工程的动力费主要是电费。

$$E_2 = \alpha \frac{Q_d H d}{\eta k_d} + 12 E'_2 E''_2 \quad (\text{元/年}) \tag{4.16}$$

式中　H——工作全扬程，包括一级泵房、二级泵房、加压泵房的全部扬程，m；
　　　α——考虑其他用电量的系数，可取 1.05；
　　　η——水泵电动机的效率，可取 70%～80%；
　　　d——电费单价，元/kW·h；
　　　E'_2——变压器容量，kV·A；
　　　E''_2——按变压器容量计算的损耗价格，元/kV·A·月。当变压器容量在 315kV·A 以下时，变压器损耗计入电度电费中，即基本电费不用计算。

根据供电部门的规定，受电变压器容量不足 315kV·A 者，采用一部制电价；受电变压器容量大于等于 315kV·A 者，采用两部制电价。

一部制电价电费：　电费＝电度电费＝运行耗电量×电费单价
两部制电价电费：　电费＝基本电费＋电度电费
　　　　　　　　　基本电费＝用户用电容量×基本电价(元/kV·A·月)×12

(3) 药剂费 E_3

给水工程的水处理所用药剂有净水材料（如活性炭）混凝剂、助凝剂、消毒剂等。

$$E_3 = \frac{365 k_1 Q_d}{k_d \times 10^6} \sum_{i=1}^{n} a_i b_i \quad (\text{元/年}) \tag{4.17}$$

式中　a_i——各种药剂的平均投加量，mg/L；
　　　b_i——各药剂的价格，元/t。

(4) 工资及福利费 E_4

$$E_4 = \text{职工每人每年平均工资福利费} \times \text{职工定员} \tag{4.18}$$

职工每人每年平均工资福利费的选取，应考虑当时当地的工资水平确定。

(5) 修理费 E_5

$$E_5 = \text{固定资产原值(不含建设期利息)} \times \text{修理费率} \tag{4.19}$$

(6) 折旧费 E_6

$$E_6 = \text{固定资产原值} \times \text{综合折旧率} \tag{4.20}$$

(7) 摊销费 E_7

$$E_7 = \text{无形及递延资产原值} / \text{摊销年限} \tag{4.21}$$

(8) 其他费用 E_8

其他费用包括管理费、销售费、办公费、差旅费、研究试验费、保险费等未列入以上费用中的费用。可按以上费用的一定比例计算。根据水工程项目的实际情况，该比例可选以上各项费用总和的 8%～12%。

$$E_8 = \sum_{i=1}^{7} E_i \times (8\% \sim 12\%) \tag{4.22}$$

(9) 财务费用 E_9

生产运营期间的利息，包括长期贷款利息和流动资金贷款利息，应计入成本。

此外，如新建水处理厂包括废水回收和污泥处理处置两部分，在计算成本时，应增加废水回收和污泥处理处置两部分费用。

给水工程的总成本费用为以上各项费用的总和。

(10) 年总成本 YC

$$YC = \sum_{i=1}^{9} E_i \quad (4.23)$$

其中：

年可变成本＝水资源费 E_1＋动力费 E_2＋药剂费 E_3 （4.24）

年固定成本＝工资及福利费 E_4＋修理费 E_5＋折旧费 E_6

＋摊销费 E_7＋其他费用 E_8＋财务费用 E_9 （4.25）

(11) 单位制水成本 AC

$$AC = \frac{YC}{\sum Q} = \frac{YC\, k_d}{365 Q_d} \quad (4.26)$$

(12) 年经营成本 E_C

E_C＝水资源费 E_1＋动力费 E_2＋药剂费 E_3＋工资及福利费 E_4＋修理费 E_5＋其他费用 E_8

＝年总成本 YC－折旧费 E_6－摊销费 E_7－财务费用 E_9 （4.27）

4.3.3 排水工程成本费用

排水工程的成本，除污水处理费用外，还应包括污泥处理及处置费和处理后污水排放费。

(1) 处理后污水排放费

$$E_1 = 365 Q e_1 (元/年) \quad (4.28)$$

式中 Q——平均日污水排放量，m³/d；

e_1——污水排放费标准，元/m³。

(2) 能源费 E_2

污水处理的能源消耗费，包括电费、自来水费。工业污水处理有时包括蒸汽、煤等费用，必要时应予以计算。其中电费：

$$E_2 = \frac{8760 Nd}{k} (元/年) \quad (4.29)$$

式中 k——污水量总变化系数；

N——污水处理厂内的水泵、鼓风机及其他用电设备的总功率（不含备用设备），kW；

d——电费单价，元/kW·h。

(3) 药剂费 E_3

$$E_3 = \sum_{i=1}^{n} a'_i b_i (元/年) \quad (4.30)$$

式中 a'_i——各种药剂的年投加量，t/年；

b_i——各药剂的价格，元/t。

(4) 工资福利费 E_4、修理费 E_5、折旧费 E_6、摊销费 E_7

费用的计算方法与给水工程项目相同。

(5) 尾水、尾气、污泥处置费用 E_8

污水处理厂尾水排放、污泥处理、沼气排放等接纳系统若需要收取费用时，应按有关部门的规定计取相关费用。

(6) 其他费用 E_9、财务费用 E_{10}

费用的计算方法与给水工程项目相同。

污水、污泥综合利用的收入，若价值较大时，应作为产品销售，计为其他收入计入污水处理成本中。

(7) 年总成本 YC

$$YC = E_1 + E_2 + E_3 + E_4 + E_5 + E_6 + E_7 + E_8 + E_9 + E_{10} \tag{4.31}$$

(8) 单位制水成本 AC

$$AC = \frac{YC}{\sum Q} = \frac{YC}{365Q} \tag{4.32}$$

(9) 年经营成本 E_C

$$年经营成本 E_C = 年总成本 YC - 折旧费 E_6 - 摊销费 E_7 - 财务费用 E_{10} \tag{4.33}$$

【例 4-2】 某市新建给水工程，最高日供水量 60 万 m^3/d，给水厂自用水量 5%，日变化系数 $k=1.2$，各级泵扬程总和为 98m，泵和电动机效率为 0.80，水资源费单价为 0.2 元/m^3，电费单价按一部电价收费为 0.60 元/(kW·h)，混凝剂投加量 30mg/L，混凝剂单价 1600 元/t，助凝剂投加量平均为 1mg/L，助凝剂单价为 1100 元/t，消毒剂投加量 5mg/L，消毒剂单价 4000 元/t，职工定员 80 人，人均年工资及福利费 90000 元；建设项目总投资 116819 万元，其中：固定资产投资 115553 万元（含建设期贷款利息 1293 万元），递延资产 216 万元，铺底流动资金 1050 万元，固定资产折旧率为 4.8%，修理费率为 2.5%，递延资产按 5 年摊销，流动资金借款年利率为 6.5%。试确定该给水工程年总成本、年经营成本和单位制水成本。

【解】 (1) 水资源费 E_1

$$E_1 = \frac{365 \times 1.05 \times 60}{1.2} \times 0.2 = 3832.5 (万元/年)$$

(2) 动力费 E_2

$$E_2 = 1.05 \times \frac{60 \times 98 \times 0.6}{80\% \times 1.2} = 3858.75 (万元/年)$$

(3) 药剂费 E_3

$$E_3 = \frac{365 \times 1.05 \times 60}{1.2 \times 10^6} \times (30 \times 1600 + 1 \times 1100 + 5 \times 4000) = 1324.13 (万元/年)$$

(4) 工资及福利费 E_4

$$E_4 = 9 \times 80 = 720 (万元/年)$$

(5) 修理费 E_5

$$E_5 = (115553 - 1293) \times 2.5\% = 2856.50 (万元/年)$$

(6) 折旧费 E_6

$$E_6 = 115553 \times 4.8\% = 5546.54 (万元/年)$$

(7) 摊销费 E_7

$$E_7 = 216 \div 5 = 43.2 (万元/年)$$

(8) 其他费用 E_8

$$E_8 = (3832.5 + 3858.75 + 1324.13 + 720 + 2856.50 + 5546.54 + 43.2) \times 10\%$$
$$= 1818.16 (万元/年)$$

(9) 财务费用 E_9

铺底流动资金占流动资金的 30%，债务流动资金占 70%。

$$E_9 = 1050 \times \frac{70\%}{30\%} \times 6.5\% = 159.25 (万元/年)$$

(10) 年总成本 YC

$$YC = 3832.5 + 3858.75 + 1324.13 + 720 + 2856.50 + 5546.54 + 43.2 + 1818.16 + 159.25$$

= 20159.04（万元/年）

（11）单位制水成本 AC

$$AC = \frac{YC}{\sum Q} = \frac{20159.04 \times 1.2}{365 \times 60} = 1.10（元/m^3）$$

（12）年经营成本 E_C

年经营成本 E_C = 20159.04 − 5546.54 − 43.2 − 159.25 = 14410.05（万元/年）

4.4 收　入

收入是项目投入使用后在运营期内各年销售产品或提供服务所取得的收入。销售收入是项目投产后收回投资、补偿成本、偿还债务、保证企业再生产正常进行的前提，是估算利润、税金的基础数据。工程经济评价中，收入是现金流量的一个主要项目。

销售收入由销售税金及附加、总成本和利润总额三部分构成。如图4.5所示，其中销售税金及附加是指从销售收入中扣除的税金。其公式为：

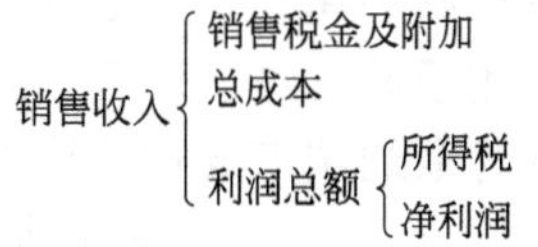

图4.5　收入、总成本和利润关系图

$$销售收入 = 产品销售数量 \times 产品销售单价 \quad (4.34)$$

给水工程中的产品销售单价就是售水单价，排水工程中的产品销售单价可以理解为排污费收取标准。它们常常牵涉到政治、经济、社会和历史因素，直接影响企业利润和经济评价的各项指标。

4.5 税　金

税金是企业或纳税人根据国家税法规定应该向国家缴纳的各种税款。我国现行税制体系是一个由多种税组成的复税制体系，按征税对象的不同分为流转税、所得税、资源税、财产税、行为税、农业税和特定目的的税七大类。不同类型建设项目的税费科目及税费率会有所不同。

4.5.1　销售税金及附加

销售税金及附加是指企业生产经营期内因销售产品而发生的增值税、消费税、城市维护建设税、教育费附加、地方教育费附加、资源税等相关税费。

4.5.1.1　增值税

增值税是对我国境内销售或进口货物，提供加工、劳务，以及销售服务、无形资产或者不动产实现的增值额征收的一个税种。简单地说，是对商品生产和流通环节中的增值额进行征税。增值税属流转税，实行价外税，也就是由消费者负担。

增值税纳税人分为一般纳税人和小规模纳税人，新建工程项目大多属于一般纳税人。一般纳税人按照销项税额抵扣进项税额的办法计算增值税应纳税额。即：

$$增值税应纳税额 = 当期销项税额 - 当期进项税额 \quad (4.35)$$

"当期"是指税务机关依据税法规定对纳税人确定的纳税期限；"销项税额"是指纳税人销售商品或提供劳务，按照销售额计算的并向买方收取的增值税额。即：

$$销项税额 = 销售额 \times 增值税率 \quad (4.36)$$

"当期进项税额"是指纳税人购进货物或接受应税劳务所支付的增值税额，即：

$$进项税额 = 外购货物费用 \times 增值税率 \quad (4.37)$$

需要注意的是：销售额中并不包括收取的销项税额，外购货物费用也不包括所支付的进项税额，俗称"除税价"，增值税实行价外税。

按照财政部税务总局海关总署公告2019年第39号《关于深化增值税改革有关政策的公告》，自2019年4月1日起，我国增值税税率调整为13%、9%、6%三档。对一般纳税人，自来水销售、建筑业等行业增值税率为9%。

4.5.1.2 消费税

消费税是对特定的某些消费品和消费行为征收的一种税，属流转税。如白酒、小汽车、摩托车、游艇、高档手表等，消费税是价内税，即价款中已包括消费税，与增值税不同。水工业产品不课征消费税。

4.5.1.3 城市维护建设税

城市维护建设税是以纳税人实际缴纳的流转税（增值税、消费税）为计税依据征收的一种税，专用于城市维护建设，属于附加税。凡是依照税法规定缴纳增值税、消费税的单位和个人都应同时缴纳城市维护建设税。

$$城市维护建设税额 = (增值税 + 消费税) \times 适用税率 \tag{4.38}$$

城市维护建设税率按纳税人所在地实行差别税率：纳税人所在地为城区的，税率为7%；纳税人所在地为县城、建制镇的，税率为5%；纳税人所在地不在城区、县城或建制镇的，税率为1%。

4.5.1.4 教育费附加和地方教育费附加

目前，由税务部门征收的与教育相关的税费包括教育费附加和地方教育费附加。凡是依照税法规定缴纳增值税、消费税的单位和个人都应同时缴纳教育费附加和地方教育费附加。

教育费附加和地方教育费附加以单位和个人实际缴纳的增值税、消费税的税额为计征依据。其中：教育费附加率为3%，地方教育费附加率为2%。

$$教育费附加 = (增值税 + 消费税) \times 3\% \tag{4.39}$$

$$地方教育费附加 = (增值税 + 消费税) \times 2\% \tag{4.40}$$

4.5.1.5 资源税

资源税是以各种自然资源为课税对象而征收的一种税。资源税按照应税产品的课税数量和规定的单位税额计算。

$$资源税 = 应税产品课税数量 \times 单位税额 \tag{4.41}$$

水工业中的给水处理厂的原水不属于课税对象，但为了水资源的合理利用和保护，现已征收水资源费，计算在给水处理的成本中。

4.5.2 所得税

所得税包括企业所得税和个人所得税。经济评价中主要是指企业所得税。它是以企业在一定时期内的所得为征收对象的一种税。计算公式为：

$$所得税 = 应纳税所得额 \times 适合的税率 \tag{4.42}$$

现行财务制度规定：应纳税所得额是纳税人每一纳税年度的总收入减去准予扣除项目的余额。即：

$$应纳税所得额 = 收入总额 - 准予扣除项目金额 \tag{4.43}$$

准予扣除项目金额包括总成本、销售税金及附加、已发生的经营亏损及其他损失。

对于纳税人发生年度亏损的，可用下一纳税年度的所得弥补；下一纳税年度的所得不足弥补的，可逐年延续弥补，延续弥补期最长不得超过 5 年。一般企业所得税的税率为 25%。

在工程经济评价中，可不考虑其他损失，则：

$$应纳税所得额＝销售收入－总成本－销售税金及附加－弥补以前年度亏损 \quad (4.44)$$

水工程项目是国家重点公共设施项目，按现行规定，所得税享受"三免三减半"的所得税优惠，即符合条件的企业从取得经营收入的第一年至第三年可免交企业所得税，第四年至第六年减半征收企业所得税。

4.6 利 润

利润是企业在一定的时期内生产经营活动的最终财务成果，是收入与费用相抵后的余额，它能够综合反映出企业的管理水平和经营水平。企业利润有利润总额和净利润两种。

4.6.1 利润总额

按照现行财务制度规定，利润总额等于营业利润、投资净收益、补贴收入和营业外收支净额的代数和。在项目评价时，为简化计算，通常假定项目不发生其他业务利润，也不发生投资净收益、补贴收入和营业外收支净额，故利润总额为：

$$利润总额＝销售(营业)收入－总成本－销售税金及附加 \quad (4.45)$$

根据利润总额可计算所得税和净利润。此时，所得税应纳税所得额为：

$$应纳税所得额＝利润总额－弥补以前年度亏损 \quad (4.46)$$

财务分析中，利润总额是计算一些静态指标的基础数据，通常采用"利润与利润分配表"来计算。

4.6.2 净利润

净利润又称为税后利润，是指利润总额扣除所得税后的余额，如图 4.5 所示。

$$净利润＝利润总额－所得税 \quad (4.47)$$

净利润加上年初未分配利润为可供分配的利润，可按下列顺序分配。

① 提取法定盈余公积金。用于弥补亏损、按照国家规定转增资本等。法定盈余公积金按当年净利润的 10% 提取，达到注册资本金的 50%，可不再提取。

② 提取盈余公积金。

③ 向投资者分配利润。企业以前年度未分配的利润，可以并入本年度向投资者分配。

④ 未分配的利润。

4.7 给排水工程销售水价预测

从财务角度看，水价由成本、费用、税金和利润构成。成本是指水输配、净化过程中所发生的原水费、电费、药剂费、折旧摊销费、修理费、直接工资等应计入制水成本的直接费用；费用是指组织和管理给排水企业生产经营所发生的销售费用、管理费和财务费用；税金是指给排水企业应缴纳的各种税费。

目前，我国水行业中水价测算常用成本核算法，其定价的基础是企业的总成本。在进行水工程项目经济评价时采用理论水价作为产品销售单价。

理论水价是在制水成本的基础上增计销售税金及附加、利润等费用，并考虑漏失水量和不收费水量（如消防用水、市政设施用水等）因素。

利润率可按该项目所要达到的利润水准或按当地已有供水企业的利润率确定。无上述资料时，也可参照全国城市供水行业的平均利润率计算。城市供水价格中的利润，应按净资产收益率核定。净资产收益率又称净资产利润率，是公司税后利润除以净资产得到的百分比率，该指标反映净资产的收益水平。净资产收益率8%～10%，是供水企业合理盈利的平均水平。具体计算时应根据不同的资金来源确定：对于主要依靠政府投资的企业，净资产利润率不得高于6%；主要靠企业投资的，还贷期间的净资产收益率不得高于12%，还贷期结束后，净资产收益率为8%～10%。排水企业净资产收益率一般根据保证还贷、微利、保本经营原则确定。

其理论水价为：

$$理论水价 = \frac{单位制水成本 AC \times 利税系数}{销售水量系数} \quad (4.48)$$

$$利税系数 = \frac{1}{1-销售税金及附加率-利润率} \quad (4.49)$$

$$销售水量系数 = \frac{水厂供水量 - 供水损失量}{水厂供水量} = 1 - 供水损失率 \quad (4.50)$$

【例 4-3】 背景资料如【例 4-1】，若销售税金及附加费率为6.66%，利润率为10%，销售水量系数为0.925。试确定售水单价。

【解】 单位制水成本 $AC = 1.10$ 元/m³。

$$利税系数 = \frac{1}{1-6.66\%-10\%} = 1.1999$$

$$理论水价 = \frac{1.10 \times 1.1999}{0.925} = 1.43(元/m^3)$$

4.8　财务分析

建设项目财务分析是在财务效益与费用的估算基础上，编制财务报表，计算财务分析指标，考察和分析项目的盈利能力、偿债能力和财务生存能力，判断项目的财务可行性，为投资决策、融资决策等提供依据。

财务分析内容应根据项目的性质确定。对于经营性项目，应进行全面的财务分析，即盈利能力、偿债能力和财务生存能力三方面的分析。对于非经营性项目，财务分析主要分析项目的财务生存能力。

财务分析可分为融资前分析和融资后分析。融资前分析是不考虑债务融资条件，从项目投资总获利能力的角度进行的财务分析。融资后分析是指以设定的融资方案为基础进行的财务分析。财务分析一般宜先进行融资前分析，在融资前分析结论满足要求的情况下，初步设定融资方案，再进行融资后分析。在项目的初期研究阶段，也可只进行融资前分析。

4.8.1　财务分析的步骤

(1) 收集、整理、分析和预测项目的财务基础数据

需要收集的基础资料包括：项目的规模、投资概算、项目资金来源、资金使用计划、人员定编、工资福利费水平、原材料价格等。估算产品成本费用、销售价格及收入、税金和利润，以及其他与项目财务分析有关的基础数据。

(2) 编制财务分析报表

根据收集的基础资料和预测的相应价格，编制有关财务报表。

(3) 计算与分析财务评价指标

主要分析项目的财务盈利能力、偿债能力的指标。

(4) 不确定性分析及风险性分析

运用盈亏平衡分析、敏感性分析等方法，分析项目可能承受的风险和抗风险能力。有条件的应进行概率分析。

(5) 给出财务分析结论

根据以上分析，给出项目在财务上是否可行的结论。

4.8.2 财务分析报表

根据《建设项目经济评价方法与参数》，项目财务分析报表分为基本报表和辅助报表两类。辅助报表用于计算财务分析的基础数据，如建设总投资额、流动资金、利息、成本、收入、税金等，因此先编制辅助报表，后编制基本报表。基本报表是财务评价必须编制的。财务分析各种报表格式的设置应以现行会计制度为依据，同时结合项目评价的特点进行简化和调整。

财务分析中的基本报表有：现金流量表、利润与利润分配表、财务计划现金流量表、资产负债表、借款还本付息计划表。其中现金流量表按分析对象的不同又分为：项目投资现金流量表、项目资本金现金流量表和投资各方现金流量表。

辅助报表包括：建设投资估算表、流动资金估算表、投资计划与资金筹措表、总成本费用估算表、固定资产折旧费估算表、无形与递延资产摊销估算表、销售（营业）收入和销售税金及附加估算表等。

4.8.3 财务分析指标

财务分析指标可以从不同的角度作不同的分类。按是否考虑资金时间价值，分为静态指标和动态指标，静态指标包括：静态投资回收期、总投资收益率、项目资本金净利润率、资产负债率、利息备付率、偿债备付率、净现金流量、累计盈余资金等。动态指标包括：财务内部收益率、财务净现值、动态投资回收期。如图4.6所示。

按评价内容的不同，分为盈利能力分析指标、清偿能力分析指标、生存能力分析指标。盈利能力主要分析指标包括财务内部收益率、财务净现值、投资回收期；清偿能力主要分析指标包括资产负债率、利息备付率、偿债备付率等；生存能力分析指标包括净现金流量、累计盈余资金。如图4.7所示。

图4.6 财务指标分类（按是否考虑资金时间价值） 图4.7 财务指标分类（按评价内容）

上述系列指标中，静态投资回收期、动态投资回收期、财务内部收益率、财务净现值、净现金流量的概念、计算方法和评价准则详见第3.1、3.2节。其他分析指标定义、计算方法和评价准则下面结合财务分析报表来说明。

4.8.4 项目盈利能力分析

盈利能力分析，主要是考察工程项目投资的盈利水平，是评价工程项目在财务上的可行性程度，也是业主进行投资决策时考虑的首要因素，一般应从两方面进行评价：一方面分析工程项目达到设计生产能力的正常生产年份可能获得的盈利水平，即主要通过计算投资利润率、资本金利润率等静态指标，考察项目在正常生产年份年度投资的盈利能力，以及判别项目是否达到行业的平均水平；另一方面分析工程项目整个寿命期间内的盈利水平，即主要通过计算财务净现值、财务内部收益率、财务净现值率、投资回收期等指标，考察项目在整个计算期内的盈利能力及投资回收能力，判别工程项目投资的可行性。

4.8.4.1 盈利能力分析报表

盈利能力分析报表主要包括：现金流量表及利润与利润分配表。

(1) 现金流量表

现金流量表是财务评价的基本报表，反映项目计算期内各年的现金流入流出。现金流量表按分析对象的不同又分为：项目投资现金流量表、项目资本金现金流量表和投资各方现金流量表。

1) 项目投资现金流量表。该表以全部投资作为计算基础，不分资金来源，即相当于全部投资均为自有资金。反映投资方案在整个计算期（包括建设期和生产运营期）内的现金流入和流出，如表4.3所示。

表4.3 项目投资现金流量表　　　　　　　　　　　　单位：万元

序号	项目	建设期		投产期		达到设计能力生产期			合计
		1	2	3	4	5	…	n	
	生产负荷								
1	现金流入								
1.1	产品销售收入								
1.2	补贴收入								
1.3	回收固定资产余值								
1.4	回收流动资金								
2	现金流出								
2.1	建设投资								
2.2	流动资金								
2.3	经营成本								
2.4	维持运营投资								
2.5	销售税金及附加								
3	所得税前净现金流量(1-2)								
4	累计所得税前净现金流量								
5	调整所得税								
6	所得税后净现金流量(3-5)								
7	累计所得税后净现金流量								
计算指标：	所得税后 项目投资财务内部收益率(%) 项目投资财务净现值(i_c=%)(万元) 投资回收期(年)	所得税前 项目投资财务内部收益率(%) 项目投资财务净现值(i_c=%)(万元) 投资回收期(年)							

注：调整所得税即以包含贷款利息的年利润（计算时原则上不受融资方案的影响，即不受利息多少的影响）总额为基数计算的所得税，区别于其他报表中的所得税。

① 现金流入是产品销售（营业）收入、回收固定资产余值、回收流动资金、补贴收入四项之和。其中，产品销售收入等于产品销售量与销售单价的乘积；固定资产余值和流动资金的回收均在计算期最后一年，固定资产余值回收额为固定资产折旧费估算表中最后一年的固定资产期末净值；流动资金回收额为项目正常生产年份流动资金的占用额。

② 现金流出包括建设投资、流动资金、经营成本、维持运营投资、销售税金及附加。其中，建设投资不包含建设期利息。流动资金投资为各年流动资金增加额；经营成本源于总成本费用估算表；销售税金及附加包含消费税、资源税、城市维护建设税和教育费附加及地方教育费附加，所得税的数据来源于利润与利润分配表。

③ 调整所得税是根据息税前利润（计算时原则上不受融资方案变动的影响，即不受利息多少的影响）乘以所得税率计算得到的。这与"利润与利润分配表""项目资本金现金流量表""财务计划现金流量表"中的所得税有所区别。

通过投资现金流量表可计算方案的项目投资财务内部收益率、项目投资财务净现值和静态投资回收期等评价指标，考察项目全部投资的盈利能力，为各个投资方案（不论其资金来源及利息多少）进行比较建立共同基础。

2) 项目资本金现金流量表。项目资本金现金流量表从投资者角度出发，以投资者的出资额作为计算基础，考察在一定融资方案下投资者自有资金（资本金）的盈利能力，用以比选融资方案，为投资者融资决策提供依据。如表 4.4 所示。

表 4.4 项目资本金现金流量表　　　　　　　　　　　　　　　单位：万元

序号	项目	建设期		投产期		达到设计能力生产期			合计
		1	2	3	4	5	…	n	
	生产负荷								
1	现金流入								
1.1	产品销售收入								
1.2	回收固定资产余值								
1.3	回收流动资金								
1.4	其他收入								
2	现金流出								
2.1	项目资本金								
2.2	借款本金偿还								
2.3	借款利息支付								
2.4	经营成本								
2.5	销售税金及附加								
2.6	所得税								
2.7	维持运营投资								
3	净现金流量(1-2)								

计算指标：资本金财务内部收益率(%)

与项目投资现金流量表不同的是，现金流出中的建设投资只包括项目资本金（自有资金），同时增加了借款本金偿还和利息支付。其中借款本金偿还由两部分组成：一部分为借款还本付息计算表中本年还本额,一部分为流动资金借款本金偿还,一般发生在计算期最后一年。借款利息支付数额来自总成本费用估算表中的利息支出项。

项目资本金现金流量表用以计算资本金资金财务内部收益率和资本金财务净现值,考察项目资本金资金的财务盈利能力。

3) 投资各方现金流量表。该表从各投资方角度,以每个投资方的出资额为计算基础,编制现金流量表。如表4.5所示。

表 4.5 投资各方现金流量表　　　　　　　　　　　单位:万元

序号	项目	建设期		投产期		达到设计能力生产期			合计
		1	2	3	4	5	…	n	
	生产负荷								
1	现金流入								
1.1	实分利润								
1.2	资产处置收益分配								
1.3	租赁费收入								
1.4	技术转让或使用收入								
1.5	其他现金收入								
2	现金流出								
2.1	实缴资本金								
2.2	租赁资产支出								
2.3	其他现金支出								
3	净现金流量(1—2)								
4	累计净现金流量								

计算指标:投资各方财务内部收益率(%)

① 投资各方现金流量表可按不同投资方(内资或外资;合资或合作等)分别编制。
② 现金流入是指出资方因该技术方案的实施将实际获得的各种收入。
③ 现金流出是指出资方因该技术方案的实施将实际投入的各种支出。表中科目可根据具体情况调整。
④ 实分利润是指投资者由方案获取的利润。
⑤ 资产处置收益分配是指对有明确的合营期限或合资期限的方案,在期满时对资产余值按股比或约定比例的分配。
⑥ 租赁费收入是指出资方将自己的资产租赁给方案使用者所获得的收入,此时应将资产价值作为现金流出,列为租赁资产支出科目。
⑦ 技术转让或使用收入是指出资方将专利或专有技术转让或允许该方案使用所获得的收入。

投资各方现金流量表用以计算投资各方财务内部收益率,分别考察投资各方财务盈利能力。

(2) 利润与利润分配表

该表反映项目计算期内各年的销售收入、总成本费用、利润总额、所得税、税后利润及税后利润的分配情况,如表4.6所示。

表 4.6　利润与利润分配表　　　　　　　　　　　　　　　　单位：万元

序号	项目	建设期		投产期		达到设计能力生产期			合计
		1	2	3	4	5	...	n	
	生产负荷								
1	产品销售收入								
2	销售税金及附加								
3	总成本费用								
4	补贴收入								
5	利润总额(1−2−3+4)								
6	弥补以前年度亏损								
7	应纳税所得额(5−6)								
8	所得税								
9	税后利润(5−8)								
10	期初未分配利润								
11	可分配利润(9+10)								
12	法定盈余公积金								
13	可供投资者分配利润(11−12)								
14	应付优先股股利								
15	提取其他盈余公积金								
16	应付普通股股利(13−14−15)								
17	各投资方利润分配								
17.1	××方								
17.2	××方								
18	未分配利润(13−14−15−17)								
19	息税前利润(利润总额+利息)								
20	息税折旧摊销前利润 (息税前利润+折旧+摊销)								
21	累计未分配利润								

计算指标：
　　总投资收益率(%)
　　资本金净利润率(%)

利润与利润分配表用以计算项目的总投资收益率 ROI、项目资本金净利润率 ROE。

① 总投资收益率 ROI（Return on Investment）。总投资收益率是项目在达到设计生产能力的正常年份内，年净收益总额（又称息税前利润）与项目总投资额的比率，反映项目的盈利能力。水工程项目运营期内各年的息税前利润总额都不一定相同，为此，可计算项目运营期内平均总投资收益率。

$$总投资收益率 ROI = \frac{平均年息税前利润总额 EBIT}{总投资 TI} \times 100\% \quad (4.51)$$

其中：
$$年息税前利润 EBIT = 利润总额 + 利息支出 \tag{4.52}$$
$$总投资 TI = 建设投资 + 建设期利息 + 流动资金 \tag{4.53}$$

② 项目资本金净利润率 ROE（Return on Equity）。资本金净利润率是指项目达到设计生产能力的正常年份内，年净利润总额（所得税后）与资本金的比率，反映项目的资本金利润水平。

$$资本金净利润率 ROE = \frac{平均年利润总额 NP}{项目资本金 EC} \times 100\% \tag{4.54}$$

4.8.4.2 盈利能力评价

在项目财务评价中，将项目财务内部收益率 $FIRR$ 与行业财务基准收益率或设定的折现率 i_c 进行比较，如果 $FIRR \geq i_c$，则认为项目的盈利能力已经满足最低要求，财务上可以接受。需要注意的是：项目投资财务内部收益率、项目资本金财务内部收益率和投资各方财务内部收益率可有不同的判别标准。《市政公用设施建设项目经济评价方法与参数》中规定，给水工程项目的财务基准收益率为6%，排水工程项目为5%。

财务净现值 $FNPV \geq 0$，表示项目投资收益率不仅能够达到基准收益率的水平，还能得到超额现值收益，方案可行。财务净现值越大，方案的效益越好。

当项目的投资回收期小于或等于该行业的基准投资回收期时，表明项目能够在规定的时间内收回全部投资，项目可行。一般以静态投资回收期为主。

如果总投资收益率大于或等于规定的基准投资收益率，则表示项目的经济性较好，具有可行性，可以考虑接受。

资本金净利润率高于同行业的平均净利润率，表明盈利能力达到要求。

4.8.5 项目偿债能力分析

偿债能力分析，主要是考察工程项目的财务状况和按期偿还债务的能力，它直接关系到企业面临的财务风险和财务信用程度，是企业进行筹资决策的重要依据。

4.8.5.1 偿债能力分析报表

偿债能力分析报表包括资产负债表、借款还本付息计划表。

(1) 资产负债表

资产负债表的编制依据是"资产＝负债+所有者权益"。资产负债表综合反映项目计算期内各年末资产、负债和所有者权益的增减变化及对应关系，以考察项目资产、负债、所有者权益的结构是否合理。资产负债表的基本结构见表 4.7。

表 4.7 资产负债表　　　　　　　　　　　　　单位：万元

序号	项目	建设期		投产期		达设计能力生产期			合计
		1	2	3	4	5	...	n	
1	资产								
1.1	流动资产总额								
1.1.1	货币资金								
1.1.2	应收账款								
1.1.3	预付账款								
1.1.4	存货								
1.1.5	其他								

续表

序号	项目	建设期		投产期		达设计能力生产期			合计
		1	2	3	4	5	…	n	
1.2	在建工程								
1.3	固定资产净值								
1.4	无形及递延资产净值								
2	负债及所有者权益(2.4+2.5)								
2.1	流动负债总额								
2.1.1	短期借款								
2.1.2	应付账款								
2.1.3	预收账款								
2.1.4	其他								
2.2	建设投资借款								
2.3	流动资金借款								
2.4	负债小计(2.1+2.2+2.3)								
2.5	所有者权益								
2.5.1	资本金								
2.5.2	资本公积金								
2.5.3	累计盈余公积金								
2.5.4	累计未分配利润								

计算指标:资产负债率(%)

注:货币资金,包括现金和累计盈余资金。

资产负债表用以计算资产负债率 $LOAR$,进行清偿能力分析。

资产负债率 $LOAR$ (Loan of Asset Ratio)指项目各年度期末负债总额与资产总额的比率,反映项目各年份所承担的财务风险程度和清偿能力。即:

$$资产负债率\ LOAR = \frac{期末负债总额\ TL}{期末资产总额\ TA} \times 100\% \qquad (4.55)$$

资产负债率揭示出企业的全部资金来源中有多少是由债权人提供的,适度的资产负债率,表明企业安全稳健,具有较强的筹资能力,也表明企业和债权人承担的风险较小。对该指标的分析,应结合国家宏观经济状况、行业发展趋势、企业所处竞争环境等具体条件判定。一般认为,资产负债率取值的适宜水平是 40%~60%。

(2) 借款还本付息计划表

借款还本付息计划表反映项目计算期内各年借款本金偿还和利息支付情况,如表 4.8 所示。

表 4.8 借款还本付息计划表   单位:万元

序号	项目	建设期		投产期		达到设计能力生产期			合计
		1	2	3	4	5	…	n	
1	借款								
1.1	期初借款余额								

续表

序号	项目	建设期 1	建设期 2	投产期 3	投产期 4	达到设计能力生产期 5	达到设计能力生产期 ...	达到设计能力生产期 n	合计
1.2	当期还本付息								
1.2.1	还本								
1.2.2	付息								
1.3	期末借款余额								
2	债券								
2.1	期初债务余额								
2.2	当期还本付息								
2.2.1	还本								
2.2.2	付息								
2.3	期末债务余额								
3	借款和债券合计								
3.1	期初余额								
3.2	当期还本付息								
3.2.1	还本								
3.2.2	付息								
3.3	期末余额								
计算指标	利息备付率/%								
计算指标	偿债备付率/%								

注：项目资本金、债务资金有两种及以上来源的，分别列出。

借款还本付息计划表用于计算利息备付率 ICR、偿债备付率 $DSCR$，估算偿还贷款的时间，从而观察项目的偿债能力。

① 利息备付率 ICR（Interest Coverage Ratio）。利息备付率是指项目在借款偿还期内各年息税前利润与应付利息的比率，它从付息资金来源的充裕性角度反映支付债务利息的能力。

$$利息备付率\ ICR = \frac{息税前利润总额\ EBIT}{应付利息\ PI} \tag{4.56}$$

式中，息税前利润总额 $EBIT$＝利润总额＋利息支出。

利息备付率应分年计算。

② 偿债备付率 $DSCR$。偿债备付率是指在偿还债务期间，用于还本付息的资金与当期应还本付息金额的比率，反映项目偿付债务本息的能力。

可用于还本付息的资金按最大还款资金能力计算，即：

$$可用于还本付息的资金 = 年息税前利润 + 折旧费 + 摊销费 - 所得税 \tag{4.57}$$

故：

$$偿债备付率\ DSCR = \frac{息税前利润总额 + 折旧费 + 摊销费 - 所得税}{应付本息\ PD} \tag{4.58}$$

偿债备付率应分年计算。

4.8.5.2 偿债能力评价

适度的资产负债率,表明企业安全稳健,具有较强的筹资能力,也表明企业和债权人承担的风险较小。

利息备付率越高,表明利息偿付能力越强,风险越小。利息备付率应大于1,或根据债权人的要求确定。

偿债备付率越高,表明可用于还本付息的资金保障程度越高。偿债备付率应大于1,并结合债权人的要求确定。

4.8.6 项目财务生存能力分析

财务生存能力分析应在财务分析辅助表和利润与利润分配表的基础上编制财务计划现金流量表,通过考察项目计算期内的投资、融资和经营活动所产生的各项现金流入和流出,计算净现金流量和累计盈余资金,分析项目是否有足够的净现金流量维持正常运营,以实现财务可持续性。

4.8.6.1 财务生存能力分析报表

反映财务生存能力的分析报表是财务计划现金流量表,如表4.9所示。

表4.9 财务计划现金流量表　　　　　　　　单位:万元

序号	项目	建设期		投产期		达到设计能力生产期			合计
		1	2	3	4	5	…	n	
	生产负荷								
1	经营活动净现金流量								
1.1	现金流入								
1.1.1	销售收入								
1.1.2	增值税销项税额								
1.1.3	补贴收入								
1.1.4	其他收入								
1.2	现金流出								
1.2.1	经营成本								
1.2.2	增值税进项税额								
1.2.3	销售税金及附加								
1.2.4	增值税								
1.2.5	所得税								
1.2.6	其他流出								
2	投资活动净现金流量								
2.1	现金流入								
2.2	现金流出								
2.2.1	建设投资								
2.2.2	维持运营投资								
2.2.3	流动资金								

续表

序号	项目	建设期		投产期		达到设计能力生产期			合计
		1	2	3	4	5	…	n	
2.2.4	其他流出								
3	筹资活动净现金流量								
3.1	现金流入								
3.1.1	项目资本金投入								
3.1.2	建设投资借款								
3.1.3	流动资金借款								
3.1.4	债券								
3.1.5	短期借款								
3.1.6	其他流入								
3.2	现金流出								
3.2.1	利息支出								
3.2.2	偿还债务本金								
3.2.3	应付利润(股利分配)								
3.2.4	其他流出								
4	净现金流量(1+2+3)								
5	累计盈余资金								

财务计划现金流量表用于计算净现金流量和累计盈余资金。

4.8.6.2 财务生存能力评价

一是拥有足够的经营净现金流量,这是财务可持续性的基本条件;二是各年累计盈余资金不出现负值,这是财务生存的必要条件。在整个运营期间,允许个别年份的净现金流量出现负值,但不能容许任一年份的累计盈余资金出现负值。

4.8.7 财务分析辅助报表

财务分析辅助报表是编制财务分析基本报表所需要的财务报表,可根据项目具体情况进行增减。

(1) 建设期利息估算表

该表用于计算项目建设期间的借款利息,如表 4.10 所示。

表 4.10 建设期利息估算表   单位:万元

序号	项目	合计	建设期			
			1	2	…	n
	借款					
1	建设期利息					
1.1	期初借款余额					
1.2	当期借款					

续表

序号	项目	合计	建设期			
			1	2	...	n
1.3	当期应计利息					
1.4	期末借款余额					
1.5	其他融资费用					
	小计					
	债券					
2	建设期利息					
2.1	期初债务余额					
2.1.1	当期债务					
2.1.2	当期应计利息					
2.1.3	期末债务余额					
2.2	其他融资费用					
	小计					
3	建设期利息合计					

(2) 投资计划与资金筹措表

该表是基于项目年度建设内容而做的建设期间资金使用计划，如表 4.11 所示。

表 4.11 投资计划与资金筹措表 单位：万元

序号	项目	合计	建设期		投产期		
			1	2	3	4	5
1	总投资						
1.1	建设资金						
1.2	建设期利息						
1.3	流动资金						
2	资金筹措						
2.1	项目资本金						
2.1.1	建设投资						
2.1.2	建设期利息						
2.1.3	流动资金						
2.2	债务资金						
2.2.1	建设投资						
2.2.2	建设期利息						
2.2.3	流动资金						
2.3	其他资金						

(3) 总成本费用估算表

该表用于估算生产运行期间项目发生的各种成本费用，如表 4.12 所示。

表 4.12 总成本费用估算表　　　　　　　　　　　　　　单位：万元

序号	项目	建设期		投产期		达到设计能力生产期			
		1	2	3	4	5	6	…	n
	生产负荷								
1	水资源费								
2	电费								
3	原材料费								
4	工资福利费								
5	修理费								
6	折旧费								
7	摊销费								
8	利息								
9	其他费用								
10	总成本费用(1～9)								
10.1	其中：固定成本								
10.2	可变成本								
11	经营成本(10−6−7−8)								
12	单位成本								
13	单位经营成本								

（4）流动资金估算表

该表用于估计项目投产运行期间所需的流动资金，见表 4.13。流动资金也可按一定比例的经营成本估算。

表 4.13 流动资金估算表　　　　　　　　　　　　　　单元：万元

序号	项目	最低周转天数	每年周转次数	建设期		投产期		达到设计能力生产期			
				1	2	3	4	5	6	…	n
1	流动资产										
1.1	应收账款										
1.2	存货										
1.2.1	原材料										
1.2.2	燃料										
1.2.3	在产品										
1.2.4	产成品										
1.3	现金										
1.4	预付账款										
2	流动负债										
2.1	应付账款										
2.2	预收账款										
3	流动资金(1−2)										
4	流动资金本年增加额										

(5) 固定资产折旧费估算表

该表用于估算项目投资所形成的各种固定资产的折旧费用，见表 4.14。采用综合折旧率进行折算时，不必列表。

表 4.14   固定资产折旧费估算表   单位：万元

序号	项目	建设期		投产期		达到设计能力生产期			
		1	2	3	4	5	6	…	n
1	建筑物、构筑物								
	当期折旧费								
	净值								
2	仪器、机械设备								
	当期折旧费								
	净值								
	……								
3	合计								
	原值								
	当期折旧费								
	净值								

(6) 无形资产及递延资产摊销费估算表

该表用于估算项目投资所形成的无形资产及递延资产的摊销费，见表 4.15。当这两类资产较为简单时，可不列表。

表 4.15   无形资产及递延资产摊销费估算表   单位：万元

序号	项目	建设期		投产期		达到设计能力生产期			
		1	2	3	4	5	6	…	n
1	无形资产								
	当期摊销费								
	净值								
2	递延资产								
	当期摊销费								
	净值								
	……								
3	合计								
	原值								
	当期摊销费								
	净值								

(7) 销售税金及附加估算表

该表用于估算项目生产运行期间的收入、增值税、城市维护建设税和教育费附加，见表 4.16。当项目的增值税按小型纳税人缴纳时，可不列此表。

表 4.16 销售税金及附加估算表　　　　　　　　　　　　单位：万元

序号	项目	建设期		投产期		达到设计能力生产期			
		1	2	3	4	5	6	…	n
1	销售收入								
1.1	产品 A								
	价格								
	数量								
	销项税额								
1.2	产品 B								
	价格								
	数量								
	销项税额								
	……								
2	销售税金及附加								
2.1	增值税								
	销项税额(1.1+1.2+…)								
	进项税额								
2.2	城市维护建设税								
2.3	教育费附加								
2.4	地方教育费附加								

复习思考题

1. 项目的总投资都形成何种资产？
2. 工程项目的总成本费用由哪些费用构成？
3. 何谓经营成本？它由哪些费用构成？
4. 什么是可变成本？什么是固定成本？它们由哪些费用构成？
5. 在工程项目的评价中，建设期间和生产期间产生的利息分别是如何处理的？
6. 设备原值价值为 60000 元，使用年限为 8 年，残值为 2000 元，试用平均年限法、双倍余额递减法计算各年的折旧额。
7. 某一建设项目，取得专利权及商标权花费 180 万元，该项目在建设期间的开办费为 50 万元。无形资产摊销期限为 10 年，递延资产摊销期限为 5 年。试求运营期第 3 年和第 9 年的这两项的摊销费。
8. 某洗衣机厂某月向某商业批发公司销售洗衣机 500 台，每台 950 元（不含税）；向某零售商店销售洗衣机，销售收入 150000 元；外购机器设备 1 台，含税价值为 200000 元；外购洗衣机零配件支付 50000 元（含税）。增值税税率为 13%。试求该洗衣机厂当月应缴纳的增值税税额。
9. 给水工程、排水工程项目的总成本分别是如何计算的？
10. 试述利润总额、净利润及未分配利润的关系。

11. 项目财务评价有哪些主要报表？
12. 反映项目盈利能力、清偿能力的财务指标有哪些？
13. 某项目总投资 4000 万元，其中流动资金 800 万元。项目建设期 3 年，每年用款比例为 3：5：2。项目建成后第一年即达到设计生产能力。生产期间每年销售收入 2650 万元，销售税金及附加 150 万元，经营成本 1200 万元，总成本 1600 万元。项目运营期 15 年，寿命期末回收固定资产余值为固定资产原值的 4%。行业基准收益率 8%。假设项目的固定资产投资全部形成固定资产原值。试计算所得税前、所得税后项目的财务内部收益率、财务净现值、投资回收期。
14. 某镇小型污水处理工程，日处理规模为 5000 m^3/d，总投资 1648 万元，财务评价基础数据如表 4.17 所示。确定该污水处理工程的年总成本、年可变成本、年固定成本、年经营成本和单位处理成本。

表 4.17 财务分析基础数据表

序号	项目名程	基本数据
1	平均日污水量/(万吨/d)	0.50
2	污水量变化系数	1.78
3	用电设备总功率/kW	179.00
4	电费单价/(元/kW·h)	0.68
5	三氯化铁投加量/(t/a)	7.30
6	三氯化铁单价/(元/t)	4000.00
7	絮凝剂Ⅰ投加量/(t/a)	0.42
8	絮凝剂Ⅰ单价/(元/t)	20000.00
9	絮凝剂Ⅱ投加量/(t/a)	8.03
10	絮凝剂Ⅱ单价/(元/t)	2500.00
11	职工定员/人	12.00
12	人年均工资/元	80000.00
13	项目总投资/万元	1648.00
13.1	其中:流动资金/万元	122.00
13.2	无形资产/万元	80.00
13.3	递延资产/万元	28.80
14	固定资产折旧率/%	4.80
15	修理费率/%	2.50
16	无形资产和递延资产率/%	10
17	其他费用率/%	10

5 不确定性分析与风险分析

建设项目经济评价所采用的基本数据都是基于对未来情况的预测和估算，因而具有一定的不确定性。有必要在项目经济评价的基础上，进一步开展不确定性分析，以减少项目的可预见性风险。不确定性分析是指通过对拟建项目具有较大影响的不确定性因素进行分析，考察不确定性因素增减变化对项目经济效益的影响，找出最敏感的因素及其临界点，预测项目可能承担的风险，使项目投资决策建立在较为稳妥的基础上，进而提高决策的科学性。

工程经济分析中，不确定性分析包括盈亏平衡分析和敏感性分析。盈亏平衡分析只适用于项目的财务评价，而敏感性分析则可同时用于财务评价和国民经济评价。

5.1 盈亏平衡分析

具有一定生产能力的建设项目，在生产经营过程中，至少存在着一个盈利与亏损的转折点，该转折点称为盈亏平衡点 BEP (Break Even Point)，在该点上，销售收入等于总成本加销售税金及附加，正好盈亏平衡。

盈亏平衡分析，又称为量本利分析，它是根据产品产量（销售量）、成本与利润之间的经济数量关系，通过计算项目达产年的盈亏平衡点，分析项目成本与收益的平衡关系，考察项目对运营状态变化的适应能力和抗风险能力。

根据总成本费用、销售收入与产量之间是否呈线性关系，盈亏平衡分析可进一步分为线性盈亏平衡分析和非线性盈亏平衡分析。线性盈亏平衡分析是假设年总成本、年销售收入与产量呈线性关系，反之，就为非线性盈亏平衡分析。项目评价中仅进行线性盈亏平衡分析。本书介绍线性盈亏平衡分析。

5.1.1 线性盈亏平衡分析的基本假设

线性盈亏平衡分析是在下面的基本假设下进行的：
① 产量等于销售量；
② 产量变化，单位可变成本不变，从而总生产成本是产量的线性函数；
③ 产量变化，销售单价不变，从而销售收入是销售量的线性函数；
④ 只生产单一产品，或者生产多种产品，但可以换算为单一产品计算。

假定上述四个条件成立，就能保证年总成本、年销售收入与产量呈线性关系。虽然在实际经济活动中，有些条件不可能与假设完全相符，只要基本财务数据较为准确可靠，根据以上假设条件，就可以近似地计算和反映经济活动中的盈亏平衡关系。

5.1.2 线性盈亏平衡分析

在第 4.2 节中，建立了总成本、收入（产销量）和利润三者的关系，其表达式为：

利润＝营业收入－总成本－销售税金及附加

设 B 为利润，S 为销售收入，P 为单位产品售价，Q 为产销量，T 为单位产品销售税金及附加，C_V 为单位产品可变成本，C_F 为年固定成本，则线性盈亏平衡的关系如下：

销售收入 S＝单位售价×销量＝PQ

总成本 C＝固定成本＋可变成本＝$C_F + C_V Q$

销售税金及附加＝单位产品销售税金及附加×销售量＝TQ

综合上述关系，可得：

$$B = PQ - (C_F + C_V Q + TQ) \tag{5.1}$$

盈亏平衡时，$B=0$，对应的产量 Q：

$$BEP(Q) = \frac{C_F}{P - C_V - T} \tag{5.2}$$

上式即为用产量表示的盈亏平衡点 $BEP(Q)$ 计算式。

将收入（产销量）、成本、利润的关系反映在直角坐标系中，即成为基本的量本利图，如图 5.1 所示。

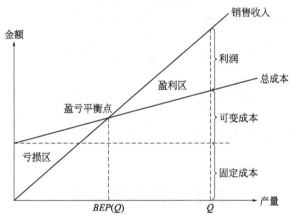

图 5.1 线性盈亏平衡分析图

从图 5.1 可知，销售收入线与成本线的交点是盈亏平衡点，表明企业在此销售量下总收入等于总成本加销售税金，既没有利润，也不发生亏损。在此基础上，增加销售量，利润为正，形成盈利区；反之，利润为负，形成亏损区。

盈亏平衡点反映了项目对运营状态变化的适应能力和抗风险的能力。盈亏平衡点越低，达到此点的盈亏平衡产量就越少，方案投产后盈利的可能性就越大，表明项目适应运营状态变化的能力越强，项目抗风险的能力越强。

项目盈亏平衡点的表达形式有多种，工程经济评价中常用产量、生产能力利用率、单位产品售价来表示。

生产能力利用率表示的盈亏平衡点，是指盈亏平衡点产量占设计生产能力的百分比。

$$BEP(\%) = \frac{BEP(Q)}{Q} \times 100\% = \frac{C_F}{Q \times (P - C_V - T)} \times 100\% \tag{5.3}$$

用销售单价表示的盈亏平衡点 $BEP(P)$：

$$BEP(P)=\frac{C_F}{Q}+C_V+T \tag{5.4}$$

一般认为，生产能力利用率盈亏平衡点≤70%，则项目安全，可以承受较大的风险。

【例 5-1】 某给水工程项目设计规模为 $15000\text{m}^3/\text{d}$，日变化系数 k_d 为 1.3。项目建成后前几年的年销售收入、年销售税金及附加、年总成本等情况如表 5.1 所示。试计算该项目的盈亏平衡点。

表 5.1　项目收支基本情况　　　　　　　　　　　单位：万元

生产年份 项目	1	2	3	4
生产负荷/%	67	80	93	100
销售收入/万元	393.78	472.53	551.29	590.67
销售税金及附加/万元	24.52	29.42	34.33	36.78
总成本/万元	345.45	381.90	418.35	436.58
其中：固定成本/万元	188.85	193.98	199.11	201.68
可变成本/万元	156.60	187.92	219.24	234.90

【解】 项目生产期的前三年均未达到设计生产负荷，故应以第 4 年或正常达产的年份进行盈亏平衡分析。项目第 4 年的生产能力利用率盈亏平衡点为

$$BEP(\%)=\frac{201.68}{590.67-234.90-36.78}\times 100\%=63.22\%$$

以产量表达的盈亏平衡点为

$$BEP(Q)=设计生产规模\times BEP(\%)$$
$$=15000\times 63.22\%=9483.68(\text{m}^3/\text{d})$$

即项目在达到设计生产能力的 63.22% 时，即可达到盈亏平衡。$BEP(\%)<70\%$，项目有较强的抗风险能力。

5.2　敏感性分析

5.2.1　敏感性分析的概念

敏感性分析又称敏感度分析，它是项目经济评价中应用十分广泛的不确定性分析方法。敏感性分析是指通过对项目的主要不确定性因素发生变化时，项目的评价指标发生相应变化程度的分析，找出影响项目的敏感因素，并确定其敏感程度，从而预测项目可能承担的风险，为项目决策提供依据。

项目不确定性因素发生变化时，对项目经济效果所带来的变化越大，说明项目对这些因素越敏感，项目对这些不确定性因素发生变化所承担的风险就越大。项目决策者在决策过程中，应该对这些影响因素予以足够的重视。

敏感性分析包括单因素敏感性分析和多因素敏感性分析。单因素敏感性分析是指每次只改变一个因素的数值来进行分析，估算单个因素的变化对项目效益产生的影响；多因素敏感性分析是指同时改变两个或两个以上的因素进行分析，估算多因素同时发生变化时对项目效益产生

的影响。《建设项目经济评价方法与参数》要求：为了找出关键的敏感性因素，通常只进行单因素敏感性分析。

5.2.2 敏感性分析的步骤

一般，敏感性分析可按以下步骤进行。

(1) 确定敏感性分析的经济评价指标

建设项目经济评价指标较多，敏感性分析的工作量较大，一般不可能对每一指标进行分析，通常只对一个或几个重要的指标进行分析。最基本的指标是内部收益率，根据项目的实际情况也可选择净现值、投资回收期等评价指标。由于敏感性分析是在确定性经济评价的基础上进行的，故选为敏感性分析的指标应与经济评价的指标一致。

(2) 选择不确定因素，并设定其变化幅度

影响项目经济效益的不确定性因素很多，敏感性分析一般只选择那些对项目经济效果影响强烈的并可能发生变动的因素，如投资额、产量、产品价格、经营成本等。

在选定了不确定因素后，还要结合实际情况，根据各不确定因素可能波动的范围，设定不确定因素的变化幅度，常用的如±5%、±10%、±15%、±20%等。

(3) 计算影响程度和敏感度系数

分别使各不确定因素按照一定的变化幅度改变它的数值，然后计算这种变化对评价指标的影响数值，并将其与该指标的原始值相比较，从而得出该指标的变化率，最后计算评价指标变化率与不确定性因素变化率之比，即敏感度系数。

敏感度系数是项目评价指标变化率与不确定性因素变化率之比，它反映了评价指标对不确定性因素的敏感程度，其计算公式为：

$$S_{AF} = \frac{\Delta A/A}{\Delta F/F} \tag{5.5}$$

式中　S_{AF}——评价指标 A 对于不确定因素 F 的敏感度系数；

$\Delta A/A$——不确定因素 F 变化 ΔF 时，评价指标 A 相应的变化率；

$\Delta F/F$——不确定性因素 F 的变化率。

$S_{AF}>0$，表示评价指标与不确定性因素同方向变化；$S_{AF}<0$，表示评价指标与不确定性因素反方向变化。当 $|S_{AF}|$ 值越大，表明评价指标 A 对不确定性因素 F 越敏感；反之，则越不敏感。

根据评价指标的影响数值，可以绘制敏感性分析表，如表 5.2 所示。

表 5.2　敏感性分析表

变化因素 \ 变化率	-30%	-20%	-10%	0	10%	20%	30%
基准折现率 i_c							
建设投资							
销售单价							
……							

(4) 寻找敏感因素并加以排序

敏感因素是其数值变动能显著影响分析指标的因素。根据相同的变化幅度引起的指标变动的大小，将这些因素进行敏感性排序，从而判定不确定性因素的敏感性。

(5) 计算变动因素的临界点

临界点，又称转换值，是指不确定性因素的变化使方案由可行变为不可行的临界值，一般采用不确定性因素相对基本方案的变化率或其对应的数值表示。

为了清楚地判定各不确定性因素的敏感性，可以通过绘制敏感性分析图来进行分析。敏感性分析图是通过在坐标图上作出各个不确定性因素的敏感性曲线，进而确定各个因素的敏感程度的一种图解方法。如图 5.2 所示。其作图方法如下。

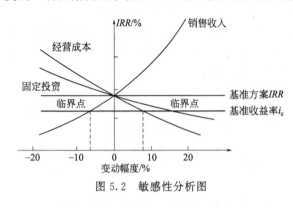

图 5.2 敏感性分析图

① 纵坐标表示项目的经济评价指标，图 5.2 中评价指标为 IRR。横坐标表示各个变量因素的变化程度（以%表示）。

② 根据敏感性分析的计算结果，绘出评价指标随各个变量因素的变化曲线，如 IRR 随销售收入、经营成本、固定投资的变化曲线。该曲线反映了不确定性因素不同变化水平时所对应的评价指标值。每一条曲线的斜率反映评价指标对该不确定性因素的敏感程度，显然，斜率越大敏感程度越高。

③ 在坐标图上画出项目评价指标的临界水平线，如图 5.2 中 IRR 等于基准收益率 i_c 时的水平线，在该基准线的上方，$IRR > i_c$，方案是可行的，下方则是不可行的。求出变量因素的变化曲线与临界线的交点，即项目由盈到亏的临界点，该点上不确定性因素的值即为该因素的临界值，临界点处对应的横坐标就表示该变量因素允许变化的最大幅度。

(6) 综合评价，优选方案

根据敏感因素对方案评价指标的影响程度及敏感因素的多少，判断项目风险的大小，并结合确定性分析的结果，对方案进行综合评价。

5.2.3 单因素敏感性分析

单因素敏感性分析是对单一不确定因素变化的影响进行分析，即假设各不确定性因素之间相互独立，每次只考察一个因素，其他因素保持不变，以分析这个可变因素对经济评价指标的影响程度和敏感程度。单因素敏感性分析是敏感性分析的最基本方法。

【例 5-2】 某方案财务评价的基本要素如表 5.3 所示，方案基准收益率 $i_c = 9.0\%$，试进行敏感性分析。

表 5.3 方案基本要素估算表

要素	期初投资 K/万元	年销售收入 B/万元	年经营成本 C/万元	期末残值/万元	寿命/年
估算值	1500	600	250	200	6

【解】 评价指标：内部收益率 IRR

不确定性要素：投资、年销售收入和年经营成本

变化幅度：±10% 之间

计算方案内部收益率 IRR

$$\sum_{t=0}^{6}(CI-CO)_t(1+IRR)^{-t}=0$$

即：

$$-1500+\sum_{t=1}^{6}(600-250)(1+IRR)^{-t}+200(1+IRR)^{-6}=0$$

$$-1500+(600-250)(P/A,IRR,6)+200(P/F,IRR,6)=0$$

试算：$i_1=12\%$，$NPV(i_1)=40.31$

$i_2=13\%$，$NPV(i_2)=-47.87<0$

$$IRR=12\%+\frac{40.31}{40.31+47.84}\times 1\%\times 100\%=12.46\%$$

计算投资、年销售收入和年经营成本的变化对内部收益率的影响，结果见表 5.4。

表 5.4 单因素敏感性分析表 单位：%

变化因素 \ 变化率	−10%	−5%	基本方案	5%	10%
销售收入	7.112	10.121	12.457	15.633	18.286
经营成本	15.137	14.017	12.457	11.758	10.610
投资	15.629	13.360	12.457	11.288	9.754

计算方案对各因素的敏感度系数。

年销售收入平均敏感度系数：$\dfrac{(18.286\%-7.112\%)/12.457\%}{10\%+10\%}=4.49$

经营成本平均敏感度系数：$\dfrac{(10.61\%-15.137\%)/12.457\%}{10\%+10\%}=-1.82$

投资平均敏感度系数：$\dfrac{(9.754\%-15.629\%)/12.457\%}{10\%+10\%}=-2.36$

显然，内部收益率对年销售收入变化的反应最为敏感。

上述三因素对内部收益率的敏感程度依次为：销售收入＞投资＞年经营成本。

计算变动因素的临界点：即内部收益率等于基准收益率 9% 时的临界点，此时 $NPV(9\%)=0$。

对投资：　　　$I+(600-250)(P/A,9\%,6)+200(P/F,9\%,6)=0$

对销售收入：$-1500+(B-250)(P/A,9\%,6)+200(P/F,9\%,6)=0$

对经营成本：$-1500+(600-C)(P/A,9\%,6)+200(P/F,9\%,6)=0$

得到不确定性因素临界值为：$I=1679$，$B=558$，$C=292$。

不确定性因素临界值相对基本方案的变化率：

对投资：　　　$\dfrac{1679-1500}{1500}\times 100\%=11.39\%$

对销售收入：$\dfrac{558-600}{600}\times 100\%=-7.0\%$

对经营成本：$\dfrac{292-250}{250}\times 100\%=16.8\%$

因此，当投资额超过 1679 万元，投资增加幅度超过 11.39%，或销售收入低于 558 万元，销售收入降幅低于 7%，或年经营成本超过 292 万元，经营成本增加幅度超过 16.8% 时，方案将变为不可行。内部收益率的敏感性分析图如图 5.3 所示。敏感度系数和临界点分析见表 5.5。

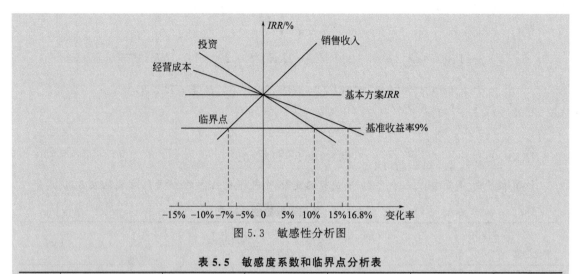

图 5.3 敏感性分析图

表 5.5 敏感度系数和临界点分析表

序号	不确定性因素	变化率/%	内部收益率/%	敏感度系数	临界点/%	临界值/万元
	基本方案		12.457			
1	销售收入	−10%	7.112	4.49	−7.0	558
		10%	18.286			
2	经营成本	−10%	15.137	−1.82	16.8	292
		10%	10.610			
3	投资	−10%	15.629	−2.36	11.39	1679
		10%	9.754			

5.3 风险分析

敏感性分析在一定程度上就各种不确定因素的变化对方案经济效果的影响作了定量描述。这有助于决策者了解方案的风险情况，有助于确定方案实施过程中需要重点研究与控制的因素。但是，敏感性分析没有考虑各种不确定因素在未来发生变化的概率，这可能会影响分析结论的准确性。实际上，各种不确定因素在未来发生某一幅度变动的概率一般是有所不同的。可能有这样的情况，通过敏感性分析找出的某一敏感因素未来发生不利变动的概率很小，因而实际上所带来的风险并不大，以至于可以忽略不计；而另一不太敏感的因素未来发生不利变动的概率却很大，实际上所带来的风险比那个敏感因素更大。这种风险问题是敏感性分析所无法解决的，必须借助于风险分析的方法。财务风险和经济风险可直接在敏感性分析的基础上，采用概率分析方法，确定各不确定因素的变化区间及概率分布，计算项目净现值或内部收益率等评价指标的概率分布、期望值，并根据计算结果进行风险评估。

概率分析，又称简单风险分析，是采用概率分析方法，研究各种不确定性因素发生不同幅度变化的概率分布，及其对项目评价指标的影响，从而对项目的风险情况作出比较准确的判断。概率分析的目的是提高项目评价指标的准确性，以此作为决策的依据。

概率分析首先预测风险因素发生的概率，将风险因素作为自变量，预测其取值范围和概率分布；再将选定的评价指标作为因变量，测算评价指标的相应取值范围和概率分布，计算评价指标的期望值，以及项目成功的概率。

在建设项目评价中,概率分析选定的指标通常是净现值(或内部收益率),计算项目净现值的期望值和净现值大于等于零时的累计概率。前者是以概率作为权数计算出来的各种不同情况下的净现值的加权平均值;后者则反映各种可能情况下净现值大于等于零时的累计概率。净现值大于等于零时的累计概率值越大,说明项目承担的风险越小。累计概率如果大于要求的概率,说明方案在所设想的不确定性条件下仍然可以满足要求。

如投资方有要求,一般项目可直接在敏感性分析的基础上进行概率分析,无要求时可以不做。

概率分析是一种定量分析的方法,一般遵循以下步骤。

① 选定一个或几个评价指标。通常是净现值(或内部收益率)。

② 列举各种不确定因素,如投资、销售价格、经营成本等。选择最为敏感的因素进行概率分析。所选择的各不确定性因素之间须是相互独立的。

③ 预测不确定因素可能发生变化的取值范围、个数及其取值。

④ 确定各不确定因素可能发生的概率。需要注意的是,一个因素的可能状态出现的概率之和应等于1。

⑤ 计算项目可能发生的各种状态的概率、该状态下相应净现值 NPV_j 及项目加权净现值。

$$NPV_j = \sum_{i=1}^{n} (CI - CO)_i (1+i_c)^{-i} \tag{5.6}$$

$$加权净现值 = NPV_j \times P_j \tag{5.7}$$

式中　n——项目的计算期;

　　　j——项目可能出现的状态序号,$j=1, 2, \cdots, k$;

　　　P_j——项目第 j 种状态出现的概率。

各种可能发生的各种状态,须由选定的不确定性因素组合而成。

⑥ 计算评价指标净现值的期望值 $E(NPV)$。

$$E(NPV) = \sum_{j}^{k} NPV_j \times P_j \tag{5.8}$$

式中　P_j——项目第 j 种状态出现的概率。

⑦ 计算净现值大于或等于零的累计概率 $P(NPV \geq 0)$。

$$P(NPV \geq 0) = 1 - P(NPV < 0) = 1 - \sum_{NPV_j < 0} P_j \tag{5.9}$$

式中　P_j——项目所有 $NPV<0$ 的状态出现的概率。

⑧ 给出项目概率分析的结论。

【例 5-3】 某水工程项目建设期 2 年,计算期 20 年。项目的现金流量情况如表 5.6 所示。项目的基准收益率为 6%,基本方案的财务净现值为 117.65 万元。进行项目的概率分析。

表 5.6　项目投资现金流量表　　　　　　　　单位:万元

序号	项目	建设期		生产期					
		1	2	3	4	5	6	7	8~20
1	现金流入			393.78	472.53	551.29	590.67	590.67	7951.05
1.1	产品销售收入			393.78	472.53	551.29	590.67	590.67	7678.69
1.2	回收固定资产余值								184.99
1.3	回收流动资金								87.37

续表

序号	项目	建设期		生产期					
		1	2	3	4	5	6	7	8~20
2	现金流出	905.09	603.39	350.05	356.72	409.98	430.79	424.96	5539.69
2.1	固定资产投资	905.09	603.39						
2.2	流动资金			58.25	11.65	11.65	5.82		
2.3	经营成本			259.43	295.44	331.46	349.47	349.47	4533.23
2.4	销售税金及附加			24.52	29.42	34.33	36.78	36.78	478.11
2.5	所得税			7.86	20.20	32.54	38.71	38.71	528.35
3	净现金流量	−905.09	−603.39	43.73	115.82	141.31	159.88	165.70	2411.36

注：第15年摊销费减少、第16年以后摊销费为0，故第15年的所得税为40.99万元，以后每年均为43.27万元。第15年以后，项目的资金流出按各项流出额相加即可。

【解】 ① 选定评价指标：净现值 NPV。

② 列举各种不确定性因素，选择最为敏感的因素进行概率分析。根据市场预测和经验判断，项目的主要变化因素为销售收入和经营成本，二者相互独立。

③ 预测不确定因素可能发生变化的取值范围为±10%，共3个数值。见表5.7。

④ 确定各不确定性因素可能发生的概率。见表5.7。

表5.7 不确定因素变化范围及概率

变化幅度 变化因素	−10%	0	10%
销售收入	0.1	0.6	0.3
经营成本	0.2	0.5	0.3

⑤ 计算项目可能发生的各种状态的概率、净现值 NPV_j 及加权净现值。

项目可能出现的状态及各种状态出现的概率，应按项目销售收入和经营成本的变化情况进行组合。由于可变因素为2个，每个因素可能出现的状态为3种，故项目可能出现的状态共9种，如图5.4所示。

项目各种状态出现的概率为两种因素状态出现概率的乘积。

项目各种状态下的净现值，需由表5.6重新计算项目各组合状态下的现金流量，将各年净现金流量值按6%的折现率折现到建设年初，得到项目各种组合状态下的净现值 NPV_j。

各种组合状态下的净现值分别乘以其对应的概率值，得到项目各种组合状态的加权净现值，如表5.8所示。

表5.8 各种状态的概率及净现值计算表

序号	概率	NPV_j/万元	加权净现值/万元
1	0.3×0.3=0.09	334.43	30.10
2	0.3×0.5=0.15	658.01	98.70
3	0.3×0.2=0.06	981.60	58.90

续表

序号	概率	NPV_j/万元	加权净现值/万元
4	0.6×0.3=0.18	−205.94	−37.07
5	0.6×0.5=0.30	117.65	35.30
6	0.6×0.2=0.12	441.23	52.95
7	0.1×0.3=0.03	−746.31	−22.39
8	0.1×0.5=0.05	−422.72	−21.14
9	0.1×0.2=0.02	−99.14	−1.98
合计	1.00		193.36

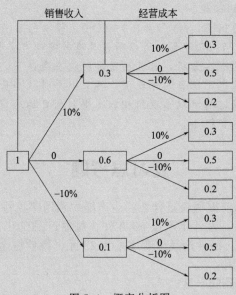

图 5.4　概率分析图

⑥ 计算净现值的期望值 $E(NPV)$

各种组合状态的加权净现值累计求和即为项目净现值的期望值，为 193.36 万元。

⑦ 计算净现值大于或等于零的累计概率 $P(NPV \geqslant 0)$

将表 5.8 中项目各种状态下的净现值按由小到大的顺序进行排列，得表 5.9。由于项目各种可能出现的状态中没有净现值恰好等于 0 的情况，所以需要采用插值法求得项目净现值小于 0 的累计概率。

表 5.9　项目净现值累计概率

序号	概率	净现值/万元	累计概率
7	0.03	−746.31	0.03
8	0.05	−422.72	0.08
4	0.18	−205.94	0.26
9	0.02	−99.14	0.28
5	0.30	117.65	0.58

续表

序号	概率	净现值/万元	累计概率
1	0.09	334.43	0.67
6	0.12	441.23	0.79
2	0.15	658.01	0.94
3	0.06	981.60	1.00
合计	1.00		

$$P(NPV \geqslant 0) = 1 - P(NPV < 0) = 1 - 0.28 + (0.58 - 0.28) \times \frac{99.14}{99.14 + 117.65} = 0.583$$

⑧ 给出项目概率分析的结论。

由于项目的净现值期望值 $E(NPV) = 193.36 > 0$，所以项目可行。又由于 $E(NPV)$ 大于项目基本方案的净现值 117.65 万元，所以项目具有一定的可靠性。

综上所述，进行项目的概率分析，应在项目每种状态条件下，将相关报表及净现值重新计算一遍，从而得到每种状态下项目的净现值，再乘以每种状态出现的概率，得到项目各种状态下的加权净现值，并通过将加权净现值相加，得到项目的净现值期望值，最后计算项目净现值大于或等于零时的累积概率。

复习思考题

1. 线性盈亏平衡分析的前提假设是什么？生产能力利用率盈亏平衡点有什么意义？

2. 某企业生产某种产品，设计年产量 6000 件，每件产品的出厂价格估算为 50 元，企业每年固定性开支为 66000 元，每件产品可变成本为 22 元，销售税金及附加为 6 元。求：

(1) 企业的最大可能盈利；

(2) 企业不盈不亏时的最低产量；

(3) 企业年利润为 5 万元时的产量。

3. 某化工项目，已知设计年产量为 5800kg，估计产品售价为 79 元/kg，固定成本为 60000 元/年，可变成本为 32 元/kg，其销售收入和总成本费用与产量皆呈线性关系，销售税金及附加和增值税共为 10 元/kg。求以产量、生产能力利用率、销售价格表示的盈亏平衡点。

4. 某投资项目其主要经济参数的估计值为：初始投资 15000 元，寿命为 10 年，残值为零，年收入为 3500 元，年支出为 1000 元，投资收益率为 15%。当年收入变化时，试对内部收益率的影响进行敏感性分析。

5. 某生产性工业项目，估计寿命期为 15 年，计划年初一次性投资 200 万元，第 2 年年初投产，每天生产产品 100m³，每年可利用 250 天时间，每立方米产品售价估计为 40 元，每立方米产品生产经营成本估计为 10 元。估计到期时设备残值为 10 万元，基准收益率为 15%。试分别就售价、经营成本、产量 3 个影响因素对投资方案进行敏感性分析，确定敏感性因素及变动因素的临界点。

6 水工程项目经济费用效益分析

在市场经济条件下,大部分工程项目财务评价结论可以满足投资决策要求。但对于财务现金流量不能全面、真实反映其经济价值的项目,还需要进行经济费用效益分析。

6.1 经济费用效益分析概述

6.1.1 费用效益分析的基本含义

建设项目涉及的投资主体包括国家、法人(企业)和个人。一般而言,投资者追求的目标是投资的收益,即建设项目的盈利性,这可以通过项目的财务分析来揭示。从国家的角度不仅要关心项目的财务效益,更重要的是关注项目建成后对经济产生的效果。在企业的利益与国家和社会的利益之间,两者并不总是完全一致的,因此,建设项目经济评价除了从企业角度对项目费用效益作出分析之外,还应从国家的角度进行建设项目的经济费用效益分析(简称费用效益分析),因此,费用效益分析又称国民经济评价。《建设项目经济评价方法与参数》(第三版)明确规定:建设项目经济评价包括财务评价和国民经济评价。

费用效益分析按照资源合理配置的原则,从国家经济整体利益的角度出发,考察项目的费用与效益,计算项目对国民经济的净贡献,分析项目的经济效益、效果和对社会的影响,评价项目在宏观经济上的合理性。它是建设项目经济分析的重要组成部分和核心内容。

费用效益分析是从国家和社会的角度对建设项目进行分析的,就是把国民经济作为一个大系统,把项目的建设作为这个大系统中的一个子系统。项目的建设与运营,均要从经济这个大系统中吸取大量的资金、劳力和资源等,同时也向经济这个大系统提供一定数量的产品、劳务等。因此,费用效益分析就是分析研究建设项目从经济中吸取的投入与向经济提供的产出,从而选择对经济大系统最有利的项目或方案,这就是费用效益分析的目的。

在市场经济条件下,有些行业项目可依赖市场的作用进行调节,通常由投资者自行决策,政府不必参与,这类项目可不进行费用效益分析。但有些行业的投资不能由市场力量自行调节,需要由政府行政干预调节,则应进行费用效益分析。通常情况下,具有下述特征的项目,应进行费用效益分析。

① 具有垄断特征的项目;
② 产品具有公共特征的项目;
③ 外部效果显著、财务评价不足以反映其经济价值的项目;

④ 资源开发性项目；
⑤ 涉及国家经济、环境、社会安全的项目；
⑥ 处于不完全市场经济调节、行政过度干预的项目。

一般政府投资的审批类项目、政府各类专项建设基金应进行经济费用效益分析。

6.1.2 费用效益分析与财务评价的关系

费用效益分析和财务评价是建设项目经济评价的两个层次，它们之间既有联系，又有区别。财务评价注重的是项目的盈利能力和财务生存能力，而费用效益分析注重的是国家经济资源的合理配置以及项目对国民经济的影响。

6.1.2.1 费用效益分析与财务评价的共同之处

(1) 评价方法相同

它们都是经济效果评价，都使用基本的经济评价理论，要考虑资金的时间价值，采用现金流量分析，计算内部收益率、净现值等盈利性指标，来评价工程项目的经济效果。

(2) 评价的基础工作相同

两种分析都要在完成产品需求预测、工艺技术选择、投资估算、资金筹措等可行性研究内容的基础上进行。

(3) 评价的计算期相同

6.1.2.2 费用效益分析与财务评价的区别

(1) 评价的角度不同

财务评价是站在项目自身的角度，在国家现行财税制度的基础上，评价项目的财务盈利能力、清偿能力和生存能力。费用效益分析则是站在国民经济的角度，分析项目的国民经济费用、效益以及对国民经济的净贡献，考察项目在宏观经济上的合理性。

(2) 费用和效益的含义及划分范围不同

财务评价只根据项目实际发生的财务收支，计算项目的直接费用和直接效益。费用效益分析则从全社会的角度考察项目的费用和效益，除了直接费用和直接效益外，还要考察项目所引起的间接费用和间接效益。有些在财务评价中列为实际收支的项目，如税金、政府补贴、银行贷款利息等，在费用效益分析中，因为没有造成资源的实际增加或消耗，属于国民经济内部的"转移支付"，不能作为费用或收益。

(3) 所使用价格体系不同

财务评价使用实际的市场预测价格，费用效益分析则使用影子价格。

(4) 使用的参数不同

如衡量盈利性指标内部收益率的判据，财务评价中用财务基准收益率，费用效益分析中则用社会折现率，财务基准收益率依行业的不同而不同，而社会折现率则全国各行业各地区都是一致的。

(5) 评价内容不同

财务评价主要评价项目的盈利能力和清偿能力。而费用效益分析则只作盈利能力分析，不作清偿能力分析。

6.1.3 经济评价的结论

建设项目经济评价包括财务评价和经济费用效益分析。由于费用效益分析和财务评价的范围、指标、价格体系的不同，同时进行经济费用效益分析和财务评价的结论也可能不同。一般来说，评价结论可能有以下四种：
① 两种评价的结论均可行，则项目可行。
② 两种评价的结论均不可行，则项目应予以否定。
③ 财务评价可行，费用效益分析不可行，一般应予以否定。
④ 费用效益分析可行，财务评价不可行，应重新考虑方案，必要时可提出经济优惠措施的建议，使项目具有财务生存能力。

6.2 费用和效益的识别

6.2.1 效益与费用的概念

建设项目费用效益分析中的效益是指项目对经济所作出的贡献，即由于项目的兴建为经济提供的总经济效益，包括项目本身产生的直接效益和由项目引起的间接效益。直接效益是指由项目本身增加收入或减少支出，并能在项目范围内直接计算的经济效益；间接效益也称外部效益，是指由项目对社会产生的，但又不能在其产出中反映出来的那部分效益。

费用效益分析的费用是指经济为项目所付出的代价或负贡献，它是国家为项目建设和生产所付出的真实代价，包括直接费用和间接费用，即项目本身的费用和由项目引起的外部费用。直接费用是指为建设项目本身直接投入的财力、物力，是在项目范围内计算的经济费用。间接费用也称外部费用，是指由项目引起的，但在项目的直接费用中未得到反映的那部分费用。

经济效益与费用的差额称为建设项目经济净贡献。建设项目费用效益分析的实质就是选择经济净贡献最大的建设项目。而实现这一目的的基本途径是将建设项目的费用与效益进行比较，进而计算其对经济的净贡献。因此，正确地识别费用效益分析费用和效益，是保证费用效益分析正确性的重要条件。

6.2.2 效益与费用的识别

6.2.2.1 效益与费用识别的方法

识别经济费用和效益的基本方法是"有无对比"法，即将由于建设项目的实施和运行而对经济造成的影响（包括正面影响和负面影响）与无项目条件下的情况进行对比，根据效益和费用计算范围相对应的原则，凡是项目对经济所作的贡献即由于项目的兴建和投产为经济提供的所有收益，均计为项目的经济效益，凡是经济为项目所付出的代价即国家为项目建设和生产付出的全部真实的代价，均计为项目的经济费用。

6.2.2.2 直接效益与直接费用

建设项目的直接效益和直接费用统称为内部效果。项目直接效益是指由项目产出物产生并在项目范围内计算的经济效益，一般表现为增加项目产量或者服务的数量以满足国内需求的效益；替代效益较低的相同或类似企业的产出物或者服务，使被替代企业减产（停产）从而减少国家有用资源耗费或者损失的效益；增加出口或者减少进口从而增加或者节约的外汇等。项目直接效益大多在财务分析中能够得以反映。

项目的直接费用是指项目使用投入物所产生并在项目范围内计算的经济费用。一般表现为其他部门为本项目提供投入物；需要扩大生产规模所耗费的资源费用；减少对其他项目或者最终消费投入物的供应而放弃的效益；增加进口或者减少出口从而耗用或者减少的外汇等。直接费用一般在项目的财务分析中已经得到反映。

6.2.2.3 间接效益与间接费用

间接效益和间接费用统称为外部效果。间接效益是指由项目引起而在直接效益中没有得到反映的效益，即因项目而引起、非项目所得的效益。例如城市地下铁道的建设，使得地铁沿线附近的房地产升值的效益。间接效益一般在财务分析中不会得到反映。

间接费用是指由项目引起而在项目的直接费用中又没有得到反映的费用。例如项目对自然环境造成的损害，项目产品大量出口从而引起我国这种产品出口价格下降等。间接费用一般在项目的财务分析中没有得到反映。

外部效果分为货币性和技术性两类。货币性外部效果指效益在各部门的重新分配，如税收或补贴等，货币性外部效果并不引起社会资源的变化，故在效益费用分析中不考虑。技术性外部效果是指外部效果确实使社会总生产和社会总消费起变化，如水利设施项目，除产生电力外，还使粮食产量增加，减少洪涝灾害等。项目的外部效果比内部效果的识别和计算要困难得多，而且相当大部分外部效果很难定量计量。项目的外部效果通常要考察以下几个方面。

(1) 项目对环境和生态的影响

建设项目造成的环境污染和生态破坏，是项目的间接费用。可参照相关污染企业所造成的损失计算，也可用治理这种污染、恢复环境质量所需的费用代替。

(2) 技术扩散效果

一个技术先进项目的实施，由于技术人员的流动，技术在社会上扩散和推广，整个社会都将受益。但这类外部效果通常难以定量计算，一般只作定性说明。

(3) 上下游关联效果

对于由项目的投入使其上下游企业原闲置的生产能力得以发挥作用所产生的效益，需注意分清是否存在随着时间的变化，即使没有该项目的投入，其上下游企业的能力也能得以发挥的可能性，如果是肯定的结果，则这部分效益不应计入该项目的外部效果。否则，应按照有无该项目的对比方法，计算该项目本部分的外部效果。

(4) 出口产品价格下降的影响

有些项目的产品大量出口，从而导致了我国此类产品出口价格的下降，减少了国家总体的创汇收益，成为项目的间接费用。

项目的外部效果不能重复计算，特别要注意那些在直接费用和效益中已经计入的不应再在外部效果中计算。大多数情况下，在费用效果分析中采用影子价格计算的直接效益和直接费用中，已经将部分不属于财务效益和财务费用的效果计算成内部效果了，所以在考虑项目的外部效果时，应注意不能重复计算。

6.2.2.4 转移支付

项目与各种社会实体之间的货币转移，如缴纳的税金、国内贷款利息和补贴等，并不发生资源的实际增加和耗用，只是所有权发生了转移，称为经济内部的"转移支付（Transfer Payment）"，进行费用效益分析时不能列为项目的费用和效益。

在财务分析基础上进行费用效益分析时，要注意从财务效益和费用中剔除转移支付部分。例如，将项目支付的国内贷款利息、项目向国家或地方缴纳的税金，从项目费用中剔除；将国家或地方对项目的补贴，从项目的效益中剔除。

6.2.3 水工程项目的外部效果

我国是典型的水资源短缺的国家。水工程项目属于基础设施范畴，具有公用性、公益性、政府主导性等特征，因此，我国的水工程项目，具有显著的正面外部效果。

水工程项目的外部效果主要体现在以下几方面。

① 因供水水量增加而使城乡经济产值得以增加的经济效益；

② 因供水水质改善而使得用水单位、居民减少的损失，或因排水水质改善而使已经严重污染的生态环境得以改善、恢复而减少的损失，包括居民健康改善减少患病率等；

③ 由于水生态环境改善而使资源增值的效益，包括土地及房地产增值、旅游收入增值等；

④ 由于环境改善而促进社会稳定等的效益。

这些效益一般都很难计量，目前还没有成熟的方法。根据有关文献，这里介绍几种水工程项目外部效果的计算方法。这几种方法均需要在有、无对比资料的基础上进行。

(1) 分摊系数法（效益分摊法）

因供水量增加而增加的工业效益，可根据水在工业生产中的地位，采用工业平均利税乘以分摊系数的方法计算。分摊系数是指供水效益与工业净收益（或利税）的比值，这种方法的难点在于分摊系数的确定。

(2) 损失计量法

① 对于缺水地区因水量增加而增加的工业效益，可用因缺水造成的工业生产损失来计量。

② 对于因供水水质或环境状况改善而使居民健康水平提高的效益，可以采用与相似地区进行比较借鉴的方法计算。例如，某些地区因水质或环境污染而发生了与水质直接相关的疾病患病率提高的情况，从而增加了医药费、误工费等。

③ 对于因排水水质改善而使工、农、渔、牧业等产值提高的效益，可按其因水质污染造成的损失计量。

④ 对于由排水水质改善而使土地和房地产增值的效益，可采用因水污染而使土地及房地产贬值的损失计量。

⑤ 对于因建设供水设施、增加供水量而可能引起的航运、水体富营养化、地面沉降、海水入侵土壤盐碱化、污水处理厂周围空气与噪声污染等间接费用，也可采用损失法计量。

(3) 等效替代法

当项目所在地区有兴建等效替代工程条件（扩建或开发新水源、采取节水措施），来替代该项目而向城镇供水的，可按最优等效替代工程所需的年费用计量。

(4) 影子水价法

有条件的地区，在项目业主提供了该地区影子水价的情况下，可采用影子水价计量供水工程的效益。

6.3 影子价格

6.3.1 影子价格的概念

为了使社会资源能够合理配置和有效利用，就必须使价格能够真实地反映其经济价值，以便正确地进行效益和费用的比较。为此，在项目的经济分析中采用一种新的价格体系，即影子价格体系。

影子价格（Shadow Price）是指某种资源处于最佳分配状态时的边际产出价值。其中，边际产出价值是指为增加一个单位资源的投入量所带来的社会效益的增加量。它的着眼点是资源的最优分配，它的评价尺度是资源的边际效益。

影子价格又称"最优计划价格"，它比交换价格更能反映出合理利用资源效率的价格。从定价原则来看，它不仅能更合理地反映出产品价值，而且还能反映市场的供求关系和资源的稀缺程度；从其产生的效果来看，它有利于资源的优化配置。因此，影子价格是人们对所利用的资源的一种分析，而不是一种真正意义上的商品价格，不能用于交换，而是用于预测、计划和费用效益分析。由于一些商品的交换价格尚不能反映真正的社会价值，所以在项目的费用效益分析中必须采用影子价格。

6.3.2 影子价格的确定

确定影子价格时，对于投入物和产出物要区分为具有市场定价货物、不具有市场定价货物、特殊投入物这三类，然后根据不同类型的货物，分别确定影子价格。

6.3.2.1 具有市场价格货物的影子价格

(1) 可外贸货物的影子价格

外贸货物是指项目使用或生产某种货物将直接或间接影响国家对这种货物的进口或出口，包括：项目产出物中直接出口、间接出口和替代进口的货物；项目投入物中直接进口、间接进口和减少出口的货物。

可外贸货物的影子价格以口岸价为基础进行计算，以反映其价格取值具有国际竞争力。其计算公式为：

$$出口产出物的影子价格(出厂价)=离岸价(FOB)\times 影子汇率-出口费用 \quad (6.1)$$

$$进口投入物的影子价格(到厂价)=到岸价(CIF)\times 影子汇率+进口费用 \quad (6.2)$$

离岸价（FOB）是指出口货物运抵我国出口口岸交货的价格；到岸价（CIF）是指进口货物运抵我国进口口岸交货的价格，包括货物进口的货价、运抵我国口岸之前所发生的境外运输费和保险费。离岸价、到岸价均以项目所在国口岸价格为依据。

进口、出口费用是指货物进出口环节在国内所发生的所有费用，包括运输费、储运、装卸、保险等各种费用支出及物流环节的各种损失、损耗等。在一般情况下，大致包括国内运杂费和贸易费用。

【例 6-1】 某建设项目拟进口设备，已知设备离岸价为148万美元，到岸价为150万美元。进口环节增值税税率为16%，关税税率为10%。国内运杂费为人民币24万，贸易费用率为3%，外汇牌价为1美元等于6.4人民币元。影子汇率换算系数为1.08。试计算设备的影子价格。

【解】 根据题意，
① 项目投入的进口环节增值税一般不予计入影子价格。
② 项目投入的进口关税属于转移支付，不予考虑。
③ 贸易费用发生在国内，以人民币结算。

$$进口投入物的影子价格=到岸价\times 影子汇率+进口费用$$
$$=150\times 6.4\times 1.08+150\times 6.4\times 3\%+24$$
$$=1089.6(万元)$$

即该设备的影子价格为人民币1089.6万元。

(2) 非外贸货物的影子价格

非外贸货物是指其生产或使用不影响国家出口或进口的货物。

若该货物或服务处于竞争性市场环境中，市场价格能够反映支付意愿或机会成本，则进行费用效益分析时，应采用市场价格作为计算项目投入物或产出物影子价格的依据，以市场价格加上或者减去国内运杂费作为影子价格。投入物影子价格为到厂价，产出物影子价格为出厂价，即：

$$投入物影子价格(到厂价)=市场价格+国内运杂费 \quad (6.3)$$

$$产出物影子价格(出厂价)=市场价格-国内运杂费 \quad (6.4)$$

"机会成本（Opportunity Cost）"是经济学中的一个重要概念，在建设项目评价中，机会成本是指用于项目的某种资源若用于其他机会所能获得的最大效益。换句话说，由于本项目使用了某种资源，就有可能使得最好的替代项目因为不能使用该资源而放弃，这被迫放弃的效益就是本项目使用该资源的机会成本。

6.3.2.2 产出效果不具有市场价格的影子价格

某些项目的产出效果没有市场价格，或市场价格难以真实反映其经济价值，特别是项目的外部效果往往很难有实际价格计量。对于这种情况，应遵循消费者支付意愿和接受补偿意愿的原则，采取以下两种方法测算影子价格。

① 根据消费者支付意愿的原则，通过其他相关市场信号，按照"显示偏好"的方法，寻找揭示这些影响的隐含价值，间接估算产出效果的影子价格。

② 根据"陈述偏好"的意愿调查方法，通过对被评估者的直接调查，直接评价调查对象的支付意愿或接受补偿意愿，从中推断出项目造成的有关外部效果的影子价格。

6.3.2.3 特殊投入物的影子价格

项目的特殊投入物是指项目在建设、生产运营中使用的劳动力、土地和自然资源等。项目特殊投入物的影子价格分别采用下列方法确定。

(1) 影子工资

影子工资即人力资源的影子价格，是指建设项目使用劳动力资源而使社会付出的代价，由劳动力机会成本与因劳动力转移而引起的新增资源耗费两部分构成，即：

$$影子工资 = 劳动力机会成本 + 新增资源消耗 \qquad (6.5)$$

劳动力的机会成本是指劳动力如果不就业于拟建项目而从事于其他生产经营活动所创造的最大效益。它与劳动力的技术熟练程度和供求状况有关，技术越熟练，稀缺程度越高，其机会成本越高，反之越低。

新增资源耗费是指劳动力在本项目新就业或由其他就业岗位转移到本项目而发生的经济资源消耗，如劳动者就业而支付的搬迁费、培训费、城市管理费用和城市交通费等。

在费用效益分析的实务中，影子工资一般通过影子工资换算系数来计算。影子工资换算系数是指影子工资与项目财务评价中劳动力工资之间的比值。影子工资可按下式来计算：

$$影子工资 = 财务工资 \times 影子工资换算系数 \qquad (6.6)$$

根据目前我国劳动力市场状况，技术劳动力的工资报酬一般可由市场供求决定，即影子工资一般可以财务实际支付工资来计算；对于非技术性劳动力，根据我国非技术劳动力就业状况，其影子工资换算系数一般取 0.25~0.8。非技术劳动力较为富余的地区可取较低值，不太富余的地区可取较高值，中间状况可取 0.5。

【例 6-2】 某高新区软件园建设项目，总投资中的人工费为 2.0 亿元，其中 80%为技术性工种工资。在经济费用效益分析中，若取技术性工种影子工资换算系数为 1.0，非技术性工种影子工资换算系数为 0.3，试求该项目人工费的调整值。

【解】该项目人工费的调整值＝80%×2.0×1.0＋20%×2.0×0.3＝1.72(亿元)

(2) 土地的影子价格

土地是一种重要的经济资源，项目占用的土地无论是否实际支付财务成本，均应计算其影子价格。土地的影子价格系指建设项目使用土地资源而使社会付出的代价。在建设项目费用效益分析中以土地影子价格计算费用。

① 生产性用地的影子价格。生产性用地主要是指农业、林业、牧业、渔业及其他生产性

用地，按照这些生产性用地未来可以提供的产出物的效益及因改变土地用途而发生的新增资源消耗进行计算，即：

$$土地的影子价格＝土地机会成本＋新增资源消耗 \quad (6.7)$$

土地机会成本是指因有了项目而使这些土地不能实现的对国民经济最大潜在贡献，新增资源消耗指"有项目"情况下土地的征用造成原有地上附属物财产的损失及其他资源耗费。如果项目占用的土地是无人居住的荒山野岭，其影子价格可视为零；若项目所占用的是农业土地，其经济成本为原来的农业净收益、拆迁费用和劳动力安置费。

② 非生产性用地的影子价格。对于非生产性用地，如住宅、休闲用地等，应按照支付意愿的原则，根据市场交易价格测算其影子价格。

如果项目占用城市用地，且通过政府公开拍卖、招标、挂牌取得的土地出让使用权，以及通过市场交易取得的已出让国有土地使用权，应按照支付意愿的原则，以土地市场交易价格计算土地的影子价格，主要包括土地出让金、基础设施建设费、拆迁安置补偿费等。

(3) 自然资源的影子价格

各种自然资源是一种特殊的投入物，项目使用的矿产资源、水资源、森林资源等都是对国家资源的占用和消耗。矿产等不可再生资源的影子价格按资源的机会成本计算，水和森林等可再生资源的影子价格按资源再生费用计算。

6.4 费用效益分析参数及指标

费用效益分析参数包括计算、衡量经济费用效益的各类计算参数和判定项目经济合理性的判据参数。费用效益分析参数主要包括：社会折现率、影子汇率和影子价格（影子工资、土地的影子价格）等。其中，国家行政主管部门统一测定的社会折现率和影子汇率换算系数，在各类建设项目费用效益分析中必须采用，影子工资换算系数和土地的影子价格在各类建设项目费用效益分析中可参考选用。

费用效益分析以盈利能力分析为主，分析指标包括经济内部收益率（$EIRR$）、经济净现值（$ENPV$）和经济效益费用比（R_{BC}）。

6.4.1 费用效益分析参数

6.4.1.1 社会折现率

社会折现率（Social Discount Rate），是用以衡量资金时间价值的重要参数，代表社会资金被占用应获得的最低收费率，可以认为是资金的影子利率。

社会折现率是费用效益分析中衡量经济内部收益率（$EIRR$）的基准值，也是计算项目经济净现值（$ENPV$）的折现率，是项目经济可行性和方案比选的主要判据。适当的折现率有利于合理分配建设资金，指导资金投向对国民经济贡献大的项目，调节资金供需关系，促进资金在短期和长期建设项目之间的合理调配。

社会折现率应根据国家的社会发展目标、发展战略、发展优先顺序、发展水平、宏观调控意图、社会成员的费用效益时间偏好、社会投资收益水平、资金供给状况、资金机会成本等因素综合测定。《建设项目经济评价方法与参数》（第三版）规定：结合当前的实际情况，社会折现率取值为8%；对于受益期长的建设项目，如果远期效益较大，效益实现的风险较小，社会折现率可适当降低，但不应低于6%。

6.4.1.2 影子汇率

汇率是指两个国家不同货币之间的比价或交换比率。

影子汇率（Shadow Exchange Rate）是指能够正确反映国家外汇经济价值的汇率。代表着外汇的影子价格，区别于外汇的市场价格。在建设项目的国民经济评价中，项目的进口投入物和出口产出物，应采用影子汇率调整计算进出口外汇收支的价值。

影子汇率是项目费用效益分析的重要参数，由国家统一测定发布，并定期调整。在费用效益分析中，影子汇率通过影子汇率换算系数计算，影子汇率换算系数是影子汇率与国家外汇牌价的比值。即：

$$影子汇率 = 外汇牌价 \times 影子汇率换算系数 \tag{6.8}$$

目前，我国根据外汇收支、外汇供求、进出口结构、进出口关税、进出口增值税及出口退税补贴等情况，影子汇率换算系数取值为 1.08。

例如，美元的外汇牌价为 6.50 人民币元/美元，美元的影子汇率＝美元的外汇牌价×影子汇率换算系数＝6.50×1.08＝7.02 人民币元/美元。

6.4.2 费用效益分析指标

6.4.2.1 经济净现值（ENPV）

经济净现值（Economic Net Present Value）是指用社会折现率将项目计算期内各年的净效益流量折算到建设期初的现值之和，是经济费用效益分析的主要评价指标。其表达式为：

$$ENPV = \sum_{t=0}^{n}(B-C)_t(1+i_s)^{-t} \tag{6.9}$$

式中 $ENPV$——经济净现值；
    B——国民经济效益流量；
    C——国民经济费用流量；
    $(B-C)_t$——第 t 年的国民经济净效益流量；
    i_s——社会折现率；
    n——计算期。

判别准则：若经济净现值大于或等于零，表明项目可以达到社会折现率的效率水平，认为该项目从经济资源配置的角度可以被接受。

6.4.2.2 经济内部收益率（EIRR）

经济内部收益率（Economic Internal Rate of Return）是项目在计算期内各年经济净效益流量的现值累计等于零时的折现率，是经济费用效益分析的辅助评价指标。其表达式为：

$$\sum_{t=0}^{n}(B-C)_t(1+EIRR)^{-t} = 0 \tag{6.10}$$

式中 $EIRR$——经济内部收益。

判别准则：若经济内部收益率大于等于社会折现率，则表明项目对国民经济的净贡献率达到或超过了要求的水平，此时项目是可行的；反之，则是不可行的。

6.4.2.3 经济效益费用比（R_{BC}）

经济效益费用比指项目在计算期内效益流量的现值与费用流量的现值之比，是经济费用效益分析的辅助评价指标。其表达式为：

$$R_{BC} = \frac{\sum_{t=0}^{n} B_t(1+i_s)^{-t}}{\sum_{t=0}^{n} C_t(1+i_s)^{-t}} \tag{6.11}$$

式中　R_{BC}——效益费用比；
　　　B_t——第 t 期的经济效益；
　　　C_t——第 t 期的经济费用。

判别准则：如果效益费用比大于 1，表明项目资源配置的经济效率达到了可以被接受的水平。

6.5　费用效益分析报表

6.5.1　费用效益分析报表

费用效益分析的基本报表是项目投资经济费用效益流量表，如表 6.1 所示。该表用以计算经济内部收益率、经济净现值等指标，考察项目投资对国民经济的净贡献，衡量项目的盈利能力，并据此判断项目的经济合理性。此外，根据项目的具体情况，可增加相应的辅助计算表格，主要包括：经济费用效益分析投资费用估算调整表，经济费用效益分析经营费用估算调整表，项目直接效益估算调整表，项目间接费用估算表，项目间接效益估算表。

表 6.1　项目投资经济费用效益流量表　　　　　　　　单位：万元

序号	项目	建设期		投产期		达到设计能力生产期		
		1	2	3	4	5	…	n
	生产负荷							
1	效益流量							
1.1	项目直接效益							
1.2	固定资产余值回收							
1.3	流动资金回收							
1.4	项目间接效益							
2	费用流量							
2.1	建设投资							
2.2	维持运营投资							
2.3	流动资金							
2.4	经营费用							
2.5	项目间接费用							
3	净效益流量（1—2）							

计算指标：
经济内部收益率（%）
经济净现值（$i_s=$　　%）

6.5.2　费用效益分析报表编制

经济费用效益流量表一般在项目财务评价基础上进行调整编制，将财务现金流量转换为反映真正资源变动状况的经济费用效益流量。有些项目也可以按照经济费用效益识别和计算的原则和方法直接编制。

6.5.2.1 在财务分析基础上调整编制

在财务评价基础上进行经济费用效益分析的步骤：
① 剔除财务评价中已计算为受益或费用的转移支付。
② 增加财务评价中未反映的间接收益和间接费用。
③ 价格体系调整，用影子价格、影子工资、影子汇率等代替财务价格及费用，对销售收入（或收益）、固定资产投资、流动资金、经营成本等进行调整。
④ 编制有关报表，计算项目的国民经济评价指标。

在财务评价基础上编制经济费用效益流量表应注意以下问题：
① 剔除转移支付，将财务现金流量表中列支的增值税金及附加、所得税、特种基金、国内借款利息作为转移支付剔除。
② 计算外部效益与外部费用，并保持效益费用计算口径的统一。对于可货币化的外部效果，应将货币化的外部效果计入经济效益费用流量；对于难以进行货币量化的产出效果，应尽可能地采用其他量纲进行量化。难以量化的，进行定性描述，以全面反映项目的产出效果。
③ 用影子价格、影子汇率逐项调整建设投资中的各项费用，剔除涨价预备费、税金、国内借款建设期利息等转移支付项目。进口设备购置费通常要剔除进口关税、增值税等转移支付。建筑安装工程费按材料费、劳动力的影子价格进行调整；土地费用按土地影子价格进行调整。
④ 应收、应付款及现金并没有实际耗用国民经济资源，在费用效益分析中应将其从流动资金中剔除。
⑤ 用影子价格调整各项经营费用，对主要原材料、燃料及动力费，用影子价格进行调整；对劳动工资及福利费，用影子工资进行调整。
⑥ 用影子价格调整计算项目产出物的销售收入。对于具有市场价格的产出物，以市场价格为基础计算其影子价格；对于没有市场价格的产出效果，以支付意愿或受偿意愿的原则计算其影子价格。
⑦ 费用效益分析各项销售收入和费用支出中的外汇部分，应用影子汇率进行调整，计算外汇价值。从国外引入的资金和向国外支付的投资收益、贷款本息，也应用影子汇率进行调整。

6.5.2.2 直接进行经济费用效益分析的编制

直接进行经济费用效益分析的编制步骤：
① 识别和计算项目的直接收益与费用、间接收益与费用。
② 价格体系调整，以货物或服务的影子价格、影子工资、影子汇率等计算项目固定资产投资、流动资金、经营费用、销售收入（或收益）。
③ 编制有关报表，计算项目的国民经济评价指标。

复习思考题

1. 项目费用效益分析的含义是什么？
2. 简述项目的财务评价、费用效益分析的区别与联系。
3. 当项目的财务评价和费用效益分析结论出现不一致的情况时，项目应如何决策？
4. 费用和效益如何识别？费用和效益分为哪几类？
5. 什么叫"转移支付"？常见的转移支付有哪些费用？

6. 费用效益分析的参数主要包括哪些？费用效益分析的指标主要有哪些？

7. 某项目产出物可以直接出口，其离岸价格为 150 美元/t，影子汇率为 8.7 人民币元/美元，影子汇率换算系数为 1.08，国内运输费用为 80 元/t，贸易费用率为 6%，求该产出物的影子价格。

8. 某进口产品，其国内现行价格为 216 元/t，经测算其影子价格换算系数（影子价格与财务价格之比）为 2.36，国内运输费用及贸易费用为 38 元/t，外币影子汇率为 6.0，求该产品用外币表示的到岸价格。

9. 已知某项目建设期为 3 年，第 1 年末投入 1200 万元，第 2 年末投入 800 万元，第 3 年末投入 900 万元，第 4 年开始投产，从第 4 年起，连续 10 年每年年末获利 1200 万元。项目残值不计，基准社会折现率为 8%，求出该项目的经济净现值，并判断该项目是否可行。

7 设备更新分析

建设项目投资必然花费一定的资金用以购买各种机械设备，设备在生产使用过程中会发生磨损、效率降低的现象，如果不及时对设备进行大修、升级或更新，将有可能严重影响企业生产成本及生产效率。因此，设备更新对保证生产系统的正常运行及企业提高劳动生产率至关重要。

7.1 设备更新分析概述

7.1.1 设备更新定义

设备更新是指企业为保证生产效率，对技术上或经济上不宜继续使用的设备，用新的设备更换或用先进的技术对原有设备进行局部改造。设备更新的需求源于运营环境中设备使用的经济性发生变化，其主要原因是设备的磨损。

7.1.2 设备磨损

设备更新源于设备的磨损，设备磨损是指设备在使用或闲置过程中，由于物理作用（如震动、冲击力或摩擦力等）、化学作用（如腐蚀、锈蚀）、技术进步等原因，使设备发生损耗、损坏。

磨损分为有形磨损和无形磨损。设备磨损是有形磨损和无形磨损共同作用的结果。

(1) 设备的有形磨损

设备的有形磨损又称物质磨损，是指设备在使用或闲置过程中发生的实体磨损或损坏。设备有形磨损又可分为第一种有形磨损和第二种有形磨损：

第一种有形磨损是指设备使用过程中，在外力作用下实体产生的磨损、变形和损坏。主要原因有摩擦磨损、机械磨损和热损伤等。这种磨损的程度与使用强度和使用时间长度有关。

第二种有形磨损是指设备在闲置过程中，由于自然力作用产生的磨损。如金属件生锈、腐蚀、橡胶件老化等。这种磨损与生产过程的使用无关，与设备的闲置时间长度和所处环境有关。

有形磨损的技术后果是设备的性能、精度减低，达到一定程度，甚至可以使设备完全丧失使用价值。

(2) 设备的无形磨损

设备的无形磨损是由于社会技术经济环境变化造成的设备价值的贬值，是科技进步的结果。无形磨损不是由生产过程中的使用或自然力的作用造成的，所以它不表现为设备实体的变化和损坏,又称精神磨损。设备无形磨损也可分为第一种无形磨损和第二种无形磨损。

第一种无形磨损是由于设备制造工艺不断改进,劳动生产率不断提高,生产同种设备的成本不断降低,因而设备的市场价格降低,使原来购买的设备相应地贬值。这种无形磨损的后果只是现有设备原始价值部分贬值,设备本身的技术特性和使用价值并未发生变化,故不会影响现有设备的使用,但会使产品成本相对升高,产品价格失去竞争力。

第二种无形磨损是由于技术进步,社会上出现了结构更先进、技术更完善、生产效率更高、耗能和耗原材料更少的新型设备,而使原有机器设备在技术上显得陈旧落后,其经济效益相对减小而发生贬值。它的后果不仅是使原有设备价值降低,而且会使原有设备使用价值局部或全部丧失。尽管设备也能使用,但它的效率已大大降低,其生产所得收益低于社会平均水平。

有形和无形两种磨损都引起设备原始价值的贬值,这一点两者是相同的。不同的是,遭受有形磨损的设备,特别是有形磨损严重的设备,在修理之前,常常不能使用,而遭受无形磨损的设备,并不表现为设备实体的变化和损坏,即使无形磨损很严重,其固定资产物质形态却可能没有磨损,仍然可以使用,只不过继续使用它在经济上是否合理,需要分析研究。

7.1.3　设备磨损的补偿

要维持企业的再生产,必须对设备的磨损进行补偿,由于设备磨损的形式不同,补偿磨损的方式也不一样。设备的磨损有两种补偿方式,即局部补偿和完全补偿。设备有形磨损的局部补偿是修理,设备无形磨损的局部补偿是现代化技术改造。有形磨损和无形磨损的完全补偿是设备更新。

设备更新分为原型设备更新和新型设备更新。原型设备更新是简单更新,就是用结构相同的新设备去更换有形磨损严重而不能继续使用的旧设备。这种更新主要是解决设备的损坏问题,不具有更新技术的性质;新型设备更新是以结构更先进、技术更完善、效率更高、性能更好、能源和原材料消耗更少的新型设备来替换那些技术上陈旧、在经济上不宜继续使用的旧设备。

7.1.4　设备更新分析的原则

由设备磨损形式与其补偿方式的相互关系可以看出,设备更新经济分析大部分可归结为互斥方案比较问题,由于设备更新的特殊性,设备更新经济分析应遵循以下原则:

(1) 站在客观的立场分析问题

设备更新问题的要点是站在客观的立场上,而不是站在旧设备的立场上考虑问题。站在客观立场,若要保留旧资产,首先要付出相当于旧资产当前市场价值的现金,才能取得旧资产的使用权,这是设备更新分析的重要原则。

(2) 设备更新分析只考虑未来发生的现金流量,不考虑沉没成本

沉没成本(Sunk Cost)是企业过去投资发生的、与当前决策无关的费用。沉没成本是已经发生的费用。从决策的角度看,当前决策所要考虑的是未来可能发生的费用及所带来的收益,即未来发生的现金流量,而不用考虑以往发生的费用。

在设备更新分析中,现有设备的最初购置费以及会计账面余值属于沉没成本,将不予考虑。设备更新分析时设备的价值应依据原设备目前实际价值计算,而不能按其原始价值或当前账面价值计算,即不考虑沉没成本。

沉没成本等于设备账面价值与当前市场价值之差。即:

$$沉没成本 = 设备账面价值 - 当前市场价值 \tag{7.1}$$

或

$$沉没成本 = (设备原值 - 历年折旧费) - 当前市场价值 \tag{7.2}$$

例如，某设备 3 年前的原始成本是 50000 元，目前的账面价值是 30000 元，现在的市场价值仅为 18000 元。因此本例设备的沉没成本为：30000－18000＝12000 元。

在进行设备更新分析时，旧设备往往会产生一笔沉没成本。

(3) 只比较设备的费用

通常在比较设备更新方案时，一般假定设备产生的收益是相同的，此时只对它们的费用进行比较。

(4) 设备更新分析以费用年值法为主

由于不同设备方案的服务寿命不同，因此通常都采用费用年值法进行比较。新设备往往具有较高的购置费和较低的运营成本，而旧设备往往具有较低的重置费和较高的运营成本，采用费用年值法比选时，费用年值 AC 最小的方案优。

7.2　设备经济寿命

设备的寿命是指设备从投入使用开始，直到由于设备的磨损，而使其在技术上或经济上不宜继续使用为止的整个时间过程。设备的寿命有以下几种不同的形态。

7.2.1　设备寿命的种类

(1) 自然寿命

设备的自然寿命，又称物理寿命，是指设备从投入使用开始，直到因物质磨损严重而不能继续使用、报废为止所经历的全部时间。它主要是由设备的有形磨损所决定的。任何一台设备磨损到一定程度时，维修费用会逐渐增加，经营成本的增加导致经济上不合理，须进行更新。因此，设备的自然寿命不能成为设备更新时点的估算依据。

(2) 技术寿命

设备的技术寿命就是指设备从投入使用到因技术落后而被淘汰所延续的时间，也就是指设备在市场上维持其使用价值的时间，故又称有效寿命。技术寿命主要是由设备的无形磨损所决定的，一般短于物理寿命，科学技术进步越快，设备技术寿命越短。所以，在估算设备寿命时，必须考虑设备技术寿命期限的变化特点。

(3) 经济寿命

经济寿命是从经济角度分析设备最合理的使用年限，是指设备从投入使用开始，到继续使用在经济上不再合理而被更新所经历的时间，它是根据设备使用成本最低的原则确定的，即其年平均成本费用最小的使用年限，一般是设备最合理的使用年限。在设备更新分析中，经济寿命是确定设备最优更新期的主要依据。

经济寿命由设备资产消耗成本费用和运营成本费用决定。设备使用年限越长，所分摊的各年资产消耗成本越少。但是随着设备使用年限的增加，一方面需要更多的维修费维持原有功能；另一方面机器设备的生产效率也在下降。因此，年资产消耗成本的降低，会被年度运行成本的增加或收益的下降所抵消。在整个变化过程中存在着某一年份，设备年平均使用成本最低，经济效益最好，如图 7.1 所示，N_0 就是设备的经济寿命，此时设备年平均使用成本达到最低值。

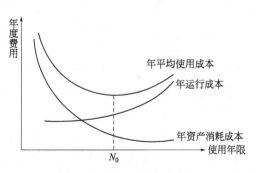

图 7.1　设备年度费用曲线

7.2.2 设备经济寿命确定

确定设备经济寿命的方法分为静态和动态两种模式。

7.2.2.1 静态法

静态模式下设备经济寿命的确定方法,就是在不考虑资金时间价值的基础上计算设备年平均使用成本 AC_N,使 AC_N 最小的 N_0 就是设备的经济寿命。

$$AC_N = \frac{P - L_N}{N} + \frac{1}{N}\sum_{t=1}^{N} C_t \tag{7.3}$$

式中 AC_N——N 年内设备的年平均使用成本;
          P——设备目前实际价值;
          C_t——第 t 年的设备运行成本;
          L_N——第 N 年末的设备净残值。

其中 $\frac{P-L_N}{N}$ 为设备的平均年度资产消耗成本,而 $\frac{1}{N}\sum_{t=1}^{N} C_t$ 为设备的平均年度运行成本。

【例 7-1】 某设备目前实际价值为 30000 元,自然寿命 7 年,有关统计资料见表 7.1,求其经济寿命。

表 7.1   设备有关统计资料   单位:元

继续使用年限	1	2	3	4	5	6	7
年运行成本	5000	6000	7000	9000	115000	14000	17000
年末残值	15000	7500	3750	1875	1000	1000	1000

【解】 由公式(7.3),计算该设备在不同使用年限时的年平均成本,如表 7.2 所示。

表 7.2   设备在不同使用年限时的静态年平均成本   单位:元

使用年限 N	资产消耗成本 $P-L_N$	平均资产消耗成本 $\frac{P-L_N}{N}$	年度运行成本 C_t	运行成本累计 $\sum_{t=1}^{N} C_t$	平均年度运行成本 $\frac{1}{N}\sum_{t=1}^{N} C_t$	年平均使用成本 AC_N
(1)	(2)	(3)=(2)/(1)	(4)	(5)	(6)=(5)/(1)	(7)=(3)+(6)
1	15000	15000	5000	5000	5000	20000
2	22500	11250	6000	11000	5500	16750
3	26250	8750	7000	18000	6000	14750
4	28125	7031	9000	27000	6750	13781
5	29000	5800	11500	38500	7700	13500
6	29000	4833	14000	52500	8750	13583
7	29000	4143	17000	69500	9929	14072

由表 7.2 可以看出,该设备在使用 5 年时,其年平均使用成本 13500 元为最低。因此,该设备的经济寿命为 5 年。

由于设备使用时间越长,设备的有形磨损和无形磨损越加剧,从而导致设备的维护修理费用越增加,这种逐年递增的费用 ΔC_N 称为设备的低劣化。用低劣化数值表示设备损耗的方法称为低劣化数值法。如果每年设备的劣化增量是均等的,即 $\Delta C_N = \lambda$,每年劣化呈线性增长。

假设评价基准年（即评价第一年）设备的运行成本为 C_1，则平均每年的设备使用成本 AC_N 可用下式表示：

$$AC_N = \frac{P-L_N}{N} + \frac{1}{N}\sum_{t=1}^{N} C_t = \frac{P-L_N}{N} + C_1 + \frac{1}{N}[\lambda + 2\lambda + 3\lambda + \cdots + (N-1)\lambda]$$

$$= \frac{P-L_N}{N} + C_1 + \frac{1}{2N}[N(N-1)\lambda] = \frac{P-L_N}{N} + C_1 + \frac{1}{2}[(N-1)\lambda]$$

要使 AC_N 为最小，对上式的 N 进行一阶求导，并令其导数为 0，据此，可以简化经济寿命的计算，即：

$$N_0 = \sqrt{\frac{2(P-L_N)}{\lambda}} \tag{7.4}$$

式中 λ——设备的低劣化值；
N_0——设备的经济寿命。

【例 7-2】 设有一台设备，目前实际价值 10000 元，预计残值 $L_N = 400$ 元，第一年的设备运行成本 $C = 600$ 元，每年设备的劣化增量是均等的，年劣化值 $\lambda = 300$ 元，求该设备的经济寿命。

【解】 根据式 (7.4)，

$$N_0 = \sqrt{\frac{2(P-L_N)}{\lambda}} = \sqrt{\frac{2\times(10000-400)}{300}} = 8(年)$$

7.2.2.2 动态法

动态模式下设备经济寿命的确定方法，就是在考虑资金的时间价值的情况下计算设备的年成本 AC_N，使年等值费用 AC_N 为最小的 N_0 值，即为设备的经济寿命，此时为设备更新的最佳时机。

由式 (3.18) 可知：

$$AC(N) = \sum_{t=0}^{n} CO_t(1+i_c)^{-t} \frac{i_c(1+i_c)^n}{(1+i_c)^n - 1}$$

$$= \sum_{t=0}^{n} CO_t(P/F, i_c, t)(A/P, i_c, n)$$

上式中，AC 随 N 而变化，当 N_0 为经济寿命时，应满足：

$$AC(N_0) \rightarrow 最小(\min)$$

如果目前设备实际价值为 P，使用年限为 N 年，设备第 N 年的净残值为 L_N，第 t 年的运行成本为 C_t，基准折现率为 i_c，其经济寿命为年成本 AC 最小时所对应的 N_0，即：

$$AC_{\min} = P(A/P, i_c, N_0) - L_{N_0}(A/F, i_c, N_0) + \sum_{t=0}^{N_0} C_t(P/F, i_c, t)(A/P, i_c, N_0)$$

$$= (P - L_{N_0})(A/P, i_c, N_0) + L_{N_0} i_c + \sum_{t=0}^{N_0} C_t(P/F, i_c, t)(A/P, i_c, N_0) \tag{7.5}$$

由式 (7.5) 可以看到用年成本估算设备的经济寿命的过程是：在已知设备现金流量和折现率的情况下，逐年计算出从寿命 1 年到 N 年全部使用期的年等效值，从中找出平均年成本的最小值及其所对应的年份，从而确定设备的经济寿命。这个过程通常是用表格来完成的。

【例 7-3】 假设折现率为 6%，计算【例 7-1】中设备的经济寿命。

【解】 计算设备不同使用年限的年成本 AC，见表 7.3。

表 7.3 设备在不同使用年限时的动态年平均成本　　　　　　　　　　　　单位：元

N	$P-L_N$	$(A/P,6\%,t)$	$L_N\times 6\%$	$(2)\times(3)+(4)$	C_t	$(P/F,6\%,t)$	$[\Sigma(6)\times(7)]\times(3)$	$AC=(5)+(8)$
(1)	(2)	(3)	(4)	(5)	(6)	(7)	(8)	(9)
1	15000	1.0600	900	16800.0	5000	0.9434	5000.0	21800.0
2	22500	0.5454	450	12721.5	6000	0.8900	5485.1	18206.6
3	26250	0.3741	225	10045.1	7000	0.8396	5961.0	16006.1
4	28125	0.2886	112.5	8229.4	9000	0.7921	6656.0	14885.4
5	29000	0.2374	60	6944.6	11500	0.7473	7515.4	14460.0
6	29000	0.2034	60	2958.6	14000	0.7050	8446.6	14405.2
7	29000	0.1791	60	5253.9	17000	0.6651	9462.5	14716.4

从表 7.3 可以看出，考虑资金时间价值时，该设备使用到 6 年时，等值年费用为 14405.2 元，为最小。使用年限大于或小于 6 年时，其等值年费用均大于 14405.2 元，故该设备动态经济寿命为 6 年。

7.3　设备更新分析

设备更新的中心内容是确定设备的经济寿命。在设备更新分析中，经济寿命是确定设备最优更新期的主要依据。设备更新分为原型设备更新和新型设备更新。

7.3.1　原型设备更新分析

原型设备更新，就是用结构相同的新设备去更换有形磨损严重而不能继续使用的旧设备。即在现有设备使用期内还没有出现功能更完善、性能更优越的先进设备，现设备与替换设备类型完全相同，具有完全相同的经济属性（如设备年平均成本费用），当该设备达到经济寿命进行更新时，花费的年平均成本费用最小。因此，原型设备更新的最佳时机就是设备的经济寿命，原型设备更新经济分析即设备的经济寿命的确定。

7.3.2　新型设备更新分析

新型设备更新是以结构更先进、技术更完善、效率更高、性能更好、能源和原材料消耗更少的新型设备来替换那些技术上陈旧、在经济上不宜继续使用的旧设备。因此，新型设备更新问题实质上是现有设备方案与新型设备方案的互斥方案比较问题，即从经济效益角度分析继续使用现有设备有利还是购置新型设备有利。

由于新设备方案与旧设备方案的寿命在大多数情况下是不等的，各方案在各自的计算期内的净现值不具有可比性。因此，新型设备更新主要是用年成本进行分析，可按如下步骤进行：

① 计算新旧设备方案不同使用年限的年平均使用成本和经济寿命。以确定是否需要更新。
② 确定设备更新时机。

设备更新即使在经济上是有利的，却也未必立即更新。换言之，设备更新分析还包括更新时机选择的问题。旧设备究竟在什么时机更新最经济？这需要逐年比较来确定。

① 如果旧设备继续使用 1 年的年平均使用成本低于新设备的年平均使用成本，即：

$$AC_{旧}<AC_{新}$$

此时，旧设备不更新，继续使用旧设备 1 年。
② 当新旧设备方案出现相反情况时，即：

$$AC_{旧}>AC_{新}$$

此时，应更新现有设备，这即是设备更新的时机。

总之，以经济寿命为依据的新型设备更新的原则是使设备使用到最有利的年限来进行更新。

【例 7-4】 某单位的一台旧机器，目前可以转让，价格为 25000 元，下一年将贬值 10000 元，以后每年贬值 5000 元。由于性能退化，它今年的使用费为 80000 元，预计今后每年将增加 10000 元。它将在 4 年后报废，残值为 0。现有一台新型的同类设备，它可以完成与现在设备相同的工作，购置费为 160000 元，年平均使用费为 60000 元，经济寿命为 7 年，期末残值为 15000 元，并预计该设备在 7 年内不会有大的改进。基准收益率为 12%，问是否需要更新现有设备？如果需要，应该在什么时候更新？

【解】新设备的年平均费用：
$$AC_{新}=(160000-15000)\times(A/P,12\%,7)+15000\times12\%+60000=93572(元)$$
旧设备的年平均费用：
$$AC_{旧}=25000\times(A/P,12\%,4)+[80000(P/F,12,1)+90000(P/F,12\%,2)\\+100000(P/F,12\%,3)+110000(P/F,12\%,4)]\times(A/P,12\%,4)=101819(元)$$

∵ $AC_{旧}>AC_{新}$，故旧设备需要更新。

更新时机分析：

如果旧设备再保留使用一年，一年后的净残值为 15000 元，则一年的年费用为：
$$AC_{旧1}=(25000-15000)(A/P,12\%,1)+15000\times12\%+80000=93000(元)$$

∵ 93000 元<93572 元，所以旧设备在第一年应该保留使用。

如果旧设备再保留使用到第二年，则第二年的年费用为：
$$AC_{旧2}=(15000-10000)(A/P,12\%,1)+10000\times12\%+90000=96800(元)$$

∵ 96800 元>93572 元，故旧设备在第二年使用之前就应该更新。

结论：现有设备应该再保留使用一年，一年后更新为新设备。

复习思考题

1. 什么是设备的磨损？设备的磨损有几种形式？每种形式又包括哪些内容？设备磨损的补偿形式有哪些？

2. 设备寿命可分为几种？设备的经济寿命如何确定？

3. 某工厂新购置一台设备，购置费用为 10000 元，第一年度的使用费为 2000 元，以后每年增加 500 元。由于设备是为该企业定做的，任何时候都不计残值。如不考虑资金时间价值，求设备的经济寿命。

4. 某公司有一台设备，其原始费用为 60000 元，其各年的使用费和各服务年末的残值见表 7.4，如果 $i=10\%$，求这台设备的经济寿命。

表 7.4 某设备各年使用费及残值表　　　　　　　　　　　　　单位：元

继续使用年限	1	2	3	4	5	6	7
年运行成本	10000	12000	14000	18000	23000	28000	34000
年末残值	30000	15000	7500	3750	2000	2000	2000

5. 有一设备更新方案，新设备购置费为 11000 元，可使用 5 年，年运行成本 2000 元，5 年后的残值为 1000 元。如果把现有设备转卖出去，售价为 2000 元，五年后售价为 400 元，旧设备的年运行费为 4500 元。若利率为 10%，问现有设备是否应更新？

8 价值工程

价值工程亦称价值分析，是一种把功能与成本、技术与经济相结合进行技术经济评价的方法。应用价值工程相关的技术和方法进行项目决策，可以有效降低资源消耗，获取最佳综合效益。价值工程已经在生产实践中得到了广泛应用。

本章主要介绍价值工程的基本概念、分析过程以及在生产实践中的应用。

8.1 价值工程概述

8.1.1 价值工程的概念

价值工程（Value Engineer，简称 VE），是指以产品的功能分析为核心，以提高产品价值和有效利用资源为目的，通过有组织的、创造性的工作，寻求以最低寿命周期成本来可靠地实现研究对象必要功能的一种有组织的技术经济活动。价值工程中"工程"的含义是指为实现提高产品价值的目标，所进行的一系列分析、研究和创造、改进活动。价值工程的对象是指为了获取功能而发生费用的事物，如服务、产品、工程、工艺等。价值工程的核心是对研究对象进行功能分析。就建筑业而言，价值工程是一种系统地对某个建筑产品进行功能分析及方案创造、评价和实施，以谋求用最低的全寿命周期成本，可靠地实现用户所要求的功能，从而提高建筑产品价值的活动。

价值工程涉及价值、功能、寿命周期成本三个基本要素，它们三者之间的关系为：

$$V = \frac{F}{C} \tag{8.1}$$

式中　V——价值；

　　　F——功能；

　　　C——寿命周期成本。

8.1.1.1 价值

价值工程中的"价值"（Value）是个相对的概念，是指研究对象所具有的功能与取得该项功能的寿命周期成本之比，即功能与费用之间的比值。它不是指对象的使用价值或交换价值，而是对象的比较价值，即性能价格比。

显然，价值工程中的价值概念不同于传统经济学中的价值概念，它是一种比较价值。

8.1.1.2 功能

功能（Function）是指对象能够满足某种需求的一种属性。功能是产品最本质的东西，人们购买产品实际上是为了购买这个产品所具有的功能。功能一般可分为基本功能和辅助功能、使用功能和品位功能、必要功能和不必要功能等不同属性。

在产品的生产过程中，由于设计、制造的原因，产品在满足用户必要功能的同时，可能还会存在一些不必要功能，这将造成产品的不必要成本。因此，价值工程不直接研究产品这个实物对象，而是通过实物研究用户所需要的功能，以及如何更好地实现这些功能，即价值工程着重对产品功能进行分析，寻找实现所需功能的最佳方案。

8.1.1.3 成本

价值工程中的成本（Cost）是指对象的寿命周期成本（Life Cycle Cost），包括从研制、生产、销售、使用直至报废的整个期间所发生的全部费用。它由生产成本和使用成本两部分构成。一般来说，产品的生产成本与功能呈正比，而使用成本与功能呈反比，如图8.1所示。生产成本、使用成本与功能的正反比关系决定了产品的寿命周期成本与功能之间的关系，呈现马鞍形曲线。这种马鞍形曲线表明产品的寿命周期成本存在最低值，这个最低值 C_{min} 所对应的功能水平 F_0 从成本上考虑是最为适宜的功能水平。价值工程强调的就是以最低的寿命周期成本，实现产品的必要功能。

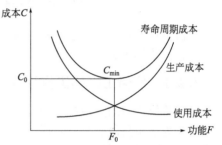

图 8.1 寿命周期成本与功能的关系

8.1.2 价值工程的特点

价值工程的特点体现了价值工程的基本原理和基本方法，主要表现在以下四个方面：

① 价值工程着眼于提高产品价值。价值工程既不单纯追求降低成本，也不片面强调提高功能，而是以提高它们之间的比值——产品价值为目标，研究功能与成本之间的最佳匹配。

② 功能分析是价值工程的核心。价值工程着重对产品进行功能分析，通过功能分析，明确和保障必要功能，尽可能减少或消除多余的不必要功能，并补充不足功能，使产品的功能结构更加合理，这是价值工程实施的关键。

③ 价值工程追求的是全寿命周期成本最低。仅仅追求生产成本最低是不够的，还需要考虑其寿命周期的使用成本。

④ 价值工程是有组织的创造性活动。价值工程的活动范围涉及产品的开发、设计、生产、销售、管理等多个环节，时间涉及产品整个寿命周期，需要调动多方面人员进行系统分析、寻找最佳方案。

8.1.3 提高价值的途径

价值的大小取决于功能和成本两个方面，从价值与功能、成本之间的动态关系可以看出，提高价值的途径可以有以下五种，见表8.1所示。

表 8.1 提高价值的途径

序号	途径	表达式	着重点
1	功能不变,成本降低	$F \rightarrow /C \downarrow = V \uparrow$	着重于降低成本

续表

序号	途径	表达式	着重点
2	功能提高,成本不变	$F\uparrow/C\rightarrow=V\uparrow$	着重于提高功能
3	功能提高,成本降低	$F\uparrow/C\downarrow=V\uparrow\uparrow$	最理想途径
4	功能大幅提高,成本略增	$F\uparrow\uparrow/C\uparrow=V\uparrow$	着重于提高功能
5	功能略减,成本大幅降低	$F\downarrow/C\downarrow\downarrow=V\uparrow$	着重于降低成本

功能属于技术指标,成本属于经济指标。显然,价值工程通过功能成本分析,将技术问题和经济问题结合起来,从两方面提高产品的价值。

8.2 价值工程工作程序和基本方法

价值工程具有专门的工作程序和工作方法,它针对研究对象和工作目标,一步步发现问题、分析问题和解决问题。

8.2.1 价值工程的工作程序

开展价值工程的过程是一个发现问题、分析问题、解决问题的过程。价值工程的工作程序一般可分为准备阶段、分析阶段、创新阶段和实施阶段,如表8.2所示。价值工程的实施就是围绕这四个阶段进行的。

表 8.2 价值工程的工作程序

工作阶段	设计程序	工作步骤		对应问题
		基本步骤	详细步骤	
准备阶段	制订工作计划	确定目标	工作对象选择	价值工程的研究对象是什么
			信息资料搜集	
分析阶段	功能评价	功能分析	功能定义	这是干什么用的
			功能整理	
		功能评价	功能成本分析	成本是多少
			功能评价	价值是多少
			确定改进范围	
创新阶段	初步设计	制订创新方案	方案创造	有无其他方法实现同样功能
	评价各方案并改进、优化方案		概略评价	新方案的成本是多少
			调整完善	
			详细评价	
	方案书面化		提出方案	新方案能满足功能的要求吗
实施阶段	检查实施情况并评价活动成果	方案实施与成果评价	方案审批	偏离目标了吗
			方案实施与检查	
			成果评价	

其中,选择工作对象、进行功能分析与评价、开展方案创新与评价是价值工程工作程序的

关键环节和主要内容，是价值工程活动不可缺少的重要步骤。

8.2.2 价值工程的对象选择

选择价值工程的对象，就是确定功能成本分析的产品、项目或其组成部分。价值工程对象的选择是一个逐步缩小研究范围、寻找目标、确定主攻方向的过程。对象选择要考虑提高价值的可能性、存在的问题与薄弱环节等，其一般原则是：市场反馈迫切要求改进的产品；功能改进和成本降低潜力较大的产品或项目。

对象选择的方法有很多，这里着重介绍经验分析法、ABC 分析法和强制确定法。

(1) 经验分析法

经验分析法是根据有丰富实践经验的设计人员、生产人员和管理人员对产品中所存在问题的直接感受和认识，而确定价值工程对象的一种方法。

经验分析法是一种定性分析方法，它凭借专业人员的实践经验来确定工作对象。这种方法在企业产品的功能、成本及销售状况较为明朗的情况下，依靠熟悉业务、经验丰富的相关人员集体确定是可行的。其优点是简便易行，考虑问题实际，是目前实践中应用较为普遍的方法。缺点是缺乏定量依据，在分析人员经验不足时准确性会降低，但用于对象的初选阶段还是可行的。

(2) ABC 分析法

ABC 分析法是根据研究对象数量的比例大小和它对某项技术经济指标（如成本）的影响程度两个因素，把所有研究对象划分成主次有别的 A、B、C 三类，以准确选择价值工程对象的方法。

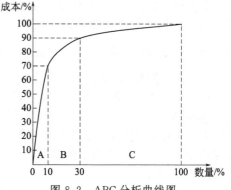

图 8.2 ABC 分析曲线图

在产品成本分析时，占总数 10% 左右的零部件，其成本要占总成本的 70% 左右；另外 20% 左右的零部件成本要占总成本的 20% 左右；而其余 70% 左右的零部件的成本却只占总成本的 10% 左右，如图 8.2 所示。

将占总成本 70% 的那部分零部件划为 A 类，占 20% 的划为 B 类，占 10% 的划为 C 类，这种方法就是 ABC 分析法。A、B、C 类别划分的参考值见表 8.3 所示。

表 8.3 A、B、C 类别划分参考值

类别	数量占总数的百分比	成本占总成本的百分比
A 类	10% 左右	70% 左右
B 类	20% 左右	20% 左右
C 类	70% 左右	10% 左右

应用 ABC 分析法选择价值工程对象的步骤是：将全部产品或一种产品的零部件按成本大小依次排队；按照排队的累计件数，求出占产品或零部件总数的百分比；根据产品或零部件的累计成本求出占总成本的百分比；按 ABC 分析法将全部产品或零部件分为 A、B、C 三类；首选 A 类为价值工程对象，其次再选 B 类。

ABC 分析法是一种抓重点的分析方法，其优点是突出主要矛盾。在对复杂产品的零部件作对象选择时常用它进行主次划分，以明确关键的少数和一般的多数，以便抓住"关键的少数"这个重点，有效地开展工作。

(3) 强制确定法

强制确定法（Forced Decision Method，FD 法）以产品的功能和成本应当相互协调一致为基础。如果某零部件的成本很高，而它的功能在零部件中所处的重要性却较低，成本与功能不相匹配，即可利用强制确定法通过计算功能评价系数、成本系数、价值系数来判断对象的价值，选出价值工程的对象。

$$功能评价系数 = \frac{零部件的功能得分}{全部零部件功能总分} \quad (8.2)$$

$$成本系数 = \frac{各零部件目前成本}{全部零部件目前成本之和} \quad (8.3)$$

$$价值系数 = \frac{功能评价系数}{成本系数} \quad (8.4)$$

强制确定法的应用步骤是：将构成产品的零部件顺序排列出来；将各零部件逐一进行比较、评分，重要的多得分，不重要的少得分或不得分；将每个零部件所得的分数除以各零部件的分数总和，求出每个零部件功能评价系数；将每个零部件的目前成本除以全部零部件的总成本，求出每个零部件的成本系数；将每个零部件功能评价系数除以成本系数，得出各零部件的价值系数。

对各零部件进行比较、评分时，通常采用 0—1 评分法和 0—4 评分法。

① 0—1 评分法。这种评分法是将零部件排列后，就其功能的重要性逐一进行相互比较，重要的得 1 分，不重要的得 0 分。然后，将每个零部件所得的分数除以各零部件得分总和，求出各自的功能评价系数。0—1 评分法的总分为 $\frac{n(n-1)}{2}$，n 为对比的零件数量。

按 0—1 评分法，价值系数会出现三种情况，即大于 1、小于 1 和接近（或等于）1。价值系数接近 1，说明功能与成本比较平衡，是合理的，不必作为价值工程的对象；价值系数大于 1，说明功能比较重要的项目分配的成本比较少，应注意分析其是否存在过剩功能；价值系数小于 1，说明功能比较次要的项目分配了过多的成本，应作为价值工程的重点。与此同时，还应综合考虑价值系数偏离 1 的程度及改善的幅度，优先选择价值系数远小于 1 且改善的幅度大的部分作为重点。

【例 8-1】 已知组成某一产品的部件为 A、B、C、D、E，其成本费用分别为 1.8 万、0.8 万、0.8 万、1.1 万、2.5 万，总成本为 7 万。确定价值工程活动的对象。

【解】（1）计算功能评价系数

首先把构成产品成本的零件排列起来，然后按照零件功能的重要程度作两两比较。重要的得 1 分，次要的得 0 分；然后把各零件得分累计起来，再除以全部零件的得分总数，计算出功能评价系数，如表 8.4 所示。

表 8.4 功能评价系数表

零件名称	一对一比较结果					得分	功能评价系数
	A	B	C	D	E		
A	×	1	0	1	1	3	0.3
B	0	×	0	1	1	2	0.2
C	1	1	×	1	1	4	0.4
D	0	0	0	×	0	0	0
E	0	0	0	1	×	1	0.1
合计						10	1.0

(2) 计算成本系数

(3) 计算价值系数（见表8.5）

表8.5 价值系数计算表

零件名称	功能评价系数 (1)	目前成本/万 (2)	成本系数 (3)=(2)/7	价值系数 (4)=(1)/(3)	对象选择顺序
A	0.3	1.8	0.26	1.154	4
B	0.2	0.8	0.11	1.818	3
C	0.4	0.8	0.11	3.636	1
D	0	1.1	0.16	0	—
E	0.1	2.5	0.36	0.278	2
合计	1.00	7	1.00	—	

(4) 确定分析对象的顺序

根据表8.5中所列价值系数偏离1的程度，可以确定价值工程活动对象的顺序为C、E、B、A。

② 0—4评分法。0—4评分法的应用规则与0—1评分法基本相同，只是在进行零部件相互比较、评分时，将评分的差距拉大，重要的零部件打4分，不重要的打0分；若两个零部件的重要性相差不大，则相对重要的打3分，不太重要的打1分；若两个零部件的重要性没什么差别，可分别打2分。0—4评分法在评分过程中，不论怎样比较、评分，对两个零部件评分的分数之和总是4分。0—4评分法的总分为$2n(n-1)$。

表8.6为采用0—4评分法功能评价系数表。

表8.6 0—4评分法功能评价系数表

| 零件名称 | 一对一比较结果 | | | | | 得分 | 功能评价系数 |
	A	B	C	D	E		
A	×	4	2	3	0	9	0.225
B	0	×	1	2	2	5	0.125
C	2	3	×	0	3	8	0.20
D	1	2	4	×	4	11	0.275
E	4	2	1	0	×	7	0.175
合计						40	1.0

0—4评分法拉大了零部件的分值差距，对零部件在功能上的相近程度赋予了不同的分值，弥补了0—1评分法没有表示零部件之间存在些许差异的现实，克服了评分过程中"非0即1"的不足，使得所确定的零部件的功能评价系数及价值系数等更接近于实际。

8.2.3 信息资料的收集

价值工程的目标是提高价值，为实现这一目标所做的任何决策，都离不开必要的信息资料。所以，在确定价值工程对象以后，应围绕其收集有关开发、设计、生产、销售和使用过程中的各种技术、经济、管理方面的信息资料，作为开展价值工程活动的依据。价值工程收集的是对实现价值工程目标有益的信息资料，且资料收集的质量决定了价值工程成果的大小。

在价值工程中，需要收集的情报大致可分为下列几方面的内容：

① 市场信息。该产品的市场规模大小，地域分布特点，市场潜力；产品供应商的构成，市场分配的现状，同类产品在销售价格、产品性能上各自的优势；产品使用者的构成、使用目的、使用环境、用户的支付能力及对产品的特殊需求等。收集这方面的信息资料是为了充分了解用户对产品的期待和要求，例如用户对产品规格、使用环境、使用条件、价格、性能、耐用性、可靠性、售后服务等方面的要求。

② 行业信息。收集这方面的信息是为了明白如何进行产品的设计改进，以便更好地满足用户的要求。包括：国内外同类产品的技术、经济数据资料，产品创新趋势，相关产品的新技术、新材料、新工艺、行业新标准等；行业中不同企业的生产规模、设备的先进程度、经营管理水平、经营现状；新产品的研发能力，项目的储备深度。

③ 经济信息。产品成本是功能成本分析的主要内容。实际的产品往往由于设计、生产、经营等方面的原因，其成本具有较大的挖掘潜力。在广泛占有成本资料的基础上，通过实际成本与目标成本之间的比较、不同企业之间的比较，分析差距，降低成本，提高产品价值，这方面的信息资料必不可少。

④ 经营信息。掌握企业经营信息是为了了解价值工程活动的客观制约条件，使创造出的方案既先进可靠又切实可行。具体包括产品产供销现状，产品利润和成本资料、挖潜能力及企业在行业中的地位、研发能力，加工制造能力，质量保证能力，采购、供应、运输能力，筹措资金等能力。

⑤ 社会信息。诸如国家政策、方针、规定等内容，了解这方面的内容是为了使企业的生产经营活动包括开展价值工程活动必须与国民经济的发展方向协调一致。

8.2.4 功能分析

功能分析是价值工程的核心内容。它通过对信息资料的分析，正确界定对象的功能，明确功能特性要求，并整理绘制功能系统图。功能分析的内容包括功能定义、功能分类和功能整理。

8.2.4.1 功能定义

进行功能分析时先要给功能下定义。功能定义就是用简单明确的语言表达对象的用途和作用。通过功能定义，可以明确功能的特性要求，与其他功能概念相互区别，使设计者加深对产品功能的理解，准确掌握用户的功能要求，以抓住问题的本质，为方案创造打下基础。

为对象功能下定义，一般是用一个动词和一个名词来描述，如计量水量、传递荷载、分隔空间、保温、采光等。

8.2.4.2 功能分类

用户所要求的产品功能是多种多样的，功能的性质不同，其重要程度也不同。一般可作如下分类：

(1) 按重要性可分为基本功能和辅助功能

基本功能是决定产品性质和用途的主要依据，是为了达到使用目的而必不可少的功能；辅助功能则是为了更好地实现基本功能而在用户直接要求的功能之上附加的功能。基本功能是必不可少的功能，辅助功能对基本功能的实现起辅助作用，与基本功能相比处于从属地位。在产品的辅助功能中，往往包含着一些不必要功能，应通过改进设计予以消除。

(2) 按用途和作用可分为使用功能和品位功能

使用功能是指产品的实际用途或使用价值；品位功能是指与用户的精神感受、主观意识相关的功能，如产品的外观形状、色彩、艺术性等。产品的使用功能与品位功能是通过其基本功能或辅助功能实现的，区分两者往往可以发现不必要功能。

(3) 按用户要求可分为必要功能和不必要功能

必要功能和不必要功能是针对用户要求而言的。必要功能是为满足用户需求而必须具备的功能；不必要功能是产品具有的与用户需求无关的功能。产品的基本功能无疑都是必要的功能，但其辅助功能中有的属于不必要功能。使用功能和品位功能中也可能存在不必要功能。

功能分类的目的在于区分必要功能和不必要功能，按其重要性和不同用途，确定用户要求的必要功能，剔除不必要功能，以求降低成本。

8.2.4.3 功能整理

功能整理是按照目的-手段的逻辑关系把价值工程对象的各个组成部分的功能根据其流程关系相互连接起来，形成一个功能系统，并整理成功能系统图。

产品的各功能之间是相互配合、相互联系的，都是为实现产品的整体功能而发挥各自的作用。因此，在功能定义及分类的基础上，要实现用户所要求的必要功能，就必须明确各功能之间的相互逻辑关系。

功能间的逻辑关系分为上下逻辑关系和并列逻辑关系两种。上下逻辑关系是指产品功能之间的从属关系，即存在目的和手段的关系，上位功能是目的，下位功能是手段。如城市供水系统的"供水"是"水处理"的目的，"水处理"是"供水"的手段，它们之间就是上下逻辑关系。而"水处理"又是"沉淀""过滤""消毒"的目的，后三项则是"水处理"的手段。因此，目的和手段是相对的，一个功能对它的上位功能来说是手段，对它的下位功能来说又是目的。并列逻辑关系是指产品功能之间相互独立、平行排列的关系，如供水系统的"沉淀""过滤""消毒"是并列逻辑关系。

把功能间的逻辑关系绘出功能系统图，如图 8.3 所示，就可将产品的功能关系完整地表达出来。功能 F_1、F_2 对上位功能 F_0 来讲是手段，对下位功能 F_{11}、F_{12}、F_{13}、F_{21}、F_{22} 来讲则是目的。

功能系统图表明活动对象的最终目的和用途，也表明实现该目的和用途的全部手段。借助于功能系统图，可从整体出发，进一步研究各功能之间的关系，以便更好地把握住必要的功能，排除一切不必要的功能，更利于发现原设计方案的不合理之处。

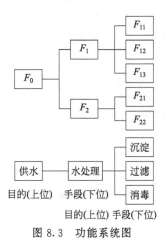

图 8.3 功能系统图

8.2.5 功能评价

所谓功能评价，就是在功能定义和功能整理的基础上，应用一定的科学方法对功能的价值进行定量分析。根据功能评价测评出的数据，将那些功能价值低、改善期望值大的功能领域作为开展价值工程的重点对象。

功能评价的内容包括价值评价和成本评价。价值评价是通过分析成本与功能的合理匹配程度，计算和分析对象的价值系数，排列出改进对象的优先次序。成本评价是通过核算和确定对象的现实成本（或称目前成本）和实现某种功能的最低成本（即目标成本），分析、测算成本降低期望值，从而排列出改进对象的优先次序。因此，确定功能改进目标的方法有价值系数法和功能成本法。

8.2.5.1 价值系数法

对产品的各功能进行评价，可以得出其功能评价系数。同样，对各功能的现实成本进行分析，可以得出相应的成本系数。利用功能评价系数和相应的成本系数，可以计算出功能的价值系数，如式(8.4)所示。

价值系数的计算结果有以下三种情况。

① $V=1$。此时评价对象的功能比重与成本比重达到平衡，匹配合理，这表明评价对象的价值为最佳，一般无须改进。

② $V<1$，此时评价对象的成本比重大于其功能比重，这表明评价对象的现实成本偏高。出现这种情况的原因可能有两种：一种是由于存在过剩功能，另一种是功能虽无过剩，但实现功能的条件或方法不佳，以致实现功能的成本大于功能的实际需要。这两种情况都应列为功能改进的范围，并以消除过剩功能和降低现实成本为改进方向，以使成本与功能比例趋于合理。

③ $V>1$，此时评价对象的成本比重小于其功能比重。出现这种情况的原因可能有三种：第一种是由于现实成本偏低，不能满足评价对象实现其应有功能的要求，致使对象功能偏低，这种情况应列为改进对象，改善方向是增加成本；第二种是目前对象所具有的功能已经超过了其应有的水平，即存在过剩功能，这种情况也应列为改进对象，改善方向是降低功能水平；第三种是对象客观上确实存在着功能很强但需要消耗的成本却很少的情况，这种情况已较理想，一般不列为改进对象。

对评价对象进行价值分析，理论上使对象的价值系数尽可能趋近于 1，同时，还应综合考虑价值系数偏离 1 的程度及改善的幅度，优先选择价值系数远小于 1、改善幅度大的部分作为重点。因此实际工作中，在一定条件下往往取价值系数较大者。

8.2.5.2 功能成本法

功能成本法通过计算实现某种功能的最低成本（即目标成本），亦称功能评价值，并以此作为功能评价的基准，通过与实现该功能的现实成本（或称目前成本）相比较，求得两者的比值即为功能价值；两者差值为成本改善期望值，也就是成本降低幅度。然后选择成本改善期望值大的功能领域作为重点改进对象。其表达式为：

$$V=\frac{F}{C} \tag{8.5}$$

式中　V——各功能部分的功能价值；

　　　F——各功能部分的功能评价值（目标成本）；

　　　C——各功能部分的功能现实成本（目前成本）。

C 与 F 的差值 $(C-F)$ 就是功能成本的降低幅度，或称为改善期望值。改善期望值大的功能，常常被选为价值工程活动的重点对象。

当 $V=1$ 时，说明实现功能的现实成本与目标成本相符合，是比较理想的状态。

当 $V<1$ 时，说明实现功能的现实成本高于功能评价值，应努力降低目前成本，或提高功能价值。

当 $V>1$ 时，首先应该检查功能评价值确定得是否合理，如果功能评价值 F 确定得太高，则应降低；如果功能评价值 F 确定得合理，则要检查功能的现实成本 C 值偏低的原因。如果由于功能不足造成目前成本 C 偏低，就应提高功能以适应用户的需要。

综上所述，功能成本法功能评价的步骤为：①算出功能的目前成本 C；②算出功能必需的最低成本 F（即功能评价值）；③计算各功能的功能价值；④计算各功能降低成本的期望值 $(C-F)$；⑤将功能价值低、成本改善期望值大的功能作为价值工程功能改进的目标。

8.2.6 方案创造与评价

8.2.6.1 改进方案的制订

经过功能分析和评价确定了价值改善对象和目标以后,就要通过各种途径提出多种改进设想和设计构思,以供选择最佳方案之用,这一过程就是改进方案的制订过程。价值工程活动能否取得成效,关键就是在正确进行功能分析和评价的基础上,提出能够可靠地实现产品必要功能的新方案。改进方案的制订是一个创造性的过程,通常可用下列方法:

(1) 头脑风暴法(Brain Storming,简称 BS 法)

头脑风暴的原意是指精神病人的胡思乱想,转意为自由奔放、打破常规、创造性地思考问题。其具体做法是以开小组会的方式进行,事先通知议题,开会时要求与会者畅所欲言,不墨守成规、不迷信权威、不相互指责和批判,要积极听取别人意见完善自身想法,要在改善或结合别人意见的基础上提出设想,使与会者的各种意见相互影响,产生良好的连锁反应。

(2) 模糊目标法(哥顿法)

模糊目标法是 20 世纪 60 年代由美国人哥顿提出来的,所以也称哥顿法。这种方法也是以小组会的形式进行的,但与 BS 法不同的是,与会者会前不知道议题。其指导思想是把所要研究解决的问题适当抽象,以利于打破现有事物的约束,开阔思路。开会讨论时也只是抽象地讨论,不接触具体的实质性问题,以免束缚与会者的思想。待讨论进行到一定程度时,才把中心议题揭开,以作进一步研究。

(3) 传阅会签法(德尔菲法)

传阅会签法也称专家审查法,这种方法不采用开会的形式,而是由主管人员或部门把构思的方案以信函的方式分发给有关的专业人员进行审查,征询他们的改进意见,然后将各种意见汇总、整理后再分发下去,再次征求修改意见,如此反复若干次,把分散的意见集中,作为新的代替方案。

方案创造的方法有很多,其总的原则是要充分发挥有关人员的聪明才智,集思广益,多提方案,从而为方案评价和选择创造条件。

8.2.6.2 方案的评价和选择

方案评价是在方案创造的基础上对新构思方案的技术、经济和社会效果等方面进行评估,以便选择最佳方案。方案评价一般分为概略评价和详细评价两个阶段,概略评价是以粗线条的方法对众多方案进行整理、筛选,详细评价是对经过概略评价并具体化的几个可行方案进行进一步的评价,从中选择最优方案。但不论是概略评价还是详细评价都应包括上述三个方面的内容。

技术评价围绕产品功能进行,主要评定方案能否满足目标要求,以及方案本身在技术上的可行性;经济评价围绕方案经济效果进行,主要评定以成本为代表的经济可行性,即成本降低的可能性和幅度,能否实现预定的目标成本;社会评价是针对方案给社会带来的影响所进行的评价,如环境保护、资源利用等方面。在分别进行以上三个方面评价的基础上,详细评价还应对方案进行综合评价,并得出明确的结论。总之,方案评价要能证明方案在技术上、经济上的可行性和可靠性,真正达到提高价值的目的。

多个新方案经过评价,淘汰了不能满足要求的方案后,就可从中选择出在技术上先进、经济上合理和对社会有利的最佳方案。

复习思考题

1. 什么是价值工程？它有哪些特点？
2. 什么是寿命周期成本？产品的寿命周期成本与其功能有何关系？
3. 提高价值的途径有哪些？
4. 简述价值工程的一般工作程序。
5. 如何选择价值工程对象？
6. 什么是功能分析？它包括哪些内容？
7. 什么是功能评价？功能评价的目的是什么？
8. 某建设项目有四个备选方案，其评价指标值为：甲功能评价总分 16.0，成本系数 0.36；乙功能评价总分 11.0，成本系数 0.21；丙功能评价总分 14.5，成本系数 0.32；丁功能评价总分 13.0，成本系数 0.27；根据价值工程原理，哪个方案最优？

第二篇　给排水工程估价

9

水工程建设项目总投资

9.1　基本建设概述

9.1.1　基本建设的概念

基本建设是国民经济各部门、各单位实现固定资产再生产的一种经济活动及过程，是建造、购置和安装固定资产的一切活动及与之相联系的有关工作。简单地说就是形成新的固定资产的过程，如住宅、医院、城市净水厂、城市污水厂的建设等。它是实现国民经济和社会发展，增强综合国力和提高人民群众物质文化生活的重要途径，也是实现资金积累不可缺少的重要环节。

基本建设的最终成果表现为固定资产的增加。固定资产的建设活动一般通过具体的基本建设项目实施。在实践中我们常说的基本建设项目是指某一具体的基本建设工程，如污水厂建设工程可以称为污水厂建设项目。

9.1.2　基本建设的分类

基本建设的分类有多种不同的标准。

9.1.2.1　按建设性质划分

按建设性质划分为新建项目、扩建项目、改建项目、重建项目。

① 新建项目：指从无到有，"平地起家"，新开始建设的项目，或在原有建设项目基础上扩大 3 倍以上规模的建设项目。

② 扩建项目：指企业为扩大产品的生产能力或增加经济效益而增建的生产车间、独立的生产线或工程的项目，事业和行政单位扩充规模，在原有建设项目基础上扩大 3 倍以内规模的

建设项目。

③ 改建项目：指为提高生产效率，改进产品质量，或改变产品方向，对原有设备、工艺流程进行技术改造的项目。

④ 重建项目：指原固定资产因在自然灾害或人为灾害中遭受全部或部分报废，投资重新建设的项目。

建设项目的性质是按照整个建设项目来划分的，一个建设项目只能有一种性质，在项目按总体设计全部建成以前，其建设性质是始终不变的。

9.1.2.2 按建设工程投资用途划分

按建设工程投资用途划分为生产性建设项目和非生产性建设项目。

① 生产性建设项目：指直接用于物质资料生产或直接为物质资料生产服务的工程建设项目，如工业建设、农林水利建设、基础设施建设、商业建设等。

② 非生产性建设项目：指用于满足人民物质和文化、福利需要的建设和非物质资料生产部门的建设项目，如住宅建设、文教卫生体育设施建设、社会福利事业、公共事业建设和其他建设。

9.1.2.3 按项目规模划分

一般可分为大型、中型、小型三类。其划分标准因建设项目的用途和行业不同而有所区别，常根据建设项目的建设总规模（生产能力或效益）或计划总投资进行划分。

9.1.3 基本建设的内容

基本建设内容包括建筑工程、安装工程、设备和工器具的购置及与此相联系的一切其他工作。

9.1.3.1 建筑工程

建筑工程包括：

① 各类房屋建筑工程和列入房屋建筑工程的供水、供暖、卫生、通风、燃气设备等的安装工程以及列入建筑工程的各种管道、电力、电信和电缆导线的敷设工程。

② 设备基础、支柱、工作台、烟囱、水塔、水池、灰塔、造粒塔、排气塔（筒）、栈桥等建筑工程以及各种炉窑的砌筑工程和金属结构工程。

③ 为施工而进行的场地平整工程和总图竖向工程，工程和水文地质勘察，原有建筑物和障碍物的拆除以及建筑场地完工后的清理和绿化工程。

④ 矿井开凿、井巷延伸、露天矿剥离、石油、天然气钻井、修筑铁路、公路、桥梁、隧道、涵洞、机场、港口、码头、水库、堤坝、灌渠及防洪工程等。

9.1.3.2 安装工程

安装工程包括以下内容。

① 生产、动力、起重、运输、传动和医疗、实验等各种需要安装的机械设备的装配，与设备相连的工作台、梯子、栏杆等装设工程以及附设于被安装设备的管线敷设工程和被安装设备的绝缘、防腐、保温、油漆等工作。

② 为测定安装工程质量，对单个设备进行单机试运行和对系统设备进行系统联动无负荷试运转而进行的调试工作。

给排水工程中，各种水泵、风机及相关电气控制设备、加氯机、加药机、各种水处理设备、工艺管道安装及管道的绝热、防腐等都属安装工程。

建筑工程和安装工程表现为固定资产的建造和安装。

9.1.3.3 设备、工具、器具的购置

包括生产应配备的各种设备、工具、器具、生产家具及实验仪器的购置，即固定资产的购置。

设备分为需要安装的设备和不需要安装的设备两大类。需要安装的设备除了购置活动外，还要列入安装工程的内容。不需要安装的设备以及工具、器具（包括仪表）只单纯地表现为购置活动。

9.1.3.4 其他建设工作

指与建设工程有关，但不属于上述的各类工作。如给排水工程的勘察设计、工程招标、监理、土地征购、拆迁补偿、职工培训、科研实验、建设单位管理、联合试车等工作。

9.1.4 基本建设程序

基本建设程序是指建设项目从策划、评估、决策、设计、施工到竣工验收、交付使用的整个建设过程中，各项工作必须遵循的先后工作次序。一般大中型建设项目的基本建设程序可分为四大阶段，即工程项目建设的决策阶段、勘察设计阶段、实施阶段和项目后评估阶段。其中每阶段又由若干环节所组成，如图9.1所示。

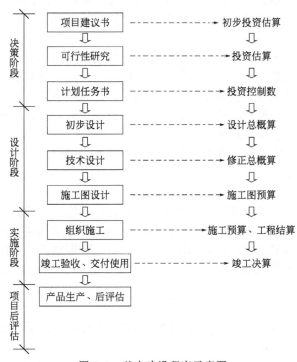

图 9.1 基本建设程序示意图

9.1.4.1 决策阶段

决策阶段又称为工程项目建设前期工作阶段，主要包括编报项目建议书、可行性研究和项目评估与决策三个环节。

(1) 编报项目建议书

对于政府投资的工程项目，编报项目建议书是项目建设最初阶段的工作。其主要作用是为

了推荐建设项目，以便在一个确定的地区或部门内，以自然资源和市场预测为基础，选择建设项目。项目建议书经批准后，可进行可行性研究工作。

(2) 可行性研究

可行性研究是在项目建议书被批准后，对拟建项目在大量调查研究的基础上，从技术和经济两方面对项目进行全面的、综合的研究和论证，并对项目投产后的经济效果进行预测，从而判断出该项目是"可行"还是"不可行"；若为"可行"项目，还需对诸多可行方案进行技术经济比较，提出推荐的最佳方案，从而为项目投资决策提供可靠的依据，并编写建设项目可行性研究报告。建设项目可行性研究是建设项目决策阶段的中心环节，是确定项目取舍的关键。

可行性研究报告中要编制投资估算。

(3) 项目评估与决策

项目评估是对项目可行性研究报告进行评价、审查和核实。对建设项目是否可行作出公正、客观的科学评价。可行性研究报告按照规定还必须经过项目决策机构的审批。经过评估与决策，前期工作阶段就算告一段落。

9.1.4.2 勘察设计阶段

一般建设项目设计过程可按扩大初步设计和施工图设计两阶段进行，对于一些技术复杂又缺少经验或资料的项目，可在初步设计之后增加技术设计阶段，即按初步设计、技术设计和施工图设计三个阶段进行。工程设计阶段是控制工程造价的关键环节。

(1) 初步设计

初步设计是设计的第一步，是根据已批准的设计任务书，明确建设项目的主要技术方案、工程规模、总体布置、设备选型、主要材料和设备清单，确定主要建筑物、构筑物的尺寸、占地面积、劳动定员、计算工期、主要技术经济指标、设计总概算等。

初步设计由设计说明、设计图纸和设计总概算组成。建设项目设计概算是初步设计文件的重要组成部分，概算文件应单独成册。

初步设计经主管部门审批后，作为编制技术设计或施工图设计的依据，也是确定建设项目总投资的依据。

(2) 技术设计

技术设计是针对技术上复杂或有特殊要求，又缺乏设计经验的建设项目增加的一个设计阶段，用以解决初步设计阶段尚需进一步研究解决的一些重大技术问题。技术设计根据批准的初步设计及总概算进行，编制深度应视具体项目情况、特点和要求确定。技术设计应在初步设计总概算的基础上编制修正总概算，用以替代原有的设计总概算。技术设计文件要报主管部门批准。

(3) 施工图设计

施工图设计是在批准的初步设计或技术设计的基础上进行详细而具体的设计，其详细程度应能满足工程施工和设备制造的要求。

施工图设计由设计说明、设计图纸和施工图预算组成。施工图设计必须编制施工图预算。在施工招标时，施工图预算是编制招标标底的依据。

设计阶段要层层控制造价，保证施工图预算不突破修正总概算（或设计总概算），并且总概算不突破投资估算。

9.1.4.3 实施阶段

建设项目实施阶段包括制订年度建设计划、准备阶段、组织施工、生产准备、竣工验收、交付使用几个环节。

建设项目的初步设计和总概算，经批准后即可报请列入年度建设计划。批准的年度计划是进行基本建设拨款或贷款的主要依据。

建设准备阶段主要内容包括：组建项目法人；征地、拆迁、"三通一平"；组织材料、设备订货；办理建设工程质量监督手续；委托工程监理；准备必要的施工图纸；组织施工招投标，择优选定施工单位；办理施工许可证等。按规定做好施工准备，具备开工条件后，建设单位申请开工，进入施工安装阶段。

施工是将设计意图和设计图纸付诸实现的生产活动。它是将设计变成可供使用的建筑产品的最重要环节。建设工程具备了开工条件并取得施工许可证后方可开工。施工过程中，施工单位为便于成本控制需要编制施工预算，并按照合同的要求编制工程结算。

对于生产性建设项目，在其竣工投产前，建设单位应适时地组织专门班子或机构，有计划地做好生产准备工作，包括招收、培训生产人员；组织有关人员参加设备安装、调试、工程验收；落实原材料供应；组建生产管理机构，健全生产规章制度等。生产准备是由建设阶段转入经营的一项重要工作。

工程竣工验收是全面考核建设成果、检验设计和施工质量的重要步骤，也是建设项目转入生产和使用的标志。一般情况下，施工单位完成施工内容后，向建设单位提交竣工报告，申请竣工验收。建设单位收到竣工报告后，对符合验收要求的工程，组织质检部门、监理单位、设计单位、施工单位和其他有关方面的专家组成验收组，制订验收方案，共同对工程进行竣工验收，验收合格才能交付使用。

在办理验收的同时，建设单位要及时编制竣工决算，分析概预算执行情况，考核投资效果。竣工项目经验收交接后，应及时办理固定资产移交手续，使其由基建系统转入生产系统或投入使用。

9.1.4.4　建设项目后评估

建设项目后评估（亦称建设项目后评价）是工程项目竣工投产、生产运营一段时间后，在对项目的立项决策、设计施工、竣工投产、生产运营等全过程进行系统评价的一种技术活动，是固定资产管理的一项重要内容，也是固定资产投资管理的最后一个环节。通过建设项目考核评价以达到肯定成绩、总结经验、研究问题、吸取教训、提出建议、改进工作、不断提高项目决策水平和投资效果的目的。

建设项目后评估包括项目过程后评估、项目效益后评估和项目影响后评估三部分。建设项目后评估由项目审批单位委托的工程咨询单位进行。

9.2　工程概预算

9.2.1　工程概预算概念及其分类

要搞好工程建设，必须要有科学的管理和有效的监督，而建设工程概预算是对建设工程实施科学管理和监督的重要手段之一。

建设工程概预算是建设工程设计文件的重要组成部分，它是根据不同设计阶段设计文件的具体内容、有关的概预算定额、指标和各项取费标准，预先计算和确定建设项目从筹建至竣工验收全过程所需投资额的经济文件。

由于建设工程工期长、规模大、造价高，需要根据不同的建设阶段，按不同的对象编制不同的造价文件。

9.2.1.1 设计概算

设计概算是在初步设计或扩大初步设计阶段，由设计单位根据初步设计或扩大初步设计图纸、概算定额或概算指标、概算工程量计算规则、材料、设备的预算单价、建设主管部门颁发的有关费用定额或取费标准等资料，预先计算建设项目由筹建至竣工验收、交付使用全过程建设费用的经济文件。简言之，即计算建设项目总费用。

设计概算的主要作用如下：

① 国家确定和控制基本建设总投资的依据；
② 确定工程投资的最高限额；
③ 工程承包、招标的依据；
④ 核定贷款额度的依据；
⑤ 考核设计方案的经济合理性，选择最优设计方案的重要依据。

设计概算是设计文件的重要组成部分，不论大、中、小型建设项目，在报批初步设计或扩大初步设计的同时，必须有设计概算。设计概算文件较投资估算准确性有所提高，但又受投资估算的控制。

9.2.1.2 修正概算

修正概算是指采用三阶段设计时，在技术设计阶段，随着设计内容的具体化，建设规模、结构性质、设备类型和数量等方面内容与初步设计可能有出入，为此，设计单位应对投资进行具体核算，对初步设计的概算进行修正而形成的经济文件。

修正概算的作用与设计概算基本相同。一般情况下，修正概算不应超过原批准的设计概算。

9.2.1.3 施工图预算

施工图预算是指在施工图设计阶段，在单位工程开工之前，根据已批准并经会审后的施工图纸、施工组织设计、现行预算定额或消耗量定额、工程量计算规则、材料及设备的预算单价和各项费用取费标准等资料，预先计算和确定工程建设费用的经济文件。

施工图预算的主要作用如下：

① 是考核工程成本、确定工程造价的主要依据；
② 是编制标底、投标文件、签订承发包合同的依据；
③ 是工程价款结算的依据；
④ 是施工企业编制施工计划的依据。

施工图预算造价较概算造价更为详尽和准确，但同样要受前一阶段所确定的概算造价的控制。

9.2.1.4 施工预算

施工预算是施工单位内部为控制施工成本而编制的一种预算。它是在施工图预算的控制下，由施工企业根据施工图纸、施工定额并结合施工组织设计，通过工料分析，计算和确定拟建工程所需的工、料、机械台班消耗及其相应费用的技术经济文件。施工预算实质上是施工企业的成本计划文件。

施工预算的主要作用如下：

① 是施工企业对单位工程实行计划管理，编制施工作业计划的依据。
② 是施工队向班组签发施工任务单，实行班组经济核算，考核单位用工，限额领料的依据。

③ 是班组推行全优综合奖励制度，实行按劳分配的依据。
④ 是施工企业进行投标报价的重要依据。

因此，施工图预算和施工预算是两个不同的概念，注意区别，不要混淆。

9.2.2 其他工程造价经济文件

9.2.2.1 投资估算

投资估算，一般是指在项目建议书或可行性研究阶段，建设单位向国家或主管部门申请建设项目投资总额时，由于条件限制（主要是设计文件的深度不够），不能编制正式概算而是根据估算指标、概算指标或类似工程预（决）算等资料确定建设项目投资总额的经济文件，投资估算只是一种粗算。它是国家或主管部门审批或确定建设投资计划的重要文件。

投资估算的主要作用如下：
① 项目建设单位向国家计划部门申请建设项目立项的依据。
② 拟建项目进行决策中确定建设项目在规划、项目建议书阶段的投资总额的依据。

在建设项目前期阶段中，投资估算是决策、筹资和控制造价的主要依据。

9.2.2.2 工程结算

工程结算是指一个工程或部分工程完工，并经建设单位及有关部门验收或验收点交后，施工企业根据合同规定，按照施工时现场实际情况记录、设计变更通知书、现场签证、现行预算定额或消耗量定额、工程量清单、工程量计算规则、材料及设备的预算单价和各项费用取费标准等资料，向建设单位办理结算工程价款、取得收入，用以补偿施工过程中的资金耗费，确定施工盈亏的经济文件。

按现行规定，工程结算的方式有三种：
① 按月结算。即实行每月结算一次工程款，竣工后清算的办法。
② 分阶段结算。即按照工程形象进度，划分不同阶段进行结算。分阶段结算可以按月预支工程款、进行竣工清算。
③ 竣工后一次结算。就是分期预支，竣工后一次清算的方式。

工程结算的作用如下：
① 是施工企业取得货币收入，用以补偿资金耗费的依据。
② 是进行成本控制和分析的依据。

9.2.2.3 竣工决算

竣工决算是指在竣工验收阶段，当一个建设项目完工并经验收后，建设单位编制的从筹建到竣工验收、交付使用全过程实际支付的建设费用的经济文件。竣工决算实际上是建设项目的最终造价。其内容由文字说明和决算报表两部分组成。

竣工决算的主要作用如下：
① 是国家或主管部门验收时的依据。
② 是全面反映建设项目经济效果、核定新增固定资产和流动资产价值、办理交付使用的依据。

基本建设程序和计价关系如图 9.1 所示。

9.3 工程建设项目的构成

水工程建设项目是由许多部分组成的复杂综合体，为便于工程造价的计算，需要把建设项目分解成许多简单的、便于计算的组成单位，分别计算其工程量和造价。建设项目一般划分为以下几级。

9.3.1 建设项目

建设项目是指按一个总体设计进行建设，经济上实行统一核算，行政上有独立的组织形式的建设单位。凡属于一个总体设计中分期分批进行建设的主体工程和附属配套工程都应作为一个建设项目。在给排水工程中通常是指城镇或工矿企业的给水工程建设项目或排水工程建设项目。一个建设项目依据其复杂程度可以是一个独立工程，也可以分为几个单项工程。

9.3.2 单项工程

单项工程亦称"枢纽工程项目"，是指具有独立设计文件，竣工后能独立发挥生产能力或工程效益的工程。它是工程建设项目的组成部分，单项工程的造价通过编制单项工程综合预算确定。

给水工程常分为取水工程、输水工程、净水工程、配水管网工程四个单项工程。排水工程常分为雨污管网工程、截流管道工程、污水处理工程、污水排放工程四个单项工程。单项工程从施工的角度看是一个独立的系统，在工程项目总体施工部署和管理目标的指导下，形成自身的项目管理方案和目标，依照其投资和质量要求，如期建成并交付使用。

单项工程仍是一个具有独立存在意义的复杂综合体，仍需进一步分解为许多单位工程。

9.3.3 单位工程

单位工程指具有独立设计文件，可以独立组织施工，但竣工后一般不能独立发挥生产能力或效益的工程。它是单项工程的组成部分。

在给水工程中，每个单项工程通常划分为下列几个单位工程。
① 取水工程：管井、取水口、取水泵房等；
② 输水工程：输水管、输水渠道及其附属构筑物等；
③ 净水厂工程：各单项构筑物和建筑物；
④ 配水工程：配水管及其附属构筑物等。

在排水工程中，每个单项工程通常划分为下列几个单位工程。
① 雨、污水管网：排水管道、排水泵房等；
② 截流干管：截流管、截流井、污水提升泵房、溢流口等；
③ 污水处理厂：各单项构筑物和建筑物；
④ 污水排放工程：排放管网、出水口等。

单位工程一般是进行工程成本核算的对象，单位工程产品的价格通过编制单位工程施工图预算来确定。一个单位工程仍是一个较大的综合体，对其造价的计算还存在许多困难，还将进一步分解为分部工程。

9.3.4 分部工程

分部工程是单位工程的组成部分。它是按工程部位、设备种类和型号、使用材料和工种的不同进一步划分出来的工程，主要用于计算工程量和套用定额时的分类。土建工程的分部工程通常按建筑工程的主要部位划分，如基础工程、主体工程、地面工程等。建筑安装工程的分部工程按专业性质、工程部位划分为五个，其中包括建筑给排水及供暖工程这一分部工程；工业安装工程按专业划分为七个分部工程，其中包括工业管道工程这一分部工程。

在每个分部工程中，因为构造、使用材料或施工方法等因素不同，完成同一计量单位的工程所需消耗的人工、材料、机械台班量相差很大，因此还需把分部工程划分为分项工程。

9.3.5 分项工程

通过较为简单的施工过程就可以生产出来，以适当的计量单位就可以进行工程量及其单价计算的建筑工程或安装工程称为分项工程。它是分部工程的组成部分，是建筑安装工程中最基本的构成要素。分项工程一般没有独立存在的意义，只是为了便于计算工程造价而人为分解出来的假定"产品"。不同建筑物和构筑物工程中，完成相同计量单位的分项工程所需的人工、材料、机械台班消耗量基本上是相同的，因此，不同步距的分项工程单价是概预算定额最基本的组成单位，即预算定额中的子目。

图 9.2 为建设项目分解示意图。

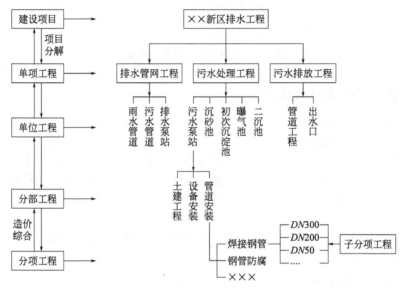

图 9.2 建设项目分解示意图

综上所述，一个建设项目由一个或几个单项工程组成，一个单项工程又由几个单位工程组成，一个单位工程又可划分为若干个分部工程，分部工程还可以细分为若干个分项工程。

工程计价时，首先对工程项目进行逐级分解，然后按构成进行分部计算，再逐层组合汇总，得到工程总造价。

9.4 工程建设项目概预算文件的组成

水工程建设项目概预算按编制范围一般分为建设项目总概预算、单项工程综合概预算、单位工程概预算。

9.4.1 建设项目总概预算

建设项目总概预算是确定一个建设项目从筹建到竣工验收全过程的全部建设费用的文件，它是设计文件的重要组成部分，由各单项工程综合概预算书以及工程建设其他费用概预算书汇编而成。概预算费用一般包括：建设投资、固定资产投资方向调节税、建设期借款利息和铺底流动资金。建设投资又由第一部分工程费用、第二部分工程建设其他费用及预备费用三部分组成，总概算费用构成如图 9.3 所示。

总概算书包括编制说明和总概算表两部分。

工程建设其他费用一般只编制概算，不编制预算，列入总概算表中的第二部分费用，其内容应结合工程项目的实际情况予以确定。

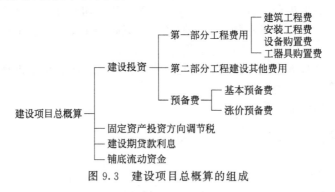

图 9.3　建设项目总概算的组成

9.4.2　单项工程综合概预算

单项工程综合概预算是确定某一单项工程所需建设费用的综合性文件，是根据该单项工程内各专业的单位工程概预算汇编而成的。

一个建设项目有多少个单项工程，就应编制多少份单项工程综合概预算书。如果某建设项目只有一个单项工程，则与这个工程有关的建设工程的其他费用概预算，也应综合到这个单项工程的综合概预算中。在这种情况下，单项工程综合概预算书，实际上就是一个建设项目的总概算书。

单项工程综合概预算包括编制说明、综合概预算表等部分。它是建设项目总概算的组成部分，是编制总概算的依据。

9.4.3　单位工程概预算

单位工程概预算书是确定单位工程所需建设费用的文件。它是综合概预算书的组成部分，也是编制综合概预算和总概算的基础。

9.5　工程建设项目总投资的构成

建设项目总投资是指一个建设项目从筹建到竣工验收、交付使用全过程的全部建设费用。它包括：建设投资、固定资产投资方向调节税、建设期利息和铺底流动资金四个部分。建设投资又由工程费用、工程建设其他费用和预备费三部分组成。如图 9.4 所示。

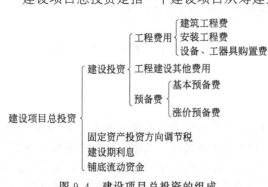

图 9.4　建设项目总投资的组成

9.5.1　工程费用

工程费用由建筑工程费、安装工程费、设备购置费组成。

建筑工程包括：各种建筑物、构筑物；各种室外管道铺设工程；总图竖向布置、大型土石方工程。

安装工程包括：各种机电设备、专用设备、仪器仪表等设备的安装；工艺、供热、给排水等各种管道、配件、附件以及外形供电安装工程；设备的单机试运转、系统设备联动无负荷试运转工作等。

建筑工程费和安装工程费合称建筑安装工程费。

设备、工器具购置费是指为工程项目购置或自制达到固定资产标准的设备和工程项目配置的首套工器具及生产家具所需的费用，由设备购置费和工器具及生产家具购置费组成。

设备购置费由设备原价和设备运杂费构成，即：

$$设备购置费＝设备原价＋设备运杂费 \tag{9.1}$$

设备运杂费按设备原价乘以设备运杂费率估算，即：

$$设备运杂费＝设备原价×设备运杂费率 \tag{9.2}$$

设备运杂费率按各部门及省（市、自治区）的规定计取，也可根据实际情况估算或参考表9.1确定。

表 9.1　设备运杂费率表

序号	工程所在地	费率/%
1	辽宁、吉林、河北、北京、天津、山西、上海、江苏、浙江、山东、安徽	6～7
2	河南、陕西、湖北、湖南、江西、黑龙江、广东、四川、重庆、福建	7～8
3	内蒙古、甘肃、宁夏、广西、海南	8～10
4	贵州、云南、青海、新疆	11～12

工器具及生产家具购置费是按照有关规定，为保证初期正常生产必须购置的没有达到固定资产标准的设备、仪器、工卡模具、器具、生产家具的购置费用。一般以设备购置费为计算基数，按照部门或行业规定的工具、器具及生产家具费率计算。计算公式为：

$$工器具及生产家具购置费＝设备购置费×定额费率$$

给排水工程的工器具购置费可按设备购置费的1%～2%估算。

9.5.2　工程建设其他费用

工程建设其他费用，又称第二部分费用，是指应在建设项目的建设投资中开支的工程费用以外的建设项目必须支出的其他费用。其内容应结合工程项目的实际情况予以确定，通常可分为三类。第一类为建设用地费；第二类为与项目建设有关的费用；第三类为与未来企业生产经营有关的费用。如图9.5所示。

一般建设项目很少发生或一些具有较明显行业或地区特征的工程建设其他费用项目费用，如工程咨询费、移民安置费、水资源费、水土保持评价费、地震安全性评价费、地质灾害危险性评价费、河道占用补偿费、超限设备运输特殊措施费、航道维护费、植被恢复费、种质检测费、引种测试费等，可按照各省（市、自治区）、各部门有关政策规定计取。

9.5.2.1　建设用地费

建设用地费是指为获得工程项目建设土地的使用权而在建设期内发生的各项费用，包括通过划拨方式取得土地使用权而支付的土地征用及迁移补偿费，或通过土地使用权出让方式取得土地使用权而支付的土地使用权出让金。

建设用地费应根据主管部门批准的建设用地、临时用地面积以及青苗补偿、被征用土地上房屋、水井、树木等附着物的数量，按照项目所在地政府制定颁发的各项补偿费、安置补助费

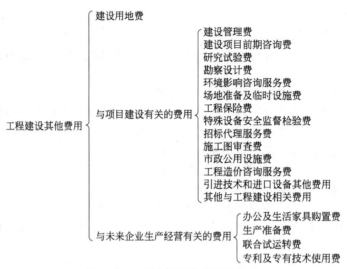

图 9.5 工程建设其他费用的构成

的标准计算。

9.5.2.2 与项目建设有关的其他费用

(1) 建设管理费

建设单位从项目筹建开始直至办理竣工决算为止发生的项目建设管理费用。包括：建设单位管理费、工程监理费。

① 建设单位管理费。建设单位管理费指建设单位在项目建设过程中发生的管理性质的费用。建设单位管理费以项目审批部门批准的项目总投资（经批准的动态投资，不含项目建设管理费）扣除土地征用、迁移补偿等为取得或租用土地使用权而发生的费用为基数分档计算，按照项目的不同规模分别确定建设单位管理费率，建设单位管理费率及计算实例见表 9.2 所示。

表 9.2 项目建设管理费总额控制数费率表

工程总概算 /万元	费率/%	算例	
		工程总概算/万元	建设单位管理费/万元
1000 以下	2.0	1000	1000×2.0%=20
1001~5000	1.5	5000	20+(5000−1000)×1.5%=80
5001~10000	1.2	10000	80+(10000−5000)×1.2%=140
10001~50000	1.0	50000	140+(50000−10000)×1.0%=540
50001~100000	0.8	100000	540+(100000−50000)×0.8%=940
100000 以上	0.4	200000	940+(200000−100000)×0.4%=1340

② 工程监理费。工程监理费是指委托工程监理单位对工程实施监理工作所需的费用。根据《国家发展改革委、建设部关于印发〈建设工程监理与相关服务收费管理规定〉的通知》（发改价格〔2007〕670 号）规定，以工程费用和联合试运转费用之和的投资额为基础，按监理工程的不同规模分别确定监理费率和有关调整系数计算。

(2) 建设项目前期咨询费

建设项目前期咨询费包括：建设项目专题研究、编制和评估项目建议书、编制和评估可行性研究报告，以及其他与建设项目前期有关的咨询费用。

建设项目前期咨询费以建设项目估算投资额为基础，参照《国家计委关于印发〈建设项目前期工作咨询收费暂行规定〉的通知》（计价格〔1999〕1283号）的规定，根据投资估算额在相对应的区间内用插入法计算。

（3）勘察设计费

勘察设计费是指委托勘察设计单位进行工程水文地质勘察、工程设计所发生的各项费用，由工程勘察费和工程设计费两部分组成。

勘察设计费参照《国家计委、建设部关于发布〈工程勘察设计收费管理规定〉的通知》（计价格〔2002〕10号）的规定，以工程费用和联合试运转费用之和的投资额为基础，根据投资额在相对应的区间内用插入法计算。施工图预算编制按设计费的10%计算，竣工图编制按设计费的8%计算。

（4）研究试验费

研究试验费是指为本建设项目提供或验证设计参数、数据资料等进行必要的研究试验，以及设计规定在施工中必须进行的试验、验证所需的费用。这项费用按照设计单位根据本工程项目的需要提出的研究试验内容和要求计算。

（5）环境影响咨询服务费

环境影响咨询服务费参照《国家计委、国家环境保护总局关于规范环境影响咨询收费有关问题的通知》（计价格〔2002〕125号）的规定，以工程项目投资为基数，按照工程项目的不同规模分别确定。

（6）场地准备及临时设施费

场地准备费是指建设项目为达到工程开工条件所发生的场地平整和对建设场地余留的有碍于施工建设的设施进行拆除清理的费用。临时设施费是指为满足施工建设需要而供到场地界区的、未列入工程费用的临时水、电、路、信、气等其他工程费用和建设单位的现场临时建（构）筑物的搭设、维修、拆除、摊销或建设期间租赁费用，以及施工期间专用公路养护费、维修费。

新建项目的场地准备及临时设施费可按工程费用的比例（0.5%~2.0%）估算。此项费用不包括已列入建筑安装工程费中的施工单位临时设施费。

（7）工程保险费

工程保险费是指建设项目在建设期间根据需要对建筑工程、安装工程、机器设备和人身安全进行投保而发生的保险费用。包括建筑安装工程一切险、引进设备财产保险和人身意外伤害险等。不包括已列入施工企业管理费中的施工企业保险费。

不同工程项目可根据工程特点选择投保险种，根据投保合同计列保险费用。编制概算时可按工程费用的0.3%~0.6%估算。

（8）特殊设备安全监督检验费

特殊设备安全监督检验费是指在施工现场组装的锅炉及压力容器、压力管道、消防设备、燃气设备、电梯等特殊设备和设施，由安全监察部门按照有关安全监察条例和实施细则以及设计技术要求进行安全检验，应由建设项目支付的、向安全监察部门缴纳的费用。

特殊设备安全监督检验费按照建设项目所在省（市、自治区）安全监察部门的规定标准计算。无具体规定的，在编制投资估算时可按受检设备现场安装费的比例估算。

（9）招标代理服务费

招标代理机构接受招标人委托，从事招标业务所需的费用，包括编制招标文件（编制资格预审文件和标底），审查投标人资格，组织投标人踏勘现场答疑，组织开标、评标、定标以及提供招标前期咨询、协调合同的签订等业务。

招标代理服务费参照《国家计委关于印发〈招标代理服务收费管理暂行办法〉的通知》(计价格〔2002〕1980号)的规定，按工程费用差额定率累进计算。

(10) 施工图审查费

施工图审查机构受建设单位委托，根据国家法律、法规、技术标准与规范，对施工图进行审查所需的费用。施工图审查费按国家或主管部门发布的现行施工图审查费有关规定估列。

(11) 市政公用设施费

市政公用设施费是指使用市政公用设施的建设项目，按照项目所在地省一级人民政府有关规定建设或缴纳的市政公用设施建设配套费用，以及绿化工程补偿费用。

该费用按工程所在地人民政府规定标准计列；不发生或按规定免征项目不计取。

(12) 工程造价咨询服务费

工程造价咨询服务费是指工程造价咨询机构接受委托，从事工程造价咨询服务所需的费用。按国家或主管部门发布的现行咨询服务费有关规定估列。

(13) 引进技术和进口设备其他费

引进技术和进口设备其他费用，包括出国人员费用、国外工程技术人员来华费用、技术引进费、分期或延期付款利息、担保费以及进口设备检验鉴定费。

该费用按照合同和国家有关规定计算。

9.5.2.3 与未来企业生产经营有关的其他费用

(1) 生产准备费

生产准备费是指新建企业或新增生产能力的企业，为保证竣工交付使用进行必要的生产准备所发生的费用，包括生产人员培训费、提前进厂费。

培训费应根据培训人数（按设计定员的60%计算）、培训时间（可按6个月计算）和当地的工资标准计算。提前进厂费也是根据提前进厂人数和当地的工资标准计算的。若不发生提前进厂，不得计算此项费用。

(2) 办公及生活家具购置费

办公及生活家具购置费是指为保证新建、改建、扩建项目初期正常生产、使用和管理所必须购置的办公和生活家具、用具的费用。这项费用按照设计定员人数乘以综合指标计算，一般为1000~2000元/人。

(3) 联合试运转费

联合试运转费是指新建企业或新增加生产能力的工程项目在竣工验收前，按照设计文件规定的工程质量标准，进行整个车间的负荷联合试运转发生的费用支出大于试运转收入的亏损部分。

需要注意的是，联合试运转费不包括应由设备安装工程费项目开支的单台设备试车调试费用；不发生试运转或试运转收入大于（或等于）费用支出的工程，不列此项费用。

当联合试运转收入小于试运转支出时：

$$联合试运转费 = 联合试运转费用支出 - 联合试运转收入$$

编制估算时也可按需要试运转车间的设备购置费的百分比估算。在给排水工程中，联合试运转费可按设备购置费的1%估算。

(4) 专利及专有技术使用费

专利及专有技术使用费是指建设项目使用国内外专利和专有技术支付的费用。包括：国外技术及技术资料费、引进有效专利、专有技术使用费和技术保密费；国内有效专利和专有技术使用费；商标权、商誉和特许经营权费等。

按专利使用许可协议和专有技术使用合同的规定计列。

9.5.3 预备费

预备费包括基本预备费和涨价预备费。

9.5.3.1 基本预备费

基本预备费是指在初步设计和概算中难以预料的工程和费用。具体内容包括：进行技术设计、施工图设计和施工过程中，在批准的建设投资范围内所增加的工程及费用；由于一般自然灾害所造成的损失和预防自然灾害所采取的措施费用；工程竣工验收时，为鉴定工程质量，必须开挖和修复的隐蔽工程的费用。

基本预备费是以工程费用和工程建设其他费用两者之和为取费基础，乘以基本预备费费率进行计算的。即：

$$基本预备费 = (工程费用 + 工程建设其他费用) \times 基本预备费费率 \tag{9.3}$$

基本预备费费率常取 5%～8%，具体数值应按工程具体情况在规定的幅度内确定。

9.5.3.2 涨价预备费

涨价预备费是指项目在建设期间由于价格可能上涨而预留的费用。

测算方法：以编制项目可行性或总概算的年份为基准期，估算到项目建成年份为止的设备、材料、人工等价格上涨系数，以第一部分费用总值为基数，根据测算的物价上涨率，按建设期年度用款计划进行涨价预备费估算。即：

$$P_f = \sum_{t=1}^{n} I_t [(1+f)^t - 1] \tag{9.4}$$

式中 P_f——计算期涨价预备费；

I_t——计算期第 t 年的建筑安装工程费用和设备、工器具购置费的和；

f——物价上涨指数；

n——计算期年份数，以编制报告的年份为基期，计算至项目建成的年份；

t——计算期第 t 年。

9.5.4 固定资产投资方向调节税

固定资产投资方向调节税是指国家对在中国境内进行固定资产投资的单位和个人，就其固定资产投资的各种资金征收的一种税。固定资产投资方向调节税，计入项目总投资，不作为设计、施工和其他取费的基础。

投资方向调节税根据国家产业政策和项目经济规模实行 0、5%、10%、15%、30% 五个档次的差别税率，目前，此项税已暂停征收。

9.5.5 建设期贷款利息

建设期利息，国外称为资本化利息，是指建设项目贷款在建设期内发生并应计入固定资产原值的贷款利息等财务费用。

建设期利息应按资金来源、建设期年限和贷款利率分别计算。为了简化计算，在编制投资概（估）算时通常假定借款均在每年的年中支用，借款第一年按半年计息，其余各年份按全年计息。计算公式为：

$$建设期贷款利息 = \sum(年初贷款本息累计 + 本年度贷款 \div 2) \times 年利率 \tag{9.5}$$

9.5.6 铺底流动资金

铺底流动资金指经营性建设项目为保证生产和经营正常进行，按规定应列入建设项目总投资的自有流动资金。一般按项目建成后所需全部流动资金的30%计算。非生产经营性建设项目不列铺底流动资金。

综上所述，建设项目总投资由上述六部分费用组成。建设项目总投资按其费用项目性质分为静态投资、动态投资和流动资金三部分。静态投资包括建筑工程费、安装工程费、设备购置费（含工器具）、工程建设其他费用、基本预备费以及固定资产投资方向调节税。动态投资是指建设项目从估（概）算编制时间到工程竣工时间由于物价、汇率、税费率、劳动工资、贷款利率等发生变化所需增加的投资额，主要包括建设期利息、汇率变动和建设期涨价预备费。

9.6 建筑安装工程费用项目组成

9.6.1 按费用构成要素划分

根据"建标〔2013〕44号"及"营改增"相关规定，建筑安装工程费按费用构成要素划分为人工费、材料费、施工机具使用费、企业管理费、利润、规费和税金，其中人工费、材料费、施工机具使用费、企业管理费和利润包含在分部分项工程费、措施项目费、其他项目费中。如图9.6所示。

9.6.1.1 人工费

人工费是指按工资总额构成规定，支付给从事建筑安装工程施工的生产工人和附属生产单位工人的各项费用。内容包括：

① 计时工资或计件工资：是指按计时工资标准和工作时间或对已做工作按计件单价支付给个人的劳动报酬。

② 奖金：是指对超额劳动和增收节支支付给个人的劳动报酬。如节约奖、劳动竞赛奖等。

③ 津贴补贴：是指为了补偿职工特殊或额外的劳动消耗和因其他特殊原因支付给个人的津贴，以及为了保证职工工资水平不受物价影响支付给个人的物价补贴。

④ 加班加点工资：是指按规定支付的在法定节假日工作的加班工资和在法定日工作时间外延时工作的加点工资。

⑤ 特殊情况下支付的工资：是指根据国家法律、法规和政策规定，因病、工伤、产假、计划生育假、婚丧假、事假、探亲假、定期休假、停工学习、执行国家或社会义务等原因按计时工资标准或计时工资标准的一定比例支付的工资。

9.6.1.2 材料费

材料费是指施工过程中耗费的原材料、辅助材料、构配件、零件、半成品或成品、工程设备的费用。内容包括：

① 材料原价：是指材料、工程设备的出厂价格或商家供应价格。

② 运杂费：是指材料、工程设备自来源地运至工地仓库或指定堆放地点所发生的全部费用。

③ 运输损耗费：是指材料在运输装卸过程中不可避免的损耗。

④ 采购及保管费：是指为组织采购、供应和保管材料、工程设备的过程中所需要的各项费用。包括采购费、仓储费、工地保管费、仓储损耗。

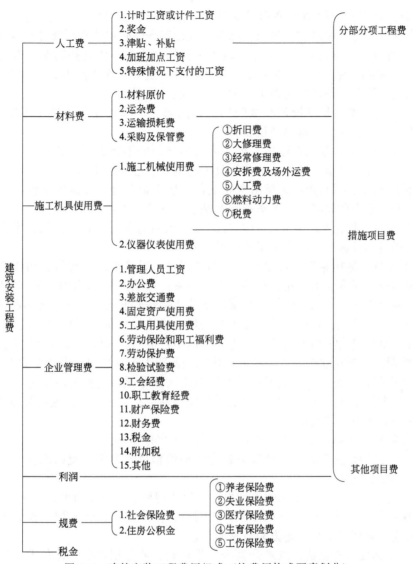

图 9.6 建筑安装工程费用组成（按费用构成要素划分）

工程设备是指构成或计划构成永久工程一部分的机电设备、金属结构设备、仪器装置及其他类似的设备和装置。

9.6.1.3 施工机具使用费

施工机具使用费是指施工作业所发生的施工机械、仪器仪表使用费或其租赁费。

施工机械台班单价由下列七项费用组成：折旧费、大修理费、经常修理费、安拆费及场外运费、人工费、燃料动力费、税费。

仪器仪表使用费是指工程施工所需使用的仪器仪表的摊销及维修费用。

9.6.1.4 企业管理费

企业管理费是指建筑安装企业组织施工生产和经营管理所需的费用。内容包括：

① 管理人员工资：是指按规定支付给管理人员的计时工资、奖金、津贴补贴、加班加点工资及特殊情况下支付的工资等。

② 办公费：是指企业管理办公用的文具、纸张、账表、印刷、邮电、书报、办公软件、现场监控、会议、水电、烧水和集体取暖降温（包括现场临时宿舍取暖降温）等费用。

③ 差旅交通费：是指职工因公出差、调动工作的差旅费、住勤补助费，市内交通费和误餐补助费，职工探亲路费，劳动力招募费，职工退休、退职一次性路费，工伤人员就医路费，工地转移费以及管理部门使用的交通工具的油料、燃料等费用。

④ 固定资产使用费：是指管理和试验部门及附属生产单位使用的属于固定资产的房屋、设备、仪器等的折旧、大修、维修或租赁费。

⑤ 工具用具使用费：是指企业施工生产和管理使用的不属于固定资产的工具、器具、家具、交通工具和检验、试验、测绘、消防用具等的购置、维修和摊销费。

⑥ 劳动保险和职工福利费：是指由企业支付的职工退职金、按规定支付给离休干部的经费，集体福利费、夏季防暑降温、冬季取暖补贴、上下班交通补贴等。

⑦ 劳动保护费：是企业按规定发放的劳动保护用品的支出。如工作服、手套、防暑降温饮料以及在有碍身体健康的环境中施工的保健费用等。

⑧ 检验试验费：是指施工企业按照有关标准规定，对建筑以及材料、构件和建筑安装物进行一般鉴定、检查所发生的费用，包括自设试验室进行试验所耗用的材料等费用。不包括新结构、新材料的试验费，对构件做破坏性试验及其他特殊要求检验试验的费用和建设单位委托检测机构进行检测的费用，对此类检测发生的费用，由建设单位在工程建设其他费用中列支。但对施工企业提供的具有合格证明的材料进行检测不合格的，该检测费用由施工企业支付。

⑨ 工会经费：是指企业按《工会法》规定的全部职工工资总额比例计提的工会经费。

⑩ 职工教育经费：是指按职工工资总额的规定比例计提，企业为职工进行专业技术和职业技能培训，专业技术人员继续教育、职工职业技能鉴定、职业资格认定以及根据需要对职工进行各类文化教育所发生的费用。

⑪ 财产保险费：是指施工管理用财产、车辆等的保险费用。

⑫ 财务费：是指企业为施工生产筹集资金或提供预付款担保、履约担保、职工工资支付担保等所发生的各种费用。

⑬ 税金：是指企业按规定缴纳的房产税、车船使用税、土地使用税、印花税等。

⑭ 附加税：增值税采用一般计税方法，按国家税法规定的应计入建筑安装工程造价内的城市维护建设税、教育费附加及地方教育费附加。

⑮ 其他：包括技术转让费、技术开发费、投标费、业务招待费、绿化费、广告费、公证费、法律顾问费、审计费、咨询费、保险费等。

9.6.1.5 利润

利润是指施工企业完成所承包工程获得的盈利。

9.6.1.6 规费

规费是指按国家法律、法规规定，由省级政府和省级有关权力部门规定必须缴纳或计取的费用。包括：社会保险费和住房公积金。

(1) 社会保险费

社会保险费包括：养老保险费、失业保险费、医疗保险费、生育保险费、工伤保险费。

(2) 住房公积金

住房公积金指企业按规定标准为职工缴纳的住房公积金。

出现计价规范中未列的规费项目，应根据省级政府或省级有关部门的规定列项。

随着《中华人民共和国环境保护税法》的实施，自 2018 年 1 月 1 日起，全国开始征收环境保护税,"工程排污费"不再征收。江苏省建设主管部门增设了"环境保护税"规费项目。

9.6.1.7 税金

增值税采用一般计税方法时,税金是指国家税法规定应计入建筑安装工程造价内的增值税销项税额。

增值税是以商品(含应税劳务)在流转过程中产生的增值额作为计税依据而征收的一种流转税。从计税原理上说,增值税是对商品生产、流通、劳务服务中多个环节的新增价值或商品的附加值征收的一种流转税。

增值税的计税方法,包括一般计税方法和简易计税方法。一般纳税人发生应税行为适用一般计税方法计税,小规模纳税人发生应税行为适用简易计税方法计税。一般纳税人提供建筑服务的建设工程,采用一般计税方法。本书重点介绍一般计税方法。

9.6.2 按工程造价形成划分

建筑安装工程费按照工程造价形成由分部分项工程费、措施项目费、其他项目费、规费、税金组成。分部分项工程费、措施项目费、其他项目费包含人工费、材料费、施工机具使用费、企业管理费和利润。如图9.7所示。

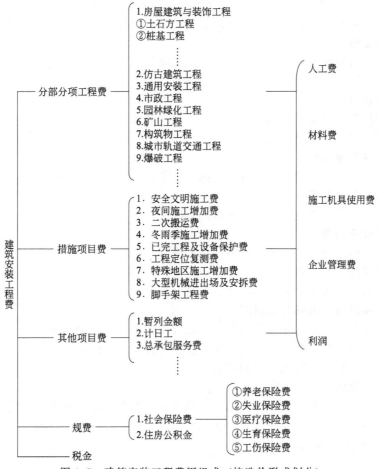

图 9.7 建筑安装工程费用组成(按造价形成划分)

9.6.2.1 分部分项工程费

分部分项工程费是指各专业工程的分部分项工程应予以列支的各项费用。

① 专业工程：是指按现行国家计量规范划分的房屋建筑与装饰工程、仿古建筑工程、通用安装工程、市政工程、园林绿化工程、矿山工程、构筑物工程、城市轨道交通工程、爆破工程等各类工程。

② 分部分项工程：指按现行国家计量规范对各专业工程划分的项目。如房屋建筑与装饰工程划分的土石方工程、地基处理与桩基工程、砌筑工程、钢筋及钢筋混凝土工程等。

各类专业工程的分部分项工程划分见现行国家或行业计量规范。

9.6.2.2 措施项目费

措施项目费是指为完成工程项目施工，发生于该工程施工前和施工过程中的技术、生活、安全、环境保护等方面的费用。内容包括：

(1) 安全文明施工费

① 环境保护费：指施工现场为达到环保部门要求所需要的各项费用。

② 文明施工费：指施工现场文明施工所需要的各项费用。

③ 安全施工费：指施工现场安全施工所需要的各项费用。

④ 临时设施费：指施工企业为进行建设工程施工所必须搭设的生活和生产用的临时建筑物、构筑物和其他临时设施费用。包括临时设施的搭设、维修、拆除、清理费或摊销费等。

(2) 夜间施工增加费

指因夜间施工所发生的夜班补助费、夜间施工降效、夜间施工照明设备摊销及照明用电等费用。

(3) 二次搬运费

指因施工场地条件限制而发生的材料、构配件、半成品等一次运输不能到达堆放地点，必须进行二次或多次搬运所发生的费用。

(4) 冬雨季施工增加费

指在冬季或雨季施工需增加的临时设施、防滑、排除雨雪、人工及施工机械效率降低等费用。

(5) 已完工程及设备保护费

指竣工验收前，对已完工程及设备采取的必要保护措施所发生的费用。

(6) 工程定位复测费

指工程施工过程中进行全部施工测量放线和复测工作的费用。

(7) 特殊地区施工增加费

指工程在沙漠或其边缘地区、高海拔、高寒、原始森林等特殊地区施工增加的费用。

(8) 大型机械设备进出场及安拆费

指机械整体或分体自停放场地运至施工现场或由一个施工地点运至另一个施工地点，所发生的机械进出场运输及转移费用及机械在施工现场进行安装、拆卸所需的人工费、材料费、机械费、试运转费和安装所需的辅助设施的费用。

(9) 脚手架工程费

指施工需要的各种脚手架搭、拆、运输费用以及脚手架购置费的摊销（或租赁）费用。

措施项目及其包含的内容详见各类专业工程的现行国家或行业计量规范。

9.6.2.3 其他项目费

(1) 暂列金额

指建设单位在工程量清单中暂定并包括在工程合同价款中的一笔款项。用于施工合同签订时尚未确定或者不可预见的所需材料、工程设备、服务的采购，施工中可能发生的工程变更、合同约定调整因素出现时的工程价款调整以及发生的索赔、现场签证确认等的费用。

(2) 计日工

指在施工过程中，施工企业完成建设单位提出的施工图纸以外的零星项目或工作所需的费用。

(3) 总承包服务费

指总承包人为配合、协调建设单位进行的专业工程发包，对建设单位自行采购的材料、工程设备等进行保管以及施工现场管理、竣工资料汇总整理等服务所需的费用。

9.6.2.4 规费

定义同上。

9.6.2.5 税金

定义同上。

复习思考题

1. 简要说明工程建设不同阶段编制的造价文件的名称。
2. 水工程建设项目是如何划分的？
3. 简要说明工程建设项目总投资的构成。
4. 工程建设其他费用主要包括哪几方面的费用？
5. 建筑安装工程费用按费用构成要素可分为哪几部分费用？
6. 建筑安装工程费用按工程造价形成可分为哪几部分费用？
7. 何谓"规费"？按现行的有关规定规费包括哪些内容？
8. 按现行的有关规定，其他项目费包括哪些内容？

10 水工程建设项目造价文件的编制

由于建设工程工期长、规模大、造价高,需要根据不同的建设阶段,按不同的对象编制不同的造价文件。

10.1 水工程建设项目投资估算

建设项目投资估算是指,在项目建设前期阶段的决策过程中,依据现有的资料和特定的计算方法,对建设项目的投资数额进行的估计,投资估算只是一种粗算。它是项目建议书和可行性研究报告的重要组成部分,也是项目决策的基本依据之一。因此,准确、全面地估算项目的投资额,是项目可行性研究乃至整个建设项目决策阶段的重要任务。

10.1.1 投资估算的阶段划分

项目建设前期的投资决策阶段包括项目建议书、可行性研究和项目评估决策,所以投资估算也相应分为项目建议书阶段、初步可行性研究阶段和详细可行性研究阶段。不同阶段所具备的条件和掌握的资料不同,投资估算的准确程度不同,进而每个阶段投资估算编制方法、投资估算的作用也不同。

10.1.1.1 项目建议书阶段的投资估算

这一阶段主要是选择有利的投资机会,明确投资方向,提出概略的项目投资建议,并编制项目建议书。该阶段工作比较粗略,因此投资估算的误差率可在±30%左右。这一阶段的投资估算是作为项目主管部门审批项目建议书、初步选择项目的主要依据,对可行性研究中的投资估算起指导作用。

10.1.1.2 初步可行性研究阶段的投资估算

这一阶段主要是在投资机会研究结论的基础上,进一步弄清项目的投资规划、原材料来源、工艺技术、厂址、组织机构和建设进度等情况,估算建设项目投资额。它是初步明确项目方案,对项目方案进行技术经济分析评价的依据,同时也是判断是否进行详细可行性研究的依据。该阶段投资估算的误差率一般要求控制在±20%以内。

10.1.1.3 详细可行性研究阶段的投资估算

详细可行性研究阶段主要是进行全面、详细、深入的技术经济分析论证,对项目的可行性提出结论性意见,并选择拟建项目的最佳投资方案。该阶段研究内容详尽,投资估算的误差率应控制在±10%以内。

这一阶段的投资估算是进行详尽经济评价、决定项目可行性、选择最佳投资方案、控制初步设计概算的主要依据。

投资估算的阶段划分如表 10.1 所示。

表 10.1 投资估算的阶段划分

	投资估算阶段划分	投资估算误差幅度	投资估算主要作用
投资决策过程	项目建议书阶段的投资估算	±30%以内	1. 主管部门审批项目建议书的依据； 2. 判断项目是否需要进行下阶段的工作的依据
	初步可行性研究阶段的投资估算	±20%以内	判断是否进行详细可行性研究的依据
	详细可行性研究阶段的投资估算	±10%以内	1. 对可行性研究结果进行最后评价的依据； 2. 可作为对建设项目是否真正可行作出最终决定的依据； 3. 确定计划任务书中的投资限额的依据

10.1.2 投资估算文件的编制依据

投资估算编制依据是保证估算编制精度的基础资料，主要包括以下内容：
① 项目建议书、初步可行性研究报告。
② 国家和当地主管部门发布的有关建设费用的法律、法规文件。
③ 国家、行业发布的投资估算指标、建筑安装工程概算定额或指标，投资估算编制方法。
④ 当地同期的人工、设备、材料市场价格、机械台班单价、运杂费率等。
⑤ 当地建设行政主管部门发布的取费标准或费用定额，其他工程费用的内容及费率标准。
⑥ 类似工程的造价、各种技术经济指标和参数。
⑦ 与建设项目有关的地理位置，地质资料，当地交通、供水、供电条件。
⑧ 委托人提供的其他技术经济资料。

10.1.3 投资估算文件的组成

参考原建设部建标〔2007〕164 号文规定，水工程投资估算文件由文字说明和估算表组成。具体内容包括以下几方面内容。

10.1.3.1 估算编制说明

① 工程概况，应包括建设项目名称、建设地点、建设规模、工艺流程和建设范围等。
② 编制依据。
③ 包括及不包括的工程项目和费用。
④ 其他需要说明的问题。

10.1.3.2 建设项目总投资估算及使用外汇额度

10.1.3.3 主要技术经济指标

主要技术经济指标应包括投资、用地及主要材料用量和劳动定员指标。各项技术经济指标按单位生产能力（设计规模）计算。以下为给排水工程建设期的主要技术经济指标。

(1) 单位生产能力（设计规模）指标

① 给水、排水工程综合指标[元/(m^3/d)]＝工程总投资/设计水量。
② 取水、净水厂、污水处理厂工程＝工程投资/设计水量。
③ 输水工程经济指标。

管道工程以单位长度或以单位长度设计流量为计量单位 [元/m 或元/(m³·d·km)]；渠道工程以单位长度或以单位长度过水流量为计量单位 [元/100m 或元/(m³·s·km)]。

(2) 单位工程造价指标

① 单项处理构筑物＝单项处理构筑物造价/日处理水量；

或单项处理构筑物 (元/m³)＝单项处理构筑物造价/有效容积。

② 厂、站造价指标[元/(m³/d) 或元/(L/s)]＝厂、站工程造价/日处理水量。

③ 配水管网 (元/100m 或元/km)＝配水管网工程造价/设计长度；

排水管道 (元/100m)＝排水管道工程造价/设计长度；

雨水管道[元/(hm²·km)]＝雨水管道工程造价/泄水面积×设计长度。

其中，1hm²＝10000m²。

④ 辅助性建筑工程(元/m³ 或元/m²)＝辅助性建筑工程造价/设计面积或体积。

⑤ 变电所[元/(kV·A)]＝变电所工程造价/设计电容量。

⑥ 输电线路(元/km)＝输电线路工程造价/设计长度。

⑦ 锅炉房[元/(t·h)]＝锅炉房工程造价/设计蒸发量。

(3) 建设工期指标

以年、季、月为单位。

(4) 劳动消耗量指标

如基建劳动日、投产后的设计定员。

(5) 主要材料消耗量指标

钢材、水泥、管道以"t"计，木材以"m³"计。

(6) 主要机电设备指标

以"kW"计或以"t"计。

(7) 占用土地

总占地以"m²"计，单位处理水量占地指标以"m²/(m³/d)"计。

10.1.3.4 投资估算分析

投资估算应作如下分析。

(1) 工程投资比例分析

① 各单项工程费用占第一部分工程费用即单项工程费用总计的比例。

② 工程费用、工程建设其他费用、预备费用，各占固定资产投资的比例。

③ 建筑工程费、安装工程费、设备购置费、其他费用各占建设项目总投资的比例。

(2) 影响投资的主要因素分析

(3) 工程项目造价分析

与现行的综合指标相比较，分析说明工程项目造价指标的高低及其原因。

10.1.3.5 钢材、水泥、木材总需求量

列表说明建设项目的钢材、水泥、木材总需求量。

10.1.3.6 主要引进设备的内容、数量和费用

列表说明建设项目中主要引进设备的内容、数量和费用。

10.1.3.7 资金筹措、资金总额组成及年度用款计划安排

① 资金筹措方式。

② 建设项目所需要资金总额的组成。

③ 借入资金的借贷条件：包括借贷利率、偿还期、宽限期、贷款币种和汇率、借贷款的其他费用（管理费、代理费、承诺费等）、贷款偿付方式。

④ 年度用款计划安排。

10.1.4 投资估算文件的编制方法

不同阶段的投资估算，其编制方法和误差都是不同的，项目建议书阶段，投资估算的精度低，可采用简单匡算法，如生产能力估算法、生产能力指数法、百分比估算法等。在可行性研究阶段，尤其是详细可行性研究阶段，估算精度要求高，可采用估算指标编制法、类似工程概预算法、概算定额编制法等方法。

10.1.4.1 项目建议书阶段投资估算

(1) 生产能力估算法

单位生产能力投资估算法，是指根据同类项目单位生产能力所耗费的固定资产投资额来估算拟建项目固定资产投资额的一种方法。该方法将同类项目的固定资产投资额与其生产能力的关系简单地视为线性关系，与实际情况的差距较大。运用该方法时，应当注意拟建项目与同类项目的可比性，尽量减少误差。计算公式如下：

$$C_2 = \frac{C_1}{Q_1} Q_2 f \tag{10.1}$$

式中 C_1——已建类似项目的实际投资额；
Q_1——已建类似项目的生产规模；
C_2——拟建项目的实际投资额；
Q_2——拟建类似项目的生产规模；
f——为不同时期、不同地点的定额、单价、费用变更等形成的综合调整系数。

(2) 生产能力指数法

该方法是用已建成的、性质类似的建设项目或生产装置的投资额和生产能力及拟建项目或生产装置的生产能力来估算拟建项目的投资额。计算公式如下：

$$C_2 = C_1 \left(\frac{A_2}{A_1}\right)^n \cdot f \tag{10.2}$$

式中 C_1——已建类似项目的实际投资额；
C_2——拟建项目的所需投资额；
A_1——已建类似项目的生产能力或主导参数；
A_2——拟建项目生产能力或主导参数；
f——不同时期、不同地点的定额、单价、费用变更等形成的综合调整系数；
n——生产能力指数，$0 \leqslant n < 1.0$。具体取值如下：

若 $\frac{A_2}{A_1} = 0.5 \sim 2.0$，则指数 n 的取值近似为 1；若 $\frac{A_2}{A_1} \leqslant 50$，且拟建项目的扩大仅靠增大设备规模来达到时，则指数 n 取值为 $0.6 \sim 0.7$；若是靠增加相同规格设备的数量来达到时，则指数 n 取 $0.8 \sim 0.9$。

指数 n 的确定也可通过调查收集诸多类似项目的 C 和 A 值，采用算术平均法计算。

【例 10-1】 某拟建项目的生产规模为 50 万 m^3/d，调查收集了类似项目的投资额 C 和生产能力 A，见表 10.2，综合调整系数为 1.0，试估算该拟建项目的投资额。

【解】① 根据收集的资料，计算已获得资料各自的生产能力指数 n_m，见表 10.2。

② 采用算术平均法计算该项目的指数 n：

$$n = \frac{1}{m}\sum_{m=1}^{m=7} n_m = \frac{1}{7}\times(0.926+0.941+0.908+0.877+1.00+0.775+0.204)=0.805$$

表 10.2　求解指数计算表

序号	规模 A/(万 m³/d)	投资 C/万元	$Y_m = \dfrac{C_{m+1}}{C_m}$	$Z_m = \dfrac{A_{m+1}}{A_m}$	$n_m = \dfrac{l_g Y_m}{l_g Z_m}$
1	3	6000	1.9	2.00	0.926
2	6	11400	1.62	1.67	0.941
3	10	18500	2.30	2.50	0.908
4	25	42500	1.50	1.60	0.877
5	40	64000	1.63	1.63	1.000
6	65	104000	1.24	1.32	0.775
7	86	129000	1.01	1.05	0.204
8	90	130500	—	—	—

③ 采用 $C_1 = 64000$ 万元、$A_1 = 40$ 万 m³/d，得：

$$C_2' = C_1\left(\frac{A_2}{A_1}\right)^n f = 64000\times\left(\frac{50}{40}\right)^{0.805}\times 1.0 = 76594(万元)$$

④ 采用 $C_1 = 104000$ 万元、$A_1 = 65$ 万 m³/d，得：

$$C_2'' = C_1\left(\frac{A_2}{A_1}\right)^n f = 1047000\times\left(\frac{50}{65}\right)^{0.805}\times 1.0 = 84199(万元)$$

⑤ 因此，拟建项目的投资额：$C_2 = (C_2' + C_2'')/2 = 80397.5(万元)$

采用这种方法比较简单，速度快，但要求类似工程的资料可靠，条件基本相同，否则误差就会增大。适用于项目建议书阶段。

(3) 百分比估算法

在可行性研究中，不可能将所有设备清单列出。实践经验表明，建筑安装工程费与设备费之间存在一定的比例关系。因此，在对主体设备有所知的情况下，以拟建项目的设备费为基数，以其他工程费占设备费的百分比来估算建设项目投资，而不必分项去详细计算。估算方法有以下两种：

① 根据已建同类项目的建筑、安装工程费和其他费用占设备费的百分比，计算出拟建项目的总投资。其步骤为：

a. 根据拟建项目的设备清单，按当地价格计算设备费（包括运杂费）的总和 E；
b. 计算已建成的同类项目的建筑、安装工程费及其他工程费用占设备费的百分比 P_i；
c. 计算由于时间、地点等因素引起的价格、费用标准等变化的综合调整系数 f_i；
d. 计算拟建项目的工程建设其他费用 I_i；
e. 计算拟建项目的投资估算额 C。计算公式如下：

$$C = E(1+\sum f_i P_i) + \sum I_i \tag{10.3}$$

② 根据已建同类项目的各专业工程（总图、土建、暖通、给排水管道、电气、自控及其他工程等）占设备费的百分比，计算出拟建项目的总投资。其步骤为：

a. 根据拟建项目的设备清单，按当地价格计算设备费（包括运杂费）的总和 E；
b. 计算已建成的同类项目的各专业工程占设备费的百分比 P_i'；
c. 计算由于时间、地点等因素引起的价格、费用标准等变化的综合调整系数 f_i'；

d. 计算拟建项目或装置的工程建设其他费用 I_i；

e. 计算拟建项目或装置的投资估算额 C。计算公式如下：

$$C = E(1 + \sum f'_i P'_i) + \sum I_i \tag{10.4}$$

【例 10-2】 已知年产 1250t 的某工业产品，设备的投资额为 2050 万元，其他专业工程费用占设备投资比例以及拟建项目的综合调整系数见表 10.3，与工程建设有关的其他费用占项目总投资的 25%。若拟建 2000t 同类产品的项目，求拟建项目总投资（设备投资按生产能力指数法估算，$n=0.6$）。

表 10.3 专业工程费占设备费的比例及拟建项目的综合调整系数

序号	工程名称	占设备费比例/%	综合调整系数
一	生产项目		
1	土建工程	30	1.10
2	设备安装工程	10	1.20
3	工艺管道工程	4	1.05
4	给排水工程	8	1.10
5	暖通工程	9	1.10
6	电气照明工程	10	1.10
7	自动化仪表	9	1.00
8	设备购置费	100	1.20
二	附属工程	20	1.10
三	总体工程	10	1.30

【解】 设备投资额

$$E = C_1 \left(\frac{A_2}{A_1}\right)^n f = 2050 \times \left(\frac{2000}{1250}\right)^{0.6} \times 1.20 = 3261.42（万元）$$

$$C = E(1 + \sum f'_i P'_i) + \sum I_i = E(1 + \sum f'_i P'_i) + 25\% C$$

$$C = \frac{E(1 + \sum f'_i P'_i)}{1 - 25\%}$$

$$\sum f'_i P'_i = 30\% \times 1.1 + 10\% \times 1.2 + 4\% \times 1.05 + 8\% \times 1.1 + 9\% \times 1.1 + 10\% \times 1.1 + 9\% \times 1.0 + 20\% \times 1.1 + 10\% \times 1.30 = 1.229$$

故：

$$C = \frac{3261.42 \times 2.229}{1 - 25\%} = 9692.94（万元）$$

(4) 朗格系数法

它是以设备费用为基础，乘以适当系数来推算拟建项目费用的。其公式如下：

$$D = K_L C = (1 + \sum K_i) K_C C \tag{10.5}$$

式中 D——拟建项目总建设费用；

C——拟建项目主要设备费用；

K_L——总建设费用与设备费用之比，即朗格系数；

$$K_L = (1 + \sum K_i) K_C$$

K_i——管线、仪表、建筑物、构筑物等各项费用的估算系数；

K_C——工程其他费用、合同费、应急费等间接费在内的总估算系数。

这种方法比较简单，但没有考虑设备规格和材质的差异，所以精度不高。

【例 10-3】 某项目的 A 车间，各专业工程的估算系数如表 10.4 所示，若该车间的主要设备费（工艺操作设备）为 100 万元，工程其他费用及预备费的估算系数为 1.45，试估算该车间全部建成后的费用。

表 10.4 各专业工程估算系数表

专业工程名称	估算系数 K_i	专业工程名称	估算系数 K_i
管线工程	0.30	仪表工程	0.20
建筑工程	1.20	构筑物工程	1.85
起重运输设备	0.15	采暖通风	0.10
供电、照明	0.20	其他	0.05

【解】 $D = K_L C = (1 + \sum K_i) K_C C$

$\sum K_i = (0.30 + 0.20 + 1.20 + 1.85 + 0.15 + 0.10 + 0.20 + 0.05) = 4.05$

故：$D = (1 + 4.05) \times 1.45 \times 100 = 732.25$ (万元)

10.1.4.2 可行性研究阶段投资估算

(1) 估算指标编制法

估算指标编制法是根据拟建工程的具体情况，计算出拟建项目、项目主要构筑物或单项工程的面积、体积或生产能力等要素，按照国家或各省、市颁布的估算指标来编制的。因此在现阶段，给排水工程投资估算指标主要参考建设部 2007 年发布的《市政工程投资估算指标 第三册 给水工程》（HGZ47-103—2007）和《市政工程投资估算指标 第四册 排水工程》（HGZ47-104—2007）。该指标适用于一般城市给排水新建、改建和扩建工程，不适用于技术改造、加固工程。估算指标编制法是编制给排水工程投资估算的主要方法之一，在实际工作中得到了广泛的应用。本节重点介绍估算指标编制法。

1）指标的费用组成

该投资估算指标分为综合指标和分项指标两种。综合指标包括建筑安装工程费用、设备购置费、工程建设其他费用、基本预备费。分项指标包括建筑安装工程费用、设备工器具购置费。指标中不包括土地使用费、施工机构迁移费、涨价预备费、建设期贷款利息和固定资产投资方向调节税。

建筑安装工程费包括直接费和综合费用。直接费由人工费、材料费、机械使用费组成。将《建筑安装工程费用项目组成》中的措施费（环境保护、文明施工、安全施工、临时设施、夜间施工的内容）按比例（见费率取定表）分别摊入人工费、材料费和机械费。二次搬运、大型机械设备进出场及安装拆除、混凝土和钢筋混凝土工程模板及支架、脚手架编入直接工程费。综合费用由间接费、利润和税金组成。

设备购置费由设备原价及设备运杂费组成。

工程建设其他费用包括建设管理费、可行性研究费、研究试验费、勘察设计费、环境影响评价费、场地准备及临时设施费、工程保险费、联合试运转费、生产准备及开办费等，不包括土地使用费、建设期贷款利息。

预备费包括基本预备费和价差预备费。

2）指标的编制期价格、费率的取定

① 价格标准。人工综合单价按北京地区 2004 年 31.03 元/工日；材料价格、机械台班单价按北京地区 2004 年度价格。

② 费率取定。

a. 措施费：指标已将措施费分别摊入人工费、材料费和机械费。给排水工程措施费率为 6%。

措施费计算基础：人工费+材料费+机械费。即：
$$措施费=(人工费+材料费+机械费)×6\%$$
分摊比例：人工费8%，材料费87%，机械费5%。

b. 综合费用：综合费用费率为21.3%。
计算基础：估算指标直接费。即：
$$综合费用=直接费×21.3\%$$

c. 工程建设其他费用。以建筑安装工程费和设备购置费之和为计算基础，给水工程建设其他费率为12.0%，排水工程建设其他费率为15.0%。
计算基础：建筑安装工程费+设备购置费。即：
工程建设其他费用=（建筑安装工程费+设备购置费）×工程建设其他费率

d. 基本预备费：费率为8%。
计算基础：建安工程费用+设备购置费+工程建设其他费用。

3) 指标的计算程序
估算指标的计算程序，见表10.5、表10.6。

表10.5 综合指标计算程序

序号	项目	取费基数及计算式
	指标基价	一+二+三+四
一	建筑安装工程费	4+5
1	人工费小计	—
2	材料费小计	—
3	机械费小计	—
4	直接费小计	1+2+3
5	综合费用	4×综合费用费率
二	设备购置费	设备原价+设备运杂费
三	工程建设其他费用	(一+二)×工程建设其他费率
四	基本预备费	(一+二+三)×8%

表10.6 分项指标计算程序

序号	项目	取费基数及计算式
	指标基价	一+二
一	建筑安装工程费	(四)+(五)
1	人工费	—
2	措施费分摊	(1+3+5)×措施费率×8%
(一)	人工费小计	1+2
3	材料费	—
4	措施费分摊	(1+3+5)×措施费率×87%
(二)	材料费小计	3+4
5	机械费	—
6	措施费分摊	(1+3+5)×措施费率×5%
(三)	机械费小计	5+6
(四)	直接费小计	(一)+(二)+(三)
(五)	综合费用	(四)×综合费用费率
二	设备购置费	设备原价+设备运杂费

4）指标的调整

采用指标编制法编制给排水工程投资估算时，应根据当时当地的具体条件对估算指标进行适当的调整。

本指标中的人工、材料、机械使用费的消耗量，原则上不作调整。使用本指标时可按指标消耗量及工程所在地当时当地的市场价格并按照规定的计算程序和方法调整指标，费率可参考指标确定，也可按照建设行政主管部门发布的费率调整。

① 建筑安装工程费的调整。

a. 人工费以指标人工工日数乘以当时当地造价管理部门发布的人工单价确定。

b. 材料费以指标主要材料消耗量乘以当时当地造价管理部门发布的相应材料单价确定。

$$其他材料费 = 指标其他材料费 \times \frac{调整后的主要材料费}{指标(材料费小计 - 其他材料费 - 材料费中措施费分摊)}$$

c. 机械费　在列出主要机械台班消耗量时，以指标主要机械台班消耗量乘以当时当地造价管理部门发布的机械台班价格计算。

$$其他机械费 = 指标其他机械费 \times \frac{调整后的主要机械费}{指标(机械费小计 - 其他机械费 - 机械费中措施费分摊)}$$

未列出主要机械台班消耗量的调整方式：

$$机械使用费 = 指标机械使用费 \times \frac{调整后的(人工费小计 + 材料费小计)}{指标(人工费小计 + 材料费小计)}$$

d. 直接费：

$$调整后的直接费 = 调整后(人工费 + 材料费 + 机械费)$$

e. 综合费用的调整应按当时当地不同工程类别的综合费率计算。

$$综合费用 = 调整后的直接费 \times 当时当地综合费用费率$$

f. 建筑安装工程费用：

$$建筑安装工程费用 = 调整后的(直接费 + 综合费用)$$

② 设备购置费的调整按主要设备清单，采用当时当地的设备价格或上涨幅度进行计算。

③ 工程建设其他费用的调整按国家规定的不同工程类别的工程建设其他费率计算。

$$工程建设其他费用的调整 = 调整后(建筑安装工程费 + 设备购置费) \times 国家规定的工程建设其他费用费率$$

④ 基本预备费的调整：

基本预备费 = 调整后(建筑安装工程费 + 设备购置费 + 工程建设其他费用) × 基本预备费率

⑤ 指标基价的调整：

指标基价 = 调整后(建筑安装工程费 + 设备购置费 + 工程建设其他费用 + 基本预备费)

5）指标编制说明及工程量计算规则

① 给水管道工程。本指标分综合指标和分项指标两部分。综合指标分输水管道工程和配水管道工程两类，综合指标中已包括管道（钢管）内、外防腐的费用。分项指标分开槽（放坡、支撑）埋管工程、顶管工程、桥管工程、倒虹管工程及管道防腐工程五类。

给水管道工程综合指标以设计最高日供水量乘以管道设计长度（$km \cdot m^3/d$）为单位计算，计算管道长度时，不扣除管件和阀门长度；管道安装工程量按设计管道中心线长度计算，不扣除管件和阀门长度；桥管工程分为安装和土建两部分，分别以"座"为单位计算；倒虹管按河宽跨度以"处"为单位计算；管道防腐工程分为内防腐、外防腐，分别按内、外展开面积以"m^2"为单位计算。

本指标中挖土按干土考虑，如遇湿土时，指标基价中人工费、机械费乘以 1.2 系数。

② 给水厂站综合指标。给水厂站综合指标按枢纽工程划分为取水工程综合指标与净水工程综合指标。取水、净水工程综合指标按设计最高日供水量以"m^3/d"为单位。

③ 给水构筑物工程分项指标。给水构筑物及附属建筑分项指标以"座"为单位计算；单层建筑的建筑面积按外墙勒脚以上结构外围水平面积计算，多层建筑首层按其外墙勒脚以上结构外围水平面积计算，二层及以上楼层按其外墙结构外围水平面积计算；建筑体积是建筑面积与房屋高度的乘积，房屋高度指室内地坪至天棚的高度，无天棚者至檐高，多层建筑不扣除楼板厚度。

④ 排水管道工程。本指标分为综合指标和分项指标两部分。排水管道工程综合指标又分污水管道工程综合指标及雨水管道工程综合指标两类。排水管道分项指标包括开槽埋管工程、顶管工程和现浇方管工程。

雨水管道工程综合指标的计算单位为 hm^2/km，支管不作为计算长度。若雨水泄水面积与本册指标不同时，可采用内插法计算；污水管道工程综合指标的计算单位为 $km·m^3/d$。若污水设计日平均流量与本册指标不同时，可采用内插法计算。

雨水、污水管道工程分项指标工程量按设计管道中心线长度计算，不扣除检查井所占长度。

⑤ 排水厂站综合指标。排水厂站综合指标按枢纽工程划分为污水处理厂综合指标和雨污水泵站综合指标。污水处理厂综合指标分为一级污水处理厂、二级污水处理厂（一）、二级污水处理厂（二）三种，雨污水泵站综合指标分为污水泵站和雨水泵站两种。

污水处理厂综合指标以设计日平均水量（m^3/d）计算；雨污水泵站综合指标以设计最大流量（L/s）计算。

⑥ 排水构筑物工程分项指标。建筑面积按《建筑工程建筑面积技术规范》（GB/T 50353—2013）计算；建筑体积是建筑面积与房屋高度的乘积，房屋高度指室内地坪至天棚的高度，无天棚者至檐高，多层建筑不扣除楼板厚度。

选择指标时需要注意以下两点：

① 给排水厂站、管道工程的综合指标上限一般适用于工程地质条件复杂、技术要求高、施工条件差等情况；下限适用于工程地质条件较好、技术要求不高、施工条件较好等情况。综合指标未考虑湿陷性黄土地区、地震设防、永久性冻土地区和地质条件十分复杂等地区的特殊要求所增加的费用。厂站设备均按国产设备考虑，未考虑进口设备。同一枢纽工程中有不同生产能力和不同处理要求时，应分别计算。

② 给排水构筑物工程分项指标列出了工程特征，当自然条件相差较大、设计标准不同时，可按工程实际情况进行调整换算。滤池的面积是指过滤工作面积；给水构筑物除沉砂池、沉淀池、吸水井、清水池以设计容积计算外，排水构筑物除沉砂池、沉淀池、污泥消化池、接触池、调节池以设计容积计算外，其他容积均指生产性构筑物的建筑容积，包括水池的超高及沉淀部分。

【例 10-4】 某市拟建一污水处理厂，处理能力 $Q=100000\ m^3/d$，采用二级处理（一）工艺，工艺标准稍高，无防寒设施、地质条件一般。试采用单位生产能力综合指标估算污水处理厂区部分的总投资。该市人工、材料价格如下：

人工：34 元/工日

材料：钢筋（综合）：3500.00 元/t；　　　　　钢材：3220.00 元/t

　　　水泥（综合）：309.00 元/t；　　　　　　中砂：51.49 元/m^3

碎石（5～40mm）：50.00 元/m³；锯材：1411.00 元/m³
铸铁管：4.8 元/kg；钢管及钢配件：7.2 元/kg
钢筋混凝土管：0.62 元/kg 闸阀：10.00 元/kg

【解】 投资估算＝生产能力×综合指标基价

（1）建筑安装工程费计算

根据《市政工程投资估算指标 第四册 排水工程》（HGZ 47-104—2007），本工程选择二级污水处理厂综合指标（一）4Z-015 中的指标下限，4Z-015 的指标如表 10.7 所示。现根据该工程所在地当时的人工、材料价格资料，调整投资估算指标中的人工费、主要材料费、机械费。

表 10.7 指标基价

指标编号			4Z-015	
项目		单位	二级污水处理厂（一）	
			指标基价/元（水量 5×10⁴～10×10⁴ m/d）	占指标基价百分比/%
指标基价		元	1389.44～1602.89	—
一、建筑安装工程费		元	761.71～876.87	—
二、设备购置费		元	357.00～413.70	—
三、工程建设其他费用		元	167.81～193.59	—
四、基本预备费		元	102.92～118.73	—
建筑安装工程费				
直接费	人工费	人工	工日	1.97～2.22	—
		措施费分摊	元	2.84～3.27	—
		人工费小计	元	63.95～72.05	—
	材料费	水泥（综合）	t	147.00～168.00	—
		钢材	t	23.10～25.20	—
		锯材	m³	0.02～0.02	—
		中砂	m³	0.30～0.35	—
		碎石	m³	0.50～0.57	—
		铸铁管	kg	8.93～9.98	—
		钢管及钢配件	kg	4.20～6.30	—
		钢筋混凝土管	kg	15.75～18.90	—
		阀门	kg	3.68～4.20	—
		其他材料费	元	111.30～119.70	—
		措施费分摊	元	30.92～35.60	—
		材料费小计	元	498.17～575.30	—
	机械费	机械费	元	64.05～73.50	—
		措施费分摊	元	1.78～2.05	—
		机械费小计	元	65.83～75.55	—
	直接费小计		元	627.95～722.89	—
综合费用			元	133.75～153.98	—
合计			元	761.71～876.87	—

1）人工费、主要材料费、机械费的调整

① 人工费换算：

人工费＝综合工日×（采用当时当地的）工日单价

即:人工费=1.97×34=66.98(元)
② 材料费换算:见表10.8。

表10.8 材料费换算表

序号	规格型号	单位	单价/元	4Z-015 耗用量	合价/元
1	水泥(综合)	kg	0.309	147	42.42
2	钢材	m³	1411	0.02	28.22
3	锯材	kg	3.22	23.1	74.38
4	中砂	m³	51.49	0.3	15.45
5	碎石	m³	50	0.5	25
6	铸铁管	kg	4.8	8.93	42.86
7	钢管及钢配件	kg	7.2	4.2	30.24
8	钢筋混凝土管	kg	0.62	15.75	9.77
9	阀门	kg	10	3.68	36.8
	合计				308.14

$$其他材料费 = 指标其他材料费 \times \frac{调整后的主要材料费}{指标(材料费小计-其他材料费-材料费中的措施费分摊)}$$

则: $$其他材料费 = 111.3 \times \frac{308.14}{498.17-111.3-30.92} = 96.35(元)$$

③ 机械费换算:

$$机械费 = 指标机械费 \times \frac{调整后的(人工费+材料费)}{指标(人工费+材料费)}$$

$$= 64.05 \times \frac{66.98+308.14}{61.13+355.95} = 57.61(元)$$

则:调整后的(人工费+主材费+其他材料费+机械费)=66.98+308.14+96.35+57.61
=529.08(元)

2) 措施费计算
措施费费率为6%。
措施费=调整后的(人工费+主材费+其他材料费+机械费)×费率
其中分摊比例:人工费占8%,材料费占87%,机械费占5%。
则:
措施费=529.08×6%=31.74(元)
其中:人工费=31.74×8%=2.54(元)
材料费=31.74×87%=27.61(元)
机械费=31.74×5%=1.59(元)

3) 建筑安装工程直接费小计
建筑安装工程直接费小计=调整后的(人工费+材料费+机械费)
其中:人工费小计=调整后的(人工费+措施费中的人工费)=66.98+2.54=69.52(元)
材料费小计=调整后的(材料费+措施费中的材料费)
=308.14+96.35+27.61=432.10(元)
机械费小计=调整后的(机械费+措施费中的机械费)=57.61+1.59=59.20(元)

建筑安装直接费小计 = 69.52 + 432.10 + 59.20 = 560.82(元)

4) 综合费用

采用当时当地的综合费用费率23.1%。

综合费用 = 建筑安装工程直接费小计 × 当时当地的综合费用费率

则： 综合费用 = 560.82 × 23.1% = 129.55(元)

5) 建筑安装工程费合计

建筑安装工程费合计 = 建筑安装工程直接费小计 + 综合费用

则：建筑安装工程直接费合计 = 560.82 + 129.55 = 690.37(元)

建筑安装工程费调整计算过程见表10.9。

(2) 设备工器具购置费

2007～2009年设备价格上涨率为1.1，则：

设备工器具购置费 = 357 × 1.1 = 392.70[元/(m^3/d)]

(3) 指标基价计算

1) 工程建设其他费用

工程建设其他费用 = 调整后的(建筑安装工程费 + 设备工器具购置费)
× 当时当地的工程建设其他费用费率

采用当时当地的工程建设其他费用费率15%，则：

工程建设其他费用 = (690.37 + 392.70) × 15% = 162.46(元)

2) 基本预备费

基本预备费 = 调整后的(建筑安装工程费 + 设备工器具购置费 +
工程建设其他费用) × 基本预备费费率

基本预备费费率取定为8%，则：

基本预备费费率 = (690.37 + 392.70 + 162.46) × 8% = 99.64(元)

3) 调整后的每 m^3/d 的指标基价

调整后的每 m^3/d 的指标基价 = 调整后的(建筑安装工程费 + 设备工器具购置费 +
工程建设其他费用 + 基本预备费)

则： 调整后的每 m^3/d 的指标基价 = 690.37 + 392.70 + 162.46 + 99.64 = 1345.17(元)

污水处理厂投资估算 = 10 × 1345.17 = 13451.70(万元)

指标基价调整计算过程见表10.9，由于综合指标中未包括土地征用及赔偿等费用，故必须根据实际情况另行计算。

表10.9 指标基价调整计算表

指标编号		4Z-015 换	
项目	单位	二级污水处理厂(一)	
		指标基价/元(水量 $5×10^4$～$10×10^4$ m^3/d)	占指标基价百分比/%
指标基价	元	1345.17	—
一、建筑安装工程费	元	690.37	—
二、设备购置费	元	392.70	—
三、工程建设其他费用	元	162.46	—
四、基本预备费	元	99.64	—

续表

项目		指标编号		4Z-015 换	
			单位	二级污水处理厂（一）	
				指标基价/元（水量 $5\times10^4\sim10\times10^4\,\mathrm{m}^3/\mathrm{d}$）	占指标基价百分比/%
建筑安装工程费					
直接费	人工费	人工	工日	1.97	—
		措施费分摊	元	2.54	—
		人工费小计	元	69.52	—
	材料费	水泥（综合）	t	147.00	—
		钢材	t	23.10	—
		锯材	m³	0.02	—
		中砂	m³	0.30	—
		碎石	m³	0.50	—
		铸铁管	kg	8.93	—
		钢管及钢配件	kg	4.20	—
		钢筋混凝土管	kg	15.75	—
		阀门	kg	3.68	—
		其他材料费	元	96.35	—
		措施费分摊	元	27.61	—
		材料费小计	元	432.10	—
	机械费	机械费	元	57.61	—
		措施费分摊	元	1.59	—
		机械费小计	元	59.20	—
	直接费小计		元	560.82	—
综合费用			元	129.55	—
合计			元	690.37	—

(2) 类似工程概预算法

所谓"类似工程概预算"是指某一已建工程，其生产工艺流程、生产规模、建筑结构特征等与拟建工程类似，利用已建已编的工程预决算资料来编制拟建工程的估算。利用"类似工程概预算"不仅能提高估算的准确性，还能缩短编制时间。

采用该法编制投资估算时，应考虑编制工程对象与类似工程在以下几方面的差异：在建筑体积或结构特征、地区人工工日单价、材料预算价格、施工机械使用费和间接费率的差异。

对拟建工程与类似工程在建筑体积上的差异，最好不超过15%；对拟建工程与类似工程在人工工日单价、材料预算单价、机械台班使用费以及间接费率等方面的差异，可用以下方法进行修正。

$$拟建项目估算造价 = 拟建项目工程量 \times 类似工程单位造价 \times K \qquad (10.6)$$

$$K = K_1 \times a + K_2 \times b + K_3 \times c + K_4 \times d + K_5 \times e + K_6 \times f \qquad (10.7)$$

式中　　K——本工程项目与类似工程项目之间的综合差异系数。

a、b、c、d、e、f——类似工程决算中人工费、材料费、机械费、间接费、利润和税金在工程造价中所占的比重。

K_1、K_2、K_3、K_4、K_5、K_6——拟建工程与类似工程在人工费、材料费、机械费、间接费、利润、税金之间的差异系数。如：

$$K_1 = \frac{拟建工程地区人工工日单价}{类似工程地区人工工日单价}$$

采用类似工程概预算法，必须要有完整的概预算资料，如计算烦琐，条件不具备，则可简化。因为人工费和材料费占工程造价的 60%～75%，为简化计算，可采用主要人工、材料的地区价差系数来调整在直接费方面的差异。而机械费仅占 3%～5%，且机械费的地区之差调整比较复杂。

【例 10-5】 乙市某水厂拟建一座 5000m³ 钢筋混凝土清水池，现有甲市同类同规模水池预算资料一套，甲市水厂水池预算单价为 500 元/m³，试根据现有资料计算清水池估算造价。

【解】 拟建清水池估算值：$5000 \times 500 \times K = 2500000 \times K$

综合差异系数 K 的计算过程见表 10.10，故 $K = \dfrac{809237.79}{653363.74} = 1.239$。

该水池估算造价 $= 2500000 \times 1.239 = 3097500$（元）。

表 10.10　某工程清水池差价系数计算表

名称		单位	数量	甲市/元		乙市/元	
				单价	合计	单价	合计
人工		工日	4469	24.5	109490.5	28.0	125132.0
地方材料	砖	千块	62.18	207.8	12921.0	257.0	159802.6
	砂	m³	1022.00	86.24	88137.28	49.5	50589.0
	石子	m³	979.00	77.24	75617.96	52.6	51495.40
	石灰	t	6.50	142	923.0	304.65	1980.23
	小计	元			177599.24		263867.23
三材	400# 水泥	t	389	259.5	100945.5	291.0	113199.0
	钢材	t	88.3	2595.0	229138.5	3023.2	266948.56
	木材	m³	47	770.0	36190.0	853.0	40091.0
	小计	元			366274.0		420238.56
总计		元			653363.74		809237.79

(3) 概算定额编制法

当设计的构筑物或单项工程项目缺乏合适的估算指标或类似工程概预算资料可资套用时，则应根据设计草图计算主要工程数量套用概算定额或综合预算定额。次要工程项目的费用可根据已往的统计分析资料按主要工程项目费用的百分比估列，但次要工程项目费用一般不应超过主要工程项目费用的 20%。

由于设计深度的限制，这种方法在计算主要工程量时易造成遗漏，影响估算的准确性，故采用该法编制估算时一定要吃透设计意图及要求，尽量考虑周到，避免遗漏工程项目，保证估算质量。

10.2　水工程建设项目设计概算

设计概算是在初步设计或扩大初步设计阶段，由设计单位根据初步设计或扩大初步设计图纸，概算定额或概算指标，概算工程量计算规则，材料、设备的预算单价，建设主管部门颁发的有关费用定额或取费标准等资料，预先计算建设项目由筹建至竣工验收、交付使用全过程建设费用的经济文件。设计概算的成果文件称作设计概算书，简称设计概算。设计概算书是初步设计文件的重要组成部分，采用两阶段设计的建设项目，扩大初步设计阶段必须编制设计概算；采用三阶段设计的，技术设计阶段必须编制修正概算。

设计概算是国家确定和控制基本建设总投资的依据；是建设项目投资的最高限额；是工程造价管理及编制招标标底和投标报价的依据；是衡量设计方案的经济合理性和选择最优设计方案，考核建设项目投资效果的重要依据。

10.2.1　设计概算的编制依据

设计概算编制依据主要包括：
① 批准的可行性研究报告及投资估算、初步设计图纸等有关资料；
② 有关部门颁布的现行概算定额、概算指标；
③ 政府相关部门发布的各项费用取费标准；
④ 国家发布的有关法律、法规，建设项目设计概算编制办法等；
⑤ 工程所在地同期的人工、材料、机械台班价格，设备的供应方式及预算价格；
⑥ 资金筹措方式；
⑦ 项目所在地的水文、气候地质等自然条件；
⑧ 当地习惯的施工方法或拟定的施工组织总设计；
⑨ 有关合同、协议等；
⑩ 委托单位提供的其他技术经济资料。

10.2.2　设计概算的编制内容

设计概算的编制应采用单位工程概算、单项工程综合概算和建设项目总概算三级编制形式。当建设项目只有一个单项工程时，可采用单位工程概算和建设项目总概算两级编制形式。单位工程概算是确定各单位工程建设费用的文件，是编制单项工程综合概算的基础，是单项工程综合概算的组成部分。单项工程综合概算是确定一个单项工程所需建设费用的文件，它是由单项工程中的各单位工程概算汇总编制而成的，是建设项目总概算的组成部分。建设项目总概算是确定整个建设项目从筹建到竣工验收所需要全部费用的文件，它是由各单项工程综合概算、工程建设其他费用概算、预备费、投资方向调节税概算、建设期贷款利息概算、经营性项目铺底流动资金等汇总编制而成的。各级概算之间的相互关系如图10.1所示。

设计概算的编制是从单位工程概算这一级编制开始，经过逐级汇总而成的。

10.2.3　设计概算的编制方法

10.2.3.1　单位工程概算

单位工程概算应根据单项工程中所属的每个单体按专业分别编制，一般分为建筑工程和设备及安装工程概算两大类。建筑工程概算的编制方法有概算定额法、概算指标法、类似工程预算法等；设备及安装工程概算的编制方法有预算单价法、概算指标法、设备价值百分比法等。

(1) 建筑工程概算的编制方法

1) 概算定额法

概算定额法又称扩大单价法，是采用概算定额编制建筑工程概算的方法。当初步设计达到一定深度，建筑结构比较明确，基本上能按初步设计图纸计算各分部工程的工程量时，可采用这种方法编制建筑工程概算。概算定额法编制设计概算的步骤如下：
① 熟悉设计图纸，了解施工条件和主要施工方法；
② 结合概算定额，列出各分项工程或扩大分项工程的名称，按工程量计算规则计算各分

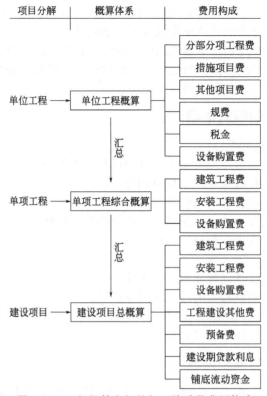

图 10.1 三级概算之间的相互关系及费用构成

项工程量;

③ 选套概算定额，确定各分项工程的概算定额单价;

④ 计算单位工程人工费、材料费、机械费及措施费;

⑤ 结合费用定额，分部计算管理费、利润、规费和税金;

⑥ 汇总上述费用。计算单位工程概算造价。

2) 概算指标法

概算指标法是用拟建的建筑物、构筑物的建筑面积或体积乘以技术条件相同或基本相同的概算指标得出人工、材料、机械费，然后按规定计算出企业管理费、利润、规费和税金等，得出单位工程概算的方法。当初步设计深度不够、不能准确地计算各分部工程量，但工程设计采用的技术比较成熟而又有类似概算指标可以利用时，可采用概算指标法来编制概算。

3) 类似工程预算法

类似工程预算法是利用技术条件与设计对象相类似的已完工程或在建工程的工程造价资料来编制拟建工程设计概算的方法。类似工程预算法就是以原有的相似工程的预算为基础，按编制概算指标方法求出单位工程的概算指标，再按概算指标法编制建筑工程概算。

采用类似工程预算法编制设计概算时，应考虑编制工程对象与类似工程在建筑体积或结构、时间和地点上的差异，并采用一定方法进行修正。修正方法参见 10.1 节。

(2) 设备及安装工程概算的编制方法

设备及安装工程概算包括设备及工器具购置费概算和设备安装工程费概算两大部分。

1) 设备购置费概算

设备购置概算价值由设备原价和设备运杂费两部分组成。根据初步设计的设备清单计算出设备总原价,然后用设备运杂费率乘以设备总原价计算运杂费,两项汇总之后再考虑工器具及生产家具购置费,即为设备及工器具购置费概算。可按式(10.8)计算:

设备购置概算价值＝设备原价＋设备运杂费＝设备原价×(1＋设备运杂费率) （10.8）

2) 设备安装工程概算

按初步设计的设计深度不同,设备安装工程概算造价的编制方法如下:

① 预算单价法。当初步设计较深,有详细的设备清单时,可直接按安装工程预算定额单价编制设备安装单位工程概算,概算程序与安装工程施工图预算基本相同,就是根据计算的设备安装工程量乘以安装工程预算综合单价,经汇总求得的。用此法编制概算,计算比较具体,精确性较高。

② 概算指标法。当初步设计的设备清单不完备,或安装预算单价及扩大综合单价不全,无法采用预算单价法时,可采用概算指标编制概算。

③ 设备价值百分比。又称安装设备百分比法,当初步设计深度不够,只有设备主要规格及出厂价时,安装费可按占设备费的百分比计算,其百分比值可按已完类似工程确定,也可参考表10.11确定。

表 10.11 设备安装费占设备价格百分比

项目名称	安装工程费率	计费基数
国产机械设备	10%～12%	设备价
管配件	15%～20%	材料价
电气材料	15%～20%	材料价
电气设备	10%～12%	设备价
自控仪表设备	10%～15%	设备价

10.2.3.2 单项工程综合概算

单项工程综合概算是由该单项工程的各专业单位工程的建筑工程概算表和设备安装概算表汇总而成的,是确定单项工程建设费用的综合文件,它是建设项目总概算的组成部分。当建设项目只有一个单项工程时,单项工程综合概算即为建设项目总概算,此时还应包括工程建设其他费用、预备费、建设期贷款利息、铺底流动资金等的概算。

单项工程综合概算由编制说明和综合概算表组成。

10.2.3.3 建设项目总概算

建设项目总概算是确定整个建设项目从筹建到竣工验收交付使用全过程所预计花费的建设费用的文件,建设项目总概算是设计文件的重要组成部分。它是由各单项工程综合概算、工程建设其他费用、建设期贷款利息、预备费和铺底流动资金,按照主管部门规定的统一表格进行编制而成的。

建筑工程项目总概算书的内容一般应包括:封面及目录、编制说明、总概算表、工程建设其他费用概算表、单项工程综合概算表、单位工程概算表以及附件表格等。总概算表如表10.12所示。

表 10.12 投资概算表

建设项目名称:××开发区污水处理厂工程

序号	项目或费用名称	概算价值/万元					技术经济指标/元			占总投资比例/%
		建筑工程费	安装工程费	设备购置费	其他费用	合计	单位	数量	单位价值	
Ⅰ	第一部分　工程费用									

续表

序号	项目或费用名称	概算价值/万元					技术经济指标/元			占总投资比例/%
		建筑工程费	安装工程费	设备购置费	其他费用	合计	单位	数量	单位价值	
1	粗格栅井	✓	✓	✓		✓	✓	✓	✓	
2	集水井	✓	✓	✓		✓	✓	✓	✓	
3	……									
Ⅰ	第一部分 工程费用合计	✓	✓	✓		✓				✓
Ⅱ	第二部分 工程建设其他费用									
4	生产准备费				✓	✓				
5	办公及生活用具购置费				✓	✓				
6	工程勘察费				✓	✓				
7	工程设计费				✓	✓				
8	……									
	第二部分 工程建设其他费用合计				✓	✓				✓
Ⅲ	第三部分 工程预备费				✓	✓				✓
	基本预备费				✓	✓				
	涨价预备费				✓	✓				
Ⅳ	固定资产投资方向调节税				✓	✓				✓
Ⅴ	建设期贷款利息				✓	✓				✓
Ⅵ	铺底流动资金				✓	✓				✓
	工程总投资				✓	✓				✓

编制说明应包括工程概况、编制依据、编制范围、编制方法、相关费率取定及依据、资金筹措方式、主要技术经济指标、其他问题的说明等。

10.3 水工程建设项目施工图预算

施工图预算是指在施工图设计阶段，在单位工程开工之前，根据已批准并经会审后的施工图纸、施工组织设计、现行预算定额、企业定额或消耗量定额、工程量计算规则、材料及设备的预算单价和各项费用取费标准等资料，预先计算和确定工程建设费用的经济文件。施工图预算应当控制在概算范围内。我国长期以来，除总承包交钥匙工程外，一般的建筑安装工程项目，习惯以施工图预算作为招标、投标和结算工程价款的主要依据，所以施工图预算对工程建设各方都有着重要的作用。

在实行工程量清单计价方式以前，大多采用编制施工图预算方式控制建筑安装工程造价。实行工程量清单计价后，招标工程建设单位编制的施工图预算表现为招标控制价，施工企业的施工图预算表现为投标报价。

施工图预算是考核工程成本、确定工程造价、编制投标文件、签订承发包合同、工程价款结算、落实年度建设计划、施工企业编制施工计划的依据。

10.3.1 施工图预算的编制依据

① 批准的初步设计概算。经批准的设计概算文件是控制单位施工图预算的主要依据；
② 批准的施工图设计文件及有关标准图集；
③ 适用的预算定额、专业工程计价定额或企业定额，和定额配套的工程量计算规则；
④ 造价主管部门颁布的费用定额及各项取费标准；
⑤ 施工组织设计或施工方案；
⑥ 工程所在地的人工、材料、机械台班预算价格。
⑦ 工程招标文件、工程量清单；
⑧ 项目相关的合同、协议等。

10.3.2 施工图预算的编制内容

施工图预算文件由单位工程预算、单项工程综合预算和建设项目总预算组成。单位工程预算是确定各单位工程建设费用的文件，包括单位建筑工程预算和单位安装工程预算；由构成该单项工程的各个单位工程施工图预算汇总，形成单项工程综合预算；再汇总各所有单项工程综合预算，便是一个建设项目建筑安装工程的总预算。当建设项目只有一个单项工程时，可采用单位工程预算和建设项目总预算两级编制形式。施工图总预算应控制在已批准的设计总概算投资范围以内。

施工图预算成果文件应包括：封面、签署页及目录、编制说明、总预算表、综合预算表、单位工程施工图预算表、附件等。编制说明应包括工程概况、编制依据、建筑及安装工程费用计算方法及其费用计取的说明及其他有关说明等。

10.3.3 施工图预算的计价模式

按照施工图预算计算方式和管理方式的不同，施工图预算可以划分为两种计价模式，即定额计价模式和工程量清单计价模式。

(1) 定额计价模式

定额计价模式是采用国家、部门或地区统一规定的定额和取费标准进行工程造价计价，是我国计划经济体制下，长期使用的一种施工图预算编制模式，也称为传统计价模式。

传统计价模式下，由各地区造价主管部门编制工程预算定额和各项取费标准。建设单位和施工单位均先根据预算定额中规定的工程量计算规则、定额基价计算单位工程人工费、材料费和机械费，再按照规定的费率和取费程序计取管理费、利润、规费和税金，汇总得到工程建设费用。传统计价模式的工、料、机消耗量是根据"社会平均水平"综合测定的，取费标准是根据不同地区价格水平平均测算的，企业自主报价的空间很小，不能结合项目具体情况、自身技术管理水平和市场价格自主报价，也不能满足招标人对建筑产品质优价廉的要求。因此，定额计价模式不能适应现行的市场经济体制。

(2) 工程量清单计价模式

工程量清单计价是指按照工程量清单计价规范规定的全国统一工程量计算规则，由招标方提供工程量清单和有关技术说明，投标方根据企业自身的经营管理水平和市场价格进行计价。即在统一工程量计算规则的基础上，遵循商品经济价值规律，建立以市场形成价格的价格机制，实行企业自主报价。

根据《建设工程工程量清单计价规范》(GB 50500—2013) 规定，使用国有资金投资或国有资金投资为主的工程建设项目，必须采用工程量清单计价；非国有资金投资的工程建设项目，宜采用工程量清单计价。《建设工程工程量清单计价规范》适用于建设工程发承包及实施阶段的计价活动。

工程量清单计价是国际上通行的计价模式，本书重点介绍工程量清单计价。

10.3.4 施工图预算的编制程序

工程量清单计价模式下，单位工程施工图预算编制的步骤如下：

(1) 资料收集

收集的资料主要包括：现行计价规范，相关专业工程计算规范，企业定额，国家或省级、行业建设主管部门颁发的计价定额和计价办法，招标文件，招标工程量清单，设计文件，施工现场情况，施工组织设计，与建设项目相关的标准、规范、市场价格信息或工程造价管理机构发布的工程造价信息等。

(2) 熟悉、审阅清单计价的各项资料

重点熟悉、审阅的资料如下：

① 招标文件。工程招标文件是计算工程造价的重要依据。在招标文件中对有关承发包工程范围、内容、期限、工程材料、设备采购供应办法等都有具体规定，计价时必须严格按规定执行。

② 施工图纸。全面系统地阅读图纸，是准确计算工程量的关键工作。

③ 工程量清单。工程量清单是计算工程造价最重要的依据，在计价时必须全面了解每一个清单项目的项目名称、项目特征、计量单位和工程数量。结合图纸，熟悉每一工程量清单所包括的工程内容，以便准确计价。

④ 施工组织设计。

⑤ 主材和设备的来源情况及价格。

(3) 计算工程量

清单计价的工程量包括两层含义：其一是工程项目清单的工程数量，简称"清单工程量"，其计算的依据是专业工程计算规范中的工程量计算规则；其二是每一个清单项目所包括的工程内容的预算工程量，以便于该清单项目综合单价的计算。

(4) 计算分部分项工程费

采用"定额组价"法，逐个计算分部分项工程项目清单的综合单价，并对每个综合单价进行合理性分析。在计算综合单价时，可采用企业定额，也可采用各地现行的建筑安装工程预算定额；将每个清单项目的工程数量，分别乘以对应的综合单价，再汇总得到分部分项工程费。即：

$$\text{分部分项工程费} = \Sigma(\text{分部分项工程项目清单工程量} \times \text{综合单价}) \tag{10.9}$$

(5) 计算措施项目费

在分部分项工程费的基础上，结合当地造价主管部门的规定，分别计算单价措施项目费和总价措施项目费。

(6) 计算其他项目费

(7) 计算规费、税金及工程造价

规费和税金应按国家或地方有关部门规定计算。

(8) 复核

(9) 填写封面、编制说明

10.4 工程量清单及计价

工程量清单计价是一种主要由市场定价的计价模式。为适应我国工程投资体制改革和建设管理体制改革的需要，加快我国建筑工程计价模式与国际接轨的步伐，自 2003 年起开始在全国范围内实行工程量清单计价方法。现行的《建设工程工程量清单计价规范》（GB 50500—2013，以下简称《计价规范》）规定：使用国有资金投资的建设工程发承包，必须采用工程量清单计价；非国有资金投资的建设工程，宜采用工程量清单计价；不采用工程量清单计价的建设工程，应执行《计价规范》中除工程量清单等专门性规定外的其他规定。

工程量清单计价应采用综合单价计价。

10.4.1 工程量清单编制

工程量清单是载明建设工程分部分项工程项目、措施项目和其他项目的名称和相应数量以及规费和税金项目等内容的明细清单。其中由招标人根据《计价规范》、各专业工程工程量计算规范（以下简称《计算规范》）、招标文件、设计文件，以及施工现场实际情况编制的工程量清单称为招标工程量清单，而作为投标文件组成部分的已标明价格并经承包人确认的工程量清单称为已标价工程量清单。

10.4.1.1 工程量清单编制依据

招标工程量清单应由具有编制能力的招标人或受其委托、具有相应资质的工程造价咨询人编制。招标工程量清单必须作为招标文件的组成部分，其准确性和完整性应由招标人负责。招标工程量清单是工程量清单计价的基础，应作为编制招标控制价、投标报价的依据之一。招标工程量清单应以单位（项）工程为单位编制，由分部分项工程项目清单、措施项目清单、其他项目清单、规费和税金项目清单组成。

招标工程量清单编制的依据包括：

① 《建设工程工程量清单计价规范》（GB 50500—2013）和相关工程的国家计算规范；
② 国家或省级、行业建设主管部门颁发的计价定额和办法；
③ 建设工程设计文件及相关材料；
④ 与建设工程有关的标准、规范、技术资料；
⑤ 拟定的招标文件；
⑥ 施工现场情况、地勘水文资料、工程特点及常规施工方案；
⑦ 其他相关资料。

现行的相关工程国家计算规范包括：《房屋建筑与装饰工程工程量计算规范》（GB 50854—2013）、《仿古建筑工程工程量计算规范》（GB 50855—2013）、《通用安装工程工程量计算规范》（GB 50856—2013）、《市政工程工程量计算规范》（GB 50857—2013）、《园林绿化工程工程量计算规范》（GB 50858—2013）、《矿山工程工程量计算规范》（GB 50859—2013）、《构筑物工程工程量计算规范》（GB 50860—2013）、《城市轨道交通工程工程量计算规范》（GB 50861—2013）、《爆破工程工程量计算规范》（GB 50862—2013）。

10.4.1.2 工程量清单编制程序

① 首先要参阅设计文件，了解工程专业类别，确定适用的专业工程计算规范。
② 编制分部分项工程项目清单。对照《计算规范》的附录内容确定分部分项工程项目清单的项目名称、项目编码、项目特征和计量单位，再按《计算规范》附录中规定的工程量计算

规则，计算清单项目工程量。

③ 编制措施项目清单。措施项目清单是指为完成建设工程施工，发生于该工程施工前和施工过程中的技术、生活、安全、环境保护等方面的项目清单。

④ 编制其他项目清单、规费项目清单和税金项目清单。

⑤ 编写总说明。

10.4.1.3 工程量清单的编制

工程量清单由分部分项工程项目清单、措施项目清单、其他项目清单、规费和税金项目清单组成。

(1) 分部分项工程项目清单

分部分项工程项目清单必须根据相关工程现行国家计量规范规定的项目编码、项目名称、项目特征、计量单位和工程量计算规则进行编制。分部分项工程项目清单必须载明项目编码、项目名称、项目特征、计量单位和工程量。"项目编码""项目名称""项目特征""计量单位"和"工程量"构成了一个分部分项工程项目清单的"5个要件"，这5个要件在分部分项工程项目清单中缺一不可。表 10.13 为分部分项工程项目清单实例。

表 10.13 分部分项工程和单价措施项目清单与计价表

工程名称：×××　　　标段：　　　　　　　　　　第___页 共___页

序号	项目编码	项目名称	项目特征描述	计量单位	工程数量	金额/元		
						综合单价	合价	其中:暂估价
1	031003003001	焊接法兰阀门	类型:闸阀； 材质:铸铁； 规格、压力等级:$DN100$、$1.0MPa$； 连接形式:法兰； 焊接方法:电弧焊	个	25			

① 项目编码。项目编码是分部分项工程和措施项目清单名称的阿拉伯数字标识。工程量清单的项目编码，应采用十二位阿拉伯数字表示，一至九位应按各专业工程计算规范附录的规定设置，十至十二位应根据拟建工程的工程量清单项目名称和项目特征设置，同一招标工程的项目编码不得有重码。

各级编码代表的含义如下：第一级表示专业工程代码（分两位）；第二级表示《计算规范》附录分类顺序码（分两位）；第三级表示分部工程顺序码（分两位）；第四级表示分项工程项目名称顺序码（分三位）；第五级表示具体清单项目名称顺序码（分三位）。

其中第一级表示专业工程代码具体表示为：房屋建筑与装饰工程为 01、仿古建筑工程为 02、通用安装工程为 03、市政工程为 04、园林绿化工程为 05、矿山工程为 06、构筑物工程为 07、城市轨道交通工程为 08、爆破工程为 09。

工程量清单的项目编码必须根据相关工程现行国家计量规范规定的项目编码编制。

以 031003003001 为例说明项目编码的构成如下：

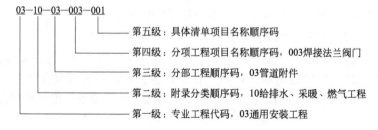

② 项目名称。清单项目名称应根据《计算规范》附录的项目名称结合拟建工程的实际确定。

③ 项目特征。项目特征是构成分部分项工程项目、措施项目自身价值的本质特征。项目特征是区分清单项目、确定清单项目综合单价的重要依据。发包人在招标工程量清单中对项目特征的描述，应是准确的和全面的，并且与实际施工要求相符合。

工程量清单项目特征应按《计算规范》附录中规定的项目特征，结合拟建工程项目的实际予以描述；若采用标准图集或施工图纸能够全部或部分满足项目特征描述的要求，项目特征可直接采用详见××图集或××图号的方式，对不能满足项目特征描述要求的部分，应用文字描述。

④ 计量单位。分部分项工程量清单的计量单位应按《计算规范》附录中规定的计量单位确定。《计算规范》附录中有两个或两个以上计量单位的，应结合拟建工程项目的实际情况，选择最适宜表述该项目特征并方便计量的一个为计量单位。同一工程项目的计量单位应一致。

《计算规范》中规定的计量单位通常为基本单位，如 t 或 kg、m^3、m^2、m、个、套、台、项、系统等。

⑤ 工程量。分部分项工程项目和单价措施项目清单中所列工程量应按《计算规范》附录中规定的工程量计算规则计算。除计算规范另有说明外，清单项目工程量以实体工程量为准，并以完成后的净值来计算，并不包括施工过程中的各种损耗。施工过程中的各种损耗应在投标人投标报价的综合单价中考虑。

（2）措施项目清单

措施项目是指为完成工程项目施工，发生于该工程施工前和施工过程中的技术、生活、安全、环境保护等方面的项目。

措施项目清单必须根据现行《计算规范》的规定编制，并根据拟建工程的实际情况列项。措施项目清单的编制需考虑多种因素，除工程本身的因素外，还涉及水文、气象、环境、安全、施工工艺等因素。若出现《计算规范》中未列的项目，可根据工程实际情况补充。

根据现行《计算规范》，措施项目分为能计量的措施项目与不能计量的措施项目两类。对能计量的措施项目，如脚手架、施工降排水等，该类措施项目清单宜采用分部分项工程项目清单的方式编制，列出项目编码、项目名称、项目特征、计量单位和工程量。计价时采用综合单价，因此又称为"单价措施项目"。对不能计量的措施项目，如安全文明施工、二次搬运等，该类措施项目费用的发生与使用时间、施工方法或者两个以上的工序相关，而与实际完成的工程量的多少关系不大，该类措施项目清单仅列出项目编码、项目名称，以"项"为计量单位，计价时采用总价，因此又称为"总价措施项目"。

表 10.14 为现行《通用安装工程工程量计算规范》列出的单价措施项目，表 10.15 为总价措施项目，其中安全文明施工费不得作为竞争性费用。

表 10.14 通用安装工程单价措施项目

序号	项目编码	项目名称
1	031301001	吊装加固
2	031301002	金属抱杆安装、拆除、移位
3	031301003	平台铺设、拆除
4	031301004	顶升、提升装置
5	031301005	大型设备专用机具

续表

序号	项目编码	项目名称
6	031301006	焊接工艺评定
7	031301007	胎(模)具制作、安装、拆除
8	031301008	防护棚制作安装拆除
9	031301009	特殊地区施工增加
10	031301010	安装与生产同时进行施工增加
11	031301011	在有害身体健康环境中施工增加
12	031301012	工程系统检测、检验
13	031301013	设备、管道施工的安全、防冻和焊接保护
14	031301014	焦炉烘炉、热态工程
15	031301015	管道安拆后的充气保护
16	031301016	隧道内施工的通风、供水、供气、供电、照明及通信设施的安装和拆除
17	031301017	脚手架搭拆
18	031301018	其他措施
19	031302007	高层施工增加

表 10.15　通用安装工程总价措施项目

序号	项目编码	项目名称	备注
1	031302001	安全文明施工	
2	031302002	夜间施工增加	
3	031302003	非夜间施工增加	
4	031302004	二次搬运	
5	031302005	冬雨季施工增加	
6	031302006	已完工程及设备保护	
7	031302008	临时设施费	省补充
8	031302009	赶工措施费	省补充
9	031302010	工程按质论价	省补充
10	031302011	住宅工程分户验收	省补充
11	031302012	建筑工人实名制费用	省补充

(3) 其他项目清单

其他项目清单是指分部分项工程项目清单、措施项目清单所包含的内容以外，因招标人的特殊要求而发生的与拟建工程有关的其他项目费用和相应数量的清单。

工程建设标准的高低、复杂程度、工期长短、工程的组成内容、发包人对工程管理的要求等都直接影响其他项目清单的具体内容。因此，其他项目清单应根据拟建工程的具体情况编制。《计价规范》中列出的其他项目清单包括暂列金额；暂估价，包括材料（工程设备）暂估单价、专业工程暂估价；计日工；总承包服务费4项，如表10.16所示。出现《计价规范》未列的项目，可根据工程实际情况补充。

① 暂列金额。暂列金额是招标人在工程量清单中暂定并包括在合同价款中的一笔款项。用于工程合同签订时尚未确定或者不可预见的所需材料、工程设备、服务的采购，施工中可能发生的工程变更、合同约定调整因素出现时的合同价款调整以及发生的索赔、现场签证确认等的费用。

表 10.16 其他项目清单与计价汇总表

工程名称：　　　　　　　　　　标段：　　　　　　　　　　　　　　第　页 共　页

序号	项目名称	金额/元	结算金额/元	备注
1	暂列金额			
2	暂估价			
2.1	材料（工程设备）暂估价			
2.2	专业工程暂估价			
3	计日工			
4	总承包服务费			
	合计			

注：材料（工程设备）暂估价进入清单项目综合单价，此处不汇总。

暂列金额是为实施过程中不可避免的价格调整而设立的，以便合理确定和有效控制工程造价。暂列金额应根据工程特点按有关计价规定估算，一般可按分部分项工程费和措施项目费的10%～15%计列。暂列金额如表 10.17 所示。

表 10.17 暂列金额明细表

工程名称：　　　　　　　　　　标段：　　　　　　　　　　　　　　第　页 共　页

序号	项目名称	计量单位	暂定金额/元	备注
1				
2				
3				
	合计			

注：此表由招标人填写，如不能详列，也可只列暂定金额总额，投标人应将上述暂列金额计入总价中。

② 暂估价。暂估价是招标人在工程量清单中提供的用于支付必然发生但暂时不能确定价格的材料、工程设备的单价以及专业工程的金额，包括材料暂估单价、工程设备暂估单价、专业工程暂估价。

招标人编制其他项目清单时，暂估价中的材料、工程设备暂估单价应根据工程造价信息或参照市场价格估算，列出明细表；专业工程暂估价应分不同专业，按有关计价规定估算，专业工程暂估价应是综合暂估价，包括除规费、税金以外的费用，并列出明细表。

③ 计日工。计日工是在施工过程中，承包人完成发包人提出的工程合同范围以外的零星项目或工作，按合同中约定的单价计价的一种方式。

计日工是指对零星项目或工作采取的一种计价方式，包括完成该项作业的人工、材料、机械台班、企业管理费和利润。

招标人编制工程量清单时，计日工应由招标人根据工程的复杂程度、设计深度等因素，按照经验来估算一个比较贴近实际的数量，列出项目名称、计量单位和暂估数量写入计日工表中。计日工表如表10.18所示。

表 10.18 计日工表

工程名称：　　　　　　　　　　标段：　　　　　　　　　　第　页　共　页

编号	项目名称	单位	暂定数量	综合单价/元	合价/元	
					暂定	实际
一	人工					
1						
2						
	人工小计					
二	材料					
1						
2						
	材料小计					
三	施工机械					
1						
2						
	施工机械小计					
四	企业管理费和利润					
	总计					

注：此表名称、单位、暂定数量由招标人填写。投标时，单价由投标人自主报价，按暂定数量计算合价计入投标总价中。结算时，按发承包双方确认的实际数量计算合价。

④ 总承包服务费。是指总承包人为配合协调发包人进行的专业工程发包，对发包人自行采购的材料、工程设备等进行保管以及施工现场管理、竣工资料汇总整理等服务所需的费用。

(4) 规费项目清单

规费是根据国家法律、法规规定，由省级政府或省级有关权力部门规定施工企业必须缴纳的，应计入建筑安装工程造价的费用。

规费项目清单应按照下列内容列项：

① 社会保险费：包括养老保险费、失业保险费、医疗保险费、工伤保险费、生育保险费。
② 住房公积金。

出现计价规范中未列的项目，应根据省级政府或省级有关部门的规定列项。

需要注意的是：自2018年1月1日起在全国范围内征收环境保护税，"工程排污费"不再征收。江苏省建设主管部门增设了"环境保护税"规费项目。

(5) 税金项目清单

增值税采用一般计税方法时，税金是指国家税法规定应计入建筑安装工程造价内的增值税销项税额。而城市维护建设税、教育费附加、地方教育费附加已计算在管理费的附加税中，不再列出。

出现计价规范中未列的税种项目，应根据税务部门的规定列项。

10.4.2 工程量清单计价

工程量清单计价方法是指在建设工程招投标中，招标人按照现行的《建设工程工程量清单计价规范》编制工程量清单,并作为招标文件的一部分提供给投标人,由投标人依据工程量清单自主报价的计价方式。在工程招标中采用工程量清单计价是国际上较为通行的做法。

《计价规范》规定工程量清单计价应采用综合单价计价。综合单价是指完成一个规定清单项目所需的人工费、材料和工程设备费、施工机具使用费和企业管理费、利润以及一定范围内的风险费用。显然,规费和税金并不包括在清单项目综合单价中。

10.4.2.1 工程量清单计价的编制依据

工程量清单计价的编制依据包括:
① 建设工程工程量清单计价规范;
② 国家或省级、行业建设主管部门颁发的计价办法;
③ 企业定额,国家或省级、行业建设主管部门颁发的计价定额;
④ 建设工程设计文件及相关资料;
⑤ 招标文件及招标工程量清单;
⑥ 与建设项目相关的标准、规范、技术资料;
⑦ 施工现场情况、工程特点及拟订的施工组织设计或施工方案;
⑧ 工程造价管理机构发布的工程造价信息,或市场价格信息;
⑨ 其他的相关资料。

10.4.2.2 工程量清单计价

建筑安装工程费按照工程造价形成由分部分项工程费、措施项目费、其他项目费、规费、税金组成。分部分项工程费、措施项目费、其他项目费包含人工费、材料费、施工机具使用费、企业管理费和利润。

(1) 分部分项工程费

分部分项工程费是指完成各专业工程的分部分项工程项目清单应予列支的各项费用,包括人工费、材料费、机械使用费、管理费、利润,并考虑风险因素。各类专业工程的分部分项工程划分见现行国家相关计量规范。

分部分项工程费应由分部分项工程项目清单的工程数量,乘以该清单项目的综合单价,并汇总而成。即:

$$\text{分部分项工程费} = \sum (\text{分部分项工程项目清单工程量} \times \text{综合单价}) \quad (10.10)$$

$$\text{综合单价} = \text{人工费} + \text{材料费} + \text{机械费} + \text{管理费} + \text{利润} \quad (10.11)$$

其中人工费、材料费和机械费按计价定额规定的消耗量乘以相应的预算单价计算。即:

$$\text{人工费} = \sum (\text{人工消耗量} \times \text{人工工日单价}) \quad (10.12)$$

$$\text{材料费} = \sum (\text{材料消耗量} \times \text{材料单价}) \quad (10.13)$$

$$\text{机械费} = \sum (\text{机械台班消耗量} \times \text{机械台班单价}) \quad (10.14)$$

管理费和利润通常用某一计算基础乘以一定的费率计算。即:

$$\text{企业管理费} = \text{管理费计算基础} \times \text{企业管理费费率} \quad (10.15)$$

$$\text{利润} = \text{利润计算基础} \times \text{利润率} \quad (10.16)$$

管理费的计算基础可以采用以下三种:
① 人工费;
② 人工费+机械费;
③ 分部分项工程费。
利润的计算基础可以采用以下两种:
① 人工费;

② 人工费+机械费。

不同专业的工程，管理费和利润的取费基础不同。目前在工程造价领域，安装工程主要采用方法①，即以人工费作为管理费和利润的计算基础；建筑工程主要采用方法②，即以人工费和机械费合计作为管理费和利润的计算基础。式中的管理费费率与工程类别有关。管理费费率、利润率以省级造价主管部门发布的文件规定为准。

综合单价的计算通常采用以计价定额为基础的"定额组价法"，计算出完成该清单项目的费用总和，由费用总和除以清单项目工程量即为该清单项目的综合单价。即：

$$综合单价 = \frac{完成该清单项目的费用总和}{清单项目工程量} \tag{10.17}$$

综合单价的计算过程如下：
① 搜集、审阅计算综合单价的依据；
② 根据《计算规范》附录、设计文件、施工组织设计、施工及验收规范确定每一清单项目的具体工程内容；
③ 根据施工图以及预算工程量计算规则计算工程内容的预算工程量；
④ 选套企业定额或预算定额，计算完成该清单项目所需费用合计值；
⑤ 计算该清单项目的综合单价；
⑥ 分析综合单价组成的合理性。

(2) 措施项目费

措施项目费是指为完成工程项目施工，发生于该工程施工前和施工过程中的技术、生活、安全、环境保护等方面的费用。

根据现行专业工程工程量计算规范，措施项目分为可计量的单价措施项目与不能计量的总价措施项目。单价措施项目是指在现行各专业工程国家计算规范中有对应工程量计算规则，以综合单价计价的措施项目；总价措施项目是指在现行各专业工程国家计算规范中无工程量计算规则，以总价计算的措施项目。措施项目清单必须根据现行相关工程国家计算规范的规定编制，各专业工程措施项目内容详见各类现行各专业工程国家计算规范。

1）单价措施项目费

$$单价措施项目费 = \sum(措施项目工程量 \times 综合单价) \tag{10.18}$$

通用安装工程、市政工程单价措施项目工程量及综合单价的计算详见后续章节。

2）总价措施项目费

通用安装工程总价措施项目见表10.15，市政工程总价措施项目见表10.19。

表10.19 市政工程总价措施项目

序号	项目编码	项目名称
1	041109001	安全文明施工
2	041109002	夜间施工
3	041109003	二次搬运
4	041109004	冬雨季施工
5	041109005	行车、行人干扰
6	041109006	地上、地下设施、建筑物的临时保护设施
7	041109007	已完工程及设备保护

《计价规范》规定：措施项目中的安全文明施工费必须按国家或省级、行业建设主管部门

的规定计算,不得作为竞争性费用。

总价措施项目费通常用某一计算基础乘以一定的费率计算。即：

$$总价措施项目费 = 计算基础 \times 措施项目费费率(\%) \tag{10.19}$$

总价措施项目费的计算基础可以采用以下三种：

① 分部分项工程费＋单价措施项目费；

② 人工费；

③ 定额人工费＋定额机械费。

总价措施项目费计算基础和费率由各地工程造价管理机构根据各专业工程的特点综合确定。《江苏省建设工程费用定额（2014年）》规定,安全文明施工费计算基础为：分部分项工程费－工程设备费＋单价措施项目费,即：

$$总价措施项目费 = (分部分项工程费 - 工程设备费 + 单价措施项目费) \times 相应费率(\%)$$

(3) 其他项目费

其他项目包括：暂列金额、暂估价（包括材料暂估单价、工程设备暂估单价、专业工程暂估价）、计日工和总承包服务费。

投标报价时,暂列金额应按招标工程量清单中列出的金额填写计入总价中。材料、工程设备暂估价应按招标工程量清单中列出的单价计入综合单价；专业工程暂估价应按招标工程量清单中列出的金额填写。计日工应按招标工程量清单中列出的项目和数量,投标人自主确定综合单价并计算计日工金额。总承包服务费应根据招标工程量清单中列出的内容和提出的要求,结合省级或行业建设主管部门的规定自主确定,通常按照分包的专业工程估算造价的一定比例计算。

(4) 规费

规费是根据国家法律、法规规定,由省级政府或省级有关权力部门规定施工企业必须缴纳的,应计入建筑安装工程造价的费用。规费必须按国家或省级、行业建设主管部门的规定计算,不得作为竞争性费用。

规费包括社会保险费（包括养老保险费、失业保险费、医疗保险费、工伤保险费、生育保险费）和住房公积金。江苏省建设主管部门增设了"环境保护税"规费项目。

$$规费 = 计算基础 \times 规费费率(\%) \tag{10.20}$$

规费计算基础及费率由当地造价主管部门规定。《江苏省建设工程费用定额（2014年）》规定,规费计算基础为：分部分项工程费－工程设备费＋措施项目费＋其他项目费。

即： $规费 = (分部分项工程费 - 工程设备费 + 措施项目费 + 其他项目费) \times 规费率(\%)$

(5) 税金

增值税采用一般计税方法时,税金是指国家税法规定应计入建筑安装工程造价内的增值税销项税额。出现计价规范中未列的税种项目,应根据税务部门的规定列项。税金必须按国家或省级、行业建设主管部门的规定计算,不得作为竞争性费用。

一般计税方法的增值税应纳税额,是指当期销项税额抵扣当期进项税额后的余额。

即： $增值税应纳税额 = 当期销项税额 - 当期进项税额$

进项税额是指纳税人购进货物、加工修理修配、劳务、服务、无形资产或者不动产,支付或者负担的增值税额。

销项税额是指纳税人发生应税行为按照销售额和增值税税率计算并收取的增值税额。销项税额计算公式：

$$增值税销项税额 = 销售额 \times 增值税税率$$
$$= 税前工程造价 \times 建筑业拟征增值税税率 \tag{10.21}$$

税前工程造价中不包含增值税可抵扣进项税额,即组成建设工程造价的要素价格中,除无增值税可抵扣项的人工费、利润、规费外,材料费、施工机具使用费、管理费均按扣除增值税可抵扣进项税额后的价格,即"除税价格"计入。

规费、税金项目计价表如表10.20所示。

表10.20 规费、税金项目计价表

工程名称:　　　　　　　　　　标段:　　　　　　　　　第　页共　页

序号	项目名称	计算基础	计算基数	计算费率/%	金额/元
1	规费				
1.1	社会保险费				
1.2	住房公积金				
2	税金	分部分项工程费+措施项目费+其他项目费+规费-(甲供材料费+甲供设备费)			
	合计				

(6) 工程造价

$$建设工程造价=税前工程造价\times(1+建筑业增值税税率) \quad (10.22)$$

包工包料工程工程造价计算程序见表10.21所示。

表10.21 投标报价汇总表

工程名称:　　　　　　　　　标段:　　　　　　　　　第　页共　页

序号	汇总内容	金额/元	其中:暂估价/元
1	分部分项工程		
1.1	人工费		
1.2	材料费		
1.3	施工机具使用费		
1.4	企业管理费		
1.5	利润		
2	措施项目		—
2.1	其中:安全文明施工措施费		
3	其他项目		—
3.1	其中:暂列金额		
3.2	其中:专业工程暂估价		
3.3	其中:计日工		
3.4	其中:总承包服务费		
4	规费		—
5	税金		—
	投标报价合计=1+2+3+4+5		

10.4.3 招标控制价的编制

招标控制价是招标人根据国家或省级、行业建设主管部门颁发的有关计价依据和办法,以及拟定的招标文件和招标工程量清单,结合工程具体情况编制的招标工程的最高投标限价。国有资金投资的建设工程招标,招标人必须编制招标控制价。投标人的投标报价高于招标控制价的应予废标。因此,招标控制价是招标人在工程招标时能接受投标人报价的最高限价,投标人的投标报价不能高于招标控制价,否则,其投标将被拒绝。

10.4.3.1 招标控制价的编制依据

招标控制价的编制依据有:
① 《建设工程工程量清单计价规范》;
② 国家或省级、行业建设主管部门颁发的计价定额和计价办法;
③ 建设工程设计文件及相关资料;
④ 拟订的招标文件及招标工程量清单;
⑤ 与建设项目相关的标准、规范、技术资料;
⑥ 施工现场情况、工程特点及常规施工方案;
⑦ 工程造价管理机构发布的工程造价信息,当工程造价信息没有发布时,参照市场价;
⑧ 其他的相关资料。

由此看出,招标控制价与投标报价编制在计价定额、材料价格的确定等方面有所区别。

10.4.3.2 招标控制价的编制

招标控制价内容包括:分部分项工程费、措施项目费、其他项目费、规费和税金。有关费用的计算方法参见 10.4.2 工程量清单计价,编制招标控制价时应注意以下问题:
① 使用的计价定额应是建设主管部门颁布的计价定额,而不是企业定额;
② 采用的材料价格应是工程造价管理机构通过工程造价信息发布的价格,当工程造价信息没有发布时,才参照市场价;
③ 建设主管部门对工程计价中费用或费用标准有规定的,应按规定执行。

10.5 施工资源的消耗量及价格

施工资源是指在工程施工中所需消耗的生产要素,按资源的性质一般可分为劳动力资源、施工机械设备资源、材料资源等。合理确定施工资源消耗量及其价格,是确定工程造价的前提和基础。

10.5.1 建设工程定额

所谓"定",就是规定;所谓"额",就是额度和限额。从广义理解,定额就是规定的额度和限度。建设工程定额是指在正常施工条件和合理劳动组织条件下,完成规定计量单位的合格建筑安装工程产品所必须消耗资源的数量标准。建设工程定额是企业实行科学管理的基础,是确定建筑安装工程造价、进行经济核算和投资决策的依据。

建设工程定额是工程建设中各类定额的总称。建设工程定额可根据生产要素、编制程序和定额用途、专业及费用的性质、编制单位和管理权限的不同进行分类。它们之间的关系如图 10.2 所示。

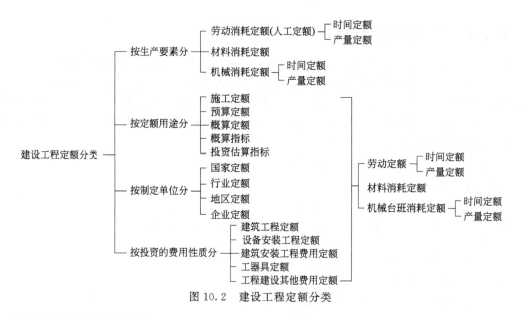

图 10.2　建设工程定额分类

(1) 按生产要素分类

建设工程定额按生产要素可分为：劳动定额、材料消耗定额、机械台班使用定额。

① 劳动定额（亦称工时定额或人工定额）。劳动定额是在正常的施工技术条件下，为完成单位合格产品所必需的劳动消耗量的标准。劳动定额是人工的消耗定额，又称人工定额。劳动定额根据表达形式有时间定额和产量定额两种。

时间定额是指在一定的生产技术和生产组织条件下，某工种、某种技术等级的工人小组或个人，完成单位合格产品所必须消耗的工作时间。时间定额以"工日"表示时间，即完成单位产品的工日，如工日/m、工日/m³、工日/t。其计算方法如式(10.23)所示：

$$时间定额 = \frac{工作时间(工日数)}{该时间内完成的产品数量} = \frac{1}{每工日产量} \tag{10.23}$$

产量定额是指在一定的生产技术和生产组织条件下，某工种、某种技术等级的工人小组或个人，在单位时间内（工日）所完成合格产品的数量。产量定额的计量单位以产品的计量单位表示，即单位工日的产品数量，以"m³/工日、t/工日、套/工日"等单位表示。其计算方法如式(10.24)所示：

$$产量定额 = \frac{产品数量}{消耗的总工日} \tag{10.24}$$

时间定额与产量定额互为倒数，即：时间定额×产量定额=1

【例 10.6】 10 名工人挖土方，土壤类别为二类干土，工作 4 小时，完成 29.0m³ 土方量。试计算时间定额和产量定额。

【解】 $产量定额 = \dfrac{29}{10 \times \dfrac{4}{8}} = 5.8 (m^3/工日)$

$时间定额 = \dfrac{1}{5.8} = 0.173 (工日/m^3)$

② 材料消耗定额。在节约和合理使用材料的条件下，生产单位合格产品所必须消耗的一定规格的原材料、半成品或构配件的数量标准，称为材料消耗定额。它是企业实行限额领料和

核算材料消耗的重要依据。

工程施工中所消耗的材料，按其消耗的方式可以分成两种，一种是在施工中一次性消耗并构成工程实体的材料，称为实体性材料，如管道、阀门等；另一种是在施工中周转使用，其价值是分批分次地转移到工程实体中去的材料，称为周转性材料，这种材料一般不构成工程实体，但在施工过程中又是必须使用的措施性材料，如脚手架、模板等。

实体性材料消耗量由材料净用量和不可避免的材料损耗量两部分组成。即：

$$材料消耗量＝材料净用量＋材料损耗量 \tag{10.25}$$

材料净用量就是直接构成建筑安装工程实体的材料数量；材料损耗量就是指材料从现场仓库领出到完成合格产品的过程中的合理损耗量。因此它包括场内搬运、加工制作和施工操作过程中的合理损耗等。材料损耗量的多少，常用损耗率来表示：

$$材料损耗率＝\frac{材料损耗量}{材料净用量}\times100\% \tag{10.26}$$

则材料消耗量的计算公式为：

$$材料消耗量＝净用量\times(1＋材料损耗率) \tag{10.27}$$

材料损耗率通过观测和统计而确定。一般可以使用观测法、试验法、统计法和理论计算法等四种方法来确定材料的定额消耗量。

③ 机械台班使用定额。在正常施工条件下完成单位合格产品所必须消耗的机械台班数量的标准，称为机械台班消耗定额，也称为机械台班使用定额。

一台机械工作一个工作班（即 8h）称为一个台班；如两台机械共同工作一个工作班，或者一台机械工作两个工作班，则称为两个台班。机械台班使用定额的表示形式有两种：机械台班时间定额和机械台班产量定额。

机械台班时间定额就是在正常的施工条件下，使用某种机械，完成单位合格产品所必须消耗的台班数量；机械台班产量定额就是在正常的施工条件下，某种机械在一个台班时间内完成的单位合格产品的数量。显然，机械台班时间定额与机械台班产量定额互为倒数。

（2）按定额编制程序和用途分类

建设工程定额按定额编制程序和用途可分为施工定额、预算定额、概算定额、概算指标、投资估算指标等五种。

① 施工定额。施工定额是指在正常的施工条件下，以施工过程或基本工序为标定对象而规定的完成单位合格产品所必须消耗的人工、材料、机械台班的数量标准。施工定额直接用于施工管理，属于企业定额的性质。为了适应组织生产和管理的需要，施工定额的项目划分很细，是工程定额中分项最细、定额子目最多的一种定额，也是工程定额中的基础性定额。

施工定额是由劳动定额、材料消耗定额和机械消耗定额三个部分组成。施工定额是编制施工组织设计、施工作业计划、施工预算、签发施工任务书的依据。

② 预算定额。预算定额是指在合理的劳动组织和正常的施工条件下，以单位工程的基本构成要素——分项工程为对象而规定的完成单位合格产品所必需的人工、材料和机械台班消耗的数量及其费用标准。预算定额表现为量、价的有机结合的形式，是一种计价性定额，是确定施工图预算的主要依据。从编制程序看，预算定额是在施工定额的基础上进行综合扩大编制而成的。因此，施工定额是预算定额的编制基础。

预算定额是编制施工图预算、工程结算、竣工决算、招标控制价和投标报价、施工组织设计的重要依据，是编制概算定额的基础。

③ 概算定额。概算定额是在预算定额的基础上，以扩大分项工程或扩大的结构构件为对象而规定的完成单位合格产品所必需的人工、材料和机械台班消耗的数量及其费用标准。概算

定额又称扩大结构定额,是一种计价性定额。

概算定额是一种介于预算定额和概算指标之间的定额,它是以预算定额为基础,经过适当的综合扩大编制而成的。因此概算定额较预算定额具有更大的综合性。概算定额是编制扩大初步设计概算的依据,是编制概算指标的基础。

④ 概算指标。概算指标是在概算定额的基础上综合扩大而成的,它是以单位工程为对象,以更为扩大的计量单位而规定的人工、材料和机械台班消耗的数量标准和造价指标。更为扩大的计量单位通常是建筑面积（m^2）、建筑体积（m^3）构筑物的"座"、成套设备装置的"台"或"套"。因此概算指标比概算定额综合性更强。

概算指标是初步设计阶段编制设计概算的依据,是编制投资估算的参考。

⑤ 投资估算指标。投资估算指标通常是以单位工程、单项工程或完整的工程项目为对象编制的确定生产要素消耗的数量标准和造价指标,是根据已建工程或现有工程的价格资料,经分析、归纳和整理编制而成的。估算指标是项目建议书和可行性研究阶段编制投资估算的依据。

上述各种定额的相互联系参见表 10.22 所示。

表 10.22　各种定额间关系的比较

项目	施工定额	预算定额	概算定额	概算指标	投资估算指标
对象	施工过程或基本工序	分项工程和结构构件	扩大的分项工程和扩大的结构构件	单位工程	建设项目 单项工程 单位工程
用途	编制施工预算	编制施工图预算	编制扩大初步设计概算	编制初步设计概算	编制投资估算
项目划分	最细	细	较粗	粗	很粗
定额水平	平均先进	平均			
定额性质	生产性定额	计价性定额			

(3) 按专业及费用性质分类

建设工程定额按专业及费用性质可分为建筑工程定额、安装工程定额、建筑安装工程费用定额,工程建设其他费用定额等。

建筑工程定额是建筑工程的企业定额、消耗量定额、预算定额、概算定额和概算指标的统称。设备安装工程定额是设备安装工程的各类定额指标的统称。建筑安装工程费用定额是规定计取各项费用的标准。工程建设其他费用定额是独立于建筑安装工程之外的其他费用开支的标准。

(4) 按定额的制定单位和适用范围分类

建设工程定额按定额的制定单位和适用范围可分为国家定额、行业定额、地区定额和企业定额。

① 国家定额是指由国家建设行政主管部门,依据现行设计规范、施工及验收规范、技术和安全操作规程、质量评定标准等,综合全国施工企业技术装备水平和管理水平编制的在全国范围内施行的定额,如《市政工程消耗量定额》《通用安装工程消耗量定额》等。

② 行业定额是指由行业建设行政主管部门,依据行业标准和规范,考虑行业工程建设特点、本行业施工企业技术装备、管理水平编制的在本行业范围内施行的定额。该定额具有较强的行业或专业特点,如《铁路工程消耗量定额》。

③ 地区定额是指由地区建设行政主管部门,在国家统一定额的基础上,结合本地区特点编制的在本地区范围内施行的定额。《江苏省安装工程计价表》即是地区定额。

④ 企业定额是指由施工企业根据本企业的人员素质、机械装备程度和企业管理水平，参照国家、部门或地区定额编制的，只在本企业内部使用的定额。企业定额水平应高于国家、行业或地区定额，企业定额是企业自主报价的主要依据之一。

10.5.2 施工资源的价格

施工资源的价格是指为了获取并使用该施工资源所必须发生的单位费用。施工资源的价格取决于获取该资源时的市场条件、取得的方式、使用该资源的方式以及一些政策性的因素。

10.5.2.1 人工单价

人工费是指按工资总额构成规定，支付给从事建筑安装工程施工的生产工人和附属生产单位工人的各项费用。内容包括：计时工资或计件工资、奖金、津贴补贴、加班加点工资及特殊情况下支付的工资等五个部分，详见 9.6 建筑安装工程费用项目组成。

人工日工资单价是指施工企业平均技术熟练程度的生产工人在每工作日（国家法定工作时间内）按规定从事施工作业应得的日工资总额。

我国工资制度规定的是月工资标准，定额中的人工消耗以工日计，因此须将月工资化为日工资，即：

$$日工资单价 = \frac{月工资总收入}{年平均月法定工作日} \tag{10.28}$$

$$日工资单价 = \frac{生产工人平均月工资(计时、计件) + 平均月奖金 + 平均月津贴补贴 + 平均月特殊情况下支付的工资}{年平均每月法定工作日} \tag{10.29}$$

实际使用时，企业应根据本企业的实际情况测定。也可参考各地建设主管部门或行业主管部门定期测算发布的人工工资指导价。

10.5.2.2 材料单价

材料单价又称"材料预算价格"，是指材料由来源（或交货地点）到达工地仓库（或施工现场内存放材料的地点）后的出库价格。

(1) 材料单价的构成

材料单价由材料原价、材料运杂费、运输损耗费、采购及保管费四种费用构成。

(2) 材料单价的计算

① 材料原价。材料原价是指材料的销售价格。根据材料的来源不同，一般是指出厂价、批发价或市场零售价格。在确定材料原价时，由于同一种材料因来源地、供货单价不同有几种价格时，应根据不同来源地的供应量比例，采用加权平均的方法计算原价。

> **【例 10.7】** 生石灰有两个来源地，甲地供应量为 70t，供应价 330.0 元/t，乙地供应量为 30t，供应价 350.0 元/t，则生石灰的加权平均原价是：
>
> **【解】**
> $$加权平均价 = \frac{70 \times 330.0 + 30 \times 350.0}{70 + 30} = 336.0(元/t)$$

② 材料运杂费。材料运杂费是指材料、工程设备自来源地运至工地仓库或指定堆放地点所发生的全部费用。通常包括车船运费、装卸费及附加工作费等。

材料运杂费应根据材料的来源地、运输里程、运输方法，并根据国家有关部门或地方政府交通运输管理部门的规定测算。一般采用材料原价乘以材料运杂费率的简化方式估算。即：

$$材料运杂费 = 材料原价 \times 材料运杂费率 \tag{10.30}$$

③ 运输损耗费。运输损耗费是指材料在运输装卸过程中不可避免的损耗。其计算公式为：

$$运输损耗费 = (材料原价 + 材料运杂费) \times 运输损耗费率 \quad (10.31)$$

④ 采购保管费。采购及保管费是指为组织采购、供应和保管材料、工程设备的过程中所需要的各项费用，包括采购费、仓储费、工地保管费、仓储损耗等。采购保管费一般按照材料到库价格以费率计算。即：

$$采购保管费 = (材料原价 + 材料运杂费 + 运输损耗费) \times 采购保管费率 \quad (10.32)$$

综上所述，材料（设备）单价的计算公式为：

$$\begin{aligned} 材料单价 &= 材料原价 + 材料运杂费 + 运输损耗费 + 采购保管费 \\ &= [(材料原价 + 运杂费) \times (1 + 运输损耗费率)] \times (1 + 采购保管费率) \end{aligned} \quad (10.33)$$

$$工程设备单价 = (设备原价 + 运杂费) \times (1 + 采购保管费率) \quad (10.34)$$

从材料单价的构成可以看出，运输损耗费、仓储损耗费已包括在材料单价中，但不包括施工现场内不可避免的材料损耗，施工现场内的材料损耗应计算在材料消耗定额中。

> **【例 10.8】** 425 号水泥原价 415 元/t，运杂费率为 2.5%，运输损耗费率为 1.0%，采购保管费率为 2.0%。试确定该地区 425 号水泥的预算价格。
>
> **【解】** 原价　　　　　　415 元/t
> 　　　材料运杂费　　　　415×2.5% = 10.38（元/t）
> 　　　运输损耗费　　　　(415 + 10.38)×1.0% = 4.25（元/t）
> 　　　采购保管费　　　　(415 + 10.38 + 4.25)×2.0% = 8.59（元/t）
> 　水泥预算价格 = 415 + 10.38 + 4.25 + 8.59 = 438.22（元/t）

10.5.2.3 施工机械台班单价

施工机具使用费是指施工作业所发生的施工机械、仪器仪表使用费或其租赁费。即：

$$施工机具使用费 = 施工机械使用费 + 仪器仪表使用费 \quad (10.35)$$

其中：

$$施工机械使用费 = \Sigma(施工机械台班消耗量 \times 机械台班单价) \quad (10.36)$$

$$仪器仪表使用费 = 工程使用的仪器仪表摊销费 + 维修费 \quad (10.37)$$

施工机械台班单价是指一台施工机械，在正常运转条件下一个工作班中所发生的全部费用，每班按 8 小时工作制计算。

根据现行规定，施工机械台班单价应由下列七项费用组成：折旧费、大修理费、经常修理费、安拆费及场外运费、机上人工费、燃料动力费、税费。其中前四项费用不因施工地点和施工条件不同而发生变化，属于分摊性质的费用，称为不变费用或第一类费用。这类费用由有关部门统一测算，按该机械全年所需费用分摊到每一个台班中计算；后三项费用常因机械运行、施工地点和条件的不同而变化，其特点是只在机械运转时发生，属于支出性质的费用。称为可变费用或第二类费用。编制台班费时，应按各地区的工资标准、材料价格和交通部门的规定计算。

复习思考题

1. 简要说明水工程建设项目投资估算文件的组成。
2. 水工程建设项目投资估算文件的编制方法有哪几种？
3. 某城市拟建设一座规模为 $5 \times 10^4 \text{m}^3/\text{d}$ 的二级污水处理厂，该地区价格资料如下：

人工：74 元/工日。

材料：水泥：380 元/t；　　　　锯材：3850 元/m³；

钢材：4500 元/t； 　　　　中砂：80 元/m³；
碎石：80 元/m³； 　　　　铸铁管：6000 元/t；
钢管及配件 6200 元/t； 　　钢筋混凝土管 650 元/t；
闸门：11000 元/t； 　　　　钢筋：4500 元/t。

经测算设备调整系数为 1.30，措施费率为 6%（其中人工费占 8%，材料费占 87%，机械费占 5%），综合费率为 27%，工程建设其他费用费率为 12%；基本预备费费率为 8%；试计算该污水处理厂站的综合指标基价。

4. 建筑工程概算的编制方法有哪些？设备及安装工程概算的编制方法又有哪些？

5. 简要说明施工图预算的编制依据和编制步骤。

6. 何谓"工程量清单"？工程量清单由哪几部分清单组成？简要说明招标工程量清单的编制依据。

7. 何谓"项目编码"？项目编码是如何构成的？

8. 何谓"措施项目"？《计算规范》规定措施项目分为哪几类？它们是如何定义的？

9. 简要说明工程量清单计价的编制依据。

10. 按照当地建设主管部门的规定，总价措施项目费是如何计算的？

11. 当地建设主管部门规定的规费包括哪些内容？规费是如何计算？

12. 何谓"定额"？定额按生产要素可分为哪几类？

13. 定额按编制程序和用途可分为哪几类？

14. 按现行的有关规定，人工费由哪几部分费用构成？

15. 何谓"材料预算价格"？材料预算价格由哪几部分费用构成？

16. 某工程 $DN100$ 镀锌钢管安装工程量 100m，《计价定额》规定其损耗率为 2%。已知钢管原价 60 元/m，运杂费率 3%，采保费率 2%，确定钢管的材料费。

11 给排水工程

《通用安装工程工程量计算规范》(GB 50856—2013) 附录 K 给排水、采暖、燃气工程适用于采用工程量清单计价的新建、扩建项目中的生活用给排水、采暖、燃气工程。主要内容包括：生活用给排水、采暖、燃气管道安装，附件、配件安装，支架制作安装，暖、卫、燃气器具安装和小型容器制作安装，采暖工程系统调整等。

11.1 给排水管道

11.1.1 工程量清单项目

给排水管道工程量清单项目设置见表 11.1 所示。

表 11.1　K.1 给排水、采暖、燃气管道（编码：031001）

项目编码	项目名称	项目特征	计量单位	工程量计算规则	工作内容
031001001	镀锌钢管	1. 安装部位； 2. 介质； 3. 规格、压力等级； 4. 连接形式； 5. 压力试验及吹、洗设计要求； 6. 警示带形式	m	按设计图示管道中心线以长度计算	1. 管道安装； 2. 管件制作、安装； 3. 压力试验； 4. 吹扫、冲洗； 5. 警示带铺设
031001002	钢管	^	^	^	^
031001003	不锈钢管	^	^	^	^
031001004	铜管	^	^	^	^
031001005	铸铁管	1. 安装部位； 2. 介质； 3. 材质、规格； 4. 连接形式； 5. 接口材料； 6. 压力试验及吹、洗设计要求； 7. 警示带形式	m	按设计图示管道中心线以长度计算	1. 管道安装； 2. 管件安装； 3. 压力试验； 4. 吹扫、冲洗； 5. 警示带铺设
031001006	塑料管	1. 安装部位； 2. 介质； 3. 材质、规格； 4. 连接形式； 5. 阻火圈设计要求； 6. 压力试验及吹、洗设计要求； 7. 警示带形式	m	按设计图示管道中心线以长度计算	1. 管道安装； 2. 管件安装； 3. 塑料卡固定； 4. 阻火圈安装； 5. 压力试验； 6. 吹扫、冲洗； 7. 警示带铺设

续表

项目编码	项目名称	项目特征	计量单位	工程量计算规则	工作内容
031001007	复合管	1. 安装部位； 2. 介质； 3. 材质、规格； 4. 连接形式； 5. 压力试验及吹、洗设计要求； 6. 警示带形式	m	按设计图示管道中心线以长度计算	1. 管道安装； 2. 管件安装； 3. 塑料卡固定； 4. 压力试验； 5. 吹扫、冲洗； 6. 警示带铺设
031001008	直埋式预制保温管	1. 埋设深度； 2. 介质； 3. 管道材质、规格； 4. 连接形式； 5. 接口保温材料； 6. 压力试验及吹、洗设计要求；	m	按设计图示管道中心线以长度计算	1. 管道安装； 2. 管件安装； 3. 接口保温； 4. 压力试验； 5. 吹扫、冲洗； 6. 警示带铺设
031001009	承插陶瓷缸瓦管	1. 埋设深度； 2. 规格； 3. 接口方式及材料； 4. 压力试验及吹、洗设计要求； 5. 警示带形式			1. 管道安装； 2. 管件安装； 3. 压力试验； 4. 吹扫、冲洗； 5. 警示带铺设
031001010	承插水泥管				
031001011	室外管道碰头	1. 介质； 2. 碰头形式； 3. 材质、规格； 4. 连接形式； 5. 防腐、绝热设计要求	处	按设计图示以处计算	1. 挖填工作坑或暖气沟拆除及修复； 2. 碰头； 3. 接口处防腐； 4. 接口处绝热及保护层

注：1. 安装部位，指管道安装在室内、室外。
2. 输送介质包括给水、排水、中水、雨水、热媒体、燃气、空调水等。
3. 方形补偿器制作安装应含在管道安装综合单价中。
4. 铸铁管安装适用于承插铸铁管、球墨铸铁管、柔性抗震铸铁管等。
5. 塑料管安装适用于 UPVC、PVC、PP-C、PP-R、PE、PB 管等塑料管材。
6. 复合管安装适用于钢塑复合管、铝塑复合管、钢骨架复合管等复合型管道安装。
7. 直埋保温管包括直埋保温管件安装及接口保温。
8. 排水管道安装包括立管检查口、透气帽。
9. 室外管道碰头：
① 适用于新建或扩建工程热源、水源、气源管道与原（旧）有管道碰头；
② 室外管道碰头包括挖工作坑、土方回填或暖气沟局部拆除及修复；
③ 带介质管道碰头包括开关闸、临时放水管线铺设等费用；
④ 热源管道碰头每处包括供、回水两个接口；
⑤ 碰头形式指带介质碰头、不带介质碰头。
10. 管道工程量计算不扣除阀门、管件（包括减压器、疏水器、水表、伸缩器等组成安装）及附属构筑物所占长度；方形补偿器以其所占长度列入管道安装工程量。
11. 压力试验按设计要求描述试验方法，如水压试验、气压试验、泄漏性试验、闭水试验、通球试验、真空试验等。
12. 吹、洗按设计要求描述吹扫、冲洗方法，如水冲洗、消毒冲洗、空气吹扫等。

管道安装部位分为室内、室外。其划分规则为：给水管道以建筑外墙皮 1.5m 处为分界点，入口处设有阀门的以阀门为分界点；排水管道以排水管出户后第一个检查井为界，检查井与检查井之间的连接管道为室外排水管道。

室外管道与市政工程管道的界限划分规则为：给水管道以计量表为界，无计量表的以与市政管道碰头点为界；排水管道以与市政管道碰头的检查井为界。

需要注意的是，建筑物内生产与生活共用管道、锅炉和泵类配管、高层建筑加压泵间管道均属"工业管道"，应按照《通用安装工程工程量计算规范》附录 H 工业管道工程相关项目编码列项。

各种管道按设计图示管道中心线以长度计算，不扣除阀门、管件（包括减压器、疏水器、水表、伸缩器等组成安装）及附属构筑物所占的长度；方形补偿器以其所占长度列入管道安装工程量。

室外管道碰头按设计图示以"处"计算。

管道的除锈、刷油和保温除规范中注明外，应按《通用安装工程工程量计算规范》附录M刷油、防腐蚀、绝热工程的相关规定编码列项及计价。

在《通用安装工程工程量计算规范》附录K中不设管沟土方工程的清单，如涉及管沟土方的开挖、运输和回填，应按《房屋建筑与装饰工程工程量计算规范》（GB 50854—2013）附录A土石方工程相关项目编码列项，管沟土方工程量清单设置见表11.2所示。

表11.2　A.1 土方工程（编码：010101）

项目编码	项目名称	项目特征	计量单位	工程量计算规则	工程内容
010101007	管沟土方	1. 土壤类别； 2. 管外径； 3. 挖沟深度； 4. 回填要求	1. m； 2. m³	1. 按设计图示以管道中心线长度计算； 2. 按设计图示管底垫层面积乘以挖土深度计算；无管底垫层，按管外径的水平投影面积乘以挖土深度计算。不扣除各类井的长度，井的土方并入	1. 排地表水； 2. 土方开挖； 3. 围护（挡土板）、支撑； 4. 运输； 5. 回填

11.1.2　综合单价确定

管道安装预算工程量均以施工图所示管道中心线长度以"m"为计量单位，不扣除阀门、管件、成套器件（包括减压器、疏水器、水表、伸缩器等组成安装）及各种井所占的长度。供暖管道应扣除暖气片所占的长度。按介质、管道材质、连接方式、接口材料、公称直径不同，套用《江苏省安装工程计价定额　第十册　给排水、采暖、燃气工程》相应定额子目。

管道安装定额包括以下工作内容：

① 管道安装、管件连接。
② 水压试验或灌水试验；燃气管道的气压试验。
③ 铸铁排水管、雨水管及塑料排水管均包括管卡、托吊架、通风帽、雨水斗的制作安装。
④ 室内DN32以内钢管包括管卡及托钩制作安装。
⑤ 钢管包括弯管制作与安装（伸缩器除外），无论是现场煨制或成品弯管均不得换算。

直埋式预制保温管道按施工图所示管道中心线长度以"延长米"计算，需扣除管件所占长度，按管芯的公称直径大小套用相应的定额。直埋式预制保温管件安装以"个"为计量单位，按照芯管的公称直径套用相应定额。

给水管道消毒、冲洗及水压试验均以施工图所示管道中心线长度以"m"为计量单位，不扣除阀门、管件、成套器件及各种井所占的长度。按管道公称直径不同，套用《江苏省安装工程计价定额　第十册　给排水、采暖、燃气工程》第一章相应定额子目。

需要注意的是：管道安装预算定额基价内已包括压力试验或灌水试验的费用，由于非施工方原因需要再次进行管道压力试验时才可执行管道压力试验定额，不要重复计算。

计价时需要注意的问题：

① 供暖管道安装工程量应扣除暖气片所占的长度，直埋式预制保温管道需扣除管件所占长度。
② 所有管道安装定额已含零件安装费用，但是否包括接头零件材料费用，视管道材质而定。

③ 铸铁排水管、雨水管、塑料排水管安装定额，均包含管卡、托吊支架、臭气帽、雨水漏斗的制作安装，但未包括雨水漏斗本身价格，雨水漏斗及雨水管件按设计计量另计主材费。

④ 管道安装定额基价内已包括压力试验、灌水试验或气压试验的费用，由于非施工方原因需要再次进行管道压力试验时才可执行管道压力试验定额，不要重复计算。

【例 11.1】 某 12 层住宅楼给排水管道安装工程，确定表 11.3 中分部分项工程项目清单的综合单价。

表 11.3　分部分项工程和单价措施项目清单与计价表

工程名称：　　　　　　　　　　标段：　　　　　　　　　　　第＿＿页共＿＿页

序号	项目编码	项目名称	项目特征描述	计量单位	工程数量	综合单价	合价	其中：暂估计
1	031001001001	镀锌钢管	1. 安装部位：室内； 2. 介质：给水； 3. 规格：DN50，PN1.6； 4. 连接形式：螺纹连接； 5. 压力试验及吹、洗设计要求：水压试验、消毒冲洗	m	120			
2	031001006001	塑料管	1. 安装部位：室内； 2. 介质：排水； 3. 材质、规格：UPVCφ100； 4. 连接形式：粘接； 5. 压力试验及吹、洗设计要求：灌水试验	m	100			

【解】：12 层住宅楼，该安装工程的类别为二类，管理费率为 44%，利润率为 14%。计算过程见表 11.4 和表 11.5 所示。

表中：$DN50$ 镀锌钢管消耗量 $= 12 \times 10.20 = 122.4 (m)$

$DN50$ 镀锌钢管的综合单价为 $\dfrac{8002.08}{120} = 66.68 (元/m)$

$PVC\phi110$ 管消耗量 $= 10 \times 0.852 = 85.20 (m)$

$PVC\phi110$ 管件消耗量 $= 10 \times 11.38 = 113.8 (个)$

塑料排水管管件为未计价材料

$UPVC\phi110$ 管的综合单价为 $\dfrac{6051.94}{100} = 60.52 (元/m)$

表 11.4　分部分项工程项目清单综合单价计算表

工程名称：××给排水工程　　　　　　　　　　　　　　　　　计量单位：m
项目编码：031001001001　　　　　　　　　　　　　　　　　　工程数量：120
项目名称：镀锌钢管　　　　　　　　　　　　　　　　　　　　综合单价：66.68 元

序号	定额编号	工程内容	单位	数量	综合单价组成/元					小计
					人工费	材料费	机械费	管理费	利润	
1	10-164	$DN50$ 镀锌钢管（螺纹）	10m	12	2433.12	588.24	30.24	1070.57	340.64	4462.81
2		材料：$DN50$ 镀锌钢管	m	122.4		3441.89				3441.89
3	10-371	消毒、冲洗	100m	1.2	43.51	28.63		19.15	6.09	97.38
		合计	元		2476.63	4058.76	30.24	1089.72	346.73	8002.08

表 11.5 分部分项工程项目清单综合单价计算表

工程名称：××给排水工程　　　　　　　　　　　　　　　计量单位：m、个
项目编码：031001006001　　　　　　　　　　　　　　　　工程数量：100
项目名称：塑料管　　　　　　　　　　　　　　　　　　　综合单价：60.52 元

序号	定额编号	工程内容	单位	数量	综合单价组成/元					小计
					人工费	材料费	机械费	管理费	利润	
1	10-311	PVCφ110 塑料管	10m	10.00	1628.00	398.90	11.20	716.32	277.92	2982.34
2		材料：塑料管	m	85.20		1704.00				1704.00
3		材料塑料管件	个	113.80		1365.60				1365.60
		合计			1628.00	3468.50	11.20	716.32	227.92	6051.94

建筑给排水工程的管沟埋深较浅，埋深 1.5m 以内时，可以采用矩形断面。管沟挖、填土方预算工程量：

$$V = BhL$$

式中　h——沟深，m；
　　　B——沟底宽，m；
　　　L——沟长，m。

管沟底宽、挖深和沟长按设计文件要求取值；管沟底宽设计文件无规定时可参照表 11.6 取定。

表 11.6 管沟底宽取值表

管径 DN/mm	铸铁管、钢管/m	混凝土、钢筋混凝土管/m	附注
50～75	0.60	0.80	1. 本表按埋深 1.5m 内考虑；
100～200	0.70	0.90	2. 计算土方时可不考虑放坡
250～350	0.80	1.00	
400～450	1.00	1.30	

组价时套用《江苏省建筑工程计价定额》相应子目。

11.2　支架及其他

11.2.1　工程量清单项目

支架及其他工程量清单项目设置见表 11.7 所示。

表 11.7　K.2 支架及其他（编码：031002）

项目编码	项目名称	项目特征	计量单位	工程量计算规则	工作内容
031002001	管道支架	1. 材质； 2. 管架形式	1. kg； 2. 套	1. 以千克计量，按设计图示质量计算； 2. 以套计量，按设计图示数量计算	1. 制作； 2. 安装
031002002	设备支架	1. 材质； 2. 形式			
031002003	套管	1. 名称、类型； 2. 材质； 3. 规格； 4. 填料材质	个	按设计图示数量计算	1. 制作； 2. 安装； 3. 除锈、刷油

管道支架适用于单件支架质量100kg以内的管道支吊架，单件支架质量100kg以上的管道支吊架执行设备支吊架制作安装项目。管道、设备支架按设计图示质量，以"千克"为计量单位计算。

常用套管形式包括一般穿墙（楼板）套管、刚性防水套管、柔性防水套管等。套管的规格根据套管内穿过的介质管道直径确定，通常比套管内穿过的介质管道直径大1~2号规格。套管内填料常用的有油麻、石棉绒等。

套管按设计图示数量，以"个"为计量单位计算。本章"套管"项目适用于一般工业及民用建筑中的套管制作安装。工业管道、构筑物等所用的套管，应按《通用安装工程工程量计算规范》（GB 50856—2013）附录H.17其他项目制作安装编码列项。

11.2.2 综合单价确定

管道支架制作安装，按支架图示几何尺寸以"kg"为计量单位计算，不扣除切肢开孔重量，套用《江苏省安装工程计价定额 第十册 给排水、采暖、燃气工程》第二章的相应子目。

管道支吊架的间距应按设计文件的规定确定，设计文件无规定时，支架间距应符合《建筑给水排水及采暖工程施工质量验收规范》的规定要求，管道支架的最大间距见表11.8和表11.9所示。

表11.8 钢管管道支架的最大间距　　　　　　　　　　　　　　　　单位：m

公称直径/mm		15	20	25	32	40	50	70	80	100	125	150	200	250	300
间距	保温	2.0	2.5	2.5	2.5	3.0	3.0	4.0	4.0	4.5	6.0	7.0	7.0	8.0	8.5
	不保温	2.5	3.0	3.5	4.0	4.5	5.0	6.0	6.0	6.5	7.0	8.0	9.5	11.0	12

表11.9 塑料管及复合管管道支架最大间距　　　　　　　　　　　　　单位：m

直径/mm			12	14	16	18	20	25	32	40	50	63	75	90	110
间距	立管		0.5	0.6	0.7	0.8	0.9	1.0	1.1	1.3	1.6	1.8	2.0	2.2	2.4
	水平管	冷水管	0.4	0.4	0.5	0.5	0.6	0.7	0.8	0.9	1.0	1.1	1.2	1.35	1.55
		热水管	0.2	0.2	0.25	0.3	0.3	0.35	0.4	0.5	0.6	0.7	0.8		

套管制作安装按照设计图示及施工验收相关规范，以"个"为计量单位计算。在套用定额时，套管的规格应按实际套管的直径选用（一般应比被保护的介质管道大两号）。

【例11.2】 某综合楼给排水管道工程，有固定支架10个，采用L50×5角钢制作。每个支架角钢用料1.0m，并有一个螺卡包箍φ8圆钢长0.5m，配六角螺母2个，编制支架制作安装工程量清单，并确定其综合单价。工程类别为三类。

【解】L50×5角钢总长：10×1.0＝10.0（m）

查得其理论重量为3.77kg/m，角钢总重为10.0×3.77＝37.7（kg）

φ8圆钢总长：0.5×10＝5（m）

查得其理论重量为0.395kg/m，圆钢总重为5×0.395＝1.98（kg）

包箍螺母共2×10＝20（颗），查得其理论重量每1000颗重5.674kg，则

包箍螺母总重20×5.674/1000＝0.11（kg）

支架总重为：37.7＋1.98＋0.11＝39.79（kg）

工程量清单见表11.10所示，综合单价计算见表11.11所示。

表 11.10 分部分项工程和单价措施项目清单与计价表

工程名称：××给排水工程　　　　　标段：　　　　　　　　第___页 共___页

序号	项目编码	项目名称	项目特征描述	计量单位	工程数量	金额/元		
						综合单价	合价	其中:暂估价
1	031002001001	管道支架	1. 材质：L50×5 角钢； 2. 管架形式：固定支架	kg	39.79			

表 11.11 分部分项工程项目清单综合单价计算表

工程名称：××给排水工程　　　　　　　　　　　　计量单位：kg
项目编码：031002001001　　　　　　　　　　　　　工程数量：39.79
项目名称：管道支架　　　　　　　　　　　　　　　综合单价：14.23 元

序号	定额编号	工程内容	单位	数量	综合单价组成/元					小计
					人工费	材料费	机械费	管理费	利润	
1	10-382	支架制作	100kg	0.40	70.39	29.01	77.12	28.16	9.85	214.52
2		材料：角钢	kg	42.19		168.75				168.75
3	10-383	支架安装	100kg	0.40	97.19	10.29	23.00	38.88	13.61	182.96
		合计			167.58	208.05	100.11	67.03	23.46	566.24

11.3　管道附件

11.3.1　工程量清单项目

管道附件工程量清单项目设置见表 11.12 所示。

表 11.12 K.3 管道附件（编码：031003）

项目编码	项目名称	项目特征	计量单位	工程量计算规则	工作内容
031003001	螺纹阀门	1. 类型； 2. 材质； 3. 规格、压力等级； 4. 连接形式； 5. 焊接方法	个	按设计图示数量计算	1. 安装； 2. 电气接线； 3. 调试
031003002	螺纹法兰阀门				
031003003	焊接法兰阀门				
031003004	带短管甲乙阀门	1. 材质； 2. 规格、压力等级； 3. 连接形式； 4. 接口方式及材质			
031003005	塑料阀门	1. 规格； 2. 连接形式			1. 安装； 2. 调试
031003006	减压器	1. 材质； 2. 规格、压力等级； 3. 连接形式； 4. 附件配置	组		组装
031003007	疏水器				
031003008	除污器（过滤器）	1. 材质； 2. 规格、压力等级； 3. 连接形式			安装

续表

项目编码	项目名称	项目特征	计量单位	工程量计算规则	工作内容
031003009	补偿器	1. 类型； 2. 材质； 3. 规格、压力等级； 4. 连接形式	个	按设计图示数量计算	安装
031003010	软接头（软管）	1. 材质； 2. 规格； 3. 连接形式	个（组）		安装
031003011	法兰	1. 材质； 2. 规格、压力等级； 3. 连接形式	副（片）		安装
031003012	倒流防止器	1. 材质； 2. 型号、规格； 3. 连接形式	套		安装
031003013	水表	1. 安装部位（室内外）； 2. 型号、规格； 3. 连接形式； 4. 附件配置	组（个）		组装
031003014	热量表	1. 类型； 2. 型号、规格； 3. 连接形式	块		
031003015	塑料排水管消声器	1. 规格； 2. 连接形式	个		安装
031003016	浮标液面计		组		
031003017	浮漂水位标尺	1. 用途； 2. 规格	套		

注：1. 法兰阀门安装包括法兰连接，不得另计。阀门安装如仅为一侧法兰连接时，应在项目特征中描述。
2. 塑料阀门连接形式需注明热熔连接、粘接、热风焊接等方式。
3. 减压器规格按高压侧管道规格描述。
4. 减压器、疏水器、倒流防止器等项目包括组成与安装工作内容，项目特征应根据设计要求描述 附件配置情况，或根据××图集或××施工图做法描述。

给排水管道常用的阀门种类繁多，阀门类型、型号、规格、连接方式等通常用字符表示，表示方式如下：

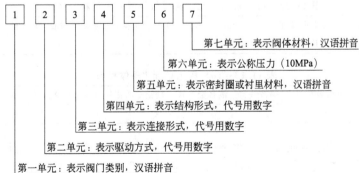

阀门具体代号见表 11.13 所示。

表 11.13 （1） 第一单元"阀门类别"代号

类别	闸阀	截止阀	节流阀	隔膜阀	球阀	旋塞	止回阀	蝶阀	疏水阀	安全阀	减压阀
代号	Z	J	L	G	Q	X	H	D	S	A	Y

表 11.13 （2） 第二单元"驱动方式"代号

方式	电磁动	电磁-液动	电-液动	涡轮	正齿轮	伞齿轮	气动	液动	气-液动	电动
代号	0	1	2	3	4	5	6	7	8	9

注：对于直接驱动的阀门或自动阀门则省本单元。

表 11.13 （3） 第三单元"连接方式"代号

连接形式	内螺纹	外螺纹	法兰	法兰	法兰	焊接	对夹	卡箍	卡套
代号	1	2	3	4	5	6	7	8	9

注：1. 法兰连接代号 3 仅用于双弹簧安全阀。
2. 法兰连接代号 5 仅用于杠杆式安全阀。

表 11.13 （4） 第四单元"结构形式"代号

	1	2	3	4	5	6	7	8	0
闸阀	明杆楔式单闸板	明杆楔式双闸板	明杆平行式单闸板	明杆平行式双闸板	暗杆楔式单闸板	暗杆楔式双闸板	暗杆平行式单闸板	暗杆平行式双闸板	
截止阀 节流阀	直通式			角式	直流式	平衡直通式	平衡角式		
蝶阀	垂直板式		斜板式					杠杆式	
隔膜阀	直通式		截止式				闸板式		
旋塞阀	直通式	调节式	填料直通式	填料三通式	填料四通式		油封	油封三通式	
止回阀	升降直通式	升降立式		旋启单瓣式	旋启多瓣式	旋启双瓣式			
弹簧安全阀	封闭、微启式	封闭、全启式	封闭带扳手微启式	封闭带扳手全启式			带扳手微启式	带扳手全启式	
杠杆式安全阀	单杠杆微启式	单杠杆全启式	双杠杆微启式	双杠杆全启式					
减压阀	外弹簧薄膜式	内弹簧薄膜式	活塞式	波纹管式	杠杆弹簧式	气垫薄膜式			

表 11.13 （5） 第五单元"密封材料或衬里材料"代号

材料	铜	橡胶	合金钢	渗碳钢	巴氏合金	硬质合金	铝合金	衬铅	搪瓷	尼龙	衬胶	氟塑料	渗硼钢	阀体直接加工
代号	T	X	H	D	B	Y	L	Q	C	N	J	F	P	W

表 11.13 （6） 第七单元"阀体材料"

材料	灰铸铁	可锻铸铁	球墨铸铁	铜合金	碳钢	铬钼合金钢	铬镍钛钢	铝合金	铅合金
代号	Z	K	Q	T	C	I	P	L	B

法兰阀门安装包括法兰连接，法兰不得另计。减压器规格按高压侧的直径确定。

管道附件工程量按设计图示数量以"组""个""副"等为计量单位计算。

减压器、疏水器、水表组成安装以"组"为计量单位，其项目工作内容包括节点组成与安装，因此项目特征应根据设计文件描述组成节点的附件配置情况，附件配置是指组成该节点的旁通管、阀门和止回阀的规格及数量，附件不得另列清单。

11.3.2 综合单价确定

阀门安装均以"个"为计量单位计算,按连接方式(螺纹、法兰)、公称直径和类别不同套用《江苏省安装工程计价定额 第十册 给排水、采暖、燃气工程》相应定额。未计价材料:阀门。

需要注意的是:《江苏省安装工程计价定额 第十册 给排水、采暖、燃气工程》中,凡用法兰连接的阀门、暖、卫、燃气器具定额均已包括法兰、螺栓的安装,且法兰、螺栓为已计价材料,如图11.1所示,法兰安装不再单独编制工程量清单及计价。

图 11.1 法兰阀门安装组成

自动排气阀安装均以"个"为计量单位计算,已包括了支架制作安装。

浮球阀安装均以"个"为计量单位,已包括联杆及浮球的安装。遥控浮球阀安装已包含了电气检查接线、电器单体测试、电气调试等工作内容。

安全阀安装,按阀门安装相应定额项目乘以系数2.0计算。

塑料阀门套用《江苏省安装工程计价定额 第八册 工业管道工程》相应定额。

法兰安装工程量按图示以"副"为计量单位计算。各种法兰连接用垫片均按石棉橡胶板计算。若用其他材料,不作调整。

水表组成安装,以"组"为计量单位,按不同连接方式(螺纹、焊接)、公称直径,套用《江苏省安装工程计价定额 第十册 给排水、采暖、燃气工程》相应定额。水表节点组成安装是按原《给水排水标准图集》S145编制的,水表节点组成如图11.2、图11.3所示。螺纹水表组成安装定额基价中已包括1个阀门的安装及材料费用,因此,在计价时,阀门不再另列清单及计价;法兰水表组成安装包含旁通管、法兰、闸阀及止回阀等的安装人工费,法兰、闸阀及止回阀不得另列清单及计价。

图 11.2 螺纹水表组成

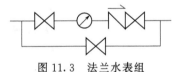

图 11.3 法兰水表组

减压器、疏水器组成安装,以"组"为计量单位,按不同连接方式(螺纹、焊接)、公称直径,套用第十册相应定额。其中减压器安装规格按高压侧的直径计算。

《江苏省安装工程计价定额 第十册 给排水、采暖、燃气工程》中减压器组成安装、疏水器组成安装是按原《采暖通风国家标准图集》N108编制的,疏水器组成如图11.4所示。减压器、疏水器组成安装基价中已包括法兰、阀门、压力表及旁通管的安装人工及材料费用,在计价时,法兰、阀门不再单独编制清单及计价;若设计组成与定额不同时,阀门和压力表数量可按设计用量进行调整,其余不变。若减压器、疏水器单体安装,可执行相应规格阀门安装子目。

图 11.4 疏水器组成

各种伸缩器制作安装,均以"个"为计量单位,方形伸缩器的两臂按臂长的2倍合并在管道长度内计算。

倒流防止器以"套"为计量单位,根据安装方式套用相应同规格的阀门定额,人工乘以系数1.3。

热量表根据安装方式套用相应规格的水表定额,人工乘以系数1.3。

【例 11.3】 某住宅楼给排水工程,由设计图纸确定的 Z15W-10T DN32 阀门 20 个,编制工程量清单,并确定其综合单价。

【解】 工程量清单见表 11.14 所示。综合单价计算过程见表 11.15 所示。

表 11.14 分部分项工程和单价措施项目清单与计价表

工程名称:××给排水工程　　　　　标段:　　　　　　　　第___页共___页

序号	项目编码	项目名称	项目特征描述	计量单位	工程数量	金额/元		
						综合单价	合价	其中:暂估价
1	031003001001	螺纹阀门	1. 类型:闸阀; 2. 材质:钢; 3. 规格、压力等级:DN32、1.0MPa; 4. 连接形式:螺纹	个	20			

表 11.15 分部分项工程项目清单综合单价计算表

工程名称:××给排水工程　　　　　　　　　计量单位:个
项目编码:031003001001　　　　　　　　　　工程数量:20
项目名称:螺纹阀门　　　　　　　　　　　　综合单价:78.16 元

序号	定额编号	工程内容	单位	数量	综合单价组成/元					小计
					人工费	材料费	机械费	管理费	利润	
1	10-421	DN32 螺纹阀门	个	20.00	207.20	234.20		82.88	29.01	553.29
2		材料:阀门	个	20.20		1010.00				1010.00
		合计			207.20	1244.20		82.88	29.01	1563.29

11.4 卫生器具

11.4.1 工程量清单项目

卫生器具工程量清单项目设置见表 11.16 所示。

表 11.16 K.4 卫生器具(编码:031004)

项目编码	项目名称	项目特征	计量单位	工程量计算规则	工作内容
031004001	浴缸	1. 材质; 2. 规格、类型; 3. 组装形式; 4. 附件名称、数量	组	按设计图示数量计算	1. 器具安装; 2. 附件安装
031004002	净身盆				
031004003	洗脸盆				
031004004	洗涤盆				
031004005	化验盆				
031004006	大便器				
031004007	小便器				
031004008	其他成品卫生器具				
031004009	烘手器	1. 材质; 2. 型号、规格	个		安装

续表

项目编码	项目名称	项目特征	计量单位	工程量计算规则	工作内容
031004010	淋浴器	1. 材质、规格； 2. 组装形式； 3. 附件名称、数量	套	按设计图示数量计算	1. 器具安装； 2. 附件安装
031004011	淋浴间				
031004012	桑拿浴房				
031004013	大、小便槽自动冲洗水箱	1. 材质、类型； 2. 规格； 3. 水箱配件； 4. 支架形式及做法； 5. 器具及支架除锈、刷油设计要求	套	按设计图示数量计算	1. 制作； 2. 安装； 3. 支架制作、安装； 4. 除锈、刷油
031004014	给、排水附(配)件	1. 材质； 2. 型号、规格； 3. 安装方式	个（组）		安装
031004015	小便槽冲洗管	1. 材质； 2. 规格	m	按设计图示长度计算	
031004016	蒸汽-水加热器	1. 类型； 2. 型号、规格； 3. 安装方式	套	按设计图示数量计算	1. 制作； 2. 安装
031004017	冷热水混合器				
031004018	饮水器				
031004019	隔油器	1. 类型； 2. 型号、规格； 3. 安装部位			安装

注 1. 成品卫生器具项目中的附件安装，主要指给水附件包括水嘴、阀门、喷头等，排水配件包括存水弯、排水栓、下水口等以及配备的连接管。
  2. 浴缸支座和浴缸周边的砌砖、瓷砖粘贴，应按现行国家标准《房屋建筑与装饰工程工程量计算规范》（GB 50854—2013）相关项目编码列项；功能性浴缸不含电动机接线和调试，应按本规范附录 D 电气设备安装工程相关项目编码列项。
  3. 洗脸盆适用于洗脸盆、洗发盆、洗手盆安装。
  4. 器具安装中若采用混凝土或砖基础，应按现行国家标准《房屋建筑与装饰工程工程量计算规范》（GB 50854—2013）相关项目编码列项。
  5. 给、排水附（配）件是指独立安装的水嘴、地漏、地面扫出口等。

成品卫生器具项目中的附件安装，包括给水附件和排水附件安装。给水附件包括水嘴、阀门、喷头等，排水配件包括存水弯、排水栓、下水口等以及配备的连接管。

给、排水附（配）件是指独立安装的水嘴、地漏、地面扫除口等。

小便槽冲洗管制作安装不包括冲洗管控制阀门的安装，控制阀门要单独编码列项。

蒸汽-水加热器的安装工程内容中不包括阀门、疏水器的安装，因此，阀门、疏水器的安装要单独编码列项。

容积式热交换器的安装工程内容不包括安全阀的安装，安全阀的安装要单独编码列项。

饮水器安装仅指本体安装，阀门和脚踏开关的安装另外编码列项。

器具安装中若采用混凝土或砖基础，应按现行国家标准《房屋建筑与装饰工程工程量计算规范》（GB 50854—2013）相关项目编码列项。

卫生器具工程量计算规则：按设计图示数量以"组""个""套"等为计量单位计算。

11.4.2 综合单价确定

卫生器具组成安装以"组"为计量单位，已按标准图综合了卫生器具与给水管、排水管连接的人工与材料用量，不得另行计算。

浴盆安装适用于各种型号的浴盆，浴盆安装不包括支座和四周侧面的砌砖及瓷砖粘贴。按摩浴盆安装包含了相应的水嘴安装。

淋浴房组成、安装以"套"为计量单位，包含了相应的水嘴安装。

台式洗脸盆安装，不包括台面安装，但已含支撑台面所需的金属支架制作安装，若设计用量超过定额含量的可另行增加金属支架的制作安装。（洗脸盆肘式开关安装，不分单双把，均执行同一项目。）

脚踏开关安装，已包括了弯管与喷头的安装，不得另行计算。

不锈钢洗槽为单槽，若为双槽，按单槽定额的人工乘以系数1.20计算。本子目也适用于瓷洗槽。

蹲式大便器安装，已包括了固定大便器的垫砖，但不包括大便器蹲台砌筑；带感应器的大便器安装，已包含了电气检查接线、电气测试等工作内容。

大便槽、小便槽自动冲洗水箱安装以"套"为计量单位，已包括了水箱托架的制作安装，不得另行计算。

小便槽冲洗管制作与安装以"m"为计量单位，但不包括阀门安装，其工程量可按相应定额另行计算。

小便器带感应器定额适用于挂式、立式等各种安装形式。带感应器的小便器安装，已包含了电气检查接线、电气测试等工作内容。

淋浴器安装，以"组"计量。淋浴器铜制品安装适用于各种成品淋浴器安装。

水龙头安装按不同公称直径，以"个"计算。冷热水带喷头淋浴水龙头适用于仅单独安装淋浴龙头；感应龙头不分规格，均套用感应龙头安装定额。感应龙头安装已包含了电气检查接线、电气测试等工作内容。

地漏、清扫口安装工程量，按不同公称直径，以"个"计算。

蒸汽-水加热器安装以"台"为计量单位，包括莲蓬头安装，不包括支架制作安装及阀门、疏水器安装，其工程量可按相应定额另行计算。

容积式水加热器安装以"台"为计量单位，不包括安全阀门安装、保温与基础砌筑，可按相应定额另行计算。

烘手器安装套用《江苏省安装工程计价定额 第四册 电气设备安装工程》相应定额。

【例 11.4】 某综合楼给排水工程，$DN25$ 自闭式冲洗阀冲洗蹲式大便器有 8 个，$DN50$ 不锈钢地漏有 16 个，试编制工程量清单，并确定其综合单价。

【解】 地漏安装清单执行"给排水附件"清单项目。工程量清单见表 11.17 所示，综合单价计算见表 11.18、表 11.19 所示。

表 11.17　分部分项工程和单价措施项目清单与计价表

工程名称：××给排水工程　　　　标段：　　　　　　　　　　　第　　页共　　页

序号	项目编码	项目名称	项目特征描述	计量单位	工程数量	金额/元		
						综合单价	合价	其中：暂估价
1	031004006001	大便器	1. 材质：陶瓷； 2. 规格、类型：蹲便器； 3. 组装形式：DN25延时自闭式冲洗阀； 4. 附件名称、数量：自闭式冲洗阀1个	组	8			

续表

序号	项目编码	项目名称	项目特征描述	计量单位	工程数量	金额/元		
						综合单价	合价	其中:暂估价
2	031004014001	给排水附件:地漏	1. 材质:不锈钢; 2. 型号、规格:DN50	个	16			

表 11.18　分部分项工程项目清单综合单价计算表

工程名称:××给排水工程　　　　　　　　　　　　　　　　　计量单位:套
项目编码:031004006001　　　　　　　　　　　　　　　　　　工程数量:8
项目名称:大便器　　　　　　　　　　　　　　　　　　　　　综合单价:515.99 元

序号	定额编号	工程内容	单位	数量	综合单价组成/元					小计
					人工费	材料费	机械费	管理费	利润	
1	10-700	蹲式大便器	10 套	0.80	362.90	256.27		145.16	50.81	815.13
2		材料:陶瓷蹲便器	套	8.08		2343.20				2343.20
		材料:自闭式冲洗阀	套	8.08		969.60				969.60
		合计			362.90	3569.07		145.16	50.81	4127.93

表 11.19　分部分项工程项目清单综合单价计算表

工程名称:××给排水工程　　　　　　　　　　　　　　　　　计量单位:个
项目编码:031004014001　　　　　　　　　　　　　　　　　　工程数量:16
项目名称:给排水附件:地漏　　　　　　　　　　　　　　　　综合单价:69.96 元

序号	定额编号	工程内容	单位	数量	综合单价组成/元					小计
					人工费	材料费	机械费	管理费	利润	
1	10-749	地漏安装	10 个	1.60	179.97	42.14		71.99	25.20	319.29
2		材料:不锈钢地漏	个	16.00		800.00				800.00
		合计			179.97	842.14		71.99	25.20	1119.29

11.5　给排水设备

11.5.1　工程量清单项目

给排水设备工程量清单项目设置见表 11.20 所示。

变频给水设备、稳压给水设备、无负压给水设备安装包括压力容器、水泵、管道与管道附件三部分,其中压力容器包括气压罐、稳压罐、无负压罐;水泵包括主泵及备用泵,应注明数量;附件包括给水装置中配备的阀门、仪表、软接头,应注明数量,含设备、附件之间管路连接。泵组底座减震装置制作、安装,不包括基础砌(浇)筑,应按现行国家标准《房屋建筑与装饰工程工程量计算规范》(GB 50854—2013)相关项目编码列项。

电热水器、电开水炉、各类水箱安装,仅指本体安装,不包括连接管、连接附件(阀门等)、支架制作安装。支架制作安装,连接管道、阀门等可按本章相应项目编码列项;如为型钢支架,可按本章第 2 节中的设备支架项目编码列项;若为混凝土或砖支座,可按《房屋建筑与装饰工程工程量计算规范》相应项目编码列项。

表 11.20 K.6 采暖、给排水设备（编码：031006）

项目编码	项目名称	项目特征	计量单位	工程量计算规则	工作内容
031006001	变频给水设备	1. 设备名称； 2. 型号、规格； 3. 水泵主要技术参数； 4. 附件名称、规格、数量； 5. 减震装置形式	套	按设计图示数量计算	1. 设备安装； 2. 附件安装； 3. 调试； 4. 减震装置制作、安装
031006002	稳压给水设备				
031006003	无负压给水设备				
031006004	气压罐	1. 型号、规格； 2. 安装方式	台		1. 安装； 2. 调试
031006005	太阳能集热装置	1. 型号、规格； 2. 安装方式； 3. 附件名称、规格、数量	套		1. 安装； 2. 附件安装
031006006	地源（水源、气源）热泵机组	1. 型号、规格； 2. 安装方式； 3. 减震装置形式	组		1. 安装； 2. 减震装置制作、安装
031006007	除砂器	1. 型号、规格； 2. 安装方式	台		安装
031006008	水处理器	1. 类型； 2. 型号、规格			
031006009	超声波灭藻设备				
031006010	水质净化器				
031006011	紫外线杀菌设备	1. 名称； 2. 规格			
031006012	热水器、开水炉	1. 能源种类； 2. 型号、容积； 3. 安装方式			1. 安装； 2. 附件安装
031006013	消毒器、消毒锅	1. 类型； 2. 型号、规格			安装
031006014	直饮水设备	1. 名称； 2. 规格	套		安装
031006015	水箱	1. 材质、类型； 2. 型号、规格	台		1. 制作； 2. 安装

地源热泵机组，接管以及接管上的阀门、软接头、基础另行计算，应按相关项目编码列项。

各式采暖、给排水设备工程量按设计图示数量以"套""台""组"为计量单位计算。

11.5.2 综合单价确定

太阳能热水器安装以"台"为计量单位，定额已综合考虑了吊装费用和支架制作安装费用。若支架的设计用量超过定额含量，可另行增加金属支架的制作安装费用，但吊装费用不得调整。

电热水器、开水炉安装以"台"为计量单位。

隔膜式气压水罐安装，区分不同规格以"台"为计量单位。出入口法兰和螺栓按设计规定另行计算。地脚螺栓是按设备自带考虑的，定额中包括指导二次灌浆用工，但二次灌浆费用应按相应定额另行计算。

钢板水箱制作，按施工图所示尺寸，不扣除人孔、手孔重量，以"kg"为计量单位；钢板水箱安装，以"个"为计量单位，按水箱总容积大小不同，套相应定额。

11.6 计取有关费用的规定

《江苏省安装工程计价定额 第十册 给排水、采暖、燃气工程》中将一些不便单列定额子目进行计算的费用，通过定额设定的计算方法来计算，这些费用包括下列内容。

① 设置于管道间、管廊内的管道、阀门、法兰、支架的安装，其人工费乘以系数1.3。

"管道间"是指高（多）层建筑内专为安装各种管线的竖向通道，也称"管道井"；"管廊"是指宾馆或饭店内封闭的天棚。

② 主体结构为现场浇注采用钢模施工的工程，内外浇注的定额人工费乘以系数1.05，内浇外砌的定额人工费乘以系数1.03。这里钢模指的是大块钢模。

③ 操作物高度超高增加费（超高费）。《通用安装工程工程量计算规范》规定：项目安装高度若超过基本高度时，应在"项目特征"中描述，以便于计算有关超高费，并将超高费计入相应的分部分项工程项目清单的综合单价中。附录K给排水、采暖、燃气工程基本高度为3.6m；附录J消防工程基本高度为5m。

施工操作对象的安装高度即操作物高度，操作物高度有楼层的按楼地面至操作物的距离，无楼层的按操作地点（或设计±0）至操作物的距离。

《江苏省安装工程计价定额 第十册 给排水、采暖、燃气工程》定额中操作物操作高度均以3.6m为界限，其超高增加费为操作物高度如超过3.6m时，其超高增加费为其超过部分工程量（指由3.6m至操作物高度）的定额人工费乘以超高系数。即：

$$超高增加费 = 超高部分定额人工费 \times 超高系数$$

超高系数见表11.21所示。

表11.21 （第十册）超高系数表

标高/m	3.6~8	3.6~12	3.6~16	3.6~20
超高系数	1.10	1.15	1.20	1.25

【例11.5】 某综合楼给排水工程，分部分项工程项目清单见表11.22所示，确定其综合单价。

【解】 该阀门安装高度4.0m，超过本册定额规定的3.6m，需计算超高费，超高系数为1.10。综合单价计算见表11.23所示。其中：

$$人工费 = 65.12 \times 1.1 \times 3.0 = 214.90(元)$$

表11.22 分部分项工程和单价措施项目清单与计价表

工程名称：××给排水工程　　　　　　标段：　　　　　　　　　第___页共___页

序号	项目编码	项目名称	项目特征描述	计量单位	工程数量	金额/元		
						综合单价	合价	其中:暂估价
1	031003003001	焊接法兰阀门	1. 类型:Z41T-10K闸阀; 2. 材质:铸铁; 3. 规格、压力等级:DN100、1.0MPa; 4. 连接形式:法兰; 5. 焊接方法:电弧焊; 6. 安装高度:4.0m	个	3			

表 11.23　分部分项工程项目清单综合单价计算表

工程名称：××给排水工程　　　　　　　　　　　　　　　　　　计量单位：个
项目编码：031003003001　　　　　　　　　　　　　　　　　　　工程数量：3
项目名称：焊接法兰阀门　　　　　　　　　　　　　　　　　　　综合单价：717.76 元

序号	定额编号	工程内容	单位	数量	综合单价组成/元					小计
					人工费	材料费	机械费	管理费	利润	
1	10-438 换	DN100 法兰阀（超高）	个	3.00	214.90	341.07	58.86	85.96	30.09	730.87
2		材料：阀门	个	3.00		1422.41				1422.41
		合计			214.90	1763.48	58.86	85.96	30.09	2153.28

11.7　措施项目

措施项目费是指为完成工程项目施工，发生于该工程施工前和施工过程中的技术、生活、安全、环境保护等方面的费用。措施项目分为能计量的单价措施项目与不能计量的总价措施项目两类。

11.7.1　单价措施项目

通用安装工程的单价措施项目清单详见第 10.4 节表 10.14 所示。建筑给排水安装工程中常用的单价措施项目有：脚手架搭拆、高层施工增加、安装与生产同时进行施工增加和在有害身体健康环境中施工增加。

11.7.1.1　脚手架搭拆费

《江苏省安装工程计价定额》规定，脚手架搭拆费以分部分项工程费中的人工费作为取费基础，其计算分为三步：

① 分部分项工程费中的人工费×脚手架搭拆费率。

各册定额的脚手架搭拆费率不尽相同，《江苏省安装工程计价定额 第十册 给排水、采暖、燃气工程》规定的脚手架搭拆费率为 5%。

② 该费用拆分为人工费和材料费。其中人工工资占 25%，材料占 75%。

③ 在人工费的基础上计算管理费和利润。即：

$$脚手架费 = 人工费 + 材料费 + 管理费 + 利润$$

各册定额在测算脚手架搭拆费系数时，均已考虑各专业工程交叉作业、互相利用脚手架、简易架等因素。因此，不论工程实际是否搭拆或搭拆数量多少，均按定额规定系数计算脚手架搭拆费用，由企业包干使用。

【例 11.6】某建筑给排水工程，分部分项工程费中的人工费为 165800 元，按现行规定确定该工程的脚手架搭拆费用。已知工程类别为三类。

【解】165800×5% = 8290（元）

其中：人工费 = 8290×25% = 2072.50（元）

　　　材料费 = 8290×75% = 6217.50（元）

　　　机械费：0 元

则：　管理费 = 2072.50×40% = 829.0（元）

　　　利润 = 2072.50×14% = 290.15（元）

脚手架搭拆费为：2072.50 + 6217.50 + 0 + 829.0 + 290.15 = 9409.15（元）

11.7.1.2 高层建筑增加费(高层施工增加费)

高层施工增加费在安装工程中又称"高层建筑增加费"。高层建筑是指层数在6层以上或高度在20m以上(不含6层、20m)的工业与民用建筑。高层建筑增加费是指高层建筑施工应增加的费用。

高层建筑的高度或层数以室外设计±0至檐口(不包括屋顶水箱间、电梯间、屋顶平台出入口等)高度计算,不包括地下室的高度和层数,半地下室也不计算层数。

《江苏省安装工程计价定额》规定,高层建筑增加费以分部分项工程费中的人工费作为取费基础,其计算分为三步:

(1) 人工费×高层建筑增加费率

高层建筑增加费率参见各册计价定额。《江苏省安装工程计价定额 第十册 给排水、采暖、燃气工程》规定的高层建筑增加费率见表11.24所示。

(2) 该费用拆分为人工费和机械费

(3) 在人工费的基础上计算管理费和利润

$$高层建筑增加费=人工费+机械费+管理费+利润$$

在计算高层建筑增加费时,应注意下列几点:

① 计算基数包括6层或20m以下的全部人工费,并且包括各章、节中所规定的应按系数调整的子目中人工调整部分的费用。

② 同一建筑物有部分高度不同时,可分别以不同高度计算高层建筑增加费。

③ 在高层建筑施工中,同时又符合超高施工条件的,可同时计算高层建筑增加费和超高增加费。

表11.24 (第十册) 高层建筑增加费率表

层数		9层以下(30m)	12层以下(40m)	15层以下(50m)	18层以下(60m)	21层以下(70m)	24层以下(80m)	27层以下(90m)	30层以下(100m)	33层以下(110m)
按人工费的百分比/%		12	17	22	27	31	35	40	44	48
其中	人工费占比/%	17	18	18	22	26	29	33	36	40
	机械费占比/%	83	82	82	78	74	71	68	64	60
层数		36层以下(120m)	40层以下(130m)	42层以下(140m)	45层以下(150m)	48层以下(160m)	51层以下(170m)	54层以下(180m)	57层以下(200m)	60层以下(110m)
按人工费的百分比/%		53	58	61	65	68	70	72	73	75
其中	人工费占比/%	42	43	46	48	50	52	56	59	61
	机械费占比/%	58	57	54	52	50	48	44	41	39

11.7.1.3 安装与生产同时进行施工增加费

安装与生产同时进行增加的费用,是指改扩建工程在生产车间或装置内施工,因生产操作或生产条件限制(如不准动火)干扰了安装工作正常进行而增加的降效费用,不包括为保证安全生产和施工所采取的措施费用。若安装工作不受干扰的,不应计取此项费用。

安装与生产同时进行施工增加费以分部分项工程费中的人工费为取费基础,按人工费的10%计取,其中人工费占100%,在该人工费的基础上再计算管理费和利润。

11.7.1.4 有害身体健康环境中施工增加费

在有害身体健康的环境中施工增加的费用,是指在《民法通则》有关规定允许的前提下,改扩建工程由于车间、装置范围内有害气体或高分贝的噪声超过国家标准以至影响身体健康而增加的降效费用,不包括劳保条例规定应享受的工种保健费。

有害身体健康环境中施工增加费以分部分项工程费中的人工费为取费基础,按人工费的

10%计取,其中人工费占100%,在该人工费的基础上再计算管理费和利润。

11.7.2 总价措施项目

通用安装工程的总价措施项目清单详见第10.4节表10.15所示。通用安装工程中总价措施项目包括:安全文明施工、夜间施工增加、非夜间施工照明、二次搬运、冬雨季施工增加、已完工程及设备保护。此外,《江苏省建设工程费用定额(2014年)》又补充了5项总价措施项目:临时设施费、赶工措施费、工程按质论价、住宅工程分户验收、建筑工人实名制费用。其中安全文明施工必须按国家或省级、行业建设主管部门的规定计算,不得作为竞争性费用。总价措施项目费的计算方法详见第10.4节。

《江苏省建设工程费用定额(2014年)》规定,总价措施项目费计算基数为:分部分项工程费－工程设备费＋单价措施项目费

即:总价措施项目费＝(分部分项工程费－工程设备费＋单价措施项目费)×相应费率(%)
总价措施项目费费率参见各地建设主管部门发布的《建设工程费用定额》。

11.8 给排水工程造价实例

某二层建筑,建筑物层高3.3m。卫生间给排水工程如图11.5～图11.10所示,图中标高

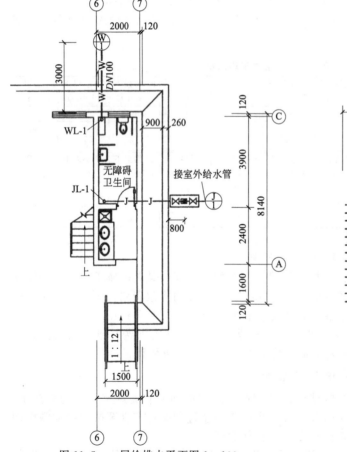

图11.5 一层给排水平面图 1:100

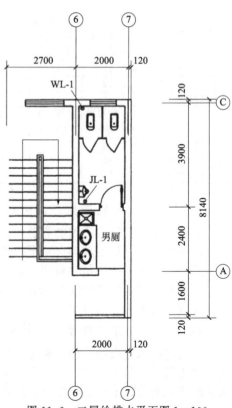

图11.6 二层给排水平面图 1:100

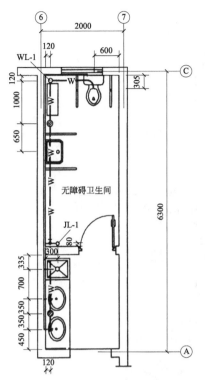
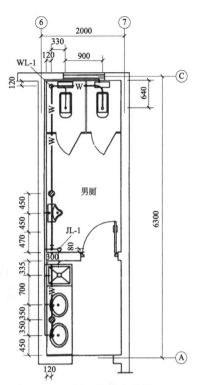

图 11.7 一层卫生间大样图 1∶50

图 11.8 二层卫生间大样图 1∶50

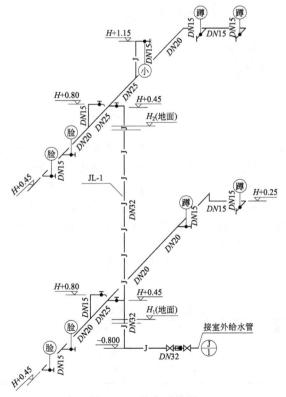

图 11.9 给水系统图

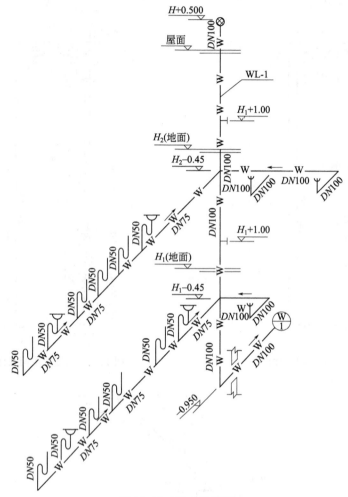

图 11.10 排水系统图

均以 m 计,其他尺寸标注均以 mm 计。给水管道采用 PP-R 管,热熔连接;排水管道采用 UPVC 管,承插胶水粘接。管道穿越基础、屋面时设刚性防水套管,给水管穿越楼板时设钢套管。给排水管道安装完毕且在隐蔽前,给水管道须做水压试验并消毒冲洗,排水管道做通球、灌水试验。根据现行国家标准《建设工程工程量清单计价规范》(GB 50500—2013)、《通用安装工程工程量计算规范》(GB 50856—2013),计算工程量、编制该给排水工程工程量清单,并按照现行规定计算工程造价。

工程量计算书见表 11.25 所示,表中 ↑ 表示垂直敷设的立管。工程量汇总表见表 11.26 所示。

表 11.25 工程量计算书

序号	计算部位	项目名称	计算式	计量单位	工程量
1	J-1	PP-R $DN32$	$0.8+0.26+0.90+0.12+2.00-0.12-0.30+(0.80+3.3+0.45)↑+0.3×2$	m	8.81

续表

序号	计算部位	项目名称	计算式	计量单位	工程量
2		PP-R DN25	一层:0.08+0.24+0.335=0.655 二层:(0.08+0.24+0.335)+(0.47+0.45−0.08)=1.495	m	2.15
3		PP-R DN20	一层:[3.9−(0.08+0.12)−(0.12+0.12+1.0+0.65)]+0.7=2.51 二层:[3.9−(0.08+0.12)−(0.47+0.45−0.08)−0.12+0.12+0.33]+0.7=3.89	m	6.40
4		PP-R DN15	一层:0.35+0.35+(0.8−0.45)↑+0.65+1.0+0.12+(2.0−0.24−0.60)+(0.45−0.25)↑=4.18 二层:0.35+0.35+(0.8−0.45)↑+0.90=1.95	m	6.13
5		DN32 螺纹表	1.0	组	1.0
6		DN32 螺纹阀	1+1+1=3.0	个	3.0
7		DN50 钢套管	1.0	个	1.0
8		DN50 刚性防水套管	1.0	个	1.0
9	W-1	UPVC DN100	干管:3.0+0.24+0.12+(0.5+3.3×2+0.95)=11.41 一层:(2.0−0.24−0.60−0.12)+(0.305−0.12)+0.45↑=1.68 二层:0.33+0.90+(0.64−0.12)×2=2.27	m	15.36
10		UPVC DN75	一层:6.30−0.24−0.45−0.12=5.49 二层:5.49	m	10.98
11		UPVC DN50	一层:0.45×6=2.7 二层:0.45×6=2.7	m	5.40
12		DN150 刚性防水套管	排水管穿越基础、屋面各1个	个	2.0
13		坐式大便器	1.0	个	1.0
14		蹲式大便器	2.0	个	2.0
15		挂式小便器	1.0	个	1.0
16		台式洗脸盆	4.0	个	4.0
17		挂式洗脸盆	1.0	个	1.0
18		DN50 地漏	2+2=4.0	个	4.0
19		污水盆	1+1	个	2.0

表 11.26 工程量汇总表

序号	项目名称	计算式	计量单位	工程量
1	PP-R $DN32$		m	8.81
2	PP-R $DN25$		m	2.15
3	PP-R $DN20$		m	6.40
4	PP-R $DN15$		m	6.13
5	UPVC $DN100$		m	15.36
6	UPVC $DN75$		m	10.98
7	UPVC $DN50$		m	5.40
8	$DN32$ 螺纹表		组	1.0
9	$DN32$ 螺纹阀		个	3.0
10	$DN50$ 钢套管		个	1.0
11	$DN50$ 刚性防水套管		个	1.0
12	$DN150$ 刚性防水套管		个	2.0
13	坐式大便器		个	1.0
14	蹲式大便器		个	2.0
15	挂式小便器		个	1.0
16	台式洗脸盆		个	4.0
17	挂式洗脸盆		个	1.0
18	$DN50$ 地漏		个	4.0
19	污水盆		个	2.0

投 标 总 价

招 标 人：_____

工 程 名 称：__综合楼给排水安装工程__

投标总价(小写)：_____10625.46_____

　　　　（大写）：__壹万零陆佰贰拾伍元肆角陆分__

投 标 人：_____
　　　　　　　（单位盖章）

法 定 代 表 人
或 其 授 权 人：_____
　　　　　　　（签字或盖章）

编 制 人：_____
　　　　　（造价人员签字盖专用章）

时 间：　　　　　　年　月　日

总 说 明

工程名称：综合楼给排水安装工程　　　　　　　　　　　　　第 1 页 共 1 页

1. 工程概况：二层综合楼，层高 3.3m，内设无障碍卫生间、男厕所各一，详见施工图。
2. 投标报价范围：综合楼范围内的给排水工程，不包括管沟土方。
3. 投标报价编制依据：
   ① 《建设工程工程量清单计价规范》(GB 50500—2013)。
   ② 《通用安装工程工程量计算规范》(GB 50856—2013)。
   ③ 《江苏省建设工程费用定额（2014 年）》。
   ④ 《江苏省安装工程计价定额》(2014 版)。
   ⑤ 招标文件、招标工程量清单及其补充通知、答疑纪要。
   ⑥ 建设工程设计文件及相关资料。
   ⑦ 施工现场情况、工程特点及拟订的投标施工组织设计。
   ⑧ 与建设项目相关的标准、规范等技术资料。
   ⑨ 市场价格信息或××市工程造价管理机构发布的 2020 年 12 月工程造价信息。
   ⑩ 其他的相关资料。
4. 增值税计税采用一般计税方法，增值税率 9%。

单位工程投标报价汇总表

工程名称：综合楼给排水安装工程　　　　标段：　　　　　　　　第 1 页 共 1 页

序号	汇总内容	金额/元	其中:暂估价/元
1	分部分项工程	9087.89	
1.1	人工费	1522.96	
1.2	材料费	6730.12	
1.3	施工机具使用费	12.30	
1.4	企业管理费	609.18	
1.5	利润	213.20	
2	措施项目	383.68	—
2.1	其中:安全文明施工措施费	156.88	
3	其他项目		—
3.1	其中:暂列金额		—
3.2	其中:专业工程暂估价		
3.3	其中:计日工		
3.4	其中:总承包服务费		
4	规费	276.56	—
4.1	社会保险费	227.31	
4.2	住房公积金	39.78	
4.3	环境保护税	9.47	
5	税金	877.33	—
	投标报价合计＝1＋2＋3＋4＋5	10625.46	

分部分项工程和单价措施项目清单与计价表

工程名称：综合楼给排水安装工程　　　　　　　　　标段：　　　　　　　　　　　第　页共　页

序号	项目编码	项目名称	项目特征描述	计量单位	工程量	综合单价	合价	其中暂估价
1	031001006001	塑料管	1. 安装部位：室内； 2. 介质：给水； 3. 材质、规格：PP-R DN32； 4. 连接形式：热熔； 5. 压力试验及吹、洗设计要求：水压试验、消毒冲洗	m	8.81	35.06	308.88	
2	031001006002	塑料管	1. 安装部位：室内； 2. 材质、规格：PP-R DN25； 3. 连接形式：热熔； 4. 压力试验及吹、洗设计要求：水压试验、消毒冲洗	m	2.15	28.87	62.07	
3	031001006003	塑料管	1. 安装部位：室内； 2. 介质：给水； 3. 材质、规格：PP-R DN20； 4. 连接形式：热熔； 5. 压力试验及吹、洗设计要求：水压试验、消毒冲洗	m	6.40	23.08	147.71	
4	031001006004	塑料管	1. 安装部位：室内； 2. 介质：给水； 3. 材质、规格：PP-R DN15； 4. 连接形式：热熔； 5. 压力试验及吹、洗设计要求：水压试验、消毒冲洗	m	6.13	20.98	128.61	
5	031001006005	塑料管	1. 安装部位：室内； 2. 介质：排水； 3. 材质、规格：UPVCφ110； 4. 连接形式：粘接； 5. 压力试验及吹、洗设计要求：灌水、通球试验	m	15.36	54.24	833.13	
6	031001006006	塑料管	1. 安装部位：室内； 2. 介质：排水； 3. 材质、规格：UPVCφ75； 4. 连接形式：粘接； 5. 压力试验及吹、洗设计要求：灌水、通球试验	m	10.98	39.40	432.61	
7	031001006007	塑料管	1. 安装部位：室内； 2. 介质：排水； 3. 材质、规格：UPVCφ50； 4. 连接形式：粘接； 5. 压力试验及吹、洗设计要求：灌水、通球试验	m	5.40	25.95	140.13	
8	031003013001	水表	1. 安装部位：室外； 2. 型号、规格：DN32； 3. 连接形式：螺纹连接； 4. 附件配置：截止阀 J11W-16T DN32 一个	组	1.00	160.82	160.82	

续表

序号	项目编码	项目名称	项目特征描述	计量单位	工程量	金额/元		
						综合单价	合价	其中暂估价
9	031003001001	螺纹阀门	1. 类型：截止阀J11W-16T； 2. 材质：铜； 3. 规格、压力等级：DN32、1.6MPa； 4. 连接形式：螺纹	个	3.00	64.98	194.94	
10	031002003001	套管	1. 名称、类型：穿楼板套管； 2. 材质：钢； 3. 规格：DN50； 4. 填料材质：油麻	个	1.00	28.06	28.06	
11	031002003002	套管	1. 名称、类型：刚性防水套管； 2. 材质：碳钢； 3. 规格：DN50； 4. 填料材质：油麻	个	1.00	48.73	48.73	
12	031002003003	套管	1. 名称、类型：刚性防水套管； 2. 材质：碳钢； 3. 规格：DN150； 4. 填料材质：油麻	个	2.00	86.67	173.34	
13	031004006001	大便器	1. 材质：陶瓷； 2. 规格、类型：坐式； 3. 组装形式：连体水箱冲洗； 4. 附件名称、数量：角阀1个	组	1.00	688.66	688.66	
14	031004006002	大便器	1. 材质：陶瓷； 2. 规格、类型：蹲式； 3. 组装形式：低水箱冲洗； 4. 附件名称、数量：角阀1个	组	2.00	534.35	1068.70	
15	031004007001	小便器	1. 材质：陶瓷； 2. 规格、类型：挂式； 3. 组装形式：DN15自闭式冲洗阀冲洗	组	1.00	491.53	491.53	
16	031004003001	洗脸盆	1. 材质：陶瓷； 2. 规格、类型：台式； 3. 组装形式：冷水； 4. 附件名称、数量：铜镀铬水嘴、角阀各1个	组	4.00	736.93	2947.72	
17	031004003002	洗脸盆	1. 材质：陶瓷； 2. 规格、类型：挂式； 3. 组装形式：冷水； 4. 附件名称、数量：铜镀铬水嘴、角阀各1个	组	1.00	640.35	640.35	
18	031004008001	其他成品卫生器具：污水盆	1. 材质：陶瓷； 2. 规格、类型：2#； 3. 附件名称、数量：水嘴1个	组	2.00	179.59	359.18	
19	031004014001	给、排水附(配)件：地漏	1. 材质：铸钢； 2. 型号、规格：DN50	个	4.00	58.18	232.72	
			分部分项合计				9087.89	
20	031301017001	脚手架搭拆		项	1.00	86.44	86.44	
			单价措施合计				86.44	

综合单价分析表

工程名称：综合楼给排水工程

项目编码	031001006001	项目名称		塑料管		计量单位	m	工程量	8.81

清单综合单价组成明细

定额编号	定额项目名称	定额单位	数量	单价/元					合价/元				
				人工费	材料费	机械费	管理费	利润	人工费	材料费	机械费	管理费	利润
10-236	室内给水塑料管（热熔、电熔连接）32/40	10m	0.1	87.32	14.26	0.94	34.93	12.22	8.73	1.43	0.09	3.49	1.22
10-371	管道消毒冲洗 DN50	100m	0.01	36.21	23.16		14.53	5.11	0.36	0.23		0.15	0.05
综合人工工日				小计					9.09	1.66	0.09	3.64	1.27
0.1229 工日				未计价材料费						19.30			
清单项目综合单价									35.06				

材料费明细	主要材料名称、规格、型号	单位	数量	单价/元	合价/元	暂估单价/元	暂估合价/元
	PP-R 给水管 DN32	m	1.02	12.86	13.12		
	PP-R 管件 DN32	个	0.803	7.7	6.18		
	其他材料费			—	1.66	—	
	材料费小计			—	20.96	—	

备注：其他给水塑料管清单项目综合单价分析表省略。

工程名称：综合楼给排水工程

综合单价分析表

| 项目编码 | 031001006005 | 项目名称 | 室内承插塑料排水管(零件粘接)DN110 | | | | 计量单位 | m | 工程量 | 15.36 |

清单综合单价组成明细										
定额编号	定额项目名称	定额单位	数量	单价/元				合价/元		
				人工费	材料费	机械费	管理费	利润		
10-311	室内承插塑料排水管(零件粘接)DN110	10m	0.1	162.8	34.67	1.11	65.12	22.79		
				人工费	材料费	机械费	管理费	利润		
				16.28	3.47	0.11	6.51	2.28		
综合人工工日			小计	16.28	3.47	0.11	6.51	2.28		
0.22 工日			未计价材料费					25.59		
清单项目综合单价								54.24		

材料费明细	主要材料名称、规格、型号	单位	数量	单价/元	合价/元	暂估单价/元	暂估合价/元
	承插塑料排水管 DN100	m	0.852	18.01	15.34		
	承插塑料排水管件 DN100	个	1.138	9	10.24		
	其他材料费			—	3.47	—	
	材料费小计			—	29.06	—	

备注：其他排水塑料管清单项目综合单价分析表省略。

综合单价分析表

工程名称：综合楼给排水工程

项目编码	031003013001	项目名称		水表			计量单位	组	工程量	1
				清单综合单价组成明细						
定额编号	定额项目名称	定额单位	数量	单价/元				合价/元		
				人工费	材料费	机械费	管理费	利润		
10-629	螺纹水表安装 DN32	组	1	39.22	34.39		15.69	5.49		
	综合人工工日			小计			15.69	5.49		
	0.53 工日			未计价材料费						
		清单项目综合单价						160.82		
材料费明细	主要材料名称、规格、型号			单位	数量	单价/元	合价/元	暂估单价/元	暂估合价/元	
	螺纹水表 DN32			只	1	66.03	66.03	—	—	
	其他材料费					—	34.39	—		
	材料费小计					—	100.42	—		

综合单价分析表

工程名称：综合楼给排水工程

项目编码	031003001001	项目名称	螺纹阀门			计量单位	个	工程量	1

清单综合单价组成明细

| 定额编号 | 定额项目名称 | 定额单位 | 数量 | 单价/元 | | | | 合价/元 | | | |
				人工费	材料费	机械费	管理费	利润	人工费	材料费	机械费	管理费	利润
10-421	螺纹阀门安装 DN32	个	1	10.36	10.05		4.14	1.45	10.36	10.05		4.14	1.45
综合人工工日				小计									
0.14 工日				未计价材料费					38.98				
清单项目综合单价									64.98				

材料费明细	主要材料名称、规格、型号	单位	数量	单价/元	合价/元	暂估单价/元	暂估合价/元
	螺纹阀门 DN32	个	1.01	38.59	38.98	—	—
	其他材料费			—	10.05	—	
	材料费小计			—	49.03	—	

综合单价分析表

工程名称：综合楼给排水工程

项目编码	031002003001	项目名称	套管				计量单位	个	工程量	1
			清单综合单价组成明细							
定额编号	定额项目名称	定额单位	数量	单价/元				合价/元		
				人工费	材料费	机械费	管理费	利润	人工费	材料费	机械费	管理费	利润
10-397	DN50 钢套管制作、安装	10个	0.1	122.8	73.5	17.9	49.1	17.2	12.28	7.35	1.79	4.91	1.72
综合人工工日		小计							12.28	7.35	1.79	4.91	1.72
0.166 工日		未计价材料费											
		清单项目综合单价							28.06				
材料费明细	主要材料名称、规格、型号		单位	数量		单价/元	合价/元		暂估单价/元	暂估合价/元			
	其他材料费					—	7.35		—				
	材料费小计					—	7.35		—				

综合单价分析表

工程名称：综合楼给排水工程

项目编码	031002003002	项目名称	套管		计量单位	个	工程量	1
\multicolumn{9}{	c	}{清单综合单价组成明细}
定额编号	定额项目名称	定额单位	数量	\multicolumn{5}{c	}{单价/元}
				人工费	材料费	机械费	管理费	利润
10-388	刚性防水套管制作安装 DN50	10 个	0.1	228.7	117.3	17.9	91.5	32
\multicolumn{4}{	c	}{综合人工工日}	\multicolumn{5}{c	}{合价/元}
				人工费	材料费	机械费	管理费	利润
\multicolumn{4}{	c	}{0.309 工日}	22.87	11.73	1.79	9.15	3.2
\multicolumn{4}{	c	}{}	22.87	11.73	1.79	9.15	3.2
\multicolumn{4}{	c	}{未计价材料费}	\multicolumn{5}{c	}{}
\multicolumn{4}{	c	}{清单项目综合单价}	\multicolumn{5}{c	}{48.73}
材料费明细	主要材料名称、规格、型号	单位	数量	单价/元	合价/元	暂估单价/元	暂估合价/元	
	其他材料费			—	11.73	—		
	材料费小计			—	11.73	—		

备注：其他套管清单项目综合单价分析表省略。

综合单价分析表

工程名称：综合楼给排水工程

项目编码	031004006001	项目名称	坐式大便器连水箱坐便安装		计量单位	套	工程量	1

清单综合单价组成明细

定额编号	定额项目名称	定额单位	数量	单价/元					合价/元				
				人工费	材料费	机械费	管理费	利润	人工费	材料费	机械费	管理费	利润
10-705	坐式大便器连水箱坐便安装	10套	0.1	427	80.9		170.8	59.8	42.7	8.09		17.08	5.98
综合人工工日				小计					42.7	8.09		17.08	5.98
0.577 工日				未计价材料费									
清单项目综合单价									614.82				

材料费明细	主要材料名称、规格、型号	单位	数量	单价/元	合价/元	暂估单价/元	暂估合价/元
	连体坐便器	套	1.01	557.41	562.98		
	角阀	个	1.01	38.59	38.98		
	金属软管	个	1	12.86	12.86		
	其他材料费			—	8.09	—	
	材料费小计			—	622.91	—	

备注：其他卫生器具清单项目综合单价分析表省略。

综合单价分析表

工程名称：综合楼给排水工程

项目编码	031004014001	项目名称	给、排水附(配)件:地漏	计量单位	个	工程量	4

清单综合单价组成明细

定额编号	定额项目名称	定额单位	数量	单价/元					合价/元			
				人工费	材料费	机械费	管理费	利润	人工费	材料费	机械费	管理费	利润

定额编号	定额项目名称	定额单位	数量	人工费	材料费	机械费	管理费	利润	人工费	材料费	机械费	管理费	利润
10-749	地漏安装 DN50	10个	0.1	112.48	22.63		45	15.75	11.25	2.26		4.5	1.58
综合人工工日				小计					11.25	2.26		4.5	1.58
0.152工日				未计价材料费						38.59			
清单项目综合单价										58.18			

材料费明细	主要材料名称、规格、型号	单位	数量	单价/元	合价/元	暂估单价/元	暂估合价/元
	普通地漏 DN50	个	1	38.59	38.59		
	其他材料费			—	2.26	—	
	材料费小计			—	40.85	—	

综合单价分析表

工程名称：综合楼给排水工程

项目编码	031301017001	项目名称	脚手架搭拆			计量单位	项	工程量	1
			清单综合单价组成明细						
定额编号	定额项目名称	定额单位	数量	单价/元				合价/元	
				人工费	材料费	机械费	管理费	利润	
10-9300	第10册脚手架搭拆费增加人工费5%，其中人工工资占25%，材料费占75%	项	1	19.04	57.11		7.62	2.67	
	综合人工工日			19.04	57.11		7.62	2.67	
	小计								
	未计价材料费								
	清单项目综合单价					86.44			

材料费明细	主要材料名称、规格、型号	单位	数量	单价/元	合价/元	暂估单价/元	暂估合价/元
				—	57.11	—	
	其他材料费			—	57.11	—	
	材料费小计						

总价措施项目清单与计价表

工程名称：综合楼给排水安装工程　　标段：

序号	项目编码	项目名称	计算基础	费率/%	金额/元	调整费率/%	调整后金额/元	备注
1	031302001001	安全文明施工			156.88			
1.1		基本费		1.5	137.61			
1.2		增加费						
1.3		扬尘污染防治增加费		0.21	19.27			
2	031302002001	夜间施工增加费						
3	031302003001	非夜间施工照明	分部分项工程费＋单价措施清单合价－分部分项工程设备费－单价措施清单设备费					
4	031302004001	二次搬运						
5	031302005001	冬雨季施工增加费						
6	031302006001	已完工程及设备保护						
7	031302008001	临时设施		1.5	137.61			
8	031302009001	赶工措施						
9	031302010001	工程按质论价						
10	031302011001	住宅分户验收		0.03	2.75			
11	031302012001	建筑工人实名制费用						
		合计			297.24			

其他项目清单与计价汇总表

工程名称：综合楼给排水工程　　　　　　　　标段：

序号	项目名称	金额/元	结算金额/元	备注
1	暂列金额			
2	暂估价			
2.1	材料(工程设备)暂估价	—		
2.2	专业工程暂估价			
3	计日工			
4	总承包服务费			
	合　计		—	

暂列金额明细表

工程名称：综合楼给排水工程　　　　　　　　标段：

序号	项目名称	计量单位	暂定金额/元	备注
	合计		0.00	—

材料（工程设备）暂估单价及调整表

工程名称：综合楼给排水工程　　　　　　　　标段：

序号	材料编码	材料(工程设备)名称、规格、型号	计量单位	数量		暂估/元		确认/元		差额±/元		备注
				投标	确认	单价	合价	单价	合价	单价	合价	
		合计										

专业工程暂估价及结算价表

工程名称：综合楼给排水工程　　　　　　　　标段：

序号	工程名称	工程内容	暂估金额/元	结算金额/元	差额±/元	备注
	合计			0.00		—

计日工表

工程名称：综合楼给排水工程　　　　　　　　标段：

编号	项目名称	单位	暂定数量	实际数量	综合单价/元	合价/元	
						暂定	实际
一	人工						
			人工小计				
二	材料						

续表

编号	项目名称	单位	暂定数量	实际数量	综合单价/元	合价/元 暂定	合价/元 实际
			材料小计				
三	施工机械						
			施工机械小计				
四	企业管理费和利润	按 的 %					
			总计				

总承包服务费计价表

工程名称:综合楼给排水工程　　　　　标段:

序号	项目名称	项目价值/元	服务内容	计算基础	费率/%	金额/元
	合计	—	—		—	0.00

规费、税金项目计价表

工程名称:综合楼给排水工程　　　　　标段:

序号	项目名称	计算基础	计算基数/元	计算费率/%	金额/元
1	规费				276.56
1.1	社会保险费	分部分项工程费+措施项目费+其他项目费-工程设备费	9471.57	2.4	227.31
1.2	住房公积金			0.42	39.78
1.3	环境保护税			0.1	9.47
2	税金	分部分项工程费+措施项目费+其他项目费+规费-按规定不计税的工程设备金额	9748.13	9	877.33
	合计				1153.89

发包人提供材料和工程设备一览表

工程名称:综合楼给排水工程　　　　　标段:

序号	材料编码	材料(工程设备)名称、规格、型号	单位	数量	单价/元	合价/元	交货方式	送达地点	备注
		合计				0.00			

承包人供应材料一览表

工程名称:综合楼给排水工程　　　　　标段:

序号	材料编码	材料名称	规格型号等特殊要求	单位	数量	单价/元	合价/元	备注
1		PP-R 管件	DN32	个	7.0744	7.70	54.47	
2		PP-R 管件	DN25	个	2.1027	4.60	9.67	
3		PP-R 管件	DN20	个	7.3728	3.00	22.12	

续表

序号	材料编码	材料名称	规格型号等特殊要求	单位	数量	单价/元	合价/元	备注
4		PP-R 管件	DN15	个	10.0348	2.00	20.07	
5	14210102	金属软管	DN15	个	12.11	12.86	155.73	
6	14310377	承插塑料排水管	DN50	m	5.2218	5.15	26.89	
7	14310378	承插塑料排水管	DN75	m	10.5737	9.43	99.71	
8	14310379	承插塑料排水管	DN100	m	13.0867	18.01	235.69	
9	14311503	PP-R 给水管	DN32	m	8.9862	12.86	115.56	
10	14311503	PP-R 给水管	DN25	m	2.193	8.58	18.82	
11	14311503	PP-R 给水管	DN20	m	6.528	5.40	35.25	
12	14311503	PP-R 给水管	DN15	m	6.2526	3.52	22.01	
13	15230307	承插塑料排水管件	DN50	个	4.8708	2.57	12.52	
14	15230308	承插塑料排水管件	DN75	个	11.8145	4.72	55.76	
15	15230309	承插塑料排水管件	DN100	个	17.4797	9.00	157.32	
16	16310106	螺纹阀门	DN32	个	3.03	38.59	116.93	
17	16413540	角阀		个	12.12	38.59	467.71	
18	16413540	自闭式冲洗阀		个	1.01	102.91	103.94	
19	18090101	洗面盆		套	4.04	300.14	1212.57	
20	18090101	洗面盆		套	1.01	343.02	346.45	
21	18130101	洗涤盆		只	2.02	77.18	155.90	
22	18150101	蹲式陶瓷大便器		套	2.02	222.96	450.38	
23	18150322	连体坐便器		套	1.01	557.41	562.98	
24	18170104	普通型陶瓷小便器	挂式	套	1.01	343.02	346.45	
25	18250141	瓷蹲式大便器低水箱		个	2.02	128.63	259.83	
26	18410301	水嘴		个	2.02	25.73	51.97	
27	18413505	立式水嘴	DN15	个	1.01	154.36	155.90	
28	18413513	扳把式脸盆水嘴		套	4.04	154.36	623.61	
29	18430101	排水栓		套	2.02	25.73	51.97	
30	18430305	普通地漏	DN50	个	4.00	38.59	154.36	
31	18470308	洗脸盆下水口（铜）		个	5.05	25.73	129.94	
32	21010306	螺纹水表	DN32	只	1.00	66.03	66.03	

复习思考题

1. 说明《通用安装工程工程量计算规范》（GB 50856—2013）附录 K 给排水、采暖、燃气工程适用范围。
2. 给排水工程中，安装管道和市政管道是如何划分的？室内、室外管道又是如何划分的？
3. 详细说明给排水管道安装工程工程量计算规则。

4. 确定下列分部分项工程项目清单的综合单价。已知 $DN65$ 镀锌钢管单价 4900 元/t；UPVCϕ110 管道单价 20 元/m，UPVCϕ110 管件综合价 15 元/个。

分部分项工程和单价措施项目清单与计价表

工程名称：　　　　　　　　　　标段：　　　　　　　　　　第___页共___页

序号	项目编码	项目名称	项目特征描述	计量单位	工程数量	金额/元		
						综合单位	合价	其中：暂估价
1	031001001001	镀铬锌钢管	1. 安装部位：室内； 2. 介质：给水； 3. 规格：$DN65$； 4. 连接形式：螺纹连接； 5. 压力试验及吹、洗设计要求：水压试验、消毒冲洗	m	86			
2	031001006001	塑料管	1. 安装部位：室外； 2. 介质：排水； 3. 材质、规格：UPVCϕ110； 4. 连接形式：粘接； 5. 压力试验及吹、洗设计要求：灌水试验、通球试验	m	30			

5. 说明套管、阀门、水表、卫生器具安装工程工程量计算规则。

6. 设置在管道间、管廊内的管道安装，套用定额时，定额如何调整？

7. 操作物高度如何确定？《江苏省安装工程计价定额 第十册 给排水、采暖、燃气工程》中规定的操作物高度是多少？超高费如何计算？

8. 何谓"高层建筑"？如何计算高层建筑增加费？

9. 某 12 层综合楼的水安装工程，已知分部分项工程费 968240 元，其中人工费 108500 元，按有关规定计算高层建筑增加费。

10. 《江苏省安装工程计价定额 第十册 给排水、采暖、燃气工程》中规定的脚手架搭拆费率是多少？脚手架费如何计算？

11. 给排水安装工程，分部分项工程费 109080 元，其中的人工费为 10000 元，按现行有关规定计算脚手架搭拆措施费。

12 消防工程

《通用安装工程工程量计算规范》(GB 50856—2013)附录J消防工程适用于采用工程量清单计价的工业与民用建筑的新建、扩建和整体更新改造的消防工程,主要内容包括:水灭火系统、气体灭火系统、泡沫灭火系统、火灾自动报警系统、消防系统调试等5个部分。本章重点介绍水灭火系统,水灭火系统包括消火栓灭火系统和自动喷淋灭火系统两部分。

12.1 水灭火系统

12.1.1 工程量清单项目

水灭火系统工程量清单项目设置见表12.1所示。

表12.1 J.1 水灭火系统(编码:030901)

项目编码	项目名称	项目特征	计量单位	工程量计算规则	工作内容
030901001	水喷淋钢管	1. 安装部位; 2. 材质、规格; 3. 连接形式; 4. 钢管镀锌设计要求; 5. 压力试验及冲洗设计要求; 6. 管道标识设计要求	m	按设计图示管道中心线以长度计算	1. 管道及管件安装; 2. 钢管镀锌; 3. 压力试验; 4. 冲洗; 5. 管道标识
030901002	消火栓钢管				
030901003	水喷淋(雾)喷头	1. 安装部位; 2. 材质、型号、规格; 3. 连接形式; 4. 装饰盘设计要求	个	按设计图示数量计算	1. 安装; 2. 装饰盘安装; 3. 严密性试验
030901004	报警装置	1. 名称; 2. 型号、规格	组		1. 安装; 2. 电气接线; 3. 调试
030901005	温感式水幕装置	1. 型号、规格; 2. 连接形式			
030901006	水流指示器	1. 规格、型号; 2. 连接形式	个		
030901007	减压孔板	1. 材质、规格; 2. 连接形式			
030901008	末端试水装置	1. 规格; 2. 组装形式	组		

续表

项目编码	项目名称	项目特征	计量单位	工程量计算规则	工作内容
030901009	集热板制作安装	1. 材质； 2. 支架形式	个	按设计图示数量计算	1. 制作、安装； 2. 支架制作、安装
030901010	室内消火栓	1. 安装方式； 2. 型号、规格； 3. 附件材质、规格	套		1. 箱体及消火栓安装； 2. 配件安装
030901011	室外消火栓				1. 安装； 2. 配件安装
030901012	消防水泵接合器	1. 安装部位； 2. 型号、规格； 3. 附件材质、规格	套	按设计图示数量计算	1. 安装； 2. 附件安装
030901013	灭火器	1. 形式； 2. 规格、型号	组		设置
030901014	消防水炮	1. 水炮类型； 2. 压力等级； 3. 保护半径	台		1. 本体安装； 2. 调试

管道安装部位是指室内和室外。水灭火系统管道室内、外划分，以建筑外墙皮1.5m处为分界点，入口处设阀门时，以阀门为分界点。

消防水泵房内的管道为工业管道，应按《通用安装工程工程量计算规范》附录H工业管道工程相关项目编码列项。设在建筑物内的消防泵间管道与消防管道的划分以泵房外墙皮或泵房屋顶板为分界点。

水灭火系统管道与市政管道的划分：有水表井的，以水表井为界；无水表井的，以与市政给水管道的碰头点为界。

水灭火系统管道连接形式有螺纹连接、法兰连接和沟槽式管件连接。

水喷淋（雾）喷头安装部位应区分有吊顶、无吊顶。

报警装置适用于湿式报警装置（ZSS型）、干湿两用报警装置（ZSL型）、电动雨淋报警装置（ZSYL型）、预作用报警装置（ZSU型）等报警装置安装。报警装置安装包括整个报警阀组及装配管（除水力警铃进水管）的安装，水力警铃进水管并入消防管道工程量。

室内消火栓安装方式有悬挂嵌入式和落地式；型号规格包括消火栓箱材质规格、栓口直径及栓口数量（单、双），附件是指水枪和水龙带。

室外消火栓安装方式分地上式、地下式。

消防水泵接合器的安装部位有地上、地下、壁挂，型号规格包括直径及压力等级。

灭火器安装形式有放置式、悬挂式和挂墙式。

消防水炮分普通手动水炮、智能控制水炮。

水灭火系统管道安装按设计图示管道中心线以"m"为计量单位计算，不扣除阀门、管件及各种组件所占长度。

系统组件按设计图示数量以"个""组""套"为计量单位计算。

需要注意的是：消防管道上的阀门、管道支架及设备支架、水箱、套管制作安装，应按《通用安装工程工程量计算规范》附录K给排水、采暖、燃气工程相关项目编码列项及计价。管道除锈、刷油、保温均应按《通用安装工程工程量计算规范》附录M刷油、防腐蚀、绝热工程相关项目编码列项及计价。各种消防泵、稳压泵等机械设备安装按《通用安装工程工程量计算规范》附录A机械设备安装工程相关项目编码列项及计价。埋地管道的土石方及砌筑工程按《房屋建筑与装饰工程工程量计算规范》附录A土石方工程、附录D砌筑工程相关项目编码列项及计价。

12.1.2 综合单价确定

水灭火系统管道安装按设计管道中心线长度以延长米计算，不扣除阀门、管件及各种组件所占长度。按系统类别、安装部位、连接方式（丝扣、法兰、沟槽式）和公称直径不同套用相应定额。其中，室外消防给水管道、消火栓灭火系统的管道套用《江苏省安装工程计价定额 第十册 给排水、采暖、燃气工程》第一章相应子目；自动喷水灭火系统的室内管道套用《江苏省安装工程计价定额 第九册 消防工程》相应定额子目。

水灭火系统管道安装定额包括工序内一次性水压试验；镀锌钢管法兰连接定额，管件是按成品、弯头两端是按接短管焊法兰考虑的，定额中包括了直管、管件、法兰等全部安装工序内容，但管件、法兰及螺栓为未计价材料，管件、法兰及螺栓的主材数量应按设计规定另行计算。螺纹连接的镀锌钢管每 10m 长消耗的管件数量可按表 12.2 确定。

表 12.2 镀锌钢管螺纹连接管件含量表

项目	名称	公称直径(以内)/mm						
		25	32	40	50	70	80	100
管件含量	四通	0.02	1.20	0.53	0.69	0.73	0.95	0.47
	三通	2.29	3.24	4.02	4.13	3.04	2.95	2.12
	弯头	4.92	0.98	1.69	1.78	1.87	1.47	1.16
	管箍		2.65	5.99	2.73	3.27	2.89	1.44
	小计	7.23	8.07	12.23	9.33	8.91	8.26	5.19

自动喷水灭火系统管网水冲洗以设计管道中心线延长米计算，不扣除阀门、管件及各种组件所占长度。按管道公称直径不同，套用《江苏省安装工程计价定额 第九册 消防工程》相应定额子目。管网水冲洗定额是按水冲洗考虑的，若采用水压气动冲洗法时，可按施工方案另行计算。

喷头安装不分型号、规格和类型，只按有吊顶与无吊顶分档，以"个"为计量单位。吊顶内喷头安装已考虑装饰盘的安装。

报警装置安装按不同公称直径，以"组"为计量单位。干湿两用报警装置、电动雨淋报警装置、预作用报警装置安装皆执行湿式报警阀装置安装定额，其中人工乘以系数 1.2，其余不变。

温感式水幕装置安装，按不同型号和规格以"组"为计量单位。包括给水三通至喷头、阀门间的管道、管件、阀门、喷头等全部内容的安装，但给水三通至喷头、阀门间管道的主材数量按设计管道中心长度另加损耗计算，喷头数量按设计数量另加损耗计算。

水流指示器、减压孔板安装，按不同规格均以"个"为计量单位。减压孔板若在法兰盘内安装，其法兰计入组价中。

集热板制作安装以"个"为计量单位。

室内消火栓安装按不同栓口数量（单出口和双出口），以"套"为计量单位。室内消火栓组合卷盘安装，执行室内消火栓安装的相应子目，定额基价乘以系数 1.2。室内消火栓安装包括消火栓箱、消火栓、水枪、水龙头、水龙带接扣、自救卷盘、挂架、消防按钮；落地消火栓箱包括箱内手提灭火器。

室外消火栓安装按不同型式（地上式 SS、地下式 SX）、工作压力等级（1.0MPa、1.6MPa）、覆土深度，以"套"为计量单位。地上式消火栓安装包括地上式消火栓、法兰接管、弯管底座；地下式消火栓安装包括地下式消火栓、法兰接管、弯管底座或消火栓三通。

末端试水装置按不同规格均以"组"为计量单位。末端试水装置包括压力表、控制阀等附件安装。末端试水装置安装中不含连接管及排水管安装，其工程量并入消防管道。

消防水泵接合器安装按不同型式（地上式 SQ、地下式 SQX、墙壁式 SQB）、规格（$DN100$、$DN150$），以"套"为计量单位。消防水泵接合器安装包括法兰接管及弯头、阀门、止回阀、安全阀、弯管底座、标牌等附件安装。如图 12.1 所示。如设计要求用短管时，其本身价值可另行计算，其余不变。

灭火器安装按不同安装方式以"具"为计量单位。

消防水炮分不同规格、控制方式（手动、智能控制），以"台"为计量单位。

图 12.1 地上式水泵接合器

在确定水灭火系统工程量清单项目综合单价时，还须注意以下两点：

① 设置于管道间、管廊内的管道安装，其人工费乘以系数 1.3。

② 主体结构为现场浇注采用钢模施工的工程，内外浇注的定额人工费乘以系数 1.05，内浇外砌的定额人工费乘以系数 1.03。这里钢模指的是大块钢模。

上述两项费用若存在，组价时须计入分部分项工程项目综合单价内。

【例 12.1】 某综合楼室内消火栓系统，采用 $DN100$ 镀锌钢管，螺纹连接，要求进行水压试验、水冲洗。编制工程量清单并确定其综合单价。已知工程类别为二类。

【解】 工程量清单见表 12.3 所示。综合单价计算过程见表 12.4 所示。室内消火栓管道计价时应套用《江苏省安装工程计价定额 第十册 给排水、采暖、燃气工程》第一章相应子目。

表 12.3 分部分项工程和单价措施项目清单与计价表

工程项目名称：××消防工程　　　　　标段：　　　　　　　　　第___页共___页

序号	项目编码	项目名称	项目特征描述	计量单位	工程数量	金额/元		
						综合单价	合价	其中:暂估价
1	030901002001	消火栓钢管	1. 安装部位:室内； 2. 材质、规格:镀锌钢管、$DN100$、$PN1.6$； 3. 连接形式:螺纹连接； 4. 压力试验及冲洗设计要求:水压试验、水冲洗	m	365			

表 12.4 分部分项工程项目清单综合单价计算表

工程名称：××消防工程　　　　　　　　　　　　　　　　计量单位：m
项目编码：030901002001　　　　　　　　　　　　　　　　工程数量：365
项目名称：消火栓钢管　　　　　　　　　　　　　　　　　综合单价：108.09 元

序号	定额编号	工程内容	单位	数量	综合单价组成/元					小计
					人工费	材料费	机械费	管理费	利润	
1	10-167	$DN100$ 镀锌钢管（螺纹）	10m	36.50	9291.44	4356.28	741.68	4088.23	1300.80	19778.43
2		材料:$DN100$ 钢管	m	372.30		19256.90				19256.90
3	10-372	水冲洗	100m	3.65	175.57	139.28		77.25	24.58	416.68
		合计			9291.44	23752.46	741.68	4165.48	1325.38	39452.00

《江苏省安装工程计价定额 第九册 消防工程》中将一些不便单列定额子目进行计算的费用，通过定额设定的计算方法来计算。该费用就是操作物高度超高增加费，简称"超高费"。超高费的定义及计算方法见第11.7节。

《江苏省安装工程计价定额 第九册 消防工程》规定基本高度为5.0m，操作物高度如超过5.0m时，其超高增加费为其超过部分工程量（指由5.0m至操作物高度）的定额人工费乘以超高系数。即：

$$超高增加费＝超高部分定额人工费×超高系数$$

消防工程超高系数见表12.5所示。

表12.5 消防工程超高系数表

标高/m	5～8	5～12	5～16	5～20
超高系数	1.10	1.15	1.20	1.25

超高费应计入相应的分部分项工程项目清单的综合单价中。

12.2 措施项目

12.2.1 单价措施项目

通用安装工程单价措施项目费的内容详见第10.4节，常用单价措施项目费的计算方法详见第11.7节。这里介绍消防工程中常用的措施项目费的相关费率。

（1）脚手架搭拆费

《江苏省安装工程计价定额 第九册 消防工程》规定的脚手架搭拆费率为5%，其中人工占25%，材料占75%。

（2）高层建筑增加费（高层施工增加费）

《江苏省安装工程计价定额 第九册 消防工程》规定的高层建筑增加费率见表12.6所示。

表12.6 （第九册）高层建筑增加费率表

层数		9层以下（30m）	12层以下（40m）	15层以下（50m）	18层以下（60m）	21层以下（70m）	24层以下（80m）	27层以下（90m）	30层以下（100m）	33层以下（110m）
按人工费的百分比/%		10	15	19	23	27	31	36	40	44
其中	工资占比/%	10	14	21	21	26	29	31	35	39
	机械费占比/%	90	86	79	79	74	71	69	65	61
层数		36层以下（120m）	40层以下（130m）	42层以下（140m）	45层以下（150m）	48层以下（160m）	51层以下（170m）	54层以下（180m）	57层以下（190m）	60层以下（200m）
按人工费的百分比/%		48	54	56	60	63	65	67	68	70
其中	工资占比/%	41	43	46	48	51	53	57	60	63
	机械费占比/%	59	57	54	52	49	47	43	40	37

（3）安装与生产同时进行增加的费用

按人工费的10%计取，其中人工费占100%，在该人工费的基础上再计算管理费和利润。

（4）在有害身体健康的环境中施工增加的费用

按人工费的10%计取，其中人工费占100%，在该人工费的基础上再计算管理费和利润。

12.2.2 总价措施项目

总价措施项目费的内容及计算方法详见第 10.4 节。《江苏省建设工程费用定额（2014 年）》规定：

总价措施项目费＝(分部分项工程费－工程设备费＋单价措施项目费)×相应费率(%)

总价措施项目费费率参见各地建设主管部门发布的《建设工程费用定额》。

复习思考题

1. 消防管道上的阀门、支架、水箱、套管制作安装工程，编制工程量清单的依据是什么？
2. 水灭火系统室内、室外管道是如何划分的？
3. 说明水灭火系统管道、系统组件安装工程工程量计算规则。
4. 水灭火系统管道安装，套用定额有何具体规定？
5. 《江苏省安装工程计价定额 第九册 消防工程》规定的操作物高度是多少？
6. 安装与生产同时进行增加费、有害环境下施工增加费如何计算。
7. 《江苏省安装工程计价定额 第九册 消防工程》规定的脚手架搭拆费率是多少？脚手架搭拆费如何计算？

13 刷油、防腐蚀、绝热工程

《通用安装工程工程量计算规范》(GB 50856—2013) 附录 M 刷油、防腐蚀、绝热工程适用于采用工程量清单计价的新建、扩建项目中的设备、管道、金属结构等的刷油、防腐蚀、绝热工程。《江苏省安装工程计价定额 第十一册 刷油、防腐蚀、绝热工程》是刷油、防腐蚀、绝热工程编制招标工程量清单、招标控制价、投标报价的主要依据之一。

13.1 刷油工程

13.1.1 工程量清单项目

刷油工程工程量清单项目设置见表 13.1 所示。

表 13.1 M.1 刷油工程 (编码:031201)

项目编码	项目名称	项目特征	计量单位	工程量计算规则	工作内容
031201001	管道刷油	1. 除锈级别; 2. 油漆品种; 3. 涂刷遍数、漆膜厚度; 4. 标志色方式、品种	1. m²; 2. m	1. 以 m² 计量,按设计图示表面积尺寸以面积计算; 2. 以米计量,按设计图示尺寸以长度计算;	1. 除锈; 2. 调配、涂刷
031201002	设备与矩形管道刷油				
031201003	金属结构刷油	1. 除锈级别; 2. 油漆品种; 3. 结构类型; 4. 涂刷遍数、漆膜厚度	1. m²; 2. kg	1. 以 m² 计量,按设计图示表面积尺寸以面积计算; 2. 以 kg 计量,按金属结构的理论质量计算;	
031201004	铸铁管、暖气片刷油	1. 除锈级别; 2. 油漆品种; 3. 涂刷遍数、漆膜厚度	1. m²; 2. m	1. 以 m² 计量,按设计图示表面积尺寸以面积计算; 2. 以米计量,按设计图示尺寸以长度计算;	
031201005	灰面刷油	1. 油漆品种; 2. 涂刷遍数、漆膜厚度; 3. 涂刷部位	m²	按设计图示表面积计算	调配、涂刷
031201006	布面刷油	1. 布面品种; 2. 油漆品种; 3. 涂刷遍数、漆膜厚度; 4. 涂刷部位			

续表

项目编码	项目名称	项目特征	计量单位	工程量计算规则	工作内容
031201007	气柜刷油	1. 除锈级别； 2. 油漆品种； 3. 涂刷遍数、漆膜厚度； 4. 涂刷部位	m²	按设计图示表面积计算	1. 除锈； 2. 调配、涂刷
031201008	玛琋脂面刷油	1. 除锈级别； 2. 油漆品种； 3. 涂刷遍数、漆膜厚度			调配、涂刷
031201009	喷漆	1. 除锈级别； 2. 油漆品种； 3. 喷涂遍数、漆膜厚度； 4. 喷涂部位			1. 除锈； 2. 调配、喷涂

原《全国统一安装工程预算定额 第十三分册 刷油、防腐、绝热》，将常用的手工和动力工具除锈级别分为微锈、轻锈、中锈、重锈四种，区分标准如下：

① 微锈：氧化皮完全紧附，仅有少量锈点。
② 轻锈：部分氧化皮开始破裂脱落，红锈开始发生。
③ 中锈：部分氧化皮破裂脱落，呈堆粉状，除锈后用肉眼能见到腐蚀小凹点。
④ 重锈：大部分氧化皮脱落，呈片状锈层或凸起的锈斑，除锈后出现麻点或麻坑。

金属结构类型划分为一般钢结构、管廊钢结构、H 型钢制钢结构（包括大于 400mm 以上各种型钢）三个类型。一般钢结构包括梯子、栏杆、支吊架、平台等；H 型钢制钢结构包括各种 H 型钢及规格大于 400mm 以上各种型钢组成的钢结构；管廊钢结构是指管廊钢结构中除一般钢结构和 H 型钢结构及规格大于 400mm 以上各类型钢外，余下部分的钢结构。

由钢管组成的金属结构的刷油按管道刷油相关项目编码，由钢板组成的金属结构的刷油按 H 型钢刷油相关项目编码。

各式圆形管道刷油按设计图示表面积尺寸以"m²"为计量单位计算。管道表面积包括管件、阀门、法兰、人孔、管口凹凸部分。

对不保温的管道表面刷油：

$$S = \pi D L \tag{13.1}$$

式中 D——外径；
L——管道延长米。

对圆形管道保温层上表面刷油：

$$S = \pi L (D + 2.1\delta + 0.0082) \tag{13.2}$$

式中 D——外径；
L——管道延长米；
δ——绝热层厚度。

一般金属结构、管廊钢结构刷油按金属结构的理论质量以"kg"为计量单位计算。H 型钢制钢结构刷油按设计图示表面积尺寸以"m²"为计量单位计算。铸铁暖气片刷油按设计图示表面积尺寸以"m²"为计量单位计算。

13.1.2 综合单价确定

各式圆形管道除锈、刷油按设计图示表面积尺寸以"m²"为计量单位计算。管道表面积包括管件、阀门、法兰、人孔、管口凹凸部分。计算公式同上。

一般钢结构、管廊钢结构除锈、刷油按金属结构的理论质量以"kg"为计量单位计算。H型钢制钢结构除锈、刷油按设计图示表面积尺寸以"m²"为计量单位计算。铸铁暖气片刷油按设计图示表面积尺寸以"m²"为计量单位计算。

各式管道、设备、铸铁暖气片除锈按除锈方式、除锈级别不同套用定额；刷油按照油漆品种和遍数套用定额。钢材表面除锈方式主要包括手工和动力工具除锈、喷（抛）射除锈、化学除锈、火焰除锈等。在施工现场，手工除锈是一种最简单、常用的除锈方式。

确定刷油工程综合单价时需注意以下几点：
① 除锈工程定额不包括除微锈，发生时执行轻锈定额乘以系数0.2。
② 各种管件、阀件及设备上人孔、管口凸凹部分的除锈、刷油已综合考虑在定额内。
③ 同一种油漆刷三遍时，第三遍套用第二遍的定额子目。
④ 刷油工程定额是按安装地点就地刷（喷）油漆考虑的，如安装前集中刷油，人工乘以系数0.7（暖气片除外）。
⑤ 标志色环等零星刷油，执行刷油定额相应项目时，其人工乘以系数2.0。

【例13.1】 某12层综合楼消防工程，$DN100$焊接钢管400m，型钢支架60kg，设计文件要求焊接钢管和支架除锈后刷红丹防锈漆两遍，编制刷油工程量清单，并确定其综合单价。

【解】 $DN100$焊接钢管外径114mm，刷油工程量：

$$S = 3.14 \times 0.114 \times 400 = 143.18 (m^2)$$

工程量清单见表13.2所示。12层综合楼消防工程，工程类别二类，综合单价计算见表13.3和表13.4所示。

表13.2 分部分项工程和单价措施项目清单与计价表

工程名称：××刷油、防腐蚀、绝热工程　　　　标段：　　　　　　第___页共___页

序号	项目编码	项目名称	项目特征描述	计量单位	工程数量	综合单价	合价	其中:暂估价
1	031201001001	管道刷油	1. 除锈级别:轻锈； 2. 油漆品种:红丹防锈漆； 3. 涂刷遍数:两遍	m²	143.18			
2	031201003001	金属结构刷油	1. 除锈级别:轻锈； 2. 油漆品种:红丹防锈漆； 3. 结构类型:一般钢结构； 4. 涂刷遍数:两遍	kg	60			

表13.3 分部分项工程项目清单综合单价计算表

工程名称：××刷油、防腐蚀、绝热工程　　　　　　　　　　计量单位：m²
项目编码：031201001001　　　　　　　　　　　　　　　　工程数量：143.18
项目名称：管道刷油　　　　　　　　　　　　　　　　　　综合单价：13.42元

序号	定额编号	工程内容	单位	数量	人工费	材料费	机械费	管理费	利润	小计
1	11-1	管道手工除轻锈	10m²	14.32	307.31	46.68		135.22	43.02	532.23
2	11-51	刷红丹漆第一遍	10m²	14.32	243.73	56.42		107.24	34.12	441.51
3		材料:红丹漆	kg	21.05		272.20				272.20
4	11-52	刷红丹漆第二遍	10m²	14.32	243.73	50.26		107.24	34.12	435.35
5		材料:红丹漆	kg	18.62		240.72				240.72
		合计			794.76	666.29		349.69	111.27	1922.02

表 13.4　分部分项工程项目清单综合单价计算表

工程名称：××刷油、防腐蚀、绝热工程　　　　　　　　　　　　　　　计量单位：kg
项目编码：031201003001　　　　　　　　　　　　　　　　　　　　　　工程数量：60
项目名称：金属结构刷油　　　　　　　　　　　　　　　　　　　　　　综合单价：1.15 元

序号	定额编号	工程内容	单位	数量	综合单价组成/元					小计
					人工费	材料费	机械费	管理费	利润	
1	11-7	一般钢结构手工除轻锈	100kg	0.60	12.88	1.45		5.67	1.80	21.79
2	11-117	刷红丹漆第一遍	100kg	0.60	8.88	1.91		3.91	1.24	15.94
3		材料：红丹漆	kg	0.70		9.00				9.00
4	11-118	刷红丹漆第二遍	100kg	0.60	8.44	1.66		3.71	1.18	14.99
5		材料：红丹漆	kg	0.57		7.37				7.37
		合计			30.19	21.39		13.28	4.23	69.10

13.2　防腐蚀涂料工程

13.2.1　工程量清单项目

防腐蚀涂料工程工程量清单项目设置见表 13.5 所示。

表 13.5　M.2 防腐蚀涂料工程（编码：031202）

项目编码	项目名称	项目特征	计量单位	工程量计算规则	工作内容
031202001	设备防腐蚀	1. 除锈级别； 2. 涂刷(喷)品种； 3. 分层内容； 4. 涂刷(喷)遍数、漆膜厚度	m^2	按设计图示表面积计算	1. 除锈； 2. 调配、涂刷(喷)
031202002	管道防腐蚀		1. m^2； 2. m	1. 以 m^2 计量，按设计图示表面积尺寸以面积计算； 2. 以米计量，按设计图示尺寸以长度计算	
031202003	一般钢结构防腐蚀		kg	按一般钢结构的理论质量计算	
031202004	管廊钢结构防腐蚀			按管廊钢结构的理论质量计算	
031202008	埋地管道防腐蚀	1. 除锈级别； 2. 刷缠品种； 3. 分层内容； 4. 刷缠遍数	1. m^2； 2. m	1. 以 m^2 计量，按设计图示表面积尺寸以面积计算； 2. 以米计量，按设计图示尺寸以长度计算	1. 除锈； 2. 刷油； 3. 防腐蚀； 4. 缠保护层
031202009	环氧煤沥青防腐蚀				1. 除锈； 2. 涂刷、缠玻璃布

　　分层内容是指每一层的内容，如底漆、中间漆、面漆及玻璃丝布等。给排水工程中钢管防腐蚀及埋地钢管防腐蚀按设计文件要求，如设计无规定时，可按有关施工验收规范执行。

　　管道、设备防腐蚀、埋地管道防腐蚀、环氧煤沥青防腐蚀按设计图示表面积尺寸以"m^2"计算。一般钢结构、管廊钢结构防腐蚀按钢结构的理论质量以"kg"计算；H 型钢制钢结构防腐蚀按设计图示表面积尺寸以"m^2"计算。

13.2.2 综合单价确定

管道除锈、防腐蚀涂料工程量按设计图示表面积尺寸以"m²"计算。除锈按除锈方式、除锈级别不同套用定额;防腐涂料按照涂料品种和遍数套用相应定额。

埋地管道防腐蚀的保护层工程量按设计图示表面积尺寸以"m²"计算。按照保护层品种套用相应定额。

一般钢结构、管廊钢结构的除锈、防腐涂料工程量按钢结构的理论质量以"kg"计算。H型钢制钢结构除锈、防腐涂料工程量按设计图示表面积尺寸以"m²"计算。金属结构除锈按除锈方式、除锈级别不同套用定额;防腐涂料按照涂料品种和分层内容(底漆、中间漆、面漆)套用相应定额。

【例 13.2】 某管道工程,$DN150$ 焊接钢管 $200m$,埋地敷设,设计文件要求管道采用环氧煤沥青涂料外防腐,防腐层结构为加强级(四油一布),编制防腐涂料工程工程量清单,并确定其综合单价。工程类别为二类。

【解】 $DN150$ 焊接钢管外径 $165mm$,防腐涂料工程量为:
$$S = 3.14 \times 0.165 \times 200 = 103.62 (m^2)$$

工程量清单见表 13.6 所示。综合单价计算见表 13.7 所示。

表 13.6 分部分项工程和单价措施项目清单与计价表

工程名称:××刷油、防腐蚀、绝热工程　　　　标段:　　　　第___页共___页

序号	项目编码	项目名称	项目特征描述	计量单位	工程数量	金额/元 综合单价	合价	其中:暂估价
1	031202009001	环氧煤沥青防腐蚀	1. 除锈级别:轻锈; 2. 刷缠品种:刷环氧煤沥青、缠玻璃布; 3. 分层内容:底漆、中间漆、玻璃丝布和面漆; 4. 刷缠遍数:刷底漆一遍、中间漆两遍、缠玻璃布一道、玻璃布刷面漆两遍	m²	103.62			

表 13.7 分部分项工程项目清单综合单价计算表

工程名称:××刷油、防腐蚀、绝热工程　　　　计量单位:m²
项目编码:031202009001　　　　工程数量:103.62
项目名称:环氧煤沥青防腐蚀　　　　综合单价:84.55 元

序号	定额编号	工程内容	单位	数量	综合单价组成/元					小计
					人工费	材料费	机械费	管理费	利润	
1	11-1	管道手工除轻锈	10m²	10.36	222.33	33.77		97.82	31.13	385.05
2	11-325	环氧煤沥青防腐一底	10m²	10.36	260.66	104.84		114.69	36.49	516.68
3		材料:环氧煤沥青底漆	kg	25.90		446.55				446.55
4	11-326×2	环氧煤沥青防腐二面	10m²	10.36	628.64	257.76		276.60	88.01	1251.02
5		材料:环氧煤沥青面漆	kg	58.02		1000.28				1000.28
6	11-327	缠玻璃布	10m²	10.36	398.65	822.58		175.41	55.81	1452.46
7	11-328	玻璃布面刷环氧煤沥青第一遍	10m²	10.36	593.32	201.29		261.06	83.06	1138.74

续表

序号	定额编号	工程内容	单位	数量	人工费	材料费	机械费	管理费	利润	小计
					\multicolumn{5}{c	}{综合单价组成/元}	
8		材料：环氧煤沥青面漆	kg	53.87		928.83				928.83
9	11-329	玻璃布面刷环氧煤沥青第二遍	10m²	10.36	505.98	154.16		222.63	70.84	953.61
10		材料：环氧煤沥青面漆	kg	39.89		687.69				687.69
		合计			2609.58	4637.75		1148.22	365.34	8760.89

13.3 绝热工程

13.3.1 工程量清单项目

绝热工程工程量清单项目设置见表13.8所示。

表 13.8　M.8 绝热工程（编码：031208）

项目编码	项目名称	项目特征	计量单位	工程量计算规则	工作内容
031208001	设备绝热	1. 绝热材料品种； 2. 绝热厚度； 3. 设备形式； 4. 软木品种	m³	按图示表面积加绝热层厚度及调整系数计算	1. 安装； 2. 软木制品安装
031208002	管道绝热	1. 绝热材料品种； 2. 绝热厚度； 3. 管道外径； 4. 软木品种			
031208003	通风管道绝热	1. 绝热材料品种； 2. 绝热厚度； 3. 软木品种	1. m³； 2. m²	1. 以立方米计量，按图示表面积加绝热层厚度及调整系数计算； 2. 以m²计量，按图示表面积及调整系数计算	
031208004	阀门绝热	1. 绝热材料； 2. 绝热厚度； 3. 阀门规格	m³	按图示表面积加绝热层厚度及调整系数计算	安装
031208005	法兰绝热	1. 绝热材料； 2. 绝热厚度； 3. 法兰规格			
031208006	喷涂、涂抹	1. 材料； 2. 厚度； 3. 对象	m²	按图示表面积计算	喷涂、涂抹安装
031208007	防潮层、保护层	1. 材料； 2. 厚度； 3. 层数； 4. 对象； 5. 结构形式	1. m²； 2. kg	1. 以m²计量，按图示表面积加绝热层厚度及调整系数计算； 2. 以kg计量，按图示金属结构质量计算	安装
031208008	保温盒、保温托盘	名称	1. m²； 2. kg	1. 以m²计量，按图示表面积计算； 2. 以kg计量，按图示金属结构质量计算	制作、安装

管道及设备的绝热结构一般分层设置，由内到外，保冷结构由防腐层、保冷层、防潮层、保护层组成。保温结构由防腐层、保温层、保护层组成，在潮湿环境或埋地状况下，需在保温层表面增设防潮层。如图 13.1 所示。

常用的绝热材料有矿（岩）棉、玻璃棉、硅酸钙、膨胀珍珠岩、泡沫玻璃制品和硬质聚氨酯泡沫塑料等。常用防潮层材料有聚乙烯薄膜、玻璃丝布等。保护层常采用有玻璃丝布、复合铝箔、玻璃钢等非金属材料，镀锌薄钢板、薄铝合金板等金属材料。

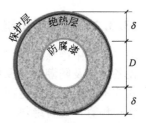

图 13.1　圆形管道绝热结构示意图
D—管道外径；δ—绝热层厚度

设备形式是指立式、卧式或球形，描述清楚设备形式以便于计价时定额套用。

对象是指施工的对象，如设备、管道、通风管道、阀门、法兰、钢结构等。

如设计要求保温、保冷分层，施工须注明。按照规范要求，保温层厚度大于 100cm、保冷层厚度大于 80cm 时应分层安装，工程量应分层计算。

设备、管道、通风管道、阀门、法兰绝热工程量按图示表面积加绝热层厚度及调整系数以"m³"为计量单位计算。

圆形管道绝热工程量：$\quad V=\pi(D+1.033\delta)\times 1.033\delta L$ (13.3)

阀门绝热工程量：$\quad V=\pi(D+1.033\delta)\times 2.5D\times 1.033\delta\times 1.05N$ (13.4)

法兰绝热工程量：$\quad V=\pi(D+1.033\delta)\times 1.5D\times 1.033\delta\times 1.05N$ (13.5)

式中　　D——直径；

　　　　L——管道延长米；

　　　　δ——绝热层厚度；

　　1.033——调整系数；

　　　　N——阀门、法兰个数。

绝热工程分层施工时，第二层工程量：$D_1=(D+2.1\delta)+0.0082$，以此类推。

在计算管道绝热工程量时，除阀门、法兰外，管件绝热工程量均已包括在管道绝热工程量中。

喷涂、涂抹按图示表面积以"m²"为计量单位计算。

防潮层、保护层按图示表面积加绝热层厚度及调整系数以"m²"为单位计算。公式如下：

圆形管道防潮层、保护层工程量：$S=\pi(D+2.1\delta+0.0082)L$ (13.6)

阀门防潮和保护层工程量：$S=\pi(D+2.1\delta)\times 2.5D\times 1.05N$ (13.7)

法兰防潮和保护层工程量：$S=\pi(D+2.1\delta)\times 1.5D\times 1.05N$ (13.8)

式中　　D——直径；

　　　　L——管道延长米；

　　　　δ——绝热层厚度；

　　2.1——调整系数；

　　0.0082——捆扎线或钢带厚度；

　　　　N——阀门、法兰个数。

保温盒制作安装按图示表面积以"m²"为计量单位计算；保温托盘按图示金属结构质量以"kg"为计量单位计算。

绝热工程施工前如需除锈、刷油，应按《通用安装工程工程量计算规范》附录 M.1 刷油工程相关项目编码列项。

13.3.2 综合单价确定

绝热工程中绝热层以"m³"为计量单位，防潮层、保护层以"m²"为计量单位计算。管道、设备绝热及防潮层、保护层工程量计算公式同上。按绝热材料种类、绝热层厚度及绝热结构形式的不同套用相应定额。

现行预算定额将绝热工程保温材料品种划分为纤维类制品、泡沫塑料类制品、毡类制品及硬质材料类制品几大类，套用定额时分类套用。各类制品具体说明如下：

① 纤维类制品：包括矿棉、岩棉、玻璃棉、超细玻璃棉、泡沫石棉制品、硅酸铝制品等。
② 泡沫类制品：包括聚苯乙烯泡沫塑料、聚氨酯泡沫塑料等。
③ 毡类制品：包括岩棉毡、矿棉毡、玻璃棉毡制品。
④ 硬质材料类制品：包括珍珠岩制品、泡沫玻璃类制品。

【例 13.3】 某厂建管网供热工程，$DN250$ 焊接钢管长 500m。管道保温之前，采用动力工具除锈，再刷红丹防锈漆两遍。绝热材料采用岩棉管壳 $\delta 60mm$，管壳缠玻璃丝布两层，玻璃布表层刷调和漆两遍。编制相应工程工程量清单，并确定管道绝热、保护层清单项目的综合单价。工程类别为二类。

【解】 $DN250$ 焊接钢管外径 273mm。

钢管除锈、刷油工程量：$S = \pi DL = 3.14 \times 0.273 \times 500 = 428.61 (m^2)$

钢管绝热工程量：$V = \pi(D + 1.033\delta) \times 1.033\delta L$
$= 3.14 \times (0.273 + 1.033 \times 0.06) \times 1.033 \times 0.06 \times 500 = 32.60 (m^3)$

管道保护层工程量：$S = \pi(D + 2.1\delta + 0.0082)L$
$= 3.14 \times (0.273 + 2.1 \times 0.06 + 0.0082) \times 500 = 639.30 (m^2)$

玻璃布表层刷调和漆工程量：$S = \pi(D + 2.1\delta + 0.0082)L = 639.30 (m^2)$

工程量清单见表 13.9 所示。综合单价计算见表 13.10、表 13.11 所示。

表 13.9 分部分项工程和单价措施项目清单与计价表

工程名称：××刷油、防腐蚀、绝热工程　　　　标段：　　　　　　　　第___页共___页

序号	项目编码	项目名称	项目特征描述	计量单位	工程数量	金额/元 综合单价	合价	其中：暂估价
1	031201001001	管道刷油	1. 除锈级别：轻锈； 2. 油漆品种：红丹防锈漆； 3. 涂刷遍数：两遍	m²	428.61			
2	031208002001	管道绝热	1. 绝热材料品种：岩棉管壳； 2. 绝热厚度：60mm； 3. 管道外径：273mm	m³	32.60			
3	031208007001	防潮层、保护层	1. 材料：玻璃丝布； 2. 层数：两层； 3. 对象：管道	m²	639.30			
4	031201006001	布面刷油	1. 布面品种：玻璃丝布； 2. 油漆品种：调和漆； 3. 涂刷遍数：两遍； 4. 涂刷部位：管道	m²	639.30			

表 13.10　分部分项工程项目清单综合单价计算表

工程名称：××刷油、防腐蚀、绝热工程　　　　　　　　　　　　　　　　计量单位：m^3
项目编码：031208002001　　　　　　　　　　　　　　　　　　　　　　工程数量：32.6
项目名称：管道绝热　　　　　　　　　　　　　　　　　　　　　　　　　综合单价：534.10 元

序号	定额编号	工程内容	单位	数量	综合单价组成/元					小计
					人工费	材料费	机械费	管理费	利润	
1	11-1848	DN250 岩棉管壳 δ60mm	m^3	32.60	3329.11	573.11		1464.81	466.08	5833.10
2		材料:岩棉管壳	m^3	33.58		11578.62				11578.62
		合计			3329.11	12151.73		1464.81	466.08	17411.73

表 13.11　分部分项工程项目清单综合单价计算表

工程名称：××刷油、防腐蚀、绝热工程　　　　　　　　　　　　　　　　计量单位：m^2
项目编码：031208007001　　　　　　　　　　　　　　　　　　　　　　工程数量：639.3
项目名称：防潮层、保护层　　　　　　　　　　　　　　　　　　　　　　综合单价：11.30 元

序号	定额编号	工程内容	单位	数量	综合单价组成/元					小计
					人工费	材料费	机械费	管理费	利润	
1	11-2161×2	二层玻璃丝布保护层	$10m^2$	63.93	3406.19	23.01		1464.66	476.87	5370.73
2		材料:玻璃丝布	m^2	1790.04		1851.77				1851.77
		合计			3406.19	1874.78		1464.66	476.87	7222.50

13.4　计取有关费用的规定

(1) 超高降效增加费

以设计标高±0.00m 为准，当安装高度超过±6.00m 时，人工和机械分别乘以表 13.12 中的系数。

表 13.12　超高降效增加系数表

20m 以内	30m 以内	40m 以内	50m 以内	60m 以内	70m 以内	80m 以内	80m 以上
0.3	0.4	0.5	0.6	0.7	0.8	0.9	1.0

(2) 厂区外 1~10km 增加的费用

按超过部分的人工和机械乘以系数 1.10 计算。

上述两项费用发生时，应计入相应的分部分项工程项目清单的综合单价中。

13.5　措施项目

通用安装工程措施项目费的内容及计算方法详见第 4.7 节。这里简要介绍刷油、防腐蚀、绝热工程中常用的措施项目费的相关费率。

13.5.1　单价措施项目

通用安装工程单价措施项目费的内容详见第 10.4 节，常用单价措施项目费的计算方法详见第 11.7 节。

13.5.1.1 脚手架搭拆费

《江苏省安装工程计价定额 第十一册 刷油、防腐蚀、绝热工程》中规定的脚手架搭拆费率，按照下列系数计算，其中人工工资占 25%，材料占 75%。

① 刷油工程：按人工费的 8%计算；
② 防腐蚀工程：按人工费的 12%计算；
③ 绝热工程：按人工费的 20%计算。

除锈工程的脚手架搭拆费应分别随刷油工程或防腐蚀工程计算，即刷油工程或防腐蚀工程的脚手架搭拆费的计算基数中应包括除锈工程发生的人工费。

13.5.1.2 高层建筑增加费（高层施工增加费）

建筑设备安装工程，刷油、防腐蚀、绝热工程高层建筑增加费按主体工程（通风空调、消防、给排水、采暖、电气工程）的高层建筑增加费相应规定计算。

13.5.1.3 安装与生产同时进行施工增加费

安装与生产同时进行施工增加费，按人工费的 10%计取，其中人工费占 100%，在该人工费的基础上再计算管理费和利润。

13.5.1.4 有害身体健康环境中施工增加费

有害身体健康环境中施工增加费，按人工费的 10%计取，其中人工费占 100%，在该人工费的基础上再计算管理费和利润。

13.5.2 总价措施项目

安装工程总价措施项目费的内容及计算方法详见第 10.4 节。《江苏省建设工程费用定额（2014 年）》规定：

总价措施项目费＝(分部分项工程费－工程设备费＋单价措施项目费)×相应费率(%)

总价措施项目费率参见各地建设主管部门发布的《建设工程费用定额》。

复习思考题

1. 说明编制刷油、防腐、绝热工程工程量清单及计价所依据的计价规范、计价定额的名称。

2. 某管道工程，$\phi 108 \times 5$ 无缝钢管 120m，设计文件要求刷防锈漆两遍，编制该工程工程量清单，并确定清单项目的综合单价。已知防锈漆单价为 12 元/kg。

3. $DN100$（管外径 114mm）镀锌钢管工程量 120m，钢管敷 $\delta 5cm$ 离心玻璃棉绝热层，外缠玻璃丝布、$\delta 0.4mm$ 铝箔玻璃钢各一层。编制相应安装工程工程量清单，并确定其综合单价。已知工程类别为二类，离心玻璃棉单价 800 元/m^3，玻璃丝布 1.0 元/m^2，铝箔玻璃钢 25.0 元/m^2。

4. 建筑设备安装工程，刷油、防腐蚀、绝热工程高层建筑增加费是如何计算的？

14 市政给排水工程

市政工程是指市政公用设施建设工程,包括城市的各种公共交通设施(道路、桥涵、隧道)、给水、排水、燃气、防洪、供热、照明及绿化等工程,是城市生存和发展必不可少的物质基础。市政给水工程向企业、居民提供生产、生活用水,市政排水工程收集、处理、排放生活污水、雨雪水和工业废水,市政给排水工程是城市必不可少的公共基础设施。

《市政工程工程量计算规范》(GB 50857—2013)适用于采用工程量清单计价的城镇范围内的新建、扩建和整体更新改造的市政工程,其中和给排水工程相关的实体工程主要包括附录 A 土石方工程、附录 E 管网工程、附录 F 水处理工程和附录 J 钢筋工程。

14.1 土方工程

14.1.1 工程量清单项目

土方工程清单项目设置见表 14.1;回填方及土石方运输工程量清单项目设置见表 14.2 所示。

表 14.1 A.1 土方工程(编号:040101)

项目编码	项目名称	项目特征	计量单位	工程量计算规则	工程内容
040101001	挖一般土方	1. 土壤类别; 2. 挖土深度	m³	按设计图示尺寸以体积计算	1. 排地表水; 2. 土方开挖; 3. 围护(挡土板)及拆除; 4. 基底钎探; 5. 场内运输
040101002	挖沟槽土方			按设计图示尺寸以基础垫层底面积乘以挖土深度计算	
040101003	挖基坑土方				
040101004	暗挖土方	1. 土壤类别; 2. 平洞斜洞(坡度); 3. 运距		按设计图示断面积乘以长度以体积计算	1. 排地表水; 2. 土方开挖; 3. 场内运输
040101005	挖淤泥、流砂	1. 挖掘深度; 2. 运距		按设计图示的位置及界限以体积计算	1. 开挖; 2. 运输

表 14.2 A.3 回填方及土石方运输（编码：040103）

项目编码	项目名称	项目特征	计量单位	工程量计算规则	工程内容
040103001	填方	1. 密实度要求； 2. 填方材料品种； 3. 填方粒径要求； 4. 填方来源、运距	m³	1. 按挖方清单项目工程量加原地面线至设计要求标高间的体积，减基础、构筑物等埋入体积计算。 2. 按设计图示尺寸以体积计算	1. 运输； 2. 回填； 3. 压实
040103002	余方弃置	1. 废弃料品种； 2. 运距		按挖方清单项目工程量减利用回填方体积（正数）计算	余方点装料运输至弃置点

沟槽、基坑、一般土石方工程划分原则：

① 底宽 7m 以内，底长大于底宽 3 倍以上为沟槽；

② 底宽 7m 以内，底长小于底宽 3 倍以下，底面积在 150m² 以内为基坑；

③ 超过上述范围，为一般土石方工程。

土壤类别按现行国家标准《岩土工程勘察规范》（GB 50021—2001，2009 年局部修订版）定义。

挖土深度：原地面平均标高至槽坑底的平均高度。

给排水管道沟槽的挖土深度可以用两种方法表示：①管道外壁顶部到地面的距离称为覆土厚度；②管道内壁底部到地面的距离称为管道埋深。如图 14.1 所示。则：

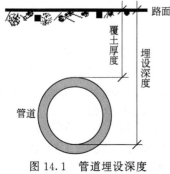

图 14.1 管道埋设深度

$$挖土深度＝覆土厚度＋管外径＋基础垫层厚度 \quad (14.1)$$

或

$$挖土深度＝埋设深度＋管壁厚度＋基础垫层厚度 \quad (14.2)$$

实际计算时应根据管道纵剖面图上的高程确定。

填方来源是指原土回填以及缺方内运。运距按挖土重心至填土重心或弃土重心的最近距离计算。

挖沟槽、基坑土方工程量计算规则，《市政工程工程量计算规范》（GB 50857—2013）附录 A.1 规定了两点：

① 按设计图示尺寸以基础垫层底面积乘以挖土深度计算。即：

$$V=BLH \quad (14.3)$$

式中 B——基础垫层的宽度；

L——沟槽的长度；

H——沟槽的挖土平均深度。

② 挖沟槽、基坑、一般土方因工作面和放坡增加的工程量，是否并入各土方工程量中，按各省、自治区、直辖市或行业建设主管部门的规定实施。如并入各土方工程量中，编制工程量清单时，可按表 14.3 规定的放坡系数、表 14.4 规定的工作面宽度计算；办理工程结算时，按经发包人认可的施工组织设计规定计算。

表 14.3 A.1-2 放坡系数表

土类别	放坡起点/m	人工挖土	机械挖土		
			在沟槽、坑内作业	在沟槽侧、坑边上作业	顺沟槽方向坑上作业
一、二类土	1.20	1∶0.50	1∶0.33	1∶0.75	1∶0.50

续表

土类别	放坡起点/m	人工挖土	机械挖土		
			在沟槽、坑内作业	在沟槽侧、坑边上作业	顺沟槽方向坑上作业
三类土	1.50	1:0.33	1:0.25	1:0.67	1:0.33
四类土	2.00	1:0.25	1:0.10	1:0.33	1:0.25

表 14.4　A.1-3 管沟施工每侧所需工作面宽度计算表　　　　单位：mm

管道结构宽	混凝土管道基础为 90°	混凝土管道基础＞90°	金属管道	构筑物	
				无防潮层	无防潮层
500 以内	400	400	300	400	600
1000 以内	500	500	400		
2500 以内	600	500	400		
2500 以上	700	600	500		

表 14.4 中沟槽的结构宽度按下列原则确定：
① 管道有管座时，按管道基础外缘宽计算，如图 14.2 所示。
② 管道无管座时，按管道外径计算。
③ 构筑物按基础外缘计算。
④ 如设挡土板则每侧再增加 15cm。

江苏省住房城乡建设厅规定：挖沟槽、基坑、一般土方因超挖量、工作面和放坡增加的工程量并入各土方工程量中。其中，管道接口作业坑和沿线各种井室所需增加的土方工程量按沟槽全部土方工程量的 2.5% 计算。

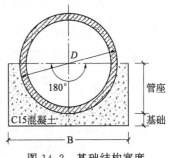

图 14.2　基础结构宽度

给排水管道工程中，因为各段管道的埋深、断面尺寸不一定相同，要精确计算管沟土方量比较困难，为了使计算结果与实际接近，通常根据地貌的变化，将管道划分为若干管段，分别计算每个管段的土方体积，最后汇总求和。常用的方法有截面法。

截面法是用若干垂直于管沟的截面将其分为若干段，通常每段长度为 20～50m，最长不超过 100m。给排水管道工程通常以 2 个检查井之间作为 1 个计算段，并在地面起伏突变处增设断面。上下游断面的平均深度为该段管沟土方的平均挖土深度，土方量计算公式为：

$$V = \frac{S_1 + S_2}{2} L (1 + 2.5\%) \tag{14.4}$$

式中　S_1——上游检查井处沟槽断面面积；
　　　S_2——下游检查井处沟槽断面面积；
　　　L——该管段的长度，即两检查井中心之间的距离；
　　　2.5%——管道接口作业坑和沿线各种井室超挖量。

对常用的梯形槽断面，其断面面积 S 为：

$$S = (B + 2b + KH)H \tag{14.5}$$

式中　b——工作面宽度；
　　　B——管道结构宽；
　　　K——边坡系数；
　　　H——挖土深度。

编制工程量清单时，边坡系数、工作面宽度可按表 14.3、表 14.4 的规定计算；办理工程结算时，按经发包人认可的施工组织设计规定计算。

【例 14.1】 市政排水管道中的某一段，如图 14.3 所示。雨水检查井 W1、W2、W3 的直径为 1000mm，如图 14.5 所示，井底基础厚 100mm，管道采用钢筋混凝土管，接口形式为平接，水泥砂浆接口，中心包角 180°，管道基础如图 14.4 所示，管内径 D，管壁厚 t，管肩 a，管基宽 B，管基厚 C_1、C_2 及基础混凝土体积见表 14.5。由设计文件已知管道起始

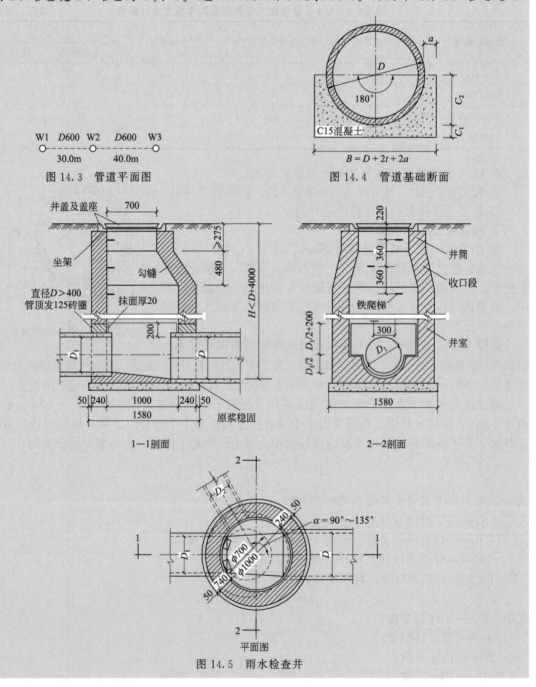

图 14.3　管道平面图　　　　　　图 14.4　管道基础断面

1—1 剖面　　　　　　　　　　2—2 剖面

平面图

图 14.5　雨水检查井

端 W1 的管道埋深为 2.5m，管道坡度为 0.4%，土壤类别为二类，地下水位于地表以下 3.0m，回填时管沟胸腔密实度为 95%。假设原地面水平，且原地面标高与设计回填标高相同。机械挖土，顺沟槽方向坑上作业，两侧堆土，人工切边、清底。计算该段挖沟槽土方工程量，并编制挖沟槽土方的分部分项工程项目清单。

表14.5 管道基础尺寸

管内径 D/mm	管壁厚 t/mm	管肩宽 a/mm	管基宽 B/mm	管基厚/mm		基础混凝土/(m³/m)
				C_1	C_2	
600	55	110	930	110	355	0.234

【解】采用"截面法"，以检查井划分为2段计算。沟槽结构宽为0.930m，根据表14.4，两侧工作面宽取为0.50m。则底宽为：0.930+2×0.5=1.93(m)。

采用机械挖土，顺沟槽方向坑上作业。二类土壤边坡系数取为0.50。

(1) 第一段 W1~W2

管道起始段挖土深度 H_1：2.5+管壁厚+C_1=2.5+0.055+0.11=2.67(m)

W2 处挖土深度 H_2：2.67+0.4%×30=2.79(m)

该段管道平均挖深为：(2.67+2.79)÷2=2.73(m)

$$S_1=(B+2b+KH_1)H_1=(1.93+0.5×2.67)×2.67=8.72(m^2)$$

$$S_2=(B+2b+KH_2)H_2=(1.93+0.5×2.79)×2.79=9.28(m^2)$$

$$V_1=\frac{S_1+S_2}{2}L_1(1+2.5\%)=\frac{8.72+9.28}{2}×30×(1+2.5\%)=276.75(m^3)$$

(2) 第二段 W2~W3

W3 处挖土深度 H_3：2.79+0.4%×40=2.95(m)

该段管道平均挖深为：(2.79+2.95)÷2=2.87(m)

$$S_3=(B+2b+KH_3)H_3=(1.93+0.5×2.95)×2.95=10.04(m^2)$$

$$V_2=\frac{S_2+S_3}{2}L_2(1+2.5\%)=\frac{9.28+10.04}{2}×40×(1+2.5\%)=396.06(m^3)$$

则该段挖沟槽土方工程量为：276.75+396.06=672.81(m³)

工程量清单见表14.6所示。

表14.6 分部分项工程和单价措施项目清单与计价表

工程名称：　　　　　　　　　标段：　　　　　　　　　第___页共___页

序号	项目编码	项目名称	项目特征描述	计量单位	工程数量	金额/元		
						综合单价	合价	其中：暂估价
1	040101002001	挖沟槽土方	1. 土壤类别：二类； 2. 挖土深度：4m 以内	m³	672.81			

沟槽及基坑填方工程量按沟槽或基坑挖方清单项目工程量加原地面线至设计要求标高间的体积，减基础、构筑物等埋入体积计算。回填方总工程量中若包括场内平衡和缺方内运两部分时，应分别编码列项。

余方弃置工程量按挖方清单项目工程量减利用回填方体积（正数）计算。

每个单位工程的挖方和填方应进行场内土方平衡,多余部分才余方弃置,缺少部分则缺方内运。

需要注意的是,市政工程中,挖土方、运土方均按挖掘前的天然密实体积(自然方)计算,填方应按压实后的体积计算。土壤挖掘松动后,土壤组织破坏、体积增加,称为"虚方"。不同状态下的土方体积换算见表14.7所示。

表14.7 土方体积换算表

虚方体积	天然密实体积	夯实后体积	松填体积
1.00	0.77	0.67	0.83
1.30	1.0	0.87	1.08
1.50	1.15	1.00	1.25
1.20	0.92	0.80	1.00

【例14.2】 某市政土方工程,经计算挖土工程量1800m³,回填工程量500m³,挖、填土考虑现场平衡,余方弃置,计算外运土方量。

【解】1个单位夯实后体积=1.15个单位自然方体积

500m³夯实后体积=1.15×500m³自然方体积=575m³自然方体积

外运土方量=1800-575=1225(m³)

【例14.3】 已知背景资料如【例14.1】,试计算该段沟槽回填方工程量,说明是否存在余方弃置,并编制相应的工程量清单。

【解】沟槽填土工程量:按挖方清单项目工程量加原地面线至设计要求标高间的体积计算,减基础、构筑物埋入体积计算。

管道所占体积:$3.14 \times (0.6+2\times0.055)^2 \div 4 \times 70 = 27.70(m^3)$

基础所占体积:$0.234 \times 70 = 16.38(m^3)$

管段挖方工程量:672.81(m³)

沟槽回填方工程量为:672.81-(27.7+16.38)=628.73(m³)

余方弃置工程数量:672.81-628.73×1.15=-50.23(m³)<0

故不存在余方弃置,应为缺方内运。

回填方总工程量为628.73 m³,由场内平衡和缺方内运两部分组成,其中:

场内平衡:672.81×0.87=585.34(m³)

缺方内运:628.73-585.34=43.39(m³)

分部分项工程项目清单见表14.8所示。

表14.8 分部分项工程和单价措施项目清单与计价表

工程名称: 标段: 第 页共 页

序号	项目编码	项目名称	项目特征描述	计量单位	工程数量	金额/元		
						综合单价	合价	其中:暂估价
1	040103002001	回填方	1.密实度要求:95%; 2.填方材料品种:原土; 3.填方来源、运距:场内平衡	m³	585.34			

续表

序号	项目编码	项目名称	项目特征描述	计量单位	工程数量	金额/元		
						综合单价	合价	其中：暂估价
2	040103003002	回填方	1. 密实度要求：95%； 2. 填方材料品种：土； 3. 填方来源、运距：缺方内运，3km	m³	43.39			

14.1.2 综合单价确定

14.1.2.1 土方工程

(1) 挖管沟土方

挖管沟土方工程量按设计图示尺寸，以开挖土方的天然密实体积（自然方）计算。因工作面、放坡及各种井室超挖增加的工程量并入各土方工程量中。

管沟槽断面形式、工作面的宽度、放坡系数 K 应根据施工组织设计确定。如无明确规定时，工作面的宽度可参考表14.4确定，放坡系数可参考表14.3确定。

计算管沟土方量时需注意以下几点：

① 如在同一断面内遇到数类土壤，其放坡系数可按各类土壤占全部深度的百分比加权计算。即：

$$K = \frac{H_1 K_1 + H_2 K_2 + \cdots + H_i K_i}{H} = \frac{\sum_{i=1}^{n} H_i K_i}{H} \tag{14.6}$$

式中 K——综合系数；
K_i——第 i 层土壤的放坡系数；
H_i——第 i 层土壤的深度；
H——断面土壤总深度。

② 管道接口作业坑和沿线各种井室所需增加的土石方工程量按沟槽全部土方工程量的2.5%计算。

③ 机械挖土方中如需人工辅助开挖（包括切边、修整底边），机械挖土和人工挖土方量按施工组织设计规定的实挖土方量计算。无具体规定时机械挖土按实挖总土方量的90%计算，人工挖土土方量按实挖总土方量的10%计算。

挖管沟土方按土壤类别、挖土深度、开挖方式不同，套用《江苏省市政工程计价定额》中相应定额子目。其中人工挖沟槽土方定额中挖土深度分为2m、4m、6m、8m以内四个档次。机械挖土时需根据挖土机械种类及型号、作业方式（正铲、反铲）套用定额。

(2) 挖基坑土方

① 不放坡的基坑。

矩形不设工作面： $V = HAB$ (14.7)

矩形设工作面： $V = H(A+2b)(B+2b)$ (14.8)

矩形设工作面、支挡土板： $V = H(A+2b+0.3)(B+2b+0.3)$ (14.9)

圆形： $V = H\pi R^2$ (14.10)

② 放坡的基坑。如图14.6、图14.7所示。

矩形 $$V=(A+2b+KH)(B+2b+KH)H+\frac{1}{3}K^2H^3 \quad (14.11)$$

圆形 $$V=\frac{1}{3}\pi H(R_1^2+R_2^2+R_1R_2) \quad (14.12)$$

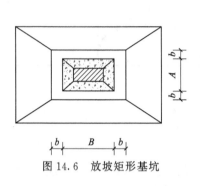
图 14.6 放坡矩形基坑

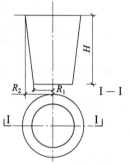
图 14.7 放玻圆形基坑

挖基坑土方按土壤类别、挖土深度、开挖方式不同，套用相应定额子目。

(3) 挖一般土方

挖一般土方按设计图示尺寸以开挖土方的天然密实体积（自然方）计算。按土壤类别、开挖方式不同套用相应定额子目。

人工挖一般土方，挖土深度超过 1.5m 时应计算人力垂直运输土方，超过部分挖土工程量按垂直深度每米折合水平运距 7m 计算，深度按全高计算。

挖沟槽、基坑土方、挖一般土方套用定额时需注意以下问题：

① 挖沟槽、基坑土方、挖一般土方定额均是按挖干土编制的。定额中土壤含水量以天然湿度为准。若挖湿土，套用定额时人工费和机械费乘以系数 1.180，干、湿土工程量分别计算，挖土深度仍按沟槽、基坑全深计算。采用井点降水的土方按干土计算。

干、湿土的划分应根据地质勘测部门提供的地质勘测资料为准，含水率≥25%为湿土；或以地下常水位为干、湿划分界线，地下常水位以上为干土，常水位以下部分为湿土。

② 人工挖沟槽、基坑土方定额是按土方抛土于沟槽两侧 1m 以外堆放考虑的。由于施工场地条件的限制，沟槽、基坑土方堆放在沟槽的一侧，套用定额时定额基价乘以系数 1.13。

③ 机械挖土方中如需人工辅助开挖（包括切边、修整底边），机械挖土和人工挖土方量按施工组织设计规定的实挖土方量计算；无具体规定时机械挖土按实挖总土方量的 90% 计算，人工挖土土方量按实挖总土方量的 10% 计算；人工挖土套相应定额时定额基价乘以系数 1.5。

④ 人工挖一般土方，挖土深度超过 1.5m 时应计算人力垂直运输土方，超过部分挖土工程量按垂直深度每米折合水平运距 7m 计算，深度按全高计算。

⑤ 在支撑下挖土，按实挖体积套用定额，套用定额人工乘以系数 1.43，机械乘以系数 1.20。先挖土，挖土完毕后再支撑的，不能算是支撑下挖土，只能按普通挖土计算。

⑥ 挖土机在垫板上作业，人工和机械乘以系数 1.25，搭拆垫板的人工、材料和辅助摊销费另计。

⑦ 推土机推土或铲运机铲土的平均土层厚度小于 30cm 时，推土机台班定额乘以系数 1.25，铲运机台班定额乘以系数 1.17。

【例 14.4】 背景资料同【例 14.1】，确定该挖沟槽土方清单项目综合单价。

【解】【例 14.1】已计算出挖沟槽土方量为 672.81m³。机械挖土为主，人工辅助开挖，则机械挖土按实挖总土方量的 90% 计算，人工挖土土方量按实挖总土方量的 10% 计算。

机械挖沟槽土方工程量：$672.81 \times 90\% = 605.53(m^3)$

人工挖沟槽土方量：$672.81 - 605.53 = 67.28(m^3)$

人工挖土套相应定额时定额基价乘以系数 1.5。综合单价计算见表 14.9 所示。

表 14.9　分部分项工程项目清单综合单价计算表

工程名称：　　　　　　　　　　　　　　　　　　　　　　　　　　　　计量单位：m³
项目编码：040101002001　　　　　　　　　　　　　　　　　　　　　　工程数量：672.81
项目名称：挖沟槽土方　　　　　　　　　　　　　　　　　　　　　　　综合单价：10.39元

序号	定额编号	工程内容	单位	数量	综合单价组成/元					小计
					人工费	材料费	机械费	管理费	利润	
1	1-221	反铲挖掘机挖土，斗容量 1.0m³	1000m³	0.605	217.58		2320.93	507.70	253.85	3300.07
2	1-5×1.5	人工挖沟槽土方	100m²	0.673	2839.088			567.82	283.91	3690.81
	合计				3056.67		2320.93	1075.52	537.76	6990.88

(4) 围护（挡土板）及拆除

施工时是否需要支撑，具体的支撑方式由施工组织设计确定。

支撑工程量，根据施工组织设计确定的支撑面积以"m²"计算，按支撑材料、支撑方式（疏撑和密撑）不同套用相应子目。

支撑工程套用定额时需注意以下问题：

① 支撑定额，除槽钢挡土板外，均按横板、竖撑的方式（即"横撑"）编制；若实际工程中采用竖板、横撑（即"竖撑"），套用定额时综合基价中的人工费乘以系数 1.20。

② 挡土板间距不同时，不作调整。

③ 定额中挡土板支撑按两侧同时支撑挡土板考虑，支撑面积为两侧挡土板面积之和，支撑宽度为 4.1m 以内；若沟槽、基坑宽度超过 4.1m 时，其两侧均按一侧支挡土板考虑。挡土板支撑面积按槽坑一侧支撑挡土板面积计算时，人工定额乘以系数 1.33，除挡土板外，其他材料乘以系数 2.0。

④ 如采用井字支撑，按疏撑各项定额乘以系数 0.61。

⑤ 钢桩挡土板中的槽钢桩按设计以吨为单位执行打拔工具桩的相应定额子目。

14.1.2.2　回填方

填方工程量按沟槽或基坑挖方工程量减基础、构筑物埋入体积，加原地面线至设计要求标高间的体积计算。管沟回填土应扣除管径在 200mm 以上的管道、基础、垫层和各种构筑物所占的体积。按回填方式不同套用相应定额子目。

回填方式分为人工填土夯实和机械填土夯实，具体回填方式应由施工组织设计确定，并符合《给水排水管道工程施工及验收规范》的相关规定。

沟槽、基坑人工回填，一侧填土时，定额基价乘以系数 1.13。

14.1.2.3　余方弃置

余方弃置工程量，按挖方清单项目工程量减利用回填方体积（正数）计算。按装运土方方式、运输方式及运距不同套用相应定额子目。

(1) 人工装、运土方

人工装、运土方，按不同运土车辆、运距，以运输土方的天然密实体积计算，如运虚土，可将虚体积乘以 0.77 折合成天然密实体积。挖土重心、填土重心、弃土重心按施工组织设计确定。如遇下列情况应增加运距：

① 人工运土、双轮斗车运土，上坡坡度在15%以上，斜道运距按斜道长度乘以5。
② 采用人力垂直运输土方，垂直深度每米折合水平距离7m。

(2) 装载机装松散土

装载机装松散土，按不同装载机斗容量，以装松散土的体积计算。

(3) 装载机装运土方

装载机装运土方，按不同装载机斗容量、运距，以运土的天然密实体积计算。

(4) 自卸汽车运土

自卸汽车运土，按不同自卸汽车载重量、运距，以运土的天然密实体积计算。

14.2 管道铺设

不同专业工程的管道，清单项目设置所依据的专业工程工程量计算规范以及计价时套用的计价定额都不同。市政给排水管道与通用安装工程管道的划分原则为对给水管道，有水表井的以水表井为界，无水表井的以围墙外两者碰头处为界。水表井以外为市政给水管道，水表井以内为安装工程管道。划分界限如图14.8所示。

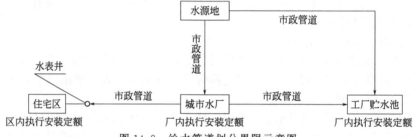

图14.8 给水管道划分界限示意图

市政排水工程与其他专业工程管道按其设计标准及施工验收规范划分，按市政工程设计标准设计及施工的管道属市政工程管道。

14.2.1 工程量清单项目

管道铺设工程量清单项目设置见表14.10所示。

表14.10 E.1 管道铺设（编码：040501）

项目编码	项目名称	项目特征	计量单位	工程量计算规则	工作内容
040501001	混凝土管	1. 垫层、基础材质及厚度； 2. 管座材质； 3. 规格； 4. 接口方式； 5. 铺设深度； 6. 混凝土强度等级； 7. 管道检验及试验要求	m	按设计图示中心线长度以延长米计算。不扣除附属构筑物、管件及阀门等所占长度	1. 垫层、基础铺筑及养护； 2. 模板制作、安装、拆除； 3. 混凝土拌和、运输、浇筑、养护； 4. 预制管枕安装； 5. 管道铺设； 6. 管道接口； 7. 管道检验及试验
040501002	钢管	1. 垫层、基础材质及厚度； 2. 材质及规格； 3. 接口方式； 4. 铺设深度； 5. 管道检验及试验要求； 6. 集中防腐运距			1. 垫层、基础铺筑及养护； 2. 模板制作、安装、拆除； 3. 混凝土拌和、运输、浇筑、养护； 4. 管道铺设； 5. 管道检验及试验； 6. 集中防腐运输
040501003	铸铁管				

续表

项目编码	项目名称	项目特征	计量单位	工程量计算规则	工作内容
040501004	塑料管	1. 垫层、基础材质及厚度； 2. 材质及规格； 3. 连接形式； 4. 铺设深度； 5. 管道检验及试验要求	m	按设计图示中心线长度以延长米计算。不扣除附属构筑物、管件及阀门等所占长度	1. 垫层、基础铺筑及养护； 2. 模板制作、安装、拆除； 3. 混凝土拌和、运输、浇筑、养护； 4. 管道铺设； 5. 管道检验及试验
040501008	水平导向钻进	1. 土壤类别； 2. 材质及规格； 3. 一次成孔长度； 4. 接口方式； 5. 泥浆要求； 6. 管道检验及试验要求； 7. 集中防腐运距	m	按设计图示长度以延长米计算。扣除附属构筑物（检查井）所占的长度	1. 设备安装、拆除； 2. 定位、成孔； 3. 管道接口； 4. 拉管； 5. 纠偏、监测； 6. 泥浆制作、注浆； 7. 管道检测及试验； 8. 集中防腐运输； 9. 泥浆、土方外运
040501009	夯管	1. 土壤类别； 2. 材质及规格； 3. 一次夯管长度； 4. 接口方式； 5. 管道检验及试验要求； 6. 集中防腐运距			1. 设备安装、拆除； 2. 定位、夯管； 3. 管道接口； 4. 纠偏、监测； 5. 管道检测及试验； 6. 集中防腐运输； 7. 土方外运
040501010	顶（夯）管工作坑	1. 土壤类别； 2. 工作坑平面尺寸及深度； 3. 支撑、围护方式； 4. 垫层、基础材质及厚度； 5. 混凝土强度等级； 6. 设备、工作台主要技术要求	座	按设计图示数量计算	1. 支撑、围护； 2. 模板制作、安装、拆除； 3. 混凝土拌和、运输、浇筑、养护； 4. 工作坑内设备、工作台安装及拆除
040501011	预制混凝土工作坑	1. 土壤类别； 2. 工作坑平面尺寸及深度； 3. 垫层、基础材质及厚度； 4. 混凝土强度等级； 5. 设备、工作台主要技术要求； 6. 混凝土构件运距			1. 混凝土工作坑制作； 2. 下沉、定位； 3. 模板制作、安装、拆除； 4. 混凝土拌和、运输、浇筑、养护； 5. 工作坑内设备、工作台安装及拆除； 6. 混凝土构件运输
040501012	顶管	1. 土壤类别； 2. 顶管工作方式； 3. 管道材质及规格； 4. 中继间规格； 5. 工具管材质及规格； 6. 触变泥浆要求； 7. 管道检验及试验要求； 8. 集中防腐运距	m	按设计图示长度以延长米计算。扣除附属构筑物（检查井）所占的长度	1. 管道顶进； 2. 管道接口； 3. 中继间、工具管及附属设备安装拆除； 4. 管内挖、运土及土方提升； 5. 机械顶管设备调向； 6. 纠偏、监测； 7. 触变泥浆制作、注浆； 8. 洞口止水； 9. 管道检测及试验； 10. 集中防腐运输； 11. 泥浆、土方外运
040501014	新旧管连接	1. 材质及规格； 2. 连接方式； 3. 带(不带)介质连接	处	按设计图示数量计算	1. 切管； 2. 钻孔； 3. 连接

续表

项目编码	项目名称	项目特征	计量单位	工程量计算规则	工作内容
040501015	临时放水管线	1. 材质及规格； 2. 铺设方式； 3. 接口形式	m	按放水管线长度以延长米计算，不扣除管件、阀门所占长度	管线铺设、拆除
040501020	警示(示踪)带铺设	规格		按铺设长度以延长米计算	铺设

市政给水工程中，新旧管连接是在城市给水管道上引接的分支管道或新建管道与原有旧管道碰头的一个施工环节。施工方式有停水作业（不带介质连接）和不停水作业（带介质连接）两种。

管道接口方式包括接口形式及接口材料。有压管道和无压管道的管接口形式及接口材料有所不同。给水混凝土管主要采用承插胶圈接口；排水混凝土管主要有平接（企口）式（水泥砂浆抹带接口、钢丝网水泥砂浆抹带接口）、套箍式（预制混凝土外套环、现浇混凝土套环）、承插式（水泥砂浆接口、沥青油膏接口、橡胶圈接口）。

材质规格包括管道的直径、管节长度、压力等级等参数。

《给水排水管道工程施工及验收规范》规定，给水管道需进行水压试验和消毒冲洗，排水管道进行闭水试验。

此外，在编制排水管道铺设的工程项目清单时，如排水管道垫层、基础和管座的结构和国家建筑标准图集《市政排水管道工程及附属设施》一致，即定型基础，也可在项目特征中标注标准图集号。

钢管、混凝土管、铸铁管、塑料管按设计图示管道中心线长度以延长米计算，不扣除附属构筑物、管件及阀门等所占的长度。水平导向钻进、顶管按设计图示长度以延长米计算，扣除附属构筑物（检查井）所占的长度。新旧管连接按设计图示数量以"处"计算。

管道的除锈、刷油及保温等内容，除注明者外均应按《通用安装工程工程量计算规范》附录 M 刷油、防腐蚀、绝热工程相关项目编码列项。

14.2.2 综合单价确定

市政给排水工程管道，由于有压管道和无压管道在管道材质、管道基础结构形式以及检验试验的方法等方面有所不同，确定管道预算工程量的计算规则和计价定额都不一样，现分别说明给水管道和排水管道工程综合单价的确定方法。

14.2.2.1 给水管道铺设

给水管道铺设预算工程量以管道中心线的延长米计算，不扣除管件、阀门所占长度。支管长度从主管中心开始计算到支管末端交接处的中心。遇有新旧管连接时，管道安装工程量计算到碰头的阀门处。

按管道材质、规格、连接方式的不同套用相应定额子目。套用定额时，需注意以下问题：
① 给水管道安装定额中管节长度是综合取定的，实际不同时不作调整；
② 套管内的给水管道安装铺设按相应的管道安装人工、机械乘以系数1.2；
③ 给水管道安装总工程量不足50m时，管径≤300mm的，其定额人工和机械乘以系数1.67；管径>300mm的，其定额人工和机械乘以系数2.00；管径>600mm的，其定额人工和机械乘以系数2.50。

垫层、基础铺筑以铺筑的体积计算，按垫层材料、基础形式不同套用相应定额子目。

《市政工程工程量计算规范》（GB 50857—2013）第4.2.7条规定：现浇混凝土工程项目

"工作内容"中包括模板工程的内容,同时又在"措施项目"中单列了现浇混凝土模板工程项目。对此,由招标人根据工程实际情况选用,若招标人在措施项目清单中未编列现浇混凝土模板项目清单,即表示现浇混凝土模板项目不单列,现浇混凝土工程项目的综合单价中应包括模板工程费用。因此,现浇混凝土工程项目中是否包括模板工程,应由招标人根据当地建设主管部门的规定确定。

《市政工程工程量计算规范》(GB 50857—2013)第 4.2.8 条规定:预制混凝土构件按现场制作编制项目,"工作内容"中包括模板工程,不再另列。若采用成品预制混凝土构件时,构件成品价(包括模板、钢筋、混凝土等所有费用)应计入综合单价中。

江苏省住房和城乡建设厅明确规定:市政工程混凝土模板应包含在相应的混凝土浇筑的项目中,因此,混凝土浇筑时需计算模板及支架费用。

现浇混凝土模板制作、安装、拆除按混凝土与模板接触面的面积计算。

给水管道水压试验及消毒、冲洗,以图示管道中心线长度以延长米计算,不扣除阀门、管件所占的长度。按管道公称直径不同,套用相应定额子目。

【例 14.5】 某市政给水管道工程,其中一段 DN300 球墨铸铁管长 150m,设计文件规定铸铁管选用 K10 级,壁厚 8.0mm,埋设深度 2.5m,承插胶圈接口。编制该段铸铁管铺设的分部分项工程项目清单,并确定该清单项目的综合单价。已知工程类别为三类。

【解】 分部分项工程项目清单如表 14.11 所示。

表 14.11 分部分项工程和单价措施项目清单与计价表

工程名称: 标段: 第 页共 页

序号	项目编码	项目名称	项目特征描述	计量单位	工程数量	综合单价	合价	其中:暂估价
1	040501003001	铸铁管	1. 材质及规格:DN300 球墨铸铁管,δ8mm; 2. 接口方式:承插胶圈接口; 3. 埋设深度:2.5m; 4. 管道检验及试验要求:水压试验、消毒冲洗	m	150.0			

管道安装、试压、消毒冲洗工程量:150m。

综合单价计算过程见表 14.12 所示。

表 14.12 分部分项工程项目清单综合单价计算表

工程名称: 计量单位:m
项目编码:040501003001   工程数量:150
项目名称:铸铁管   综合单价:335.89 元

序号	定额编号	工程内容	单位	数量	人工费	材料费	机械费	管理费	利润	小计
1	5-61	DN300 球墨铸铁管铺设(胶圈接口)	10m	15.00	1525.14	975.60	769.20	564.30	198.27	4032.51
2	材料	DN300 球墨铸铁管	m	151.5		44995.50				44995.50
3	5-161	管道试压	100m	1.5	330.67	168.18	26.31	122.35	42.99	690.49
4	5-179	管道消毒冲洗	100m	1.5	240.76	303.24		89.08	31.30	664.38
		合计			2096.57	46442.52	795.51	775.73	272.55	50382.88

14.2.2.2 排水管道铺设

排水管道铺设预算工程量以管道中心线扣除检查井所占长度后的延长米计算,按管道材质、规格、接口形式不同套用相应定额子目。每座检查井所占长度按表14.13所示计算。

表14.13 每座检查井所占长度

检查井规格/mm	所占长度/m	检查井类型	所占长度/m
φ700	0.4	各种矩形井	1.0
φ1000	0.7	各种交汇井	1.20
φ1250	0.95	各种扇形井	1.0
φ1500	1.20	圆形跌水井	1.60
φ2000	1.70	矩形跌水井	1.70
φ2500	2.20	阶梯式跌水井	实际长度

套用定额时,须注意以下问题:
① 如在无基础的槽内铺设管道,其人工、机械乘以系数1.18。
② 如遇特殊情况,必须在支撑下串管铺设,人工、机械乘以系数1.33。

管道接口以接口的口数计算,按接口形式(平口、承插、套箍)、接口材料、管径不同,套用相应定额子目。套用定额时,须注意以下问题:
① 在排水管道平(企)口接口定额中,膨胀水泥砂浆接口适用于360°,其他接口均是管座120°和180°。若管座角度不同,按相应材质的接口做法,按管道接口调整表进行调整,即调整基数或材料乘以调整系数,调整系数如下表14.14所示。

表14.14 管道接口调整表

序号	项目名称	实做角度	调整基数或材料	调整系数
1	水泥砂浆抹带接口	90°	120°定额基价	1.330
2	水泥砂浆抹带接口	135°	120°定额基价	0.890
3	钢丝网水泥砂浆抹带接口	90°	120°定额基价	1.330
4	钢丝网水泥砂浆抹带接口	135°	120°定额基价	0.890
5	企口管膨胀水泥砂浆抹带接口	90°	定额中1:2水泥砂浆	0.75
6	企口管膨胀水泥砂浆抹带接口	120°	定额中1:2水泥砂浆	0.67
7	企口管膨胀水泥砂浆抹带接口	135°	定额中1:2水泥砂浆	0.625
8	企口管膨胀水泥砂浆抹带接口	180°	定额中1:2水泥砂浆	0.500
9	企口管石棉水泥接口	90°	定额中1:2水泥砂浆	0.75
10	企口管石棉水泥接口	120°	定额中1:2水泥砂浆	0.670
11	企口管石棉水泥接口	135°	定额中1:2水泥砂浆	0.625
12	企口管石棉水泥接口	180°	定额中1:2水泥砂浆	0.500

注:现浇混凝土套环、变形缝接口,通用于平口、企口。

② 定额中水泥砂浆抹带、钢丝网水泥砂浆抹带接口均不包括内抹口。如设计要求内抹口时,按抹口周长每100m增加水泥砂浆0.42m^3、人工9.22工日计算。

现行定额中将混凝土排水管道的基础分为定型基础和非定型基础两大类,定型基础是根据国家建筑标准图集《市政排水管道工程及附属设施》(06MS201)编制的,如设计文件要求与本定额所采用的标准图集不同时,即为非定型基础。对定型混凝土管道基础,只要管径、接口形式、管座中心包角确定,其单位长度的砌筑工程量就一定,单位长度的造价也就一定。

定型混凝土排水管道基础以管道基础中心线扣除检查井所占长度后的延长米计算,按管径、管座中心包角不同套用相应定额子目。定额中已包括垫层铺筑、基础、管座浇筑的全部费用。

非定型管道基础按部位分别计算垫层铺筑、基础浇筑和管座浇筑的体积。按垫层材料、基础的形式不同(平基、枕基)执行"非定型井、渠、管道基础及砌筑"相应定额子目。

模板制作、安装、拆除按混凝土与模板接触面的面积计算。

管道闭水试验以管道实际闭水试验的长度计算,不扣各种井所占长度。按管径不同套用相应子目。

混凝土管截断是指混凝土管道安装时,两检查井之间需要的管长与实际管长不一致时,需将多余的管道截断去除。混凝土管截断以根为单位计算。

【例 14.6】 背景资料同**【例 14.1】**,请确定:
(1) 混凝土管道铺设清单工程量,并编制分部分项工程项目清单;
(2) 确定该清单项目的综合单价。

【解】(1) 由**【例 14.1】**可知,管道平均埋深
$2.5+0.4\% \times 70/2 = 2.64$(m)。$D600$ 混凝土管道铺设清单工程量为 70.0m。

分部分项工程项目清单见表 14.15。该混凝土管道采用的是定型基础,项目特征应描述标准图集号。

表 14.15 分部分项工程和单价措施项目清单与计价表

工程名称:　　　　　　　标段:　　　　　　　第　页共　页

序号	项目编码	项目名称	项目特征描述	计量单位	工程数量	金额/元		
						综合单价	合价	其中:暂估价
1	04050100101	混凝土管	1. 垫层、基础材质及厚度:C15 混凝土条形基础,110mm; 2. 管座材质:C15 混凝土,180°; 3. 规格:D600mm×2000mm×55mm; 4. 接口方式:平接式水泥砂浆接口; 5. 铺设深度:2.64m; 6. 管道检验及试验要求:闭水试验; 7. 标准图集号:04S516-18	m	70.0			

(2) 该混凝土条形基础是定型基础

管道铺设预算工程量:$70-2\times0.7=68.6$(m)

式中,0.7 为 $\phi 1000$ 检查井所占长度。

定型混凝土基础铺筑:68.60(m)

混凝土管道接口:W1~W2 段 $(30-0.7)\div2-1=13.65$,取 14 个。
　　　　　　　　W2~W3 段 $(40-0.7)\div2-1=18.65$,取 19 个。

混凝土管道接口共计 33 个。

管道闭水试验:70.0m。

有筋混凝土管截断：2根。

模板工程量：$(0.11+0.355)\times 2\times 68.6=63.71(m^2)$

综合单价计算过程见表14.16所示。

从该例可以看出：混凝土排水管道清单工程量和预算工程量并不相等，两者相差检查井所占的长度。

表14.16 分部分项工程项目清单综合单价计算表

工程名称：　　　　　　　　　　　　　　　　　　　　　　　　　　　计量单位：m
项目编码：040501001001　　　　　　　　　　　　　　　　　　　　　工程数量：70
项目名称：混凝土管　　　　　　　　　　　　　　　　　　　　　　　综合单价：304.41元

| 序号 | 定额编号 | 工程内容 | 单位 | 数量 | 综合单价组成/元 ||||| 小计 |
					人工费	材料费	机械费	管理费	利润	
1	6-15	D600平接式混凝土管道基础：180°，C15基础	100m	0.686	2532.82	4192.39	468.71	600.31	300.15	8094.37
2	6-135	D600混凝土管道铺设：平接式	100m	0.686	686.58		332.60	203.84	101.92	1324.94
3	材料	D600钢筋混凝土管	m	69.286		7898.60				7898.60
4	6-241	D600水泥砂浆接口：180°，平接	10个	3.400	211.85	52.16		42.37	21.18	327.56
5	6-343	管道闭水试验	100m	0.700	128.21	194.17		25.64	12.82	360.83
6	6-898	D600有筋混凝土管截断	10根	0.200	43.91			8.78	4.39	57.09
7	6-1521	混凝土带形基础模板	100m²	0.637	1348.67	1145.99	266.23	322.98	161.49	3245.46
		合计			4952.03	13483.30	1067.54	1203.92	601.96	21208.75

14.2.2.3 新旧管连接

停水作业新旧管连接以新旧管连接的"处"数计算。按管材、连接方式、公称直径不同套用相应子目。新旧管连接处的阀门、与阀门相连的承（插）盘短管、法兰盘的安装费用均含在新旧管连接的定额内，不再计算。

分水栓安装以"个"数计算，按分水栓公称直径不同套用相应定额子目。

马鞍卡子、二合三通安装以"个"数计算。按连接方式、主管公称直径不同，套用相应定额子目。与马鞍卡子相连的阀门，应按照《市政工程工程量计算规范》附录表E.2的规定编码列项，计价时执行相应定额子目。

14.3 管件、阀门及附件安装

14.3.1 工程量清单项目

管件、阀门及附件安装工程量清单项目设置见表14.17所示。

表14.17 E.2 管件、阀门及附件安装（编码：040502）

项目编码	项目名称	项目特征	计量单位	工程量计算规则	工作内容
040502001	铸铁管管件	1. 种类； 2. 材质及规格； 3. 接口形式	个	按设计图示数量计算	安装
040502002	钢管管件制作、安装				制作、安装

续表

项目编码	项目名称	项目特征	计量单位	工程量计算规则	工作内容
040502003	塑料管管件	1. 种类； 2. 材质及规格； 3. 连接方式	个	按设计图示数量计算	安装
040502004	转换件	1. 材质及规格； 2. 接口形式			安装
040502005	阀门	1. 种类； 2. 材质及规格； 3. 连接方式； 4. 试验要求			安装
040502006	法兰	1. 材质、规格、结构形式； 2. 连接方式； 3. 焊接方式； 4. 垫片材质			安装
040502007	盲堵板制作、安装	1. 材质及规格； 2. 连接方式			制作、安装
040502008	套管制作、安装	1. 形式、材质及规格； 2. 管内填料材质	个		制作、安装
040502009	水表	1. 规格； 2. 安装方式			安装
040502010	消火栓	1. 规格； 2. 安装部位、方式			安装
040502011	补偿器（波纹管）	1. 规格； 2. 安装方式			
040502012	除污器组成、安装		套		组成、安装

阀门型号规格的表示方法见第 11 章。

管件、阀门及附件安装工程量按设计图示数量计算。

14.3.2 综合单价确定

各种铸铁管件、承插式预应力混凝土转换件、塑料管件安装以"个"数计算，按材质、规格、连接方式不同套用相应定额子目。

焊接弯头制作、碳钢管件安装以"个"数计算，按管件类别（弯头、三通、异径管）、规格不同套用相应定额。挖眼接管定额中已综合考虑了加强筋的焊接费用。

法兰式水表组成与安装（有旁通管有止回阀）安装以"组"数计算，按不同公称直径套用相应子目。法兰式水表组成与安装是按原《全国通用给水排水标准图集》编制的，如图 14.9 所示，法兰式水表组成与安装定额基价中已含 3 只法兰阀门、1 只法兰止回阀、旁通管及 7 副平焊法兰的安装费用，水表、阀门、止回阀的材料费用另计。若设计图纸上水表节点组成与此不符时，定额单价不作调整，阀门、水表的数量按实计算。

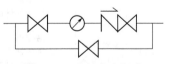

图 14.9 法兰水表组成

盲（堵）板以安装盲板的"个"数计算。按盲板公称直径不同套用定额。定额中一片盲板、一片平焊法兰及螺栓为未计价材料。

法兰焊接以"副"数计算。按法兰类型（平焊法兰、对焊法兰、绝缘法兰）、公称直径不同套用定额。法兰安装定额中已包括一个垫片的材料费，不包括连接用螺栓的费用，螺栓的费用须另计材料费。

阀门安装，以"个"数计算，按阀门公称直径不同套用定额。各种法兰、阀门安装定额中只包括一个垫片的材料费，不包括连接法兰用螺栓费，螺栓作为主材另计材料费。

除污器组成安装以"组"数计算。按除污器有无调温以及公称直径、调压装置的不同，套用定额。

补偿器安装以"个"数计算。按补偿器的类型（焊接套筒式、焊接法兰式波纹补偿器）、公称直径不同，套用定额。

防水套管制作、安装以"个"数计算。按套管类型（刚性、柔性）、公称直径不同，套用《江苏省安装工程计价定额 第八册 工业管道工程》第八章的相应子目。定额中的公称直径是指套管内穿过的介质管道的直径，而不是现场制作安装的套管实际直径。

消火栓安装以"套"计算，按不同规格、工作压力和覆土深度套用《江苏省安装工程计价定额 第九册 消防工程》相应子目。定额中室外消火栓安装是指成套产品的安装，包括地上、地下式消火栓、法兰接管、弯管底座或消火栓三通。

14.4 支架制作及安装

14.4.1 工程量清单项目

支架制作及安装工程量清单项目设置见表 14.18 所示。

表 14.18　E.3 支架制作及安装（编码：040503）

项目编码	项目名称	项目特征	计量单位	工程量计算规则	工作内容
040503001	砌筑支墩	1. 垫层材质、厚度； 2. 混凝土强度等级； 3. 砌筑材料、规格、强度等级； 4. 砂浆强度等级、配合比	m³	按设计图示尺寸以体积计算	1. 模板制作、安装、拆除； 2. 混凝土拌和、运输、浇筑、养护； 3. 砌筑； 4. 勾缝、抹面
040503002	混凝土支墩	1. 垫层材质、厚度； 2. 混凝土强度等级； 3. 预制混凝土构件运距			1. 模板制作、安装、拆除； 2. 混凝土拌和、运输、浇筑、养护； 3. 预制混凝土支墩安装； 4. 混凝土构件运输
040503003	金属支架制作、安装	1. 垫层、基础材质及厚度； 2. 混凝土强度等级； 3. 支架材质； 4. 支架形式； 5. 预埋件材质及规格	t	按设计图示质量计算	1. 模板制作、安装、拆除； 2. 混凝土拌和、运输、浇筑、养护； 3. 支架制作、安装
040503004	金属吊架制作、安装	1. 吊架形式； 2. 吊架材质； 3. 预埋件材质及规格			制作、安装

砌筑支墩、浇筑混凝土支墩按设计图示尺寸以"m³"计算。

金属支（吊）架制作、安装按设计图示质量以"t"计算。

14.4.2 综合单价确定

模板制作、安装、拆除按现浇混凝土构件与模板接触面的面积计算，按构件的部位不同套用相应子目。预制混凝土构件模板制作、安装按构件的体积计算。砌筑工程量按砌体的体积计算。勾缝、抹面按面积计算。

现浇混凝土支墩工程量以混凝土实体积计算，不扣钢筋、预埋件所占体积。管道支墩按单个支墩体积不同套用相应子目。预制混凝土支墩、预制支墩的安装以混凝土实体积计算。

金属支（吊）架制作、安装按设计图示质量计算。

14.5 管道附属构筑物

14.5.1 工程量清单项目

管道附属构筑物工程量清单项目设置见表14.19所示。

表14.19 E.4 管道附属构筑物（编码：040504）

项目编码	项目名称	项目特征	计量单位	工程量计算规则	工作内容
040504001	砌筑井	1. 垫层、基础材质及厚度； 2. 砌筑材料品种、规格、强度等级； 3. 勾缝、抹面要求； 4. 砂浆强度等级、配合比； 5. 混凝土强度等级； 6. 盖板材质、规格； 7. 井盖、井圈材质及规格； 8. 踏步材质、规格； 9. 防渗、防水要求	座	按设计图示数量计算	1. 垫层铺筑； 2. 模板制作、安装、拆除； 3. 混凝土拌和、运输、浇筑、养护； 4. 砌筑、勾缝、抹面； 5. 井圈、井盖安装； 6. 盖板安装； 7. 踏步安装； 8. 防水、止水
040504002	混凝土井	1. 垫层、基础材质及厚度； 2. 混凝土强度等级； 3. 盖板材质、规格； 4. 井盖、井圈材质及规格； 5. 踏步材质、规格； 6. 防渗、防水要求			1. 垫层铺筑； 2. 模板制作、安装、拆除； 3. 混凝土拌和、运输、浇筑、养护； 4. 井圈、井盖安装； 5. 盖板安装； 6. 踏步安装； 7. 防水、止水
040504003	塑料检查井	1. 垫层、基础材质及厚度； 2. 检查井材质、规格； 3. 井筒、井盖、井圈材质及规格			1. 垫层铺筑； 2. 模板制作、安装、拆除； 3. 混凝土拌和、运输、浇筑、养护； 4. 检查井安装； 5. 井筒、井圈、井盖安装
040504004	砖砌井筒	1. 井筒规格； 2. 砌筑材料品种、规格； 3. 砌筑、勾缝、抹面要求； 4. 砂浆强度等级、配合比； 5. 踏步材质、规格； 6. 防渗、防水要求	m	按设计图示尺寸以延长米计算	1. 砌筑、勾缝、抹面； 2. 踏步安装
040504005	预制混凝土井筒	1. 井筒规格； 2. 踏步规格			1. 运输； 2. 安装

续表

项目编码	项目名称	项目特征	计量单位	工程量计算规则	工作内容
040504006	砌体出水口	1. 垫层、基础材质及厚度； 2. 砌筑材料品种、规格； 3. 砌筑、勾缝、抹面要求； 4. 砂浆强度等级及配合比	座	按设计图示数量计算	1. 垫层铺筑； 2. 模板制作、安装、拆除； 3. 混凝土拌和、运输、浇筑、养护； 4. 砌筑、勾缝、抹面
040504007	混凝土出水口	1. 垫层、基础材质及厚度； 2. 混凝土强度等级			1. 垫层铺筑； 2. 模板制作、安装、拆除； 3. 混凝土拌和、运输、浇筑、养护
040504008	整体化粪池	1. 材质； 2. 型号、规格			安装
040504009	雨水口	1. 雨水箅子及圈口材质、型号、规格； 2. 垫层、基础材质及厚度； 3. 混凝土强度等级； 4. 砌筑材料品种、规格； 5. 砂浆强度等级及配合比			1. 垫层铺筑； 2. 模板制作、安装、拆除； 3. 混凝土拌和、运输、浇筑、养护； 4. 砌筑、勾缝、抹面； 5. 雨水箅子安装

注：管道附属构筑物为标准定型附属构筑物时，在项目特征中应标注标准图集编号及页码。

在编制给排水工程各类检查井的工程量清单时，除了描述《市政工程工程量计算规范》附录 E. 4 规定的项目特征外，还需要描述下面几点：各类井的类别、井的形状、规格及井深、标准图集编号及页码。

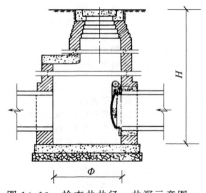

图 14.10　检查井井径、井深示意图

检查井类别包括：阀门井、水表井、消火栓井、排泥井、雨水检查井、污水检查井、跌水井、闸槽井。

井的规格是指井的平面尺寸。井深是指井底基础以上至铸铁井盖顶面的距离。井径是指井的直径大小，不包括外砌的结构层和抹灰层，如图 14.10 所示。

若为国标（省标）图集中的各类定型检查井，则在项目特征中应标注标准图集编号及页码。

各种检查井工程量按设计图示数量以"座"计算。出水口工程量按设计图示数量以"处"计算。

井深大于 1.5m 时，砌筑检查井需搭设脚手架。脚手架搭拆作为措施项目应在措施项目清单中列项并计价。

14.5.2　综合单价确定

由于给排水管道上各类检查井的结构不同，计价依据也不一样，现分别说明。

14.5.2.1　给水管道各类定型井

给水管道各类定型井以"座"数计算。按井的类型（阀门井、水表井、消火栓井、排泥湿井）、型式（收口式或直筒式）、井内径或尺寸、井深不同，套用相应子目。套用定额时需注意以下问题：

① 给水管道各类定型井砌筑定额是按普通铸铁井盖、井座考虑的，如设计要求采用球墨铸铁井盖、井座，其材料价格可以换算，其他不变。

② 排气阀井，可套用阀门井的相应定额。

14.5.2.2 排水管道各类定型井

排水管道各类定型井以"座"数计算。按井的类型、型式（收口式或直筒式）、井内径或尺寸、井深不同，套用相应子目。套用定额时需注意以下问题：

① 定额中各种定型井均按无地下水考虑。若有地下水时，应按设计文件另外计算增加的垫层、基础工程量（例如井基础增加10cm厚的碎石垫层等），套用"非定型井、渠、管道基础及砌筑"相应子目。

② 各类定型井的工作内容中已包括内抹灰，如设计要求外抹灰时，可另外计算外抹灰的工程量，套用"非定型井"的相关子目。

③ 各类井的井盖、井座、井箅均系按铸铁件考虑的，如采用钢筋混凝土预制件，除扣除定额中铸铁件外应按下列规定调整：现场预制，套用"非定型井、渠、管道基础及砌筑"相应定额子目；厂集中预制，除预制费用外，其运至施工现场的运费另行计算。

④ 如遇圆形三通、四通井，执行非定型井项目。

⑤ 检查井如为石砌时（定型井砌筑定额全部为砖砌），套用"非定型井、渠、管道基础及砌筑"相应项目。

⑥ 砖砌定型井的部分定额中列有井深增减的子目，以适应井深高度的变化；除本章定额中列有增减调整项目外，均按"非定型井、渠、管道基础及砌筑"中"检查井筒砌筑"子目进行调整。

⑦ 混凝土基础浇筑需计算模板工程的费用。

【例14.7】 市政排水管道，$\phi1000$ 定型砖砌圆形雨水检查井（收口式）3座，平均深度3.5m，定型井图号为02S515-11，地下水位于地表以下2.0m，设计文件要求增加10cm厚的碎石垫层，分部分项工程项目清单见表14.20所示，确定该清单项目的综合单价。

表14.20 分部分项工程与单价措施项目清单与计价表

工程名称： 标段： 第 页共 页

序号	项目编码	项目名称	项目特征描述	计量单位	工程数量	金额/元		
						综合单价	合价	其中暂估价
1	040501001001	砌筑井	1. 垫层、基础材质及厚度：10cm碎石垫层、C10混凝土基础12cm； 2. 砌筑材料品种、规格、强度等级：M10机砖； 3. 勾缝、抹面要求：1:2防水水泥砂浆内外抹面20mm； 4. 砂浆强度等级、配合比：M7.5水泥砂浆； 5. 混凝土强度等级：C20； 6. 井盖、井圈材质及规格：$\phi700$铸铁； 7. 踏步材质、规格：铸铁爬梯； 8. 定型井名称、规格及图号：砖砌圆形雨水检查井(收口式)、$\phi1000$、井深3.5m，图号02S515-11	座	3			

【解】 直接套用定型雨水井相关子目。另加上10cm碎石垫层的费用。

由国标图集查得，井的基础直径为1580mm，C10混凝土垫层为110mm。

每座井碎石垫层工程量：$\dfrac{1.58^2 \times 3.14}{4} \times 0.10 = 0.20(\text{m}^3)$

每座井模板：$(0.10+0.11) \times 3.14 \times 1.58 = 1.04(\text{m}^2)$

该定型雨水井定额适用3.0m井深，需增加0.5m井深的费用。

综合单价计算过程见表14.21所示。

表14.21　分部分项工程项目清单综合单价计算表

工程名称：　　　　　　　　　　　　　　　　　　　　　　　　　　　　计量单位：座
项目编码：040501001001　　　　　　　　　　　　　　　　　　　　　工程数量：3
项目名称：砌筑井　　　　　　　　　　　　　　　　　　　　　　　　　综合单价：2511.15元

序号	定额编号	工程内容	单位	数量	综合单价组成/元					小计
					人工费	材料费	机械费	管理费	利润	
1	6-457	砖砌圆形雨水井、ϕ1000、井深3.0m	座	3.00	1678.54	4470.78	100.11	355.73	177.87	6783.03
2	6-915	检查井筒增高0.5m	座	3.00	177.82	260.25		35.56	17.78	491.42
3	6-783	碎石垫层	10m³	0.06	29.75	73.04	0.91	6.13	3.07	112.89
4	6-1520	基础模板	100m²	0.031	69.04	52.62	2.86	14.38	7.19	146.10
		合计			1955.15	4856.69	103.89	411.81	205.90	7533.44

14.5.2.3　非定型检查井

非定型检查井的砌筑包括非定型井垫层、基础、井身井筒的砌筑，井身抹灰，井盖的制作、安装等内容。

非定型井垫层、基础按不同材料（毛石、碎石、碎砖、混凝土），以垫层的体积计算。井身砖砌按不同井的形状，以砌体的体积计算。砖墙面勾缝按勾缝的面积计算。抹灰按不同抹灰部位（井内侧、井底、流槽），以抹灰的面积计算。检查井的井盖（算）、井座安装按其安装套数计算。踏步安装按安装的铁件质量计算。现浇混凝土构件模板制作、安装、拆除按现浇混凝土构件与模板接触面的面积计算。

上述非定型井砌筑套用"非定型井、渠、管道基础及砌筑"的相应子目。套用定额时需注意以下问题。

① 定额中只计列了井内抹灰的内容，如井外壁需要抹灰，砖、石井均按井内侧抹灰项目人工乘以系数0.8，其他不变。

② 砖砌检查井的升高，执行检查井筒砌筑相应项目，降低则执行拆除构筑物的相应项目。

【例14.8】　排水检查井1座，如图14.11所示，设计文件要求井底板为C10混凝土，井壁为M10水泥砂浆砌240厚标准砖，底板C20细石混凝土找坡，平均厚度30mm，壁内侧井底板粉1:2防水砂浆20mm，排水管直径200mm，确定该砌筑检查井的综合单价。

【解】先计算该非定型井的砌筑工程量

井深：$1.3+0.06=1.36(\text{m})$

基础体积：$(0.35+0.24+0.10)^2 \times 3.14 \times 0.1 = 0.15(\text{m}^3)$

井身砌筑：$0.24 \times 1.30 \times 3.14 \times (0.70+0.24) = 0.92(\text{m}^3)$

井底流槽：$0.35^2 \times 3.14 \times 0.03 = 0.012(\text{m}^3)$

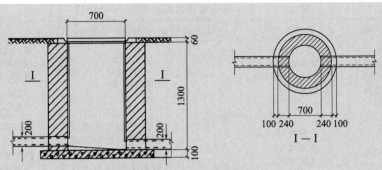

图 14.11 检查井尺寸

井内侧抹灰：$0.7 \times 3.14 \times (1.30 - 0.03) = 2.79 (m^2)$
井盖井座：1个
模板：$(0.70 + 0.48 + 0.20) \times 3.14 \times 0.1 = 0.43 (m^2)$
综合单价计算过程见表 14.22 所示。

表 14.22 分部分项工程项目清单综合单价计算表

工程名称： 计量单位：座
项目编码：040504001001 工程数量：1
项目名称：砌筑井 综合单价：1145.12 元

序号	定额编号	工程内容	单位	数量	综合单价组成/元					小计
					人工费	材料费	机械费	管理费	利润	
1	6-785	混凝土基础	10m³	0.015	20.29	35.03	3.98	4.85	2.43	66.57
2	6-786	非定型井砌筑	10m³	0.092	127.30	310.24	7.73	27.01	13.50	485.78
3	6-790	现浇混凝土流槽	10m³	0.001	1.77	3.06	0.32	0.42	0.21	5.78
4	6-793	井内侧抹灰	100m²	0.028	39.42	17.05	1.58	8.20	4.10	70.35
5	6-808	铸铁井盖、井座安装	10套	0.100	33.18	454.65		6.64	3.32	497.78
6	6-1520	混凝土基础模板	100m²	0.004	8.91	6.79	0.37	1.86	0.93	18.85
		合计			230.87	826.82	13.97	48.97	24.48	1145.12

14.5.2.4 雨水管道出水口

雨水管道出水口以"处"数计算，按砌筑材料、出水口形式（一字式、八字式、门字式）、出水口规格、管径不同，套用相应子目。

14.6 水处理构筑物

本节内容主要包括给排水工程中的沉井、现浇钢筋混凝土水池、预制混凝土构件、折（壁）板、滤料铺设、防水工程、施工缝、井池渗漏试验等项目。

14.6.1 工程量清单项目

水处理构筑物工程量清单项目设置见表 14.23 所示。

表 14.23　F.1 水处理构筑物（编码：040601）

项目编码	项目名称	项目特征	计量单位	工程量计算规则	工作内容
040601001	现浇混凝土沉井井壁及隔墙	1. 混凝土强度等级； 2. 防水、抗渗要求； 3. 断面尺寸	m³	按设计图示尺寸以体积计算	1. 垫木铺设； 2. 模板制作、安装、拆除； 3. 混凝土拌和、运输、浇筑； 4. 养护； 5. 预留孔封口
040601002	沉井下沉	1. 土壤类别； 2. 断面尺寸； 3. 下沉深度； 4. 减阻材料种类		按自然面标高至设计垫层底标高间的高度乘以沉井外壁最大断面面积以体积计算	1. 垫木拆除； 2. 挖土； 3. 沉井下沉； 4. 填充减阻材料； 5. 余方弃置
040601003	沉井混凝土底板	1. 混凝土强度等级； 2. 防水、抗渗要求			
040601004	沉井内地下混凝土结构	1. 部位； 2. 混凝土强度等级； 3. 防水、抗渗要求	m³		
040601005	沉井混凝土顶板			按设计图示尺寸以体积计算	1. 模板制作、安装、拆除； 2. 混凝土拌和、运输、浇筑； 3. 养护
040601006	现浇混凝土池底				
040601007	现浇混凝土池壁（隔墙）	1. 混凝土强度等级； 2. 防水、抗渗要求			
040601008	现浇混凝土池柱				
040601009	现浇混凝土池梁				
040601010	现浇混凝土池盖板				
040601011	现浇混凝土板	1. 名称、规格； 2. 混凝土强度等级； 3. 防水、抗渗要求	m³	按设计图示尺寸以体积计算	1. 模板制作、安装、拆除； 2. 混凝土拌和、运输、浇筑； 3. 养护
040601012	池槽	1. 混凝土强度等级； 2. 防水、抗渗要求； 3. 池槽断面尺寸； 4. 盖板材质	m	按设计图示尺寸以长度计算	1. 模板制作、安装、拆除； 2. 混凝土拌和、运输、浇筑； 3. 养护； 4. 盖板安装； 5. 其他材料铺设
040601013	砌筑导流壁、筒	1. 砌体材料、规格； 2. 断面尺寸； 3. 砌筑、勾缝、抹面砂浆强度等级	m³	按设计图示尺寸以体积计算	1. 砌筑； 2. 抹面； 3. 勾缝
040601014	混凝土导流壁、筒	1. 混凝土强度等级； 2. 防水、抗渗要求； 3. 断面尺寸			1. 模板制作、安装、拆除； 2. 混凝土拌和、运输、浇筑； 3. 养护
040601015	混凝土楼梯	1. 结构形式； 2. 底板厚度； 3. 混凝土强度等级	1. m²； 2. m³	1. 以平方米计量，按设计图示尺寸以水平投影面积计算； 2. 以立方米计量，按设计图示尺寸以体积计算	1. 模板制作、安装、拆除； 2. 混凝土拌和、运输、浇筑或预制； 3. 养护； 4. 楼梯安装

续表

项目编码	项目名称	项目特征	计量单位	工程量计算规则	工作内容
040601016	金属扶梯、栏杆	1. 材质; 2. 规格; 3. 防腐刷油材质、工艺要求	1. t; 2. m	1. 以吨计量,按设计图示尺寸以质量计算; 2. 以米计量,按设计图示尺寸以长度计算	1. 制作、安装; 2. 除锈、防腐、刷油
040601017	其他现浇混凝土构件	1. 构件名称、规格; 2. 混凝土强度等级	m³	按设计图示尺寸以体积计算	1. 模板制作、安装、拆除; 2. 混凝土拌和、运输、浇筑; 3. 养护
040601018	预制混凝土板	1. 图集、图纸名称; 2. 构件代号、名称; 3. 混凝土强度等级; 4. 防水、抗渗要求	m³	按设计图示尺寸以体积计算	1. 模板制作、安装、拆除; 2. 混凝土拌和、运输、浇筑; 3. 养护; 4. 构件安装; 5. 接头灌浆; 6. 砂浆制作; 7. 运输
040601019	预制混凝土槽				
040601020	预制混凝土支墩				
040601021	其他预制混凝土构件	1. 部位; 2. 图集、图纸名称; 3. 构件代号、名称; 4. 混凝土强度等级; 5. 防水、抗渗要求			
040601022	滤板	1. 材质; 2. 规格; 3. 厚度; 4. 部位	m²	按设计图示尺寸以面积计算	1. 制作; 2. 安装
040601023	折板				
040601024	壁板				
040601025	滤料铺设	1. 滤料品种; 2. 滤料规格	m³	按设计图示尺寸以体积计算	铺设
040601026	尼龙网板	1. 材料品种; 2. 材料规格	m²	按设计图示尺寸以面积计算	1. 制作; 2. 安装
040601027	刚性防水	1. 工艺要求; 2. 材料品种、规格	m²	按设计图示尺寸以面积计算	1. 配料; 2. 铺筑
040601028	柔性防水				涂、贴、粘、刷防水材料
040601029	沉降(施工)缝	1. 材料品种; 2. 沉降缝规格; 3. 沉降缝部位	m	按设计图示尺寸以长度计算	铺、嵌沉降(施工)缝
040601030	井、池渗漏试验	构筑物名称	m³	按设计图示储水尺寸以体积计算	渗漏试验

注:1. 沉井混凝土地梁工程量,应并入底板内计算。
2. 各类垫层应按本规范附录C桥涵工程相关编码列项。

《市政工程工程量计算规范》附录表F.1水处理构筑物中按现浇混凝土水池部位不同设置清单项目。现浇钢筋混凝土水池部位分为池底、池壁(隔墙)、池柱、池梁、池盖、现浇混凝土板、池槽、导流筒(壁)、混凝土扶梯、其他现浇钢筋混凝土构件;其他现浇钢筋混凝土构件包括中心支筒、支撑墩、稳流筒、异型构件。

预制混凝土构件包括预制混凝土板、混凝土槽、混凝土支墩和其他预制混凝土构件四个清单项目。预制混凝土板包括钢筋混凝土穿孔板、稳流板、井池内壁板、挡水板、导流隔板。预制混凝土槽包括集水槽、辐射槽。

从表14.23可以看出,水处理构筑物工程内容不包括各类垫层的铺筑、钢筋的绑扎。给排水构筑物的垫层应按《市政工程工程量计算规范》附录C桥涵工程相关编码列项,如表14.24所示,钢筋工程应按《市政工程工程量计算规范》附录J钢筋工程相关编码列项及计价。模板工程的费用应计算在相应的混凝土费用中。

表14.24 C.3 现浇混凝土构件(编码:040303)

项目编码	项目名称	项目特征	计量单位	工程量计算规则	工作内容
040303001	混凝土垫层	混凝土强度等级	m³	按设计图示尺寸以体积计算	1. 模板制作、安装、拆除; 2. 混凝土拌和、运输、浇筑; 3. 养护

沉井井壁及隔墙、混凝土底板、混凝土顶板和沉井内地下混凝土结构按设计图示尺寸以体积计算;沉井下沉按自然面标高至设计垫层底标高间的高度乘以沉井外壁最大断面面积以体积计算。

现浇混凝土水池板、壁、墙、柱、梁、盖、导流壁(筒)及其他混凝土构件,预制混凝土构件均按设计图示尺寸以体积"m³"计算;池槽按设计图示尺寸以长度"m"计算。

金属扶梯、栏杆按设计图示尺寸以质量"t"计算;滤板、折板、壁板按设计图示尺寸以面积"m²"计算;滤料铺设按设计图示尺寸以体积"m³"计算;尼龙网板、刚性防水、柔性防水按设计图示尺寸以面积"m²"计算。

沉降(施工)缝按设计图示尺寸以长度"m"计算。

井、池渗漏试验按设计图示储水尺寸以体积"m³"计算。

构筑物垫层铺筑按设计图示尺寸以体积计算。

14.6.2 综合单价确定

14.6.2.1 沉井工程

垫木铺设按沉井刃脚中心线长度计算。沉井的井壁、隔墙浇筑均按不同结构厚度,以结构的混凝土体积计算。沉井井壁及墙壁的厚度不同如上薄下厚时,可按平均厚度计算。沉井下沉按不同挖土方法、土壤类别、井深,以沉井的体积计算。沉井混凝土底板按不同结构厚度,以结构的混凝土体积计算。沉井内地下混凝土结构包括刃角、地下结构梁、地下结构柱和地下结构平台。沉井的刃角,地下结构梁、柱,平台制作工程量,按其混凝土体积计算。沉井混凝土顶板按其混凝土体积计算。

上述内容套用"给排水构筑物"的相应子目。定额中沉井工程系按深度12m以内,陆上排水沉井考虑的。水中沉井、陆上水冲法沉井及离河岸边近的沉井,需要采取地基加固等特殊措施者,可执行《江苏省安装工程计价定额 第四册 隧道工程》相应子目。沉井下沉项目中已考虑了沉井下沉的纠偏因素,但不包括重压助沉措施,若发生可另行计算。

14.6.2.2 现浇混凝土水池

现浇混凝土水池各部位浇筑工程量均以混凝土实体积计算,不扣除面积0.3m²以内的孔洞体积。按水池各部位不同,套用相应定额子目。

现浇混凝土池底均按不同池底形状、池底厚度,套用计价定额。平池底的体积应包括池壁下的扩大部分;池底带有斜坡时,斜坡部分应按坡底计算;锥形底应算到壁基梁底面,无壁基梁者算至锥底坡的上口。

池壁（隔墙）按不同池壁形状、池壁厚度，套用计价定额。对上薄下厚的壁，以平均厚度计算；池壁高度应自池底板面算至池盖下面。池壁挑檐、池壁牛腿、配水花墙、砖穿孔墙工程量，均按其体积计算。格型池池壁执行直型池壁相应项目，人工费乘以系数1.15。

池柱根据其形状套用定额，池柱形状可分为无梁盖柱、矩形柱、圆形柱。无梁盖柱的柱高，应自池底上表面算至池盖的下表面，并包括柱座、柱帽的体积。现浇钢筋混凝土池壁有附壁柱时，附壁柱按相应柱定额执行，其中人工定额乘以系数1.05，其他不变。

梁按梁的类型套用定额。梁分为连续梁、单梁、悬臂梁、异型环梁。其中井字梁、框架梁均执行连续梁项目。

池盖按其形状套用定额。池盖形状可分为肋形盖、无梁盖、锥形盖、球形盖。无梁盖应包括与池壁相连的扩大部分的体积；肋形盖应包括主、次梁及盖部分的体积；球形盖应自池壁顶面以上，包括边侧梁的体积在内。各类池盖中与盖相连的结构工程量，合并在池盖中计算。池盖定额中不包括进人孔的安装，进人孔的安装按《安装工程计价定额》相应项目执行。

现浇钢筋混凝土池盖、柱、梁、池壁是按地面以上3.6m以内考虑的，如超过3.6m时，定额基价应作调整，方法如下：

① 采用卷扬机施工的：每10m³混凝土增加卷扬机机械费和人工费，如表14.25所示。

表14.25 卷扬机台班和人工工日增加数

序号	项目名称	增加人工工日	增加卷扬机（带塔）
1	池壁、隔墙	8.7	0.59
2	柱、梁	6.1	0.39
3	池盖	6.1	0.39

② 采用塔式起重机施工时，每10m³混凝土增加塔式起重机台班，按相应项目中搅拌机台班用量的50%计算。

现浇混凝土板分为平板、走道板、悬空板、挡水板，按板的类型及厚度套用定额。

池槽断面形式有悬空V形、U形集水槽，悬空L形槽，池底暗渠、落泥斗、槽、沉淀池水槽、下药溶解槽、澄清池反应筒壁。沉淀池水槽系指池壁上的环形水槽及纵横U形水槽，但不包括与水槽相连接的矩形梁，矩形梁可执行梁的相应项目。集水槽如需留孔时，按每10个孔增加0.5个工日计；悬空落泥斗按落泥斗相应子目人工乘以系数1.4，其余不变。

导流筒、壁按其不同厚度、不同材质套用定额。

混凝土扶梯按其混凝土的体积计算，现浇混凝土扶梯套用"其他现浇钢筋混凝土构件"的"异型构件"子目；预制混凝土扶梯及安装按混凝土体积计算，套用"预制钢筋混凝土构件"中的"异型构件制作"和"异型构件安装"子目。

其他现浇钢筋混凝土构件包括中心支筒、支撑墩、稳流筒、异型构件。按其类别套用"其他现浇钢筋混凝土构件"相应定额子目。

14.6.2.3 金属扶梯、栏杆

金属扶梯、栏杆制作安装按设计图示尺寸规格计算其质量，套用《江苏省安装工程计价定额 第三册 静置设备与工艺金属结构制作安装工程》相应子目；金属扶梯除锈、刷油按设计图示尺寸规格计算其质量，套用《江苏省市政工程计价定额 第三册 桥涵工程》"装饰工程"中"油漆"相应子目。

14.6.2.4 预制混凝土构件

预制钢筋混凝土构件制作、安装，均以混凝土实体积计算，不扣除面积0.3m²以内的孔洞

体积。按预制钢筋混凝土构件的名称不同，套用相应子目。预制混凝土板、槽、支墩和异型构件制作安装定额中已包括构件场内运输和养生的费用。套用定额时，除支墩安装执行相应子目外，其他预制混凝土构件安装均套用"异型构件安装"的子目。

14.6.2.5 其他工程

钢筋混凝土滤板制作按不同滤板厚度，以滤板的混凝土体积计算。混凝土滤板、铸铁滤板安装按滤板的面积计算。

折板安装按不同折板材质（玻璃钢、塑料）、型式，以折板的展开面积计算。

浓缩室壁板、稳流板制作安装按材质（木制、塑料）不同以壁板的面积计算。

滤料铺设按不同滤料品种（细砂、中砂、石英砂、卵石、碎石、锰砂、磁铁矿石），按设计要求的铺设面积乘以铺设厚度以体积计算，其中锰砂、磁铁矿石滤料工程量按其质量计算。

尼龙网板制作安装按网板的面积计算。

防水工程按不同防水层材料，防水部位、防水层层次，以防水层的面积计算，不扣除 $0.3m^2$ 以内孔洞所占面积。

各种材质的施工缝填缝及盖缝均不分断面尺寸按设计施工缝的长度计算。

井、池渗漏试验按试验用水的体积计算。容量在 500m³ 以内的为井。

14.6.2.6 垫层铺筑

构筑物垫层铺筑以铺筑的体积计算，套用"非定型井、渠、管道基础及砌筑"的相应子目，其中人工乘以系数 0.87，其他不变。

14.7 水处理专用设备

市政给排水工程中的设备可分为水处理专用设备和通用机械设备。本节先介绍水处理专用设备制作安装工程量清单及计价。

14.7.1 工程量清单项目

水处理专用设备工程量清单项目设置见表 14.26 所示。

表 14.26　F.2 水处理设备（编号：040602）

项目编码	项目名称	项目特征	计量单位	工程量计算规则	工作内容
040602001	格栅	1. 材质； 2. 防腐材料； 3. 规格	1. t； 2. 套	1. 以吨计量，按设计图示尺寸以质量计算； 2. 以套计量，按设计图示数量计算	1. 制作； 2. 防腐； 3. 安装
040602002	格栅除污机	1. 类型； 2. 材质； 3. 规格、型号； 4. 参数	台	按设计图示数量计算	1. 安装； 2. 无负荷试运转
040602003	滤网清污机				
040602004	压榨机				
040602005	刮砂机				
040602006	吸砂机				
040602007	刮泥机				
040602008	吸泥机				

续表

项目编码	项目名称	项目特征	计量单位	工程量计算规则	工作内容
040602009	刮吸泥机	1. 类型; 2. 材质; 3. 规格、型号; 4. 参数	台	按设计图示数量计算	1. 安装; 2. 无负荷试运转
040602010	撇渣机				
040602011	砂(泥)水分离器				
040602012	曝气机				
040602013	曝气器		个		
040602014	布气管	1. 材质; 2. 直径	m	按设计图示以长度计算	1. 钻孔; 2. 安装
040602015	淹水器	1. 类型; 2. 材质; 3. 规格、型号; 4. 参数	套	按设计图示数量计算	1. 安装; 2. 无负荷试运转
040602016	生物转盘				
040602017	搅拌机		台		
040602018	推进器				
040602019	加药设备	1. 类型; 2. 材质; 3. 规格、型号; 4. 参数	套		
040602020	加氯机				
040602021	氯吸收装置				
040602022	水射器	1. 材质; 2. 公称直径	个		
040602023	管式混合器				
040602024	冲洗装置	1. 类型; 2. 材质; 3. 规格、型号; 4. 参数	套		
040602025	带式压滤机		台		
040602026	污泥脱水机				
040602027	污泥浓缩机				
040602028	污泥浓缩脱水一体机				
040602029	污泥输送机				
040602030	污泥切割机				
040602031	闸门	1. 类型; 2. 材质; 3. 形式; 4. 规格、型号	1. 座; 2. t	1. 以座计量,按设计图示数量计算; 2. 以吨计量,按设计图示尺寸以质量计算	1. 安装; 2. 操纵装置安装; 3. 调试
040602032	旋转门				
040602033	堰门				
040602034	拍门				
040602035	启闭机	1. 类型; 2. 材质; 3. 形式; 4. 规格、型号	台	按设计图示数量计算	1. 安装; 2. 操纵装置安装; 3. 调试
040602036	升杆式铸铁泥阀	公称直径	座		
040602037	平底盖闸				

续表

项目编码	项目名称	项目特征	计量单位	工程量计算规则	工作内容
040602038	集水槽	1. 材质； 2. 厚度； 3. 形式； 4. 防腐材料	m²	按设计图示尺寸以面积计算	1. 制作； 2. 安装
040602039	堰板				
040602040	斜板	1. 材料品种； 2. 厚度			安装
040602041	斜管	1. 斜管材料品种； 2. 斜管规格	m	按设计图示以长度计算	
040602042	紫外线消毒设备	1. 类型； 2. 材质； 3. 规格、型号； 4. 参数	套	按设计图示数量计算	1. 安装； 2. 无负荷试运转
040602043	臭氧消毒设备				
040602044	除臭设备				
040602045	膜处理设备				
040602046	在线水质检测设备				

格栅制作安装按设计图示尺寸以质量"t"计算。

各式专用设备安装按设计图示数量以"台""套""个"计算。

布气管制作安装按设计图示以长度"m"计算。

闸门、旋转门、堰门、拍门、升杆式铸铁泥阀、平底盖闸制作安装按设计图示数量以"座"计算。

集水槽、堰板、斜板制作安装按设计图示尺寸以面积"m²"计算。

斜管安装按设计图示以长度"m"计算。

14.7.2 综合单价确定

14.7.2.1 拦污设备

格栅制作、安装区分不同材质、规格，按格栅的质量以"t"为计量单位计算。

格栅除污机安装区分不同安装型式（固定式、移动式）、规格，以"台"为计量单位计算。

滤网清污机安装区分不同清污机质量，以"台"为计量单位计算。

14.7.2.2 投药、消毒处理设备

加氯机安装区分不同型式（立式、挂式），以"套"为计量单位计算。

水射器安装区分不同公称直径，以"个"为计量单位计算。

管式混合器安装按不同公称直径，以"个"为计量单位计算。

搅拌机安装按不同安装型式（立式、卧式）、单体质量，以安装的台数计算。

14.7.2.3 水处理设备

曝气器安装按不同型式，以其个数计算。

布气管安装按不同材质（碳钢、塑料、不锈钢）、公称直径，以布气管安装的长度计算。布气管与工艺管道的划分以闸阀为界，布气管的安装包括钻孔。

曝气机安装按不同型式、单体质量，以曝气机安装的台数计算。

生物转盘安装按不同单体质量，以生物转盘安装的台数计算。

14.7.2.4 排泥、撇渣和除砂机械

各式吸泥机安装按不同型式、吸泥机跨度或池径，以安装的台数计算。

刮泥机安装按不同型式、池宽或池径，以安装的台数计算。

撇渣机安装按不同池宽，以安装的台数计算。

14.7.2.5 污泥脱水机械

脱水机械安装按不同型式、直径或质量，以安装的台数计算。

14.7.2.6 闸门及驱动装置

各式闸门安装、按不同材质（铸铁、钢制）、形式、规格，以安装的座数计算。

旋转门安装、按不同旋转门的长度和宽度，以旋转门安装的座数计算。

堰门安装：按不同材质（铸铁、钢制）、规格，以堰门安装的座数计算。

升杆式铸铁泥阀安装、按不同公称直径，以铸铁泥阀安装的座数计算。

平底盖闸安装：按不同公称直径，以平底盖闸安装的座数计算。

启闭机械安装：按不同启闭方式（手摇式、手轮式、手电两用、气动），以启闭机械安装的台数计算。

14.7.2.7 其他

集水槽制作、安装区分不同材质（碳钢、不锈钢）、钢板厚度，按集水槽的设计断面尺寸乘以长度以面积计算。断面尺寸应包括需要折边的长度，不扣除出水孔所占面积。

齿形堰板制作、安装区分不同材质（碳钢、不锈钢）、钢板厚度，按堰板的设计宽度乘以长度以面积计算，不扣除齿型间隔空隙所占面积。

斜板安装按斜板的面积计算。斜管安装按斜管的长度"m"计算。

水处理专用设备安装，除已有说明外，均套用《江苏省市政工程计价定额》中的"给排水机械设备安装"相应子目。套用定额时需注意以下问题：

① 曝气机以带有公共底座为准，如无公共底座时，定额基价乘以系数1.30。如需制作安装钢制支承平台时，应另计。

② 布气管与工艺管道的划分以闸阀为界，布气管的安装包括钻孔。布气管的分管若为塑料管成品件，需粘接或焊接时，可按相应规格项目的定额基价分别乘以系数1.2和1.3。

③ 吸泥机以虹吸式为准，如采用泵吸式，定额基价乘以系数1.3。

④ 集水槽制作项目中已包括钻孔或铣孔的用工和机械；碳钢集水槽制作和安装中已包括刷一遍防锈漆、两遍调和漆的人工和材料，不得再计算除锈刷油费用。若油漆种类不同，油漆的单价可以换算，其他不变。

⑤ 碳钢、不锈钢矩形堰执行齿形堰相应项目，但人工乘以系数0.6，其他不变。

⑥ 金属堰板安装项目是按碳钢考虑的，不锈钢堰板安装按金属堰板安装相应项目基价乘以系数1.2，主材另计，其他不变。碳钢、不锈钢矩形堰执行齿形堰板相应项目，人工乘以系数0.6，其他不变。

⑦ 穿孔管钻孔项目适用于水厂的穿孔配水管、穿孔排泥管等各种材质管的钻孔；穿孔管的对接、安装应另按有关项目计算。

⑧ 斜管、斜板安装定额是按成品考虑的，不包括斜管、斜板的加工制作费用。

⑨ 本章设备的安装是按无外围护条件下施工考虑的,如在有外围护的施工条件下施工,定额人工及机械乘以系数 1.15,其他不变。

【例 14.9】 某城市自来水厂,δ6mm 不锈钢集水槽,共 3 根,断面尺寸如图 14.12 所示,每根长 20m,编制集水槽制作的分部分项工程项目清单,并确定该清单项目的综合单价。

【解】 工程数量:$(0.4+0.5×2)×60=84.0(m^2)$

分部分项工程量清单见表 14.27 所示;

综合单价计算过程见表 14.28 所示。

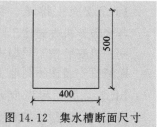

图 14.12 集水槽断面尺寸

表 14.27 分部分项工程项目与单价措施项目清单与计价表

工程名称:　　　　　　　　　　标段:　　　　　　　　　　第　页共　页

序号	项目编码	项目名称	项目特征描述	计量单位	工程数量	金额/元		
						综合单价	合价	其中:暂估价
1	040606038001	集水槽	1. 材质:不锈钢; 2. 厚度:δ6m	m^2	84.0			

表 14.28 分部分项工程项目清单综合单价计算表

工程名称:　　　　　　　　　　　　　　　　　　　　　　计量单位: m^2

项目编码: 040606038001　　　　　　　　　　　　　　　工程数量: 84

项目名称: 集水槽　　　　　　　　　　　　　　　　　　综合单价: 1146.94 元

序号	定额编号	工程内容	单位	数量	综合单价组成/元					小计
					人工费	材料费	机械费	管理费	利润	
1	6-1479	集水槽制作;δ6mm 不锈钢	$10m^2$	8.40	8113.12	2314.87	2967.72	3001.86	1054.71	17452.28
2	材料	δ6mm 不锈钢	kg	4140.36		74526.48				74526.48
3	6-1485	集水槽安装	$10m^2$	8.40	756.49	2082.53	1147.36	279.90	98.34	4364.61
		合计			8869.61	78923.88	4115.08	3281.76	1153.05	96343.73

14.8 通用设备安装

给排水工程中常用的通用设备主要包括各种水泵和风机。通用设备安装按现行国家标准《通用安装工程工程量计算规范》(GB 50856—2013)中相关项目编码列项。

14.8.1 工程量清单项目

风机安装工程量清单项目设置见表 14.29 所示;泵安装工程量清单项目设置见表 14.30 所示。

表 14.29 A.8 风机安装（编码：030108）

项目编码	项目名称	项目特征	计量单位	工程量计算规则	工作内容
030108001	离心式通风机	1. 名称； 2. 型号； 3. 规格； 4. 质量； 5. 材质； 6. 减振底座形式、数量； 7. 灌浆配合比； 8. 单机试运转要求	台	按设计图示数量计算	1. 本体安装； 2. 拆装检查； 3. 减振台座制作、安装； 4. 二次灌浆； 5. 单机试运转； 6. 补刷(喷)油漆
030108002	离心式引风机				
030108003	轴流通风机				
030108004	回转式鼓风机				
030108005	离心式鼓风机				
030108006	其他风机				

表 14.30 A.9 泵安装（编码：030109）

项目编码	项目名称	项目特征	计量单位	工程量计算规则	工作内容
030109001	离心式泵	1. 名称； 2. 型号； 3. 规格； 4. 质量； 5. 材质； 6. 减振装置形式、数量； 7. 灌浆配合比； 8. 单机试运转要求	台	按设计图示数量计算	1. 本体安装； 2. 泵拆装检查； 3. 电动机安装； 4. 二次灌浆； 5. 单机试运转； 6. 补刷(喷)油漆
030109006	计量泵				
030109009	真空泵				
030109011	潜水泵				
030109012	其他泵				

直联式风机的质量包括本体及电动机、底座的总质量。风机支架若为型钢支架，应按《通用安装工程工程量计算规范》附录 C 静置设备与工艺金属结构制作安装工程相关项目编码列项。

直联式泵的质量包括本体、电动机及底座的质量；非直联式泵，以本体和底座的总质量计算，不包括电动机质量；深井泵的质量包括本体、电动机、底座及设备扬水管的总质量。

各种水泵和风机安装按设计图示数量以"台"计。

14.8.2 综合单价确定

各式风机、泵安装以"台"为单位计量，按设备类别和质量不同套用《江苏省安装工程计价定额 第一册 机械设备安装工程》相应定额子目。若为水处理工程中的螺旋泵，应套用《江苏省市政工程计价定额》中的"给排水机械设备安装"相应子目。

各式风机、泵拆装检查，以"台"为单位计量，按设备类别和质量不同套用《江苏省安装工程计价定额 第一册 机械设备安装工程》相应定额子目。凡施工技术验收规范或技术资料规定，在实际施工中进行拆装检查的，可计算该费用。

【例 14.10】 曝气池用 2 台罗茨鼓风机，型号 $D36 \times 60$，质量 1.52t，该清单项目的综合单价计算过程见表 14.31 所示。

表 14.31 分部分项工程项目清单综合单价计算表

工程名称：　　　　　　　　　　　　　　　　　　　　计量单位：台
项目编码：030108004001　　　　　　　　　　　　　　工程数量：2
项目名称：回转式鼓风机　　　　　　　　　　　　　　综合单价：3996.14 元

序号	定额编号	工程内容	单位	数量	综合单价组成					小计
					人工费	材料费	机械费	管理费	利润	
1	1-704	罗茨鼓风机	台	2.00	3131.68	619.60	245.74	1252.67	438.44	5688.13
2	1-763	罗茨鼓风机拆装检查	台	2.00	1358.64	175.36		543.46	190.21	2267.67
3		一般起重机具摊销费	t	3.04		36.48				36.48
		合计			4490.32	831.44	245.75	1796.13	628.64	7992.27

14.9　钢筋工程

14.9.1　工程量清单项目

钢筋工程工程量清单项目设置见表 14.32 所示。

现浇构件钢筋、预制构件钢筋工程量按设计图示尺寸以质量计算。钢筋、型钢工程量计算中，设计注明搭接长度的，应计算搭接长度；设计未注明搭接长度的，不计算搭接长度。

预埋铁件按设计图示尺寸以质量计算。

表 14.32　J.1 钢筋工程（编码：040901）

项目编码	项目名称	项目特征	计量单位	工程量计算规则	工作内容
040901001	现浇构件钢筋	1. 钢筋种类； 2. 钢筋规格	t	按设计图示尺寸以质量计算	1. 制作； 2. 运输； 3. 安装
040901002	预制构件钢筋				
040901007	型钢	1. 材料种类； 2. 材料规格			1. 制作； 2. 运输； 3. 安装、定位
040901009	预埋铁件	1. 材料种类； 2. 材料规格			1. 制作； 2. 运输

14.9.2　综合单价确定

预埋铁件制作、安装按设计图示尺寸以"t"为计量单位计算。

现浇、预制构件钢筋：按不同钢筋直径，以钢筋的质量计算。设计已规定搭接长度的，按规定搭接长度计算；设计未规定搭接长度的，不计算搭接长度。

$$钢筋质量 = 钢筋长度 \times 钢筋每米质量 \tag{14.13}$$

其中：直钢筋长度 = 图示构件长度 − 保护层厚度 + 弯勾增加长度 + 搭接增加长度　　(14.14)

弯起钢筋长度 = 直段长度 + 斜段长度 + 弯勾增加长度 + 搭接长度　　(14.15)

三种形式弯勾，如图 14.13 所示，各种弯勾的增加长度按下列规定计算。

半圆弯勾：$L = 6.25d$

斜弯勾：$L=4.9d$
直弯勾：$L=3.5d$

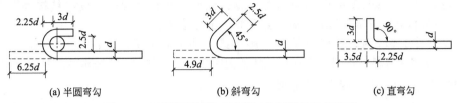

图 14.13　钢筋弯勾形式示意图及钢筋增加的长度

定额中钢筋加工是按手工绑扎或手工绑扎、点焊综合考虑的，加工操作方法不同不予调整。钢筋加工中的钢筋接头、施工损耗、绑扎铁丝及焊条均已包括在定额内，不得重复计算。各项中的钢筋规格是综合计算的，凡小于 $\phi10$ 的构造筋均执行 $\phi10$ 以内的子目。

下列构件钢筋，套用定额时人工和机械均乘以系数，系数如表 14.33 所示。

表 14.33　构件钢筋套用定额的调整系数

项目	计算基数	现浇构件钢筋		构筑物钢筋	
		小型构件	小型池槽	矩形	圆形
调整系数	人工、机械	2.0	2.52	1.25	1.5

注：小型构件是指单件体积在 $0.04m^3$ 以内的构件。

14.10　措施项目

市政工程措施项目清单必须根据《市政工程工程量计算规范》的规定编制，并根据拟建工程的实际情况列项。措施项目分为能计量的单价措施项目与不能计量的总价措施项目两类。

14.10.1　单价措施项目

市政给排水工程常用的单价措施项目包括脚手架工程、混凝土模板及支架、围堰、便道及便桥、大型机械设备进出场及安拆、施工排水、降水、地下管线交叉处理等。

14.10.1.1　脚手架工程

脚手架工程工程量清单项目设置见表 14.34 所示。

表 14.34　L.1 脚手架工程（编码：041101）

项目编码	项目名称	项目特征	计量单位	工程量计算规则	工作内容
041101001	墙面脚手架	墙高	m²	按墙面水平边线长度乘以墙面砌筑高度计算	1. 清理场地；2. 搭设、拆除脚手架、安全网；3. 材料场内外运输
041101002	柱面脚手架	1. 柱高；2. 柱结构外围周长		按柱结构外围周长乘以柱砌筑高度计算	
041101003	仓面脚手架	1. 搭设方式；2. 搭设高度		按仓面水平面积计算	
041101004	沉井脚手架	沉井高度		按井壁中心线周长乘以井高计算	
041101005	井字架	井深	座	按设计图示数量计算	1. 清理场地；2. 搭、拆井字架；3. 材料场内外运输

当砌筑物高度超过 1.2m、抹灰高度超过 1.5m 时可计算脚手架搭拆费用。脚手架搭拆按不同脚手架材料、脚手架高度、脚手架结构（单排、双排），以脚手架的面积计算。墙面脚手架面积按墙面水平边线长度乘以墙面高度计算；柱形结构脚手架面积按柱结构外围周长另加 3.6m 乘以柱结构高度计算。套用"脚手架工程"的相应子目。

当井深超过 1.5m 时，井砌筑须搭设脚手架。井字架按不同井深（2m、4m、6m、8m、10m 以内）、井字架材料（木制、钢管）以井字架座数计算。井字架工程量每座井只计算一次。

14.10.1.2 混凝土模板及支架

《市政工程工程量计算规范》规定：混凝土模板及支架是单列措施项目清单，还是计算在现浇混凝土浇筑项目中，由招标人根据工程实际情况选用，详见本章第 2 节。只有在现浇混凝土工程项目的综合单价中不包括模板工程费用时，招标人在措施项目清单中才编列现浇混凝土模板项目清单。

混凝土模板及支架工程量清单项目设置见表 14.35 所示。

表 14.35　L.2 混凝土模板及支架（编码：041102）

项目编码	项目名称	项目特征	计量单位	工程量计算规则	工作内容
041102001	垫层模板	构件类型	m²	按混凝土与模板接触面的面积计算	
041102012	柱模板	1. 构件类型； 2. 支模高度	m²	按混凝土与模板接触面的面积计算	
041102013	梁模板				
041102014	板模板				
041102028	沉井井壁（隔墙）模板	1. 构件类型； 2. 支模高度			1. 模板制作、安装、拆除、整理、堆放； 2. 模板粘接物及模内杂物清理、刷隔离剂； 3. 模板场内外运输及维修
041102029	沉井顶板模板				
041102030	沉井底板模板				
041102031	管(渠)道平基模板	构件类型	m²	按混凝土与模板接触面的面积计算	
041102032	管(渠)道管座模板				
041102033	井顶(盖)板模板				
041102034	池底模板				
041102035	池壁(隔墙)模板	1. 构件类型； 2. 支模高度			
041102036	池盖模板				
041102037	其他现浇构件模板	构件类型			

注：原槽浇灌的混凝土基础、垫层不计算模板。

现浇混凝土模板工程，计算混凝土与模板的接触面积。按所立模板的部位不同套用相关定额子目。套用定额时需注意以下问题：

① 预制构件模板中不包括地、胎模，须设置者，土地模可套用平整土地的相应项目；水泥砂浆、混凝土砖地、胎模套用《江苏省市政工程计价定额 第三册 桥涵工程》的相应项目。

② 模板安拆以槽、坑深3m为准,当深度超过3.0m时,人工定额乘以系数1.08,其他不变。

③ 模板的预留洞,按水平投影面积计算,小于0.3m²者:圆形洞每10个增加0.72工日,方形洞每10个增加0.62工日。

④ 现浇混凝土梁、板、柱、墙的模板,支模高度是按3.6m考虑的,超过3.6m时,超过部分的工程量另按超高的项目执行,定额上有相应的子目。

⑤ 小型构件是指单件体积在0.04m³以内的构件;地沟盖板项目适用于单块体积在0.3m³以内矩形板;井盖项目适用于井口盖板,井室盖板按矩形板项目执行。

14.10.1.3 围堰

围堰工程量清单项目设置见表14.36所示。

表14.36 L.3 围堰(编码:041103)

项目编码	项目名称	项目特征	计量单位	工程量计算规则	工作内容
041103001	围堰	1. 围堰类型; 2. 围堰顶宽及底宽; 3. 围堰高度; 4. 填心材料	1. m³ 2. m	1. 以立方米计量,按设计图示围堰体积计算; 2. 以米计量,按设计图示围堰中心线长度计算	1. 清理基底; 2. 打、拔工具桩; 3. 堆筑、填心、夯实; 4. 拆除清理; 5. 材料场内外运输

筑土围堰、草袋围堰、土石混合围堰按围堰的体积计算。围堰体积按围堰的施工断面尺寸乘以围堰中心线的长度计算,围堰的尺寸按有关设计施工规范确定,围堰高度按施工期内的最高临水面加0.5m计算。

圆木桩围堰、钢桩围堰、钢板桩围堰、双层竹笼围堰按不同高度,以围堰的中心线长度计算。围堰高分为3m、4m、5m、6m以内。打桩的费用未计。

以上内容套用"围堰工程"相应子目。套用定额时注意以下问题:

① 围堰工程50m范围内取土、砂、砂砾,均不计土方、砂、砂砾的材料价格;若取50m范围以外的土方、砂、砂砾,应计取土方、砂、砂砾的挖、运或外购费用,但应扣除定额中土方现场挖运的人工:55.5工日每100m³黏土。定额括号中所列黏土数量为取自然土方数量,结算中可按取土的实际情况调整。

② 本围堰定额中的各种木桩、钢桩均按水上打拔工具桩的相应定额执行,数量按实计算。定额括号中所列打拔工具桩数量仅供参考。

③ 草袋围堰如使用麻袋、尼龙袋装土围堰,应按麻袋、尼龙袋的规格、单价换算,但人工、机械和其他材料费用不作调整。

④ 围堰施工中若未使用驳船,而是搭设了栈桥,则应扣除定额中驳船费用而套用相应的脚手架子目。

⑤ 施工围堰的尺寸按有关施工组织设计确定。堰内坡脚至堰内基坑边缘距离根据河床土质及基坑深度而定,但不得小于1m。

14.10.1.4 便道及便桥

便道及便桥工程量清单项目设置见表14.37所示。

表14.37 L.4 便道及便桥(编码:041104)

项目编码	项目名称	项目特征	计量单位	工程量计算规则	工作内容
041104001	便道	1. 结构类型; 2. 材料种类; 3. 宽度	m²	按设计图示尺寸以面积计算	1. 平整场地; 2. 材料运输、铺设、夯实; 3. 拆除、清理

续表

项目编码	项目名称	项目特征	计量单位	工程量计算规则	工作内容
041104002	便桥	1. 结构类型； 2. 材料种类； 3. 跨径； 4. 宽度	座	按设计图示数量计算	1. 清理基底； 2. 材料运输、便桥搭设； 3. 拆除、清理

便道按设计图示尺寸以"m²"为计量单位计算。

常用的跨河道的临时设施是便桥，分为行人便桥、机动车便桥和装配式钢桥。

便桥清单工程量按设计图示数量计算，计量单位是"座"。计价时行人便桥、机动车便桥搭拆按桥面面积计算，装配式钢桥搭拆按桥长计算。

14.10.1.5 施工排水、降水

施工排水、降水工程量清单项目设置见表14.38所示。

表14.38　L.7 施工排水、降水（编码：041107）

项目编码	项目名称	项目特征	计量单位	工程量计算规则	工作内容
041107001	成井	1. 成井方式； 2. 地层情况； 3. 成井直径； 4. 井（滤）管类型、直径	m	按设计图示尺寸以钻孔深度计算	1. 准备钻孔机械、埋设护筒、钻机就位；泥浆制作、固壁；成孔、出渣、清孔等； 2. 对接上、下井管（滤管），焊接，安放，下滤料，洗井，连接试抽等
041107002	排水、降水	1. 机械规格型号； 2. 降排水管规格	昼夜	按排、降水日历天数计算	1. 管道安装、拆除，场内搬运等； 2. 抽水、值班、降水设备维修等

施工排水、降水清单工程量按排水、降水日历天数计算。

沟槽明沟排水预算工程量，按不同管道性质（给水、排水、燃气）、管道材料、公称直径，计算管道中心线的长度。河道排水计算所排除水的体积。

施工降水是指人工降低地下水位，常采用井点降水。井点降水的类型有轻型井点、喷射井点、电渗井点、管井井点和深井井点等。井点具体型式、井点的使用时间、井点管间距和降水深度要求由施工组织设计确定。给排水工程中最常用的是轻型井点。

井点降水的费用分为安装、拆除和使用三部分。

① 井点管安装、拆除按井管根数计算。

② 轻型井点、喷射井点使用按井管根数乘以使用天数以"套·天"计算。其中轻型井点50根为一套，喷射井点30根为一套，累计根数不足一套者作一套计算。深井井点按井座数乘以使用天数以"座·天"计算。井点使用天数按施工组织设计规定或现场签证认可的使用天数确定。

14.10.1.6 地下管线交叉处理

市政给排水管道的改造工程，应考虑施工过程中的地下管线交叉处理。地下管线交叉处理、监测、监控工程量清单项目设置见表14.39所示。

表 14.39　L.8 处理、监测、监控（编码：041108）

项目编码	项目名称	工作内容及包含范围
041108001	地下管线交叉处理	1. 悬吊； 2. 加固； 3. 其他处理措施
041108002	施工监测、监控	1. 对隧道洞内施工时可能存在的危害因素进行检测； 2. 对明挖法、暗挖法、盾构法施工的区域等进行周边环境监测； 3. 对明挖基坑围护结构体系进行监测； 4. 对隧道的围岩和支护进行监测； 5. 盾构法施工进行监控测量

注：地下管线交叉处理指施工过程中对现有施工场地范围内各种地下交叉管线进行加固及处理所发生的费用，但不包括地下管线或设施改、移发生的费用。

地下管线交叉处理费用应根据实际情况按实计算。

14.10.1.7　其他

市政给排水管道的改造工程还需考虑施工过程中行人安全，设置施工护栏等措施。施工护栏的安装、拆除按设置的护栏长度计算，护栏的使用按护栏的长度乘以相应使用天数，以"m·天"为计量单位计算。

14.10.2　总价措施项目

安全文明施工及其他措施项目工程量清单项目设置见表 14.40 所示，其中临时设施费、赶工措施费、工程按质论价、建筑工人实名制费用是《江苏省建设工程费用定额》补充的 4 项总价措施项目。

表 14.40　L.9 安全文明施工及其他措施项目（041109）

序号	项目编码	项目名称	备注
1	041109001	安全文明施工	
2	041109002	夜间施工	
3	041109003	二次搬运	
4	041109004	冬雨季施工	
5	041109005	行车、行人干扰	
6	041109006	地上、地下设施、建筑物的临时保护设施	
7	041109007	已完工程及设备保护	
8	041109008	临时设施费	江苏省补充
9	041109009	赶工措施费	江苏省补充
10	041109010	工程按质论价	江苏省补充
11	041109011	建筑工人实名制费用	江苏省补充

总价措施项目费＝计算基数×相应费用费率(%)

其计算基数和费率由各地工程造价管理机构根据各专业工程的特点综合确定。《江苏省建设工程费用定额》(2014 年)规定，总价措施项目费计算基数为：分部分项工程费－工程设备费＋单价措施项目费，即：

总价措施项目费＝(分部分项工程费－工程设备费＋单价措施项目费)×相应费率(%)

其中，安全文明施工费必须按国家或省级、行业建设主管部门的规定计算，不得作为竞争性费用。

14.11　工程实例

某市新建雨水管道工程，主管为管内径$D600$钢筋混凝土管，长320m，管道基础均为180°平接式混凝土基础，水泥砂浆接口，具体做法详见《给水排水标准图集》04S516-19。雨水口连接支管采用$de315$UPVC加筋管，支管长88m，具体做法详见《给水排水标准图集》04S520-57。设$\phi1000$砖砌雨水检查井8座，平均深度3.0m，具体做法详见《给水排水标准图集》02S515-11。砖砌雨水进水井（680mm×380mm）16座，平均深度1.0m。现场土质为三类土，地下水位位于地面以下1.2m。由设计文件计算出原地面至主管管内底平均高度（即平均埋设深度）为2.958m。土方回填至原地面高度，外购土方运距6km。暂列金额按15000元计取，试按现行规定编制工程量清单，并确定该工程的投标报价。

【解】首先根据《给水排水标准图集》查得管道基础断面、$\phi1000$砖砌雨水检查井和砖砌雨水进水井（680mm×380mm）的尺寸。管道基础断面如图14.14、图14.15所示，管道基础断面尺寸如表14.41所示，雨水连接管沟槽宽800mm。$\phi1000$砖砌雨水检查井如图14.16所示，砖砌雨水进水井（680mm×380mm）如图14.17所示。

表 14.41　主管道基础尺寸　　　　　　　　　　　　　　单位：mm

管内径 D	管壁厚 t	管肩宽 a	管基宽 B	管基厚 C_1	管基厚 C_2	基础混凝土 m^3/m
600	55	110	930	110	355	0.234

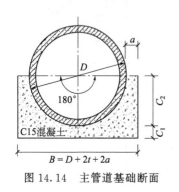

图 14.14　主管道基础断面

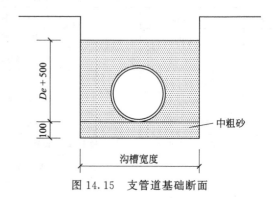

图 14.15　支管道基础断面

(1) 计算清单工程量

1) 挖沟槽土方

施工组织设计确定的施工方案：以机械开挖为主，人工辅助开挖。挖掘机沿沟槽方向坑上作业。主管沟槽放坡开挖，边坡系数为0.33；支管因为挖土深度小于1.5m，故采用不放坡的直槽。沟槽两侧预留工作面。

① $D600$主管道土方。

$$挖土深度=埋设深度+管壁厚度+基础垫层厚度$$
$$=2.958+0.055+0.11=3.123(m)$$

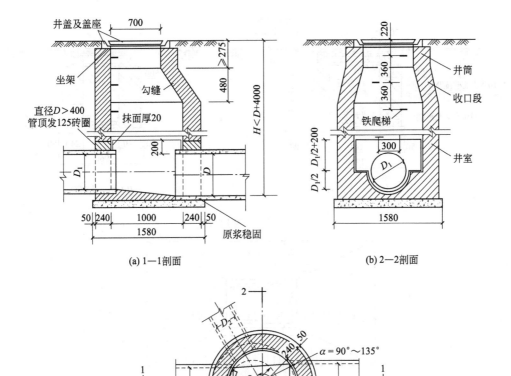

图 14.16 雨水检查井

$$\text{管道结构宽} = D + 2t + 2a = 0.6 + 2 \times 0.055 + 2 \times 0.11 = 0.93 \text{ (m)}$$
$$\text{沟槽两侧预留工作面宽} = 0.5\text{m}$$
$$\text{底宽} = 0.93 + 2 \times 0.5 = 1.93(\text{m})$$

挖沟槽土方（4m 以内）：
$$V_{\text{主管}1} = 320 \times (1.93 + 0.33 \times 3.123) \times 3.123 \times 1.025 = 3032.66(\text{m}^3)$$

② $de315$ 支管道土方。
$$\text{挖土深度} = \text{埋设深度} + \text{管壁厚度} + \text{基础垫层厚度} = 1.0 + 0.03 + 0.10 = 1.13(\text{m})$$
$$\text{管沟宽度} = 0.80\text{m}$$

挖沟槽土方（2m 以内）：
$$V_{\text{支管}1} = 88 \times 0.80 \times 1.13 \times 1.025 = 81.54(\text{m}^3)$$

挖方总方量：$3032.66 + 81.54 = 3114.2(\text{m}^3)$

2）填方

① 管道及基础所占体积。

主管：$V_{\text{主管}2} = 320 \times (0.234 + 3.14 \times 0.710^2 \div 4) = 201.51(\text{m}^3)$

支管：$V_{\text{支管}2} = 88 \times (0.10 + 3.14 \times 0.315^2 \div 4) = 15.65(\text{m}^3)$

管道、管道基础的总体积：$201.51 + 15.65 + = 217.16 \text{ (m}^3)$

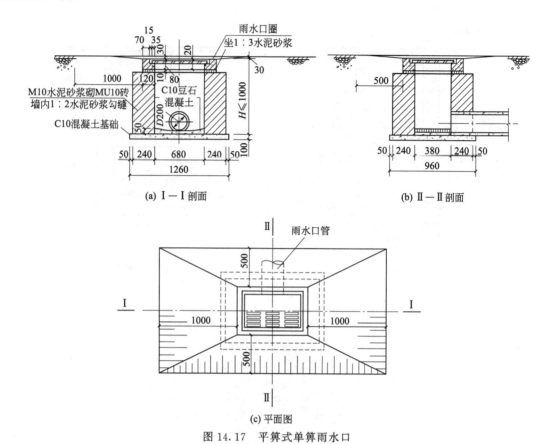

图 14.17 平箅式单箅雨水口

② 支管中粗砂体积:$88\times[0.8\times(0.315+0.50)-3.14\times0.315^2\div4)]=50.52(m^3)$

③ 回填方体积:$3032.66+81.54-201.51-15.65-50.52=2846.52(m^3)$

压实后的填方换算为自然方的体积:$2846.52\times1.15=3273.50(m^3)$

由于 $3114.2m^3<3273.50m^3$,故土方场内平衡后不存在余方弃置。

缺方内运:$2846.52-3114.2\times0.87=137.17(m^3)$

原土回填:$2846.67-137.17=2709.50(m^3)$

3) 管道铺设

① $D600$ 混凝土主管道:320m。

② $de315$UPVC 加筋管:88m。

4) 井类砌筑

① $\phi1000$ 砖砌雨水检查井:8座。

② 砖砌雨水进水井(680mm×380mm):16座。

5) 单价措施项目

① 轻型井点。施工组织设计确定的施工方案:沿沟槽一侧布设轻型井点降水,井点管间 1.2m,使用周期10天;沟槽开挖沿线设玻璃钢施工护栏。

轻型井点安装、拆除:$320\div1.2=267(根)$

轻型井点使用:$320\div60=5.33(套)$,取为6套。

共计: $6\times10=60(套\cdot天)$

② 玻璃钢施工护栏:320m。

③ 脚手架：井字架 8 座。

分部分项工程项目清单、单价措施项目清单见分部分项工程与单价措施项目清单计价表。

(2) 计算预算（施工）工程量

1) 挖沟槽土方

计算过程同上。

挖沟槽土方（4m 以内）：$V_{主管1}=3032.66m^3$

挖沟槽土方（2m 以内）：$V_{主管1}=81.54m^3$

其中机械挖土占 90%，人工挖土占 10%。

2) 填方

① 回填中粗砂：$50.52m^3$。

② 原土回填：$2846.67-137.17=2709.50(m^3)$

③ 缺方内运：$137.17m^3$

3) 管道铺设

① $D600$ 混凝土管道。

管道铺设：$320-0.7\times7=315.10(m)$

管道基础浇筑：$320-0.7\times7=315.100(m)$

管道接口：$314.4\div2=157.20$，取为 158 个。

闭水试验：320m

管道截断：7 根

模板工程：$(0.11+0.355)\times315.10\times2=293.04(m^2)$

② $de315$PVC 管道。

管道铺设：$88-0.7\times8/2=85.2(m)$

闭水试验：88m

砂垫层：$0.1\times0.8\times85.2=6.82(m^3)$

4) 井类砌筑

① $\phi1000$ 砖砌雨水检查井砌筑。

井砌筑：8 座

基础模板：$1.58\times3.14\times0.1\times8=3.97(m^2)$

② 砖砌雨水进水井（680mm×380mm）。

井砌筑：16 座

基础模板：$16\times(1.26+0.96)\times2\times0.10=7.10(m^2)$

5) 单价措施项目

① 轻型井点。

轻型井点安装、拆除：$320\div1.2=267(根)$

轻型井点使用：$320\div60=5.33(套)$，取为 6 套。

共计：$6\times10=60(套\cdot天)$

② 彩钢板施工护栏。

彩钢板施工护栏安装：320m

彩钢板施工护栏使用：$320\times15=4800(m\cdot天)$

③ 脚手架：井字架 8 座。

投 标 总 价

招 标 人： _____

工 程 名 称： ××雨水管道工程

投标总价(小写)： 339166.37

（大写）： 叁拾叁万玖仟壹佰陆拾陆元叁角柒分

投 标 人： _____
（单位盖章）

法 定 代 表 人
或 其 授 权 人： _____
（签字或盖章）

编 制 人： _____
（造价人员签字盖专用章）

编 制 时 间： 2019-9-16

总　说　明

工程名称：××雨水管道工程　　　　　　　　　　　　　　　　第 1 页 共 1 页

1. 工程概况：××雨水管道工程范围包括：320m 的 $D600$ 钢筋混凝土管，管道基础为 180°平接式混凝土基础，水泥砂浆接口。88m $de315$ UPVC 加筋管，$\phi1000$ 砖砌雨水检查井 8 座，砖砌雨水进水井（680mm×380mm）16 座。
2. 投标报价范围：施工图范围内的雨水管道工程。
3. 编制依据：
(1)《建设工程工程量清单计价规范》(GB 50500—2013)。
(2)《市政工程工程量计算规范》(GB 50857—2013)。
(3) 苏建价〔2016〕154 号省住房城乡建设厅关于建筑业实施营改增后江苏省建设工程计价依据调整的通知。
(4) ××雨水管道工程设计文件。
(5)《江苏省建设工程费用定额》(2014)。
(6)《江苏省市政工程计价定额》第一、第六册。
(7) 招标文件、招标工程量清单及其补充通知、答疑纪要。
(8) 施工现场情况、工程特点及拟订的投标施工组织设计。
(9) 与建设项目相关的标准、规范等技术资料。
(10) 市场价格信息或×市工程造价管理机构发布的 2018 年 12 月工程造价信息。
4. 暂列金额按招标文件规定的 15000 元计取。
5. 增值税计税采用一般计税方法。

单位工程投标报价汇总表

工程名称：××雨水管道工程　　　　标段：　　　　　　　　　第 页 共 页

序号	汇总内容	金额/元	其中:暂估价/元
1	分部分项工程	216554.57	
1.1	人工费	73550.55	
1.2	材料费	90190.24	
1.3	施工机具使用费	23670.36	
1.4	企业管理费	19444.41	—
1.5	利润	9722.05	—
2	措施项目	72195.74	
2.1	其中:安全文明施工措施费	6110.06	
3	其他项目	15000.00	
3.1	其中:暂列金额	15000.00	
3.2	其中:专业工程暂估价		—
3.3	其中:计日工		
3.4	其中:总承包服务费		
4	规费	7411.50	
4.1	社会保险费	6075.00	

续表

序号	汇总内容	金额/元	其中:暂估价/元
4.2	住房公积金	1032.75	
4.3	环境保护税	303.75	
5	税金	28004.56	
	投标报价合计＝1＋2＋3＋4＋5	339166.37	

分部分项工程和单价措施项目清单与计价表

工程名称：××道路雨水管道工程　　　　标段：

序号	项目编码	项目名称	项目特征描述	计量单位	工程数量	综合单价	合价	其中 暂估价
1	040101002001	挖沟槽土方	1. 土壤类别:三类土; 2. 挖土深度:4m 内	m³	3032.66	13.22	40091.77	
2	040101002002	挖沟槽土方	1. 土壤类别:三类土; 2. 挖土深度:2m 内	m³	81.54	11.93	972.77	
3	040103001001	回填方	填方材料品种:中粗砂	m³	50.52	165.63	8367.63	
4	040103001002	回填方	1. 密实度要求:90%; 2. 填方材料品种:原土; 3. 填方来源、运距:场内平衡	m³	2709.50	12.82	34735.79	
5	040103001003	回填方	1. 密实度要求:90%; 2. 填方材料品种:土; 3. 填方来源、运距:缺方内运,运距10km	m³	137.17	45.72	6271.41	
6	040501001001	混凝土管	1. 垫层、基础材质及厚度:C15 混凝土基础,110mm; 2. 管座材质:C15 混凝土,180°; 3. 规格:D600mm×2000mm×55mm; 4. 接口方式:平接式水泥砂浆接口; 5. 铺设深度:2.96m; 6. 混凝土强度等级:C15; 7. 管道检验及试验要求:闭水试验; 8. 标准图解编号:04S5516-19	m	320.00	275.16	88051.20	
7	040501004001	塑料管	1. 垫层、基础材质及厚度:砂垫层,100mm; 2. 材质及规格:de315 UPVC 加筋管; 3. 连接形式:胶圈接口; 4. 铺设深度:1.0m; 5. 管道检验及试验要求:闭水试验	m	88.00	92.56	8145.28	

续表

序号	项目编码	项目名称	项目特征描述	计量单位	工程数量	金额/元		
						综合单价	合价	其中
								暂估价
8	040504001001	砌筑井	1. 垫层、基础材质及厚度：C10混凝土基础，11cm； 2. 砌筑材料品种、规格、强度等级：M10机砖； 3. 勾缝、抹面要求：1:2防水水泥砂浆内外抹面20mm； 4. 砂浆强度等级、配合比：M7.5水泥砂浆； 5. 混凝土强度等级：C20； 6. 井盖、井圈材质及规格：φ700铸铁； 7. 踏步材质、规格：铸铁爬梯； 8. 定型井名称、规格及图号：砖砌圆形雨水检查井（收口式）、φ1000、井深3.0m，图号02S515-11	座	8.00	2158.88	17271.04	
9	040504009001	雨水口	1. 雨水篦子及圈口材质、型号、规格：铸铁单平箅(680mm×380mm)； 2. 垫层、基础材质及厚度：混凝土基础，100mm； 3. 混凝土强度等级：C10； 4. 砌筑材料品种、规格：M10机砖； 5. 砂浆强度等级及配合比：M10水泥砂浆	座	16.00	790.48	12647.68	
			分部分项工程费合计				216554.57	
10	041101005001	井字架	井深3.0m	座	8.00	146.57	1172.56	
11	041107002001	排水、降水		昼夜	10.00	4927.57	49275.70	
12	04B001	彩钢板施工护栏		m	320.00	29.60	9472.00	
			单价措施项目费合计				59920.26	
			合计				276474.83	

综合单价分析表

工程名称：××道路雨水管道工程

项目编码	项目名称	计量单位	工程量
040101002001	挖沟槽土方	m³	3032.66

清单综合单价组成明细

定额编号	定额项目名称	定额单位	数量	单价/元					合价/元				
				人工费	材料费	机械费	管理费	利润	人工费	材料费	机械费	管理费	利润
1-222	反铲挖掘机(斗容量1.0m³)挖三类土不装车	1000m³	0.0009	359.64		4084.1	888.75	444.37	0.32		3.68	0.8	0.4
1-9×1.5	人工挖沟槽三类土方<4m	100m³	0.001	6173.27			1234.65	617.33	6.17			1.23	0.62
综合人工工日	0.0878 工日		小计						6.49		3.68	2.03	1.02
			未计价材料费										
		清单项目综合单价/元							13.22				

材料费明细	主要材料名称、规格、型号	单位	数量	单价/元	合价/元	暂估单价/元	暂估合价/元
	其他材料费			—		—	
	材料费小计			—		—	

备注：其他工程项目清单综合单价分析表省略。

总价措施项目清单与计价表

工程名称：××道路雨水管道工程　　　　标段：

序号	项目编码	项目名称	计算基础	费率/%	金额/元	调整费率/%	调整后金额/元	备注
1	041109001001	安全文明施工			6110.09			
1.1		基本费		1.5	4147.12			
1.2		增加费		0.4	1105.90			
1.3		扬尘污染防治增加费		0.31	857.07			
2	041109002001	夜间施工						
3	041109003001	二次搬运	分部分项工程费＋					
4	041109004001	冬雨季施工	单价措施清单合价－	0.2	552.95			
5	041109005001	行车、行人干扰	工程设备费					
6	041109006001	地上、地下设施、建筑物的临时保护设施						
7	041109007001	已完工程及设备保护						
8	041109008001	临时设施		2	5529.50			
9	041109009001	赶工措施						
10	041109010001	工程按质论价						
11	031302012001	建筑工人实名制费用		0.03	82.94			
		合计			12275.48			

其他项目清单与计价汇总表

工程名称：××道路雨水管道工程　　　　标段：

序号	项目名称	金额/元	结算金额/元	备注
1	暂列金额	15000		
2	暂估价			
2.1	材料(工程设备)暂估价	—		
2.2	专业工程暂估价			
3	计日工			
4	总承包服务费			
	合计	15000	—	

规费、税金项目计价表

工程名称：××道路雨水管道工程　　　　标段：

序号	项目名称	计算基础	计算基数/元	计算费率/%	金额/元
1	规费				7411.50
1.1	社会保险费	分部分项工程费＋措施项目费＋其他项目费－工程设备费	303750.31	2.0	6075.00
1.2	住房公积金			0.34	1032.75
1.3	环境保护税			0.1	303.75
2	税金	分部分项工程费＋措施项目费＋其他项目费＋规费－(甲供材料费＋甲供设备费)/1.01	311161.81	9	28004.56
	合计				35416.06

承包人供应材料一览表

工程名称：××道路雨水管道工程　　　　标段：

序号	材料编码	材料名称	规格型号等特殊要求	单位	数量	单价/元	合价/元	备注
1	14310906	UPVC 加筋管	$DN300$	m	86.904	70.00	6083.28	
2	14450512	钢筋混凝土管	$\phi 600$	m	318.251	105.00	33416.36	

复习思考题

1. 说明编制市政给排水工程量清单及计价所依据的计价规范、计价定额的名称。
2. 沟槽、基坑、一般土方工程、平整场地是如何划分的？
3. 说明挖沟槽、基坑、一般土方工程量计算规则，并结合当地建设主管部门的规定，说明因工作面和放坡增加的工程量，是否并入各土方工程量中。
4. 放坡系数应如何确定？
5. 市政管道安装工程，工作面宽度是如何确定的？
6. 说明"截面法"计算土方工程量的主要思路。
7. 干、湿土是如何划分的？
8. 说明填方、余方弃置工程量计算规则。
9. 安装管道和市政管道是如何划分的？
10. 详细说明市政给排水管道铺设工程清单工程量、预算工程量计算规则。并说明排水管道清单工程量和预算工程量计算规则的差异。
11. 《市政工程工程量计算规范》（GB 50857—2013）中关于现浇混凝土、预制混凝土工程是否包括模板工程费用，有何具体规定？
12. 说明编制市政给排水工程水处理专用设备和通用机械设备工程量清单及计价所依据的计价规范、计价定额的名称。
13. 市政给排水工程常用的单价措施项目有哪些？
14. 井点降水措施项目费是如何计算的？

附录

附录一 某工程投资概算表

工程名称：××镇污水处理厂工程

序号	工程或费用名称	概算金额/万元 建筑工程费用	安装工程费用	设备购置费用	其他费用	合计/万元	技术经济指标 单位	数量	单位价值/元	占投资额比例/%	备注
1	第一部分工程费用										
1.1	厂区管网		46.40			46.40					
1.2	格栅井		7.12	35.51		42.63					
1.3	沉砂池	3.67	2.81	27.72		34.20					
1.4	生化池	143.59	24.65	65.42		233.66					
1.5	二沉池	54.80	14.69	24.50		93.99					
1.6	滤布滤池	23.44	5.59	66.57		95.60					
1.7	污泥浓缩池	14.04	2.55			16.59					
1.8	计量槽,消毒槽,冲洗水池	12.91	7.43	41.41		61.75					
1.9	风机房,配电房,机修间	48.95	7.53	15.80	13.50	85.77					
1.10	污泥脱水机房	37.24	2.81	42.96		83.01					
1.11	厂区配电及照明工程		56.38	27.95		84.33					
1.12	综合楼	69.05	1.50	27.00		97.55					
1.13	传达室	13.63	0.35			13.98					
1.14	道路,围墙	40.73				40.73					
1.15	绿化	10.00				10.00					
1.16	自控,仪表工程		18.95	110.49		129.44					
	第一部分工程费用合计	472.03	198.76	485.33	13.50	1169.62				79.16	
2	第二部分工程建设其他费										
2.1	征地拆迁费用				40.90	40.90					
2.2	外电线路				10.00	10.00					
2.3	建设单位管理费				11.70	11.70					

续表

序号	工程或费用名称	概算金额/万元				技术经济指标			占投资额比例/%	备注
		建筑工程费用	安装工程费用	设备购置费用	其他费用	合计/万元	单位	数量	单位价值/元	
2.4	工程监理费				17.54	17.54				
2.5	工程保险费				3.51	3.51				
2.6	联合试运转费				5.04	5.04				
2.7	前期咨询费				5.85	5.85				
2.8	办公和生活家具购置费				1.00	1.00				
2.9	生产职工培训费				9.00	9.00				
2.10	工程设计费				29.24	29.24				
2.11	勘察费				6.93	6.93				
2.12	招标代理费				2.92	2.92				
2.13	施工图审查费				2.34	2.34				
2.14	环境影响评价费				5.00	5.00				
2.15	临时设施费				11.70	11.70				
2.16	劳动卫生评审费				3.51	3.51				
	工程建设其他费用合计				166.18	166.18			11.25	
3	工程预备费					66.79			4.52	
3.1	基本预备费									
3.2	涨价预备费									
4	固定资产投资方向调节税					0.00				
5	建设期贷款利息					0.00				
6	铺底流动资金					75.00			5.08	
	工程总投资					1477.59			100.00	

附录二 复利系数表

$i=5\%$

n	一次支付		等额序列				n
	$(F/P,i,n)$	$(P/F,i,n)$	$(F/A,i,n)$	$(A/F,i,n)$	$(A/P,i,n)$	$(P/A,i,n)$	
1	1.0500	0.9524	1.0000	1.0000	1.0500	0.9524	1
2	1.1025	0.9070	2.0500	0.4878	0.5378	1.8594	2
3	1.1576	0.8636	3.1525	0.3172	0.5672	2.7232	3
4	1.2155	0.8227	4.3103	0.2320	0.2820	3.5460	4
5	1.2763	0.7835	5.5256	0.1810	0.2310	4.3295	5
6	1.3401	0.7462	6.8019	0.1470	0.1970	5.0757	6
7	1.4071	0.7107	8.1420	0.1228	0.1728	5.7864	7
8	1.4775	0.6768	9.5491	0.1047	0.1547	6.4632	8
9	1.5513	0.6446	11.0266	0.0907	0.1407	7.1078	9
10	1.6289	0.6139	12.5779	0.0795	0.1295	7.7217	10
11	1.7103	0.5847	14.2068	0.0704	0.1204	8.3064	11
12	1.7959	0.5568	15.9171	0.0628	0.1128	8.8633	12
13	1.8856	0.5303	17.7130	0.0565	0.1065	9.3936	13
14	1.9799	0.5051	19.5986	0.0510	0.1010	9.8986	14
15	2.0789	0.4810	21.5786	0.0463	0.0963	10.3797	15
16	2.1829	0.4581	23.6575	0.0423	0.0923	10.8378	16
17	2.2920	0.4363	25.8404	0.0387	0.0887	11.2741	17
18	2.4066	0.4155	28.1324	0.0355	0.0855	11.6896	18
19	2.5269	0.3957	30.5390	0.0327	0.0827	12.0853	19
20	2.6533	0.3769	33.0659	0.0302	0.0802	12.4622	20
21	2.7860	0.3589	35.7192	0.0280	0.0780	12.8212	21
22	2.9253	0.3418	38.5052	0.0260	0.0760	13.1630	22
23	3.0715	0.3256	41.4305	0.0241	0.0741	13.4886	23
24	3.2251	0.3101	44.5020	0.0225	0.0725	13.7986	24
25	3.3864	0.2953	47.7271	0.0210	0.0710	14.0939	25

$i=6\%$

n	一次支付		等额序列				n
	$(F/P,i,n)$	$(P/F,i,n)$	$(F/A,i,n)$	$(A/F,i,n)$	$(A/P,i,n)$	$(P/A,i,n)$	
1	1.0600	0.9434	1.0000	1.0000	1.0600	0.9434	1
2	1.1236	0.8900	2.0600	0.4854	0.5454	1.8334	2
3	1.1910	0.8396	3.1836	0.3141	0.3741	2.6730	3
4	1.2625	0.7921	4.3746	0.2286	0.2886	3.4651	4
5	1.3382	0.7473	5.6371	0.1774	0.2374	4.2124	5

续表

n	一次支付		等额序列				n
	$(F/P,i,n)$	$(P/F,i,n)$	$(F/A,i,n)$	$(A/F,i,n)$	$(A/P,i,n)$	$(P/A,i,n)$	
6	1.4185	0.7050	6.9753	0.1434	0.2034	4.9173	6
7	1.5036	0.6651	8.3938	0.1191	0.1791	5.5824	7
8	1.5938	0.6274	9.8975	0.1010	0.1610	6.298	8
9	1.6895	0.5919	11.4913	0.0870	0.1470	6.8017	9
10	1.7908	0.5584	13.1808	0.0759	0.1359	7.3601	10
11	1.8983	0.5268	14.9716	0.0668	0.1268	7.8869	11
12	2.0122	0.4970	16.8699	0.0593	0.1193	8.3838	12
13	2.1329	0.4688	18.8821	0.0530	0.1130	8.8527	13
14	2.2609	0.4423	21.0151	0.0476	0.1076	9.2950	14
15	2.3966	0.4173	23.2760	0.0430	0.1030	9.7122	15
16	2.5404	0.3936	25.6725	0.0390	0.0990	10.1059	16
17	2.6928	0.3714	28.2129	0.0354	0.0954	10.4773	17
18	2.8543	0.3503	30.9056	0.0324	0.0924	10.8276	18
19	3.0256	0.3305	33.7600	0.0296	0.0896	11.1581	19
20	3.2071	0.3118	36.7856	0.0272	0.0872	11.4699	20
21	3.3996	0.2942	39.9927	0.0250	0.0850	11.7641	21
22	3.6036	0.2775	43.3923	0.0230	0.0830	12.0416	22
23	3.8197	0.2618	46.9958	0.0213	0.0813	12.3034	23
24	4.0489	0.2470	50.8155	0.0197	0.0797	12.5504	24
25	4.2919	0.2330	54.8645	0.0182	0.0782	12.7834	25

$i=7\%$

n	一次支付		等额序列				n
	$(F/P,i,n)$	$(P/F,i,n)$	$(F/A,i,n)$	$(A/F,i,n)$	$(A/P,i,n)$	$(P/A,i,n)$	
1	1.0700	0.9346	1.000	1.0000	1.070	0.9346	1
2	1.1449	0.8734	2.0699	0.4831	0.5531	1.8080	2
3	1.2250	0.8163	3.2148	0.3111	0.3811	2.6242	3
4	1.3107	0.7629	4.4398	0.2252	0.2952	3.3871	4
5	1.4025	0.7130	5.7506	0.1739	0.2439	4.1001	5
6	1.5007	0.6663	7.1531	0.1398	0.2098	4.7665	6
7	1.6057	0.6227	8.6539	0.1156	0.1856	5.3892	7
8	1.7181	0.5820	10.259	0.0975	0.1675	5.9712	8
9	1.8384	0.5439	11.977	0.0835	0.1535	6.5151	9
10	1.9671	0.5083	13.816	0.0724	0.1424	7.0235	10
11	2.1048	0.4751	15.783	0.0634	0.1334	7.4986	11

续表

n	一次支付		等额序列				n
	$(F/P,i,n)$	$(P/F,i,n)$	$(F/A,i,n)$	$(A/F,i,n)$	$(A/P,i,n)$	$(P/A,i,n)$	
12	2.2521	0.4440	17.888	0.0559	0.1259	7.9426	12
13	2.4098	0.4149	20.140	0.0497	0.1197	8.3576	13
14	2.5785	0.3878	22.550	0.0443	0.1143	8.7454	14
15	2.7590	0.3624	25.128	0.0398	0.1098	9.1078	15
16	2.9521	0.3387	27.887	0.0359	0.1059	9.4466	16
17	3.1587	0.3166	30.839	0.0324	0.1024	9.7632	17
18	3.3798	0.2959	33.998	0.0294	0.0994	10.0591	18
19	3.6164	0.2765	37.378	0.0268	0.0968	10.3356	19
20	3.8696	0.2584	40.994	0.0244	0.0944	10.593	20
21	4.1404	0.2415	44.864	0.0223	0.0923	10.835	21
22	4.4303	0.2257	49.004	0.0204	0.0904	11.061	22
23	4.7404	0.2109	53.434	0.0187	0.0887	11.272	23
24	5.0722	0.1971	58.175	0.0172	0.0872	11.469	24
25	5.4273	0.1842	63.247	0.0158	0.0858	11.653	25

$i=8\%$

n	一次支付		等额序列				n
	$(F/P,i,n)$	$(P/F,i,n)$	$(F/A,i,n)$	$(A/F,i,n)$	$(A/P,i,n)$	$(P/A,i,n)$	
1	1.0800	0.9259	1.0000	1.00000	1.08000	0.9259	1
2	1.1664	0.8573	2.0800	0.48077	0.56077	1.7832	2
3	1.2697	0.7938	3.2464	0.30803	0.38803	2.5770	3
4	1.3604	0.7350	4.5061	0.22192	0.30192	3.3121	4
5	1.4693	0.6806	5.8666	0.17046	0.25046	3.9926	5
6	1.5868	0.6302	7.3359	0.13632	0.21632	4.6228	6
7	1.7138	0.5835	8.9228	0.11207	0.19207	5.2063	7
8	1.8509	0.5403	10.6366	0.09401	0.17401	5.7466	8
9	1.9989	0.5002	12.4876	0.08008	0.16008	6.2468	9
10	2.1589	0.4632	14.4866	0.06903	0.14903	6.7100	10
11	2.3316	0.4289	16.6455	0.06008	0.14008	7.1389	11
12	2.5181	0.3971	18.9771	0.05270	0.13270	7.5360	12
13	2.7196	0.3677	21.4953	0.04652	0.12652	7.9037	13
14	2.9371	0.3405	24.2149	0.04130	0.12130	8.2442	14
15	3.1721	0.3152	27.1521	0.03683	0.11683	8.5594	15
16	3.4259	0.2919	30.3243	0.03298	0.11298	8.8513	16
17	3.6999	0.2703	33.7502	0.02963	0.10963	9.1216	17

续表

n	一次支付		等额序列				n
	$(F/P,i,n)$	$(P/F,i,n)$	$(F/A,i,n)$	$(A/F,i,n)$	$(A/P,i,n)$	$(P/A,i,n)$	
18	3.9959	0.2502	37.4502	0.02670	0.10670	9.3718	18
19	4.3156	0.2317	41.4463	0.02413	0.10413	9.6035	19
20	4.6609	0.2145	45.7620	0.02185	0.10185	9.8181	20
21	5.0337	0.1987	50.423	0.01983	0.09983	10.017	21
22	5.4365	0.1839	55.457	0.01803	0.09803	10.201	22
23	5.8713	0.1703	60.893	0.01642	0.09642	10.371	23
24	6.3410	0.1577	66.765	0.01498	0.09498	10.529	24
25	6.8483	0.1460	73.106	0.01368	0.09368	10.675	25

$i=9\%$

n	一次支付		等额序列				n
	$(F/P,i,n)$	$(P/F,i,n)$	$(F/A,i,n)$	$(A/F,i,n)$	$(A/P,i,n)$	$(P/A,i,n)$	
1	1.0900	0.9174	1.0000	1.0000	1.0900	0.9174	1
2	1.1881	0.8417	2.0899	0.4785	0.5685	1.7591	2
3	1.2950	0.7722	3.2780	0.3051	0.3951	2.5312	3
4	1.4116	0.7084	4.5730	0.2187	0.3087	3.2396	4
5	1.5386	0.6499	5.9846	0.1671	0.2571	3.8896	5
6	1.6770	0.5963	7.5232	0.1329	0.2229	4.4858	6
7	1.8280	0.5470	9.2002	0.1087	0.1987	5.0329	7
8	1.9925	0.5019	11.0285	0.0907	0.1807	5.5347	8
9	2.1718	0.4604	13.0210	0.0768	0.1668	5.9952	9
10	2.3S73	0,4224	15.192	0.0658	0.1558	6.4176	10
11	2,5804	0.3875	17.559	0.0569	0.1469	6.8051	11
12	2.8126	0.3555	20.141	0.0497	0.1397	7.1606	12
13	3.0657	0.3262	22.952	0.0436	0.1336	7.4868	13
14	3.3416	0.2992	26.018	0.0384	0.1284	7.7861	14
15	3.6424	0.2745	29.360	0.0341	0.1241	8.0606	15
16	3.9702	0.2519	33.002	0.0303	0.1203	8.3125	16
17	4.3275	0.2311	36.973	0.0270	0.1170	8.5435	17
18	4.7170	0.2120	41.301	0.0242	0.1142	8.7555	18
19	5.1415	0.1945	46.017	0.0217	0.1117	8.9500	19
20	5.6043	0.1784	51.158	0.0195	0.1095	9.1285	20
21	6.1086	0.1637	56.763	0.0176	0.1076	9.2922	21
22	6.6584	0.1502	62.871	0.0159	0.1059	9.4423	22
23	7.2577	0.1378	69.530	0.0144	0.1044	9.5801	23
24	7.9109	0.1264	76.787	0.0130	0.1030	9.7065	24
25	8.6228	0.1160	84.698	0.0118	0.1018	9.6225	25

$i=10\%$

年份	一次支付		等额序列				n
	$(F/P,i,n)$	$(P/F,i,n)$	$(F/A,i,n)$	$(A/F,i,n)$	$(A/P,i,n)$	$(P/A,i,n)$	
1	1.1000	0.9091	1.0000	1.00000	1.10000	0.9091	1
2	1.2100	0.8264	2.0999	0.47619	0.57619	1.7355	2
3	1.3310	0.7513	3.3099	0.30211	0.40211	2.4869	3
4	1.4641	0.6830	4.6409	0.21547	0.31547	3.1699	4
5	1.6105	0.6209	6.1050	0.16380	0.26380	3.7908	5
6	1.7715	0.5645	7.7155	0.12961	0.22961	4.3553	6
7	1.9487	0.5132	9.4870	0.10541	0.20541	4.8684	7
8	2.1436	0.4665	11.436	0.08744	0.18744	5.3349	8
9	2.3579	0.4241	13.579	0.07364	0.17364	5.7590	9
10	2.5937	0.3855	15.937	0.06275	0.16275	6.1446	10
11	2.8531	0.3505	18.531	0.05396	0.15396	6.4951	11
12	3.1384	0.3186	21.384	0.04676	0.14676	6.8137	12
13	3.4523	0.2897	24.523	0.04078	0.14078	7.1034	13
14	3.7975	0.2633	27.975	0.03575	0.13575	7.3667	14
15	4.1772	0.2394	31.772	0.03147	0.13147	7.6061	15
16	4.5950	0.2176	35.950	0.02782	0.12782	7.8237	16
17	5.0545	0.1978	40.545	0.02466	0.12466	8.0216	17
18	5.5598	0.1799	45.599	0.02193	0.12193	8.2014	18
19	6.1159	0.1635	51.159	0.01955	0.11955	8.3649	19
20	6.7273	0.1486	57.275	0.01746	0.11746	8.5136	20
21	7.4001	0.1351	64.002	0.01562	0.11562	8.6486	21
22	8.1401	0.1228	71.403	0.01401	0.11401	8.7715	22
23	8.9541	0.1117	79.543	0.01257	0.11257	8.8832	23
24	9.8495	0.1015	88.497	0.01130	0.11130	8.9847	24
25	10.835	0.0923	98.347	0.01017	0.11017	9.0770	25

$i=12\%$

n	一次支付		等额序列				n
	$(F/P,i,n)$	$(P/F,i,n)$	$(F/A,i,n)$	$(A/F,i,n)$	$(A/P,i,n)$	$(P/A,i,n)$	
1	1.1200	0.8929	1.0000	1.00000	1.12000	0.8929	1
2	1.2544	0.7972	2.1200	0.47170	0.59170	1.6901	2
3	1.4049	0.7118	3.3744	0.29635	0.41635	2.4018	3
4	1.5735	0.6355	4.7793	0.20923	0.32923	3.0373	4
5	1.7623	0.5674	6.3528	0.15741	0.27741	3.6048	5
6	1.9738	0.5066	8.1152	0.12323	0.24323	4.1114	6

续表

n	一次支付		等额序列				n
	$(F/P,i,n)$	$(P/F,i,n)$	$(F/A,i,n)$	$(A/F,i,n)$	$(A/P,i,n)$	$(P/A,i,n)$	
7	2.2107	0.4523	10.0890	0.09912	0.21912	4.5638	7
8	2.4760	0.4039	12.2997	0.08130	0.20130	4.9676	8
9	2.7731	0.3606	14.7757	0.06768	0.18768	5.3282	9
10	3.1058	0.3220	17.5487	0.05698	0.17698	5.6502	10
11	3.4785	0.2875	20.6546	0.04842	0.16842	5.9377	11
12	3.8960	0.2567	24.1331	0.04144	0.16144	6.1944	12
13	4.3635	0.2292	28.0291	0.03568	0.15568	6.4235	13
14	4.8871	0.2046	32.3926	0.03087	0.15087	6.6282	14
15	5.4736	0.1827	37.2797	0.02682	0.14682	6.8109	15
16	6.1304	0.1631	42.7533	0.02339	0.14339	6.9740	16
17	6.8660	0.1456	48.8837	0.02046	0.14046	7.1196	17
18	7.6900	0.1300	55.7497	0.01794	0.13794	7.2497	18
19	8.6128	0.1161	63.497	0.01576	0.13576	7.3658	19
20	9.6463	0.1037	72.0524	0.01388	0.13388	7.4694	20
21	10.8038	0.0926	81.6987	0.01224	0.13224	7.5620	21
22	12.1003	0.0826	92.5026	0.01081	0.13081	7.6446	22
23	13.5523	0.0738	104.603	0.00956	0.12956	7.7184	23
24	15.1786	0.0659	118.155	0.00846	0.12846	7.7843	24
25	17.0001	0.0588	133.334	0.00750	0.12750	7.8431	25

$i=15\%$

n	一次支付		等额序列				n
	$(F/P,i,n)$	$(P/F,i,n)$	$(F/A,i,n)$	$(A/F,i,n)$	$(A/P,i,n)$	$(P/A,i,n)$	
1	1.1500	0.8696	1.0000	1.00000	1.15000	0.8696	1
2	1.3225	0.7561	2.1500	0.46512	0.61512	1.6257	2
3	1.5209	0.6575	3.4725	0.28798	0.43798	2.2832	3
4	1.7490	0.5718	4.9934	0.20027	0.35027	2.8550	4
5	2.0114	0.4972	6.7424	0.14832	0.29832	3.3522	5
6	2.3131	0.4323	8.7537	0.11424	0.26424	3.7845	6
7	2.6600	0.3759	11.0668	0.09036	0.24036	4.1604	7
8	3.0579	0.3269	13.7268	0.07285	0.22285	4.4873	8
9	3.5179	0.2843	16.7858	0.05957	0.20957	4.7716	9
10	4.0456	0.2472	20.3037	0.04925	0.19925	5.0188	10
11	4.6524	0.2149	24.3493	0.04107	0.19107	5.2337	11
12	5.3502	0.1869	29.0017	0.03448	0.18448	5.4206	12

续表

n	一次支付		等额序列				n
	$(F/P,i,n)$	$(P/F,i,n)$	$(F/A,i,n)$	$(A/F,i,n)$	$(A/P,i,n)$	$(P/A,i,n)$	
13	6.1528	0.1625	34.3519	0.02911	0.17911	5.5831	13
14	7.0757	0.1413	40.5047	0.02469	0.17469	5.7245	14
15	8.1371	0.1229	47.5804	0.02102	0.17102	5.8474	15
16	9.3576	0.1069	55.7175	0.01795	0.16795	5.9542	16
17	10.7613	0.0929	65.0751	0.01537	0.16537	6.0472	17
18	12.3755	0.0808	75.8363	0.01319	0.16319	6.1280	18
19	14.2318	0.0703	88.2118	0.01134	0.16134	6.1982	19
20	16.3665	0.0611	102.444	0.00976	0.15976	6.2593	20
21	18.8215	0.0531	118.810	0.00842	0.15842	6.3125	21
22	21.6447	0.0462	137.632	0.00727	0.15727	6.3587	22
23	24.8915	0.0402	159.276	0.00628	0.15628	6.3988	23
24	28.6252	0.0349	184.168	0.00543	0.15543	6.4338	24
25	32.9189	0.0304	212.793	0.00470	0.15470	6.4641	25

$i=20\%$

n	一次支付		等额序列				n
	$(F/P,i,n)$	$(P/F,i,n)$	$(F/A,i,n)$	$(A/F,i,n)$	$(A/P,i,n)$	$(P/A,i,n)$	
1	1.2000	0.8333	1.0000	1.00000	1.20000	0.8333	1
2	1.4400	0.6944	2.2000	0.45455	0.65455	1.5278	2
3	1.7280	0.5787	3.6400	0.27473	0.47473	2.1065	3
4	2.0736	0.4823	5.3680	0.18629	0.38629	2.5887	4
5	2.4883	0.4019	7.4416	0.13438	0.33438	2.9906	5
6	2.9860	0.3349	9.9299	0.10071	0.30071	3.3255	6
7	3.5832	0.2791	12.9159	0.07742	0.27742	3.6046	7
8	4.2998	0.2326	16.4991	0.06061	0.26061	3.8372	8
9	5.1598	0.1938	20.7989	0.04808	0.24808	4.0310	9
10	6.1917	0.1615	25.9587	0.03852	0.23852	4.1925	10
11	7.4301	0.1346	32.1504	0.03110	0.23110	4.3271	11
12	8.9161	0.1122	39.5805	0.02526	0.22526	4.4392	12
13	10.6993	0.0935	48.4966	0.02062	0.22062	4.5327	13
14	12.8392	0.0779	59.1959	0.01689	0.21689	4.6106	14
15	15.4070	0.0649	72.0351	0.01388	0.21388	4.6754	15
16	18.4884	0.0541	87.4421	0.01144	0.21144	4.7296	16
17	22.1861	0.0451	105.931	0.00944	0.20944	4.7746	17
18	26.6233	0.0376	128.117	0.00781	0.20781	4.8122	18

续表

n	一次支付		等额序列				n
	$(F/P,i,n)$	$(P/F,i,n)$	$(F/A,i,n)$	$(A/F,i,n)$	$(A/P,i,n)$	$(P/A,i,n)$	
19	31.9480	0.0313	154.740	0.00646	0.20646	4.8435	19
20	38.338	0.0261	186.688	0.00536	0.20536	4.8696	20
21	46.0051	0.0217	225.026	0.00444	0.20444	4.8913	21
22	55.2061	0.0181	271.031	0.00369	0.20369	4.9094	22
23	66.2474	0.0151	326.237	0.00307	0.20307	4.9245	23
24	79.4968	0.0126	392.484	0.00255	0.20255	4.9371	24
25	95.3962	0.0105	471.981	0.00212	0.20212	4.9476	25

$i=25\%$

n	一次支付		等额序列				n
	$(F/P,i,n)$	$(P/F,i,n)$	$(F/A,i,n)$	$(A/F,i,n)$	$(A/P,i,n)$	$(P/A,i,n)$	
1	1.2500	0.8000	1.0000	1.00000	1.25000	0.8000	1
2	1.5625	0.6400	2.2500	0.44444	0.69444	1.4400	2
3	1.9531	0.5120	3.8125	0.26230	0.51230	1.9520	3
4	2.4414	0.4096	5.7656	0.17344	0.42344	2.3616	4
5	3.0518	0.3277	8.2070	0.12185	0.37185	2.6893	5
6	3.8147	0.2621	11.2588	0.08882	0.33882	2.9514	6
7	4.7684	0.2097	15.0735	0.06634	0.31634	3.1611	7
8	5.9605	0.1678	19.8419	0.05040	0.30040	3.3289	8
9	7.4506	0.1342	25.8023	0.03876	0.28876	3.4631	9
10	9.3132	0.1074	33.2529	0.03007	0.28007	3.5705	10
11	11.6415	0.0859	42.5661	0.02349	0.27349	3.6564	11
12	14.5519	0.0687	54.2077	0.01845	0.26845	3.7251	12
13	18.1899	0.0550	68.7596	0.01454	0.26454	3.7801	13
14	22.7374	0.0440	86.9495	0.01150	0.26150	3.8241	14
15	28.4217	0.0352	109.687	0.00912	0.25912	3.8593	15
16	35.5271	0.0281	138.109	0.00724	0.25724	3.8874	16
17	44.4089	0.0225	173.636	0.00576	0.25576	3.9099	17
18	55.5112	0.0180	218.045	0.00459	0.25459	3.9279	18
19	69.3889	0.0144	273.556	0.00366	0.25366	3.9424	19
20	86.7362	0.0115	342.945	0.00292	0.25292	3.9539	20
21	108.420	0.0092	429.681	0.00233	0.25233	3.9631	21
22	135.525	0.0074	538.101	0.00186	0.25186	3.9705	22
23	169.407	0.0059	673.626	0.00148	0.25148	3.9764	23
24	211.758	0.0047	843.033	0.00119	0.25119	3.9811	24
25	264.698	0.0038	1054.791	0.00095	0.25095	3.9849	25

参 考 文 献

[1] 中华人民共和国发展与改革委员会，中华人民共和国住房和城乡建设部．建设项目经济评价方法与参数．3版．北京：中国计划出版社，2006.
[2] 中华人民共和国住房和城乡建设部．市政公用设施建设项目经济评价方法与参数．北京：中国计划出版社，2008.
[3] 王永康，赵玉华，朱永恒．水工程经济．2版．北京：化学工业出版社．2016.
[4] 张勤，梁建军，张国珍．水工程经济．2版．北京：中国建筑工业出版社，2019.
[5] 朱永恒，王宏．给排水工程造价．2版．北京：化学工业出版社，2017.
[6] 邵颖红，黄渝祥，邢爱芳．工程经济学．5版．上海：同济大学出版社．2015.
[7] 刘晓君．工程经济学．3版．北京：中国建筑工业出版社，2015.
[8] 姜慧，王扬．建设工程经济．北京：中国建筑工业出版社，2018.
[9] 周述发，刘燕花．建设工程经济学．北京：中国建筑工业出版社，2016.
[10] 谭大璐．土木工程经济．北京：中国建筑工业出版社，2010.
[11] 项勇，徐姣姣，卢立宇．工程经济学．3版．北京：机械工业出版社，2018.
[12] 李南．工程经济学．5版．北京：科学出版社．2018.
[13] 李明孝．工程经济学．2版．北京：化学工业出版社，2018.
[14] 董辅祥，王德仁．给水排水工程技术经济——它的内容、意义与进展．华东给水排水，1991（3）.
[15] 沈德康，王德仁，王敏之，等．技术经济．北京：中国建筑工业出版社，1991.
[16] 董辅祥．给水排水工程技术经济．北京：中国建筑技术发展中心建筑情报研究所，1984.
[17] 王梅．给水排水设计手册：第10册　技术经济．3版．北京：中国建筑工业出版社，2012.
[18] 全国一级建造师职业资格考试用书编写委员会．建设工程经济．北京：中国建筑工业出版社，2019.
[19] 刘永泽，陈立军．中级财务会计．6版．大连：东北财经大学出版社，2018.
[20] 朱永恒．环境工程工程量清单与投标报价．北京：机械工业出版社，2006.
[21] 朱永恒，李俊．安装工程工程量清单计价．3版．南京：东南大学出版社，2016.
[22] 刘钟莹，俞启元，李泉，等．3版．工程估价．南京：东南大学出版社，2016.
[23] 王雪青．工程估价．3版．北京：中国建筑工业出版社，2020.
[24] 谭大璐．建筑工程估价．4版．北京：中国计划出版社，2010.
[25] 中华人民共和国建设部．市政工程投资估算编制办法．北京：中国计划出版社，2007.
[26] 中华人民共和国建设部．市政工程投资估算指标：第三册　给水工程．北京：中国计划出版社，2007.
[27] 中华人民共和国建设部．市政工程投资估算指标：第四册　排水工程．北京：中国计划出版社，2007.
[28] 中华人民共和国住房和城乡建设部．市政工程设计概算编制办法．北京：中国计划出版社，2011.
[29] 中华人民共和国住房和城乡建设部．市政工程消耗量定额．北京：中国计划出版社，2015.
[30] 中华人民共和国住房和城乡建设部．通用安装工程消耗量定额．北京：中国计划出版社，2015.
[31] 全国造价工程师职业资格考试培训教材编审委员会．建设工程计价．北京：中国计划出版社，2019.
[32] 建设部标准定额研究所．市政工程定额与预算．北京：中国计划出版社，1993.
[33] 中华人民共和国住房和城乡建设部．建设工程工程量清单计价规范：GB 50500—2013．北京：中国计划出版社，2013.
[34] 中华人民共和国住房和城乡建设部．市政工程工程量计算规范：GB 50857—2013．北京：中国计划出版社，2013.
[35] 中华人民共和国住房和城乡建设部．安装工程工程量计算规范：GB 50855—2013．北京：中国计划出版社，2013.
[36] 规范编制组．2013建设工程计价计量规范辅导．北京：中国计划出版社，2013.
[37] 建设部标准定额司．全国统一安装工程预算工程量计算规则．北京：中国计划出版社，2000.
[38] 吴心伦．安装工程定额与预算．重庆：重庆大学出版社，2002.
[39] 黄伟典．工程定额原理．2版．北京：中国电力出版社．2016.